r 38430

Paris
1827

# HERDER

## *Idées sur la philosophie*

Tome 2

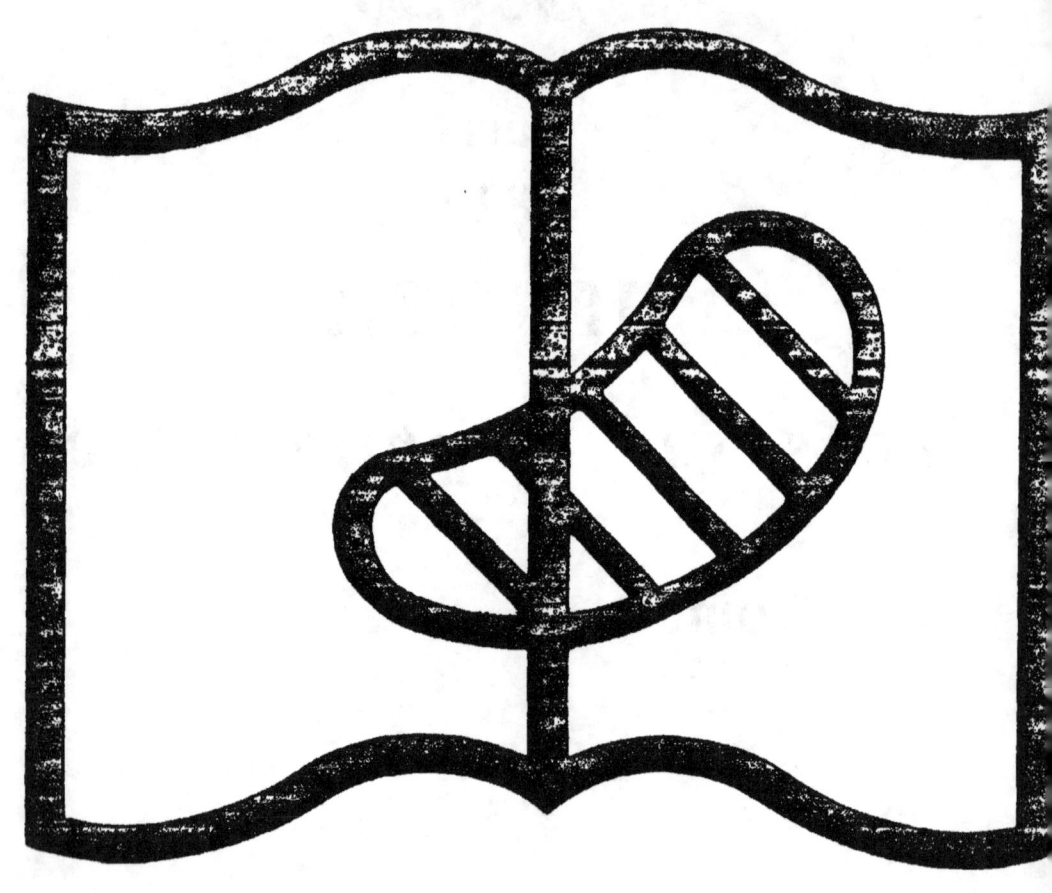

Symbole applicable
pour tout, ou partie
des documents microfilmés

Original illisible

**NF Z 43**-120-10

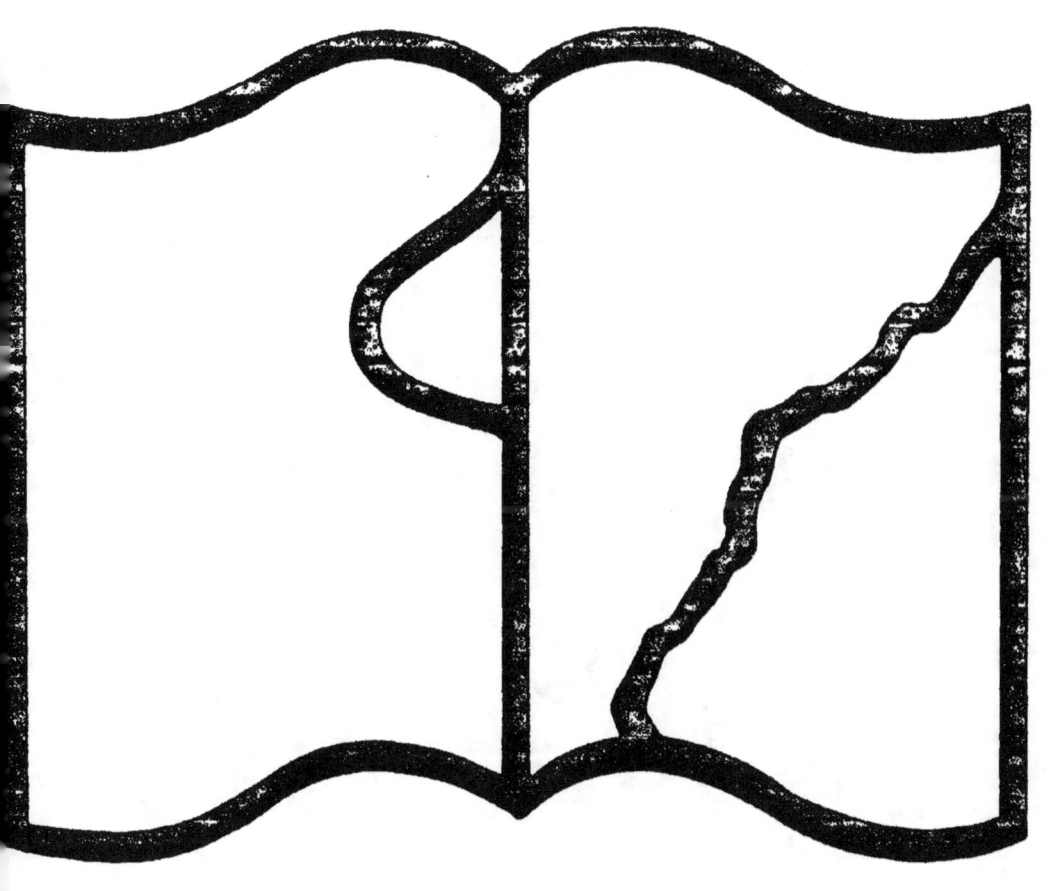

Symbole applicable
pour tout, ou partie
des documents microfilmés

Texte détérioré — reliure défectueuse

**NF Z 43**-120-11

R.

# IDÉES
## SUR LA PHILOSOPHIE
### DE
### L'HISTOIRE DE L'HUMANITÉ.

STRASBOURG, de l'imprimerie de F. G. LEVRAULT, imprim. du Roi.

# IDÉES

## SUR LA PHILOSOPHIE

DE

## L'HISTOIRE DE L'HUMANITÉ,

### PAR HERDER.

OUVRAGE TRADUIT DE L'ALLEMAND ET PRÉCÉDÉ D'UNE INTRODUCTION

### PAR EDGAR QUINET.

*. . . . . . . . . Quem te deus esse*
*Jussit, et humana qua parte locatus es in re*
*Disce. . . . .*         Pers.

TOME SECOND.

## PARIS,

Chez F. G. Levrault, rue de la Harpe, n.° 81,
et rue des Juifs, n.° 33, à Strasbourg.

### 1827.

# IDÉES
## SUR LA PHILOSOPHIE
### DE
## L'HISTOIRE DE L'HUMANITÉ.

## LIVRE VII.

Il faut considérer les tableaux que nous avons présentés jusqu'ici, comme des collections de faits qui doivent servir de base à des observations d'un ordre plus élevé. Ces groupes sont pour nous ce qu'étaient pour les anciens les péristyles des temples des Augures; ils offrent à notre méditation des cercles d'objets déterminés, et à notre mémoire un appui nécessaire. Examinons donc leurs rapports avec la philosophie de notre espèce.

### CHAPITRE PREMIER.

*Quelle que soit la variété des formes humaines, il n'y a sur toute la surface de la terre qu'une seule et même espèce d'hommes.*

Il n'y a pas dans la nature deux feuilles d'arbre parfaitement semblables l'une à l'autre, et moins encore deux figures d'hommes, deux organisations humaines. De quelle variété infinie notre structure savante n'est-elle pas susceptible! Les solides peuvent se décomposer en un nombre prodigieux de fibres, qui, entrelacées avec un art infini et assez déliées pour échapper à la vue, sont unies entre elles par une matière glutineuse d'une préparation si délicate que tous les efforts sont inutiles pour l'analyser; et encore ce n'est là que la moindre partie de nos corps. Elle ne comprend que les vaisseaux dont la destination est de servir au mouvement de ce fluide qui, par son abondance, sa composition et son essence animée, répand en nous la jouissance et la vie. « Pas un homme, dit Haller[1], n'est exac« tement semblable à un autre homme dans sa « structure interne : les nerfs et les vaisseaux san« guins diffèrent dans mille circonstances, et ces « parties délicates présentent tant de variétés, que « l'on a peine à dire en quoi elles se ressemblent. » Mais si l'anatomiste peut apercevoir cette variété infinie dans les parties qui tombent sous ses yeux, quelle ne doit pas être la diversité des pouvoirs invisibles d'une organisation si compliquée! Chaque homme est donc en dernier résultat un monde, qui dans ses phénomènes externes présente des ressemblances avec ceux dont il est entouré, mais qui intérieurement est un être individuel avec lequel aucun autre ne coïncide de toutes parts.

---

[1]. Préface à l'Histoire naturelle de Buffon, tom. 3.

Et puisque l'homme n'est pas une substance isolée et sans lien avec la nature, mais qu'il est en rapport avec tous les élémens ; qu'il vit en aspirant l'air et en empruntant ses alimens aux productions les plus hétérogènes de la terre; qu'il consume le feu, qu'il absorbe la lumière, qu'il infecte l'air qu'il respire; et que, soit qu'il dorme ou qu'il veille, qu'il s'agite ou se repose, il contribue, quoi qu'il fasse, au changement de l'univers, lui seul restera-t-il immuable au milieu du mouvement général ? Vainement le comparez-vous à l'éponge qui absorbe, à l'étincelle qui propage l'incendie : c'est une harmonie multiple, un moi vivant soumis à l'action de tous les pouvoirs environnans.

Le cours entier de la vie humaine n'est que changement ; ses différentes périodes ne sont que l'histoire de ses transformations, et l'espèce entière n'est qu'une continuelle métamorphose. Des fleurs s'épanouissent et se fanent ; d'autres sont en germes ou en boutons : parvenu à sa maturité, l'arbre porte à la fois toutes les saisons sur sa tête. Si, seulement en calculant les sécrétions invisibles, un homme à quatre-vingts ans a renouvelé tout son corps au moins vingt-quatre fois [1], comment déterminer les variétés de matière et de formes que présente le

---

[1]. Suivant Bernouilli. Voyez la Physiologie de Haller, VIII, 30, où l'on trouve une foule d'observations sur les diverses époques de la vie humaine.

genre humain sur la terre avec tant de causes de changemens ? surtout quand il n'est pas deux points du globe, deux vagues du fleuve des âges qui se ressemblent parfaitement. Il n'y a que peu de siècles, les habitans de l'Allemagne n'étaient encore que des Patagons; mais à l'heure où je parle tout est changé, et un jour viendra où les habitans de ce climat trouveront, en rejetant les yeux vers nous, un changement équivalent. Si nous remontons vers ces temps où l'aspect du monde terrestre était si différent de ce qu'il est aujourd'hui ; quand, par exemple, les éléphans vivaient en Sibérie et dans l'Amérique septentrionale; quand la terre produisait ces énormes animaux dont on trouve les os près de l'Ohio, combien les hommes, qui vivaient alors dans ces contrées, n'étaient-ils pas différens de ceux qui les habitent maintenant! Ainsi donc l'histoire de l'homme est une scène de transformations que celui-là seul peut prévoir, qui anime toutes ces figures, qui sent et jouit dans chacune d'elles. Il construit et il détruit ; il développe et modifie les formes qui sortent de ses mains et il change le monde avec elle. Le voyageur d'un jour, l'Éphémère, ne peut qu'admirer en passant et dans un cercle étroit, les merveilles du suprême auteur des choses, jouir du rôle qui lui appartient dans le chœur universel et disparaître avec sa forme. *Et moi aussi j'ai vécu en Arcadie* : telle est l'inscription tumulaire de tous les êtres vivans au sein de la création, toujours changeante, toujours nouvelle.

Cependant comme l'intelligence humaine cherche partout l'unité dans la variété, et que la pensée divine dont elle est l'image a marqué la multiplicité la plus abondante du caractère de l'unité, nous pouvons essayer de revenir du sein même de la diversité et du changement à ce simple théorème : *il n'y a sur la terre qu'une seule et même espèce d'hommes.*

Combien d'anciennes fables représentant à l'imagination des monstres humains n'ont pas déjà disparu devant la lumière de l'histoire! et partout où la tradition en perpétue le souvenir, je suis pleinement convaincu qu'un examen plus attentif achèvera d'en montrer la fausseté à tous les yeux. Nous connaissons maintenant ce qu'est l'orang-outang ; nous savons que la parole lui est refusée, et que rien n'autorise à voir en lui un membre de la famille de l'homme. Et quand nous aurons des renseignemens plus exacts sur l'orang-kubub, sur l'orang-gouhou, les hommes des bois de Bornéo, de Sumatra et des îles Nicobar ne tarderont pas à disparaître[1]. Les

---

[1]. Marsden en parle dans son Histoire de Sumatra, mais seulement en passant. Monboddo, dans son ouvrage sur l'origine et les progrès du langage, vol. I, p. 219 et suivantes, a rassemblé toutes les traditions qu'il a pu recueillir sur les hommes à queues. Blumenbach (*De generis humani varietate*) a montré de quelles sources sont venues ces images d'hommes des bois.

hommes à pieds recourbés de Malacca [1], les peuples rachitiques de Madagascar, les hommes moitié femmes qui habitent les Florides, et quelques autres, méritent qu'on les observe avec autant d'attention que les Albinos, les Dondons, les Patagons et les Hottentots [2]. Gloire aux hommes qui réussissent à faire disparaître du spectacle de la création les fantômes qui en troublent l'harmonie, et de notre mémoire les erreurs qu'on y a introduites! Ils sont pour le royaume de la vérité ce que sont les héros de la mythologie pour le monde primitif; ils diminuent sur la terre le nombre des monstres.

Je voudrais que l'on n'eût jamais poussé la comparaison de l'homme et du singe jusqu'à méconnaître dans l'échelle animale que l'on cherchait à établir, les degrés et les intervalles déterminés sans lesquels il ne peut en exister aucune. De quel secours, par exemple, l'orang-outang rachitique, le Pygmée ou le Pongo peuvent-ils être pour ex-

---

[1]. Sonnerat, dans son Voyage aux Indes, tom. II, p. 103, en fait mention, mais seulement d'après ce qu'il en a entendu dire. Commerson a fait revivre, après Flaucourt, l'histoire des nains de Madagascar; mais les derniers voyageurs ont rejeté cette opinion. Voyez sur les hermaphrodites des Florides l'essai critique de Heyne, dans les *Comment. Societ. Reg. Gœtling. per ann.* 1778; p. 993.

[2]. Voyez le Voyage de Sparmann, p. 177.

pliquer la figure du Kamtschadale, la taille du Groënlandais ou celle du Patagon? car toutes ces formes étaient une conséquence de la nature même de l'homme, et elles auraient existé quand même il n'y eût point eu de singes sur la terre. Et si l'on va plus loin encore, si l'on fait résulter certaines difformités de notre espèce d'un commerce monstrueux avec ces animaux, cette conjecture, selon moi, n'est pas moins invraisemblable que dégradante. Les pays où l'on trouve le plus de ces prétendues ressemblances avec les singes, sont précisément ceux où il n'existe pas de singes; comme cela se voit par la dépression des crânes des Calmouks et des habitans de Malacca; par les oreilles saillantes des Pevans et des Amicuans; par les mains raccourcies de quelques sauvages de la Caroline, et d'autres exemples. D'ailleurs, dès que l'on est revenu de la première surprise des sens, ces premières apparences sont tellement trompeuses, que le Calmouk et le Nègre ne cessent pas de paraître des hommes, même par la forme de la tête, et que les habitans de Malacca se distinguent par des capacités que beaucoup d'autres nations ne possèdent pas au même degré. En effet, jamais le singe et l'homme n'ont appartenu à un seul et même genre, et tout ce que je désire serait d'abolir à jamais cette ancienne fable dont le sens est qu'ils ont vécu ensemble dans diverses contrées, et entretenu un commerce qui n'aurait point été stérile[1]. La nature a fait assez pour chaque genre, en donnant à chacun d'eux la progéniture qui lui est propre. Elle a divisé le genre du singe en une foule d'espèces et de variétés qu'elle a multipliées autant que possible : mais toi, homme, respecte-toi, dans tes semblables. Tu n'as pour frères ni le Pongo, ni le Gibbon, mais le Nègre et l'Américain. Tu ne devrais donc ni les opprimer, ni les ruiner, ni les égorger ; car ils sont hommes aussi bien que toi : mais entre le singe et toi il ne peut y avoir aucune fraternité.

Enfin, je souhaiterais que les distinctions que l'on a établies entre les différentes espèces d'hommes, par un zèle louable pour la science, n'eussent pas dépassé de sages bornes. Quelques-uns, par exemple, ont jugé convenable d'employer le terme de races pour désigner quatre ou cinq divisions dont la situation géographique et surtout la couleur des peuples ont donné la première idée, sans que je puisse voir la raison de cette dénomination. Le mot race se rapporte à une différence d'origine qui n'existe pas, ou du moins qui comprend sous ces classifications générales de pays et de couleurs, les races les plus différentes ; car chaque nation a une

---

[1]. Ceci est assuré tout récemment, mais seulement d'après des rapports incertains, dans les extraits du Journal d'un voyageur en Asie ; Leipsic, 1784. p. 256. En allemand.

physionomie distinctive, aussi bien qu'un langage particulier; et si le climat leur donne à toutes son empreinte, ou étend sur elles un voile léger, il ne détruit jamais en elles ce caractère original qui s'étend jusqu'aux familles, et dont les degrés sont aussi variés qu'imperceptibles. En un mot, il n'y a sur la terre ni quatre ni cinq races, ni des variétés exclusives; les constitutions rentrent les unes dans les autres, les formes suivent leur type original, et ne sont toutes en résultat que des ombres du même tableau, qui s'étend à travers tous les âges et sur toutes les parties de la terre; elles appartiennent donc moins à un système d'histoire naturelle qu'à une histoire physique et géographique du genre humain.

## CHAPITRE II.

*La même espèce d'hommes s'est naturalisée dans tous les climats de la terre.*

Jetez les yeux sur les formes aiguës et heurtées des Calmouks et des Mongols; ils ne sont faits que pour le pays qu'ils habitent, pour leurs steppes et leurs montagnes[1]. Le cavalier s'élance sur son petit cheval

---

[1]. Voyez, pour les détails, Pallas et d'autres déjà cités. Le récit donné par G. Opitz de sa vie et de sa captivité au milieu d'une horde calmouque près du Jaïck, offrirait un tableau très-frappant de leur manière de vivre, si les notes de l'éditeur n'y donnaient un air de roman.

à travers ses déserts immenses; il sait lui rendre des forces quand il succombe de fatigue, et se ranimer en lui ouvrant une veine du cou. Jamais il ne pleut dans la plus grande partie de ces contrées, qui ne sont rafraîchies que par la rosée, et une fertilité inépuisable revêt la terre d'une verdure toujours nouvelle; pas un arbre, pas une source d'eau vive à des distances énormes. Des tribus sauvages, qui conservent pourtant entre elles une espèce d'ordre, se répandent sur une immense pelouse, où elles font paître leurs troupeaux. Fidèles compagnons de leurs destinées, les chevaux connaissent leurs voix, et vivent en paix comme eux. L'indolent Calmouk s'assied dans une indifférence profonde et les yeux fixés sur son ciel toujours serein, il prête l'oreille au moindre bruit qui retentit dans le fond du désert dont son œil ne peut mesurer l'étendue. Le Mongol, dans quelque contrée que ce soit, a toujours éprouvé des modifications; il est dans son pays ce qu'il était il y a des milliers d'années, et ce qu'il sera aussi long-temps qu'il n'aura point été changé par la nature ou par l'art.

Comme son noble cheval et son infatigable chameau, l'Arabe est dans une harmonie parfaite avec le désert[1]. Pendant que le Mongol erre à

---

[1]. Outre les anciens voyages en Arabie, voyez ceux de Pagès, tom. II, p. 62 — 87.

travers ses collines et ses steppes, le Bédouin s'égare dans ses immenses déserts demi-asiatiques et demi-africains; c'est encore un nomade, mais mieux conformé et qui reçoit de son pays une empreinte particulière. La simplicité de ses vêtemens, ses mœurs, ses habitudes et son caractère sont en rapport avec tout le reste; et après un intervalle de mille années, sa tente est encore là pour attester la sagesse de ses ancêtres. Amant passionné de la liberté, il méprise les richesses et les plaisirs; il est léger à la course, habile à conduire son cheval, dont il prend autant de soin que de lui-même, et d'une adresse remarquable à lancer la javeline. Il est robuste et nerveux; son teint est brun; ses membres sont fortement articulés. Infatigable, hardi, entreprenant, fidèle à sa parole, hospitalier, généreux, étroitement uni dans le désert par des liens d'amitié avec tous ses compagnons, il ne fait qu'une seule et même cause avec eux. Les dangers de sa manière de vivre l'accoutument à la prudence et le rendent froid et défiant; la solitude où il passe ses jours nourrit en lui les sentimens de la vengeance, de l'amitié, de l'enthousiasme et de l'orgueil. Partout où l'on trouve un Arabe, sur le Nil ou l'Euphrate, sur le sommet du Liban ou dans le Sénégal, et même dans le Zanguébar ou les iles de l'Océan indien, partout où le climat étranger n'a point altéré ses traits, jusqu'à en faire un aborigène, il conserve le caractère original de l'Arabie.

Placé à l'extrémité de la terre, en proie dans sa patrie stérile à la misère et à toutes les vicissitudes de son climat, le Californien ne se plaint ni de la chaleur, ni du froid; il échappe, quoiqu'avec des peines infinies, à la faim qui l'obsède, et il vit heureux dans son pays natal. « Dieu seul peut dire,
« dit un missionnaire [1], combien un Californien à
« l'âge de quatre-vingts ans a parcouru de lieues
« avant de mourir. La plupart d'entre eux chan-
« gent de séjour plus de cent fois par an, ne
« passent jamais plus de trois nuits dans le même
« lieu ou dans le même pays. Ils se couchent par-
« tout où la nuit les surprend, sans s'inquiéter de
« la malpropreté du sol, ni sans chercher à se
« garantir des insectes qui les entourent. Leur
« peau dure et brune leur tient lieu de vêtemens.
« Tout leur bagage consiste en un arc et des flèches,
« une pierre pour couteau, un os ou un pieu ai-
« guisé pour arracher des racines, l'écaille d'une
« tortue qui leur sert de berceau, une outre ou
« une vessie pour conserver de l'eau, et s'ils sont
« favorisés ouvertement par la fortune, un sac
« de filamens d'aloës, quelquefois en forme de
« réseau, pour contenir leurs ustensiles et leurs

---

[1]. *Nachrichten von Kalifornien; Mannheim,* 1773, *passim.*

« provisions. Ils se nourrissent de racines, de toutes
« sortes de petites graines, et même de celles du
« gazon, qu'ils se donnent beaucoup de peine à
« ramasser; et quand ils sont pressés par le besoin,
« ils vont jusqu'à gratter le fumier. Tout ce qui
« peut recevoir le nom de viande, ou seulement
« qui y ressemble, les chauves-souris, les chenilles
« et les vers, sont pour eux une friandise dont ils
« sont avides; ils s'approvisionnent même des
« feuilles de certains arbustes, de leurs bourgeons
« naissans, de leur écorce et de leur moelle, quand
« la faim les y oblige, et cependant, malgré une
« vie si difficile, ils ont une santé vigoureuse :
« ils atteignent à la dernière vieillesse, et il est
« très-rare de voir un homme avec des cheveux
« blancs, ce qui n'arrive d'ailleurs qu'à l'âge le
« plus avancé. Toujours gais, toujours rians, bien
« faits, forts, actifs, ils enlèvent du sol, avec
« leurs orteils, des pierres et des fardeaux d'un
« très-grand poids; les vieillards se tiennent aussi
« droits qu'un javelot, et les enfans marchent
« seuls avant d'avoir un an. Quand ils sont fati-
« gués, ils se couchent et s'endorment jusqu'à ce
« que la faim les éveille; et aussitôt qu'ils sont
« debout, les jeux, les contes et la joie recom-
« mencent. C'est ainsi qu'ils arrivent à la fin de
« leur longue carrière, et qu'ils approchent de la
« mort avec une froide indifférence. L'Européen.

« continue le missionnaire, peut envier le bon-
« heur du Californien ; mais ce dernier doit le
« sien tout entier à la parfaite indifférence où
« il est de posséder peu ou beaucoup dans ce
« monde, et à sa résignation absolue à la vo-
« lonté de Dieu dans toutes les circonstances
« de sa vie. »

Je pourrais continuer ainsi à présenter les traits originaux de diverses nations des contrées les plus opposées, depuis le Kamtschatka jusqu'à la Terre de feu ; mais à quoi sert de composer ces rapides esquisses, quand chaque voyageur qui observe avec exactitude, ou qui sent en homme, donne à son insçu aux moindres traits de ses descriptions la teinte et l'empreinte du climat ? Dans l'Inde, au centre des nations commerciales, on distingue facilement l'Arabe et le Chinois, le Turc et le Persan, le Chrétien et le Juif, le Nègre et le Malais, le Japonais et le Gentou[1] : ainsi, ils emportent tous avec eux, dans les contrées les plus éloignées, le caractère de leur pays natal et de leur manière de vivre. Une ancienne tradition allégorique dit qu'Adam a été formé de la poussière des quatre parties du monde, et animé des pouvoirs et des esprits de la terre entière. Partout où ses enfans ont porté leurs pas et fixé leur séjour, dans le

---

1. Mackintosh's Travels, tom. II, p. 27.

cours des âges, ils ont pris racine comme des arbres, et produit des feuilles et des fruits appropriés au climat. Il nous reste à déduire de là quelques conséquences qui nous semblent expliquer un grand nombre de phénomènes bizarres dans l'histoire de l'homme.

Et d'abord, on voit évidemment pourquoi tous les peuples sensuels et qui reçoivent du pays qu'ils habitent une profonde empreinte, sont si fortement attachés au sol, qu'ils en sont inséparables. Leur constitution physique, leur manière de vivre, les plaisirs et les occupations auxquels ils ont été accoutumés depuis leur enfance, et en un mot tout le cercle de leurs idées, dépendent du climat : les priver de leur pays, c'est les priver de tout.

« On a remarqué, dit Cranz [1], que les six
« Groënlandais qui avaient été amenés en Dan-
« nemarck, avaient toujours, malgré les bons
« traitemens qu'ils recevaient, et la quantité de
« merluche et d'huile de baleine qu'on leur don-
« nait, les yeux tournés au nord vers leur pays
« natal, la tristesse peinte sur le visage, sans
« presque cesser de soupirer amèrement ; à la
« fin ils tentèrent de se sauver dans un canot.
« Une forte tempête les ayant jetés sur les côtes

---

[1]. *Geschichte von Grœnland.* (Hist. du Grœnl.). p. 355

« de Suède, ils furent ramenés à Copenhague, où
« deux d'entre eux moururent de chagrin. Deux
« des autres s'échappèrent une seconde fois; on
« n'en reprit qu'un seul, qui se mit à pleurer
« et à sangloter en voyant un enfant porté dans
« les bras de sa mère, d'où l'on présuma qu'il
« avait lui-même une femme et des enfans; car
« personne ne pouvait converser avec lui, ni le
« préparer au baptême. Les deux autres vécurent
« dix ou douze ans en Dannemarck; et là ils furent
« employés à la pêche aux perles à Coldingen,
« mais en hiver on abusa tellement de leurs forces
« que l'un des deux mourut. Le dernier, ayant
« cherché encore à s'échapper, fut repris à trois
« ou quatre lieues de terre, et mourut aussi de
« chagrin. »

Il n'est pas de paroles pour exprimer la douleur
et le désespoir d'un esclave Nègre acheté ou volé,
quand il dit adieu à son pays natal, pour ne plus
le revoir de sa vie. « Il faut bien prendre garde,
« dit Rœmer[1], que les esclaves ne s'arment de
« couteaux au moment du départ ou sur le vais-
« seau; et ce n'est pas une chose de peu d'impor-
« tance que de les distraire et de les égayer pen-
« dant leur passage aux Indes occidentales. Pour
« cela, on se munit de violons, on fait résonner

---

1. Relation de Rœmer sur les côtes de Guinée, p. 279.

« des tambourins et des flûtes. On leur permet de
« danser, et on leur fait croire qu'ils vont dans
« un heureux pays, où ils auront une abondante
« nourriture et autant de femmes qu'ils voudront.
« Cependant on a vu plus d'une fois des Nègres
« se précipiter sur l'équipage, l'égorger et laisser
« le vaisseau toucher terre. » Mais combien n'arrive-t-il pas plus souvent que ces infortunés se donnent la mort dans leur désespoir! Sparmann [1] tient de la bouche même d'un maître d'esclaves, qu'à l'approche de la nuit ils sont saisis d'une sorte de frénésie qui les pousse à commettre des meurtres quand ce n'est pas contre eux-mêmes qu'ils tournent leur fureur; « car le souvenir dou-
« loureux de leur patrie et de leur liberté, qu'ils
« ont pour jamais perdues, s'éveille le plus sou-
« vent pendant la nuit, dès que l'éclat du jour
« cesse de distraire leur attention. » Et quel droit avez-vous, monstres impitoyables, d'approcher même du pays de ces malheureux? que dis-je, de les en arracher par la force et l'artifice? Durant de longs siècles cette partie du monde a été la patrie de leurs pères, et c'est à elle qu'ils appartiennent: leurs ancêtres l'ont acquise au prix le plus cher et le plus incontestable, au prix de la

---

[1]. Voyage de Sparmann, p. 73: ce voyageur, véritable ami de l'humanité, a répandu dans son ouvrage plusieurs récits touchans sur la captivité et la traite des esclaves, p. 195, 612, etc.

forme et de la constitution nègre; en leur donnant son empreinte, le soleil les a adoptés pour ses enfans et les a marqués de son propre sceau. En quelques lieux que vous les emportiez, vous serez notés d'infamie, comme des brigands, comme des voleurs d'hommes.

Secondement. Les guerres des sauvages qui combattent pour leur pays, pour leurs enfans, pour leurs frères que l'on a opprimés, dégradés et enlevés, sont accompagnées d'horribles cruautés. De là, par exemple, l'éternelle haine des indigènes d'Amérique contre les Européens; même quand ils vivent avec eux en bonne intelligence, ils ne peuvent s'empêcher de s'écrier en eux-mêmes : « que viennent-« ils faire ici? cette terre est à nous. » De là cette habitude de dissimulation chez tous les sauvages, comme on les appelle, même quand ils paraissent le plus satisfaits des Européens qui les visitent. Le moment arrive où les sentimens héréditaires de la nation s'éveillent; la flamme qu'ils ont long-temps contenue dans leur sein s'échappe à la fin; elle éclate avec violence, et souvent elle ne s'apaise que lorsque la chair de l'étranger a été broyée sous la dent de l'indigène. Ceci nous semble horrible, et l'est sans contredit : mais ne sont-ce pas les Européens qui les ont poussés à ces excès; car pourquoi vont-ils visiter leur pays? pourquoi y entrent-ils en tyrans, portant partout avec eux la violence et l'injustice [1] ? Cette contrée a été pendant de longs siècles l'univers pour ses habitans; ils la tiennent de leurs ancêtres; c'est d'eux qu'ils ont hérité de la coutume barbare de déchirer dans les plus grands tourmens ceux qui tentent de les priver de leur territoire, de les en arracher ou de faire violence à leurs droits. Ainsi, un étranger et un ennemi ne diffèrent point à leurs yeux. Semblables au formicaleo qui, caché et presque enseveli dans le fond de son terrier, attaque tous les insectes qui en approchent, le droit de dévorer un hôte qui arrive sans être invité, ou avec des intentions ennemies, leur paraît naturellement acquis; et ce tribut, aussi monstrueux qu'aucun de ceux dont l'Europe a à rougir, est le premier qu'ils exigent.

Enfin, comment oublier ici la joie attendrissante, les transports enivrans d'un de ces fils de la nature, quand, échappé à ses fers, il revoit la terre de ses pères, et ceux dont il se croyait séparé pour jamais? Lorsque le digne prêtre Job Ben Salomon [2] revint en Afrique, tous les indigènes l'embrassaient comme un frère; c'était le second de leurs compatriotes qui fut jamais revenu

---

1. Voyez les notes de l'éditeur du Voyage à la mer du Sud, de l'infortuné Marion; la préface de R. Forster au Journal du dernier voyage de Cook; Berlin, 1781, et tout ce que l'on rapporte de la conduite des Européens.
2. *Allg. Reisen*, vol. 3, p. 127.

de l'esclavage! combien il avait long-temps langui du désir de les revoir! que son cœur avait peu joui de l'enthousiasme et du respect qu'il avait excités en Angleterre! Profondément éclairé et sensible, il donna les preuves d'une vive reconnaissance; mais il n'eut de repos que lorsqu'il fut certain du vaisseau qui devait le transporter dans son pays. Ce mal du pays, qui serre le cœur de détresse, ne dépend ni de l'état ni des avantages de la patrie. Le Hottentot Corée déchirait les vêtemens que les Européens lui donnaient, pour reprendre, malgré l'utilité qu'il eût pu en tirer, les hardes de ses compagnons.[1] On pourrait tirer de presque tous les climats des exemples analogues, et les contrées les plus inhospitalières sont souvent celles qui ont le plus d'attraits pour leurs habitans. Les obstacles que l'on a surmontés, les périls auxquels le corps et la pensée sont accoutumés dès l'enfance, font naitre dans les cœurs cet amour du pays qui, bien moins vif parmi les habitans des plaines populeuses, est presque inconnu au citoyen des métropoles d'Europe. Il est temps toutefois d'examiner plus attentivement l'idée renfermée dans le mot climat; et pendant que quelques-uns lui accordent une si grande place dans la philosophie de l'histoire de l'homme, et que d'au-

---

[1]. *Allg. Reisen*, vol. 5, p. 145; pour d'autres exemples, voyez les notes du discours de Rousseau *sur l'inégalité des conditions*.

tres sont près de nier entièrement son influence, j'essayerai aussi de m'attacher à cette importante question.

## CHAPITRE III.

*Que faut-il entendre par climat ? et quels sont ses effets sur le corps et la pensée de l'homme ?*

Les points du globe les plus fixes sont les pôles; sans eux, ses révolutions seraient impossibles, et il est probable qu'il cesserait d'être un globe. Si nous connaissions la génération des pôles, les lois et les effets du magnétisme terrestre sur les divers corps qui frappent nos sens, ne découvririons-nous pas la marche que la nature suit dans la formation des êtres, à laquelle elle fait concourir aussi d'autres pouvoirs d'un ordre supérieur? Mais, malgré toutes les expériences qui ont été recueillies, comme nous n'avons sur ce sujet en général[1] que des données très-incomplètes, nous ignorons encore la loi fondamentale des climats depuis les régions polaires. A quelque époque future le magnétisme nous rendra peut-être dans la sphère des forces physiques des services équivalens à ceux qu'il nous a rendus d'une manière si imprévue sur la terre et sur la mer.

---

[1]. Brugmann, sur le magnétisme, p. 24 — 31.

Les révolutions de notre globe sur son axe et autour du soleil peuvent nous fournir des explications moins vagues des climats ; mais encore ici l'application des lois généralement admises est difficile et sujette à nous égarer. Les zônes des anciens n'ont point été confirmées par les découvertes des modernes, puisqu'à le considérer sous le rapport physique, ce système de division ne reposait que sur l'ignorance où l'on était des pays nouvellement reconnus. Il en est de même de la manière dont nous calculons l'intensité de la chaleur et du froid, par la quantité et l'angle d'incidence des rayons solaires. Sous le point de vue mathématique, leur effet a été mesuré par d'ingénieuses méthodes avec la plus grande exactitude ; mais le mathématicien lui-même désavouerait le philosophe qui, en écrivant l'histoire de ces climats, tirerait des conséquences générales de ces formules, sans admettre aucune exception [1]. Tantôt le voisinage de la mer, tantôt l'action des vents, ici la hauteur du sol, là des terres basses, ailleurs la proximité des montagnes, la pluie et les brouillards modifient tellement, par les circonstances locales, l'action des lois universelles, qu'il arrive souvent que l'on trouve les climats les plus opposés dans des lieux qui se touchent. Des expériences récentes ont d'ailleurs dé-

---

[1]. Kæstner, sur la méthode de Halley de calculer la chaleur Dans le Magasin de Hambourg, p. 429.

montré que tous les êtres vivans ont chacun une manière propre de recevoir et de renvoyer la chaleur, et que plus l'organisation de la créature est parfaite, plus sa force vitale est active, et plus elle a la propriété de produire la chaleur ou le froid.[1] La fausseté de cette ancienne opinion, suivant laquelle l'homme ne peut vivre que dans un climat dont la chaleur ne surpasse pas celle du sang, a été prouvée par le fait. D'une autre part, les systèmes des modernes sur l'origine et les effets de la chaleur animale sont loin d'avoir atteint un caractère suffisant de certitude pour que nous soyons encore en droit d'espérer, non pas une climatologie des facultés morales de l'homme et de leurs applications libres, mais seulement de sa conformation organique. Personne n'ignore, en effet, que la chaleur détend et relâche les fibres, raréfie les fluides et provoque la transpiration ; et qu'ainsi elle peut, avec le temps, rendre les solides légers et spongieux, etc. Cette loi en général est incontestable [2]; aussi a-t-on déjà expliqué par elle et par son contraire, le froid, divers phénomènes [3]; mais

---

[1]. Expériences de Crell sur la faculté qu'ont les plantes et les animaux de produire et d'absorber la chaleur. Helmst., 1778. Expérience de Crawford sur la faculté que les animaux ont de produire du froid. Philos. transact., 71, p. 2, XXXI.

[2]. Voyez la Pathologie de Gaubius, chap. V, X.

[3]. Voyez Montesquieu, Castillon, Falcone, sans citer un grand nombre de traités moins importans.

déduire de ce fait général, ou seulement d'une de ses parties, telles que le relâchement fibreux ou la transpiration, des conséquences si étendues qu'elles comprennent avec toutes les nations et toutes les contrées, les fonctions les plus délicates de la pensée humaine, et tous les accidens les plus éphémères des sociétés, c'est évidemment tomber dans le champ des hypothèses, et la chute sera d'autant plus brusque et plus rapide, que le génie qui considérera et disposera ces faits sera lui-même plus entreprenant et plus systématique; il sera contredit à chaque pas, tant par l'expérience de l'histoire que par des principes de physiologie. On a même reproché au grand Montesquieu d'avoir fondé la partie de son esprit des lois qui a rapport au climat, sur des expériences trompeuses faites sur une langue de mouton. Nous sommes, il est vrai, une argile ductile sous la main du destin; mais il nous jette dans un si grand nombre de moules différens, et les lois qui les modifient sont si nombreuses, que le génie même de l'humanité pourrait seul probablement combiner en un seul tout les rapports de cette foule de pouvoirs.

La chaleur et le froid ne sont pas les seuls principes qui agissent sur nous par le milieu de l'atmosphère; car, d'après les expériences les plus récentes, il paraît qu'elle en renferme d'autres qui se combinent à nous, tantôt à notre avantage et tantôt à notre détriment. C'est en elle que se développe l'action de l'électricité dont nous connaissons si imparfaitement l'influence cependant si puissante sur la machine animale; nous ne savons pas davantage comment elle pénètre le corps humain et quels sont les changemens qu'elle y opère. Nous vivons de l'air que nous respirons; mais sa vertu intime, l'aliment de notre vie, est un mystère pour nous. Si à cela nous ajoutons les modifications locales et presque innombrables qui altèrent ses parties composantes par l'effet de l'évaporation de différentes substances; si nous réfléchissons sur tant de maladies extraordinaires, souvent terribles et incurables à certains âges, et dont la cause est un germe invisible auquel les médecins ne savent pas donner d'autre nom que celui de miasme; si nous nous rappelons le poison caché qui nous a apporté la petite vérole, la peste, les maladies syphilitiques, et beaucoup d'autres fléaux qui ont disparu dans le cours des temps; si nous considérons combien nous savons peu de choses, je ne dis pas de l'*Harmattan*, du *Simor*, du *Sirocco* et des vents nord-est de la Tartarie, mais de la nature et des effets des vents de nos propres pays, combien ne nous manque-t-il pas encore de travaux préliminaires avant d'en venir seulement à une physiologie pathologique de toutes les facultés sensibles et intellectuelles de l'homme! cependant chaque effort mérite sa couronne, et la postérité en aura plusieurs à distribuer au siècle que nous parcourons.[1]

Enfin, l'élévation ou l'affaissement d'une contrée, la nature et les productions du sol, les qualités de la nourriture et de la boisson dont les hommes font usage, le genre de leurs travaux, leurs vêtemens, et même leur maintien habituel, leurs arts et leurs plaisirs, ainsi qu'une foule d'autres circonstances qui ont une puissante influence sur leur vie, tout cela appartient au tableau mouvant des climats. Quelle puissance humaine peut ramener ce chaos de causes et d'effets à un seul système assez bien ordonné, pour que chaque objet particulier, chaque contrée jouisse de ses droits, et que nul ne reçoive ni trop, ni trop peu? Ce que nous pourrions faire de mieux, serait d'examiner sous le rapport du climat certaines contrées avec la méthode simple et pénétrante d'Hippocrate[2], et de tirer peu à peu et sans précipitation les conséquences générales qui naîtraient de l'expérience. Le naturaliste et le médecin sont ici les élèves de

---

[1]. Voyez Gmelin, *Ueber die neuern Entdeckungen in der Lehre von der Luft* (Sur les nouvelles découvertes en aérologie), Berlin. 1784.

[2]. Voyez Hippocrate, *De aere, locis et aquis*, surtout la seconde partie du traité. C'est l'auteur auquel je dois le plus pour tout ce qui a rapport au climat.

la nature et les maîtres du philosophe. Nous, et avec nous la postérité, leur devons déjà un grand nombre de matériaux recueillis dans différens lieux du monde, pour établir enfin une théorie générale des climats et de leurs effets sur l'homme. Mais ici il faut que nous nous contentions de quelques remarques générales, puisque nous ne pouvons pas descendre aux observations particulières.

1. *Comme notre terre est un globe, et la terre ferme une montagne qui s'élève au-dessus des mers, il doit résulter de diverses causes un caractère général de climats qui agit sur la vie de tous les êtres animés.* Non-seulement dans chaque contrée la température change avec les alternatives du jour et de la nuit et avec les révolutions des saisons; mais encore le conflit des élémens, l'action mutuelle de la mer et de la terre l'une sur l'autre, la situation des montagnes et des plaines, les vents périodiques qui ont pour cause le mouvement du globe, les changemens de saisons, l'apparition et la disparition du soleil, et plusieurs autres causes moins importantes, maintiennent entre les élémens une harmonie salutaire, sans laquelle tout resterait stagnant dans le silence et la corruption. Nous sommes entourés d'une atmosphère; nous vivons au sein d'un océan électrique, mais ces deux milieux, et probablement le fluide magnétique avec eux, sont

dans un mouvement continuel. De la mer s'élèvent des vapeurs que les montagnes attirent pour les résoudre en rosée et en ruisseaux. Ainsi les vents se succèdent les uns aux autres; ainsi les années, ou les périodes d'années, remplissent leurs jours climatiques; ainsi différentes contrées et différens âges se suivent et se préparent, et tout sur le globe concourt à une harmonie générale. Si la terre était ou plate ou angulaire, comme les Chinois l'ont rêvé, il y aurait à ses extrémités des climats monstrueux que ne comportent ni la régularité de sa structure présente, ni le mouvement qui y est partout répandu. Les Heures dansent en cercles autour du trône de Jupiter, et ce qui naît sous leurs pas est plein d'imperfections, parce que tout vient de l'union de choses de genres différens; mais un amour interne, une union intime donnent partout l'être aux enfans chéris de la nature, à la régularité et à la beauté physique.

2. *La partie habitable de notre terre s'étend dans les contrées où le plus grand nombre d'êtres vivans pouvaient agir de la manière la plus conforme à leur nature, et cette situation des continens influe sur tous les climats.* Pourquoi dans l'hémisphère méridional le froid commence-t-il si près de la ligne? le naturaliste répond : parce qu'il n'y a que peu de terre ferme, et que les vents froids et les glaces du pôle sud s'étendent à une grande

distance. Par là on voit quel eût été le sort de l'espèce humaine, si tous nos continens avaient été partagés en groupes d'îles. Dans la structure présente, trois parties du globe s'échauffent l'une l'autre par le contact; la quatrième, qui est isolée, est la plus froide; et dans la mer du Sud, à peu de distance de la ligne, la dégradation et la difformité animale commencent en même temps que les terres deviennent plus rares. On ne trouve dans ces parages qu'un petit nombre d'animaux d'une espèce noble; l'hémisphère méridional a été destiné à servir de réservoir à notre globe, et le Nord à jouir d'un meilleur climat. Ainsi, en considérant la terre sous le rapport des latitudes, ou sous celui de la température, nous trouvons que la nature a partagé l'espèce humaine en divers peuples plus ou moins voisins les uns des autres, et qui se communiquent mutuellement avec les maladies et la chaleur de leurs climats, les vertus et les vices qu'ils font naître.

5. *Non-seulement les ondulations du sol et les chaînes de montagnes ont contribué à varier les climats à proportion de la foule des êtres vivans qui les habitent, mais encore elles ont autant que possible empêché l'espèce humaine de dégénérer.* La terre devait nécessairement avoir une ceinture de montagnes; mais sur leur sommet on ne trouve que les Mongols et les Tibétiens. Les plateaux des

Cordillères et tous ceux qui se rapprochent de ce degré d'élévation sont inhabitables. Les déserts sont d'autant plus rares que la surface du globe est plus inégale; car on peut considérer les montagnes comme des espèces de conducteurs électriques qui, en attirant les nuages, épuisent lentement leur corne d'abondance et font tomber en torrens de pluie la fertilité et la richesse. Les rivages escarpés et stériles, les côtes froides et marécageuses de la mer sont les portions du continent qui se sont formées les dernières, et les hommes n'en ont pris possession qu'après avoir reçu déjà un assez grand développement. Il n'est aucun doute que la vallée de Quito a été habitée avant la Terre de Feu, le royaume de Cachemire avant la Nouvelle-Hollande ou la Nouvelle-Zemble. La région centrale du globe, celle qui est à la fois la plus étendue et où règne le plus beau climat, enfermée d'un côté par la mer et de l'autre par les montagnes, a été la carrière où notre espèce a fait ses premiers essais; et de nos jours, c'est encore la partie du globe la plus peuplée.

Il est donc incontestable que, comme le climat est un système de pouvoirs et d'influences auquel les plantes et les animaux contribuent également, et dont tout ce qui respire tend à varier l'action et la réaction, de même l'homme est placé comme un souverain de la terre pour en modifier les effets par la puissance de l'art. Puisqu'il a tiré le feu du ciel, qu'il a rendu le cheval obéissant à sa main, puisqu'il a fait servir à sa volonté non-seulement les animaux, mais encore ses compagnons, et qu'il les a enchaînés, ainsi que les plantes, à ses desseins, il a contribué de différentes manières à altérer le climat. L'Europe était jadis une immense forêt, et il en a été de même d'autres contrées, aujourd'hui bien cultivées. Exposées maintenant aux rayons du soleil, leurs habitans eux-mêmes ont changé avec le climat. Sans l'art et la politique de l'homme, l'Égypte qu'il a soustraite à l'inondation, ne serait jamais sortie du limon du Nil; et là, aussi bien que dans la haute Asie, la création animée s'est conformée au climat artificiel. Ainsi le genre humain nous apparaît comme une société de pygmées, qui sont successivement descendus des montagnes pour subjuguer la terre, et changer le climat avec leurs faibles bras. La postérité dira jusqu'à quel point ils peuvent réussir dans cette entreprise.

4. Enfin, s'il est permis de parler en termes généraux d'un sujet qui rentre si évidemment dans les cas particuliers, dans les circonstances locales ou historiques, je placerai ici, avec certaines modifications, quelques maximes de Bacon sur l'histoire des révolutions[1]. L'action du climat s'étend

---

[1]. Bacon, *De augment. scienti.*, I, 3.

sur tous les corps; mais elle agit principalement sur les plus délicats, sur les fluides, l'air et l'éther. Elle opère plutôt sur la masse que sur l'individu, mais sur l'un par le moyen de l'autre. Elle n'est point limitée dans des époques déterminées, mais elle régit de longues périodes, quoiqu'elle tarde souvent à se manifester par des phénomènes frappans, qui encore n'ont pour cause déterminante que les circonstances les plus légères en apparence. Enfin, le climat n'impose pas une nécessité irrésistible, il ne fait qu'exciter des penchans. C'est lui qui répand sur le tableau général de la vie et des coutumes des nations indigènes ces teintes, ces tons particuliers qu'il est si difficile de saisir et de retracer distinctement. Peut-être se trouvera-t-il un jour un voyageur qui observera sans préjugé et sans exagération *l'esprit du climat*. A présent notre tâche est plutôt de déterminer quelles sont les forces organiques et vitales avec lesquelles chaque climat est en rapport, et celles qui par leur nature en changent ou en modifient le caractère.

## CHAPITRE IV.

*Le pouvoir de génération produit sur la terre toutes les formes, que le climat ne fait que modifier d'une manière plus ou moins favorable.*

De quel étonnement, l'homme qui vit pour la première fois le prodige de la création d'un être vivant[1], ne fut-il pas frappé! Des molécules, que des fluides séparent, deviennent un point vivant, d'où sort une créature terrestre. Le cœur paraît bientôt, et quelque faible, quelque imparfait qu'il soit, déjà il commence à battre. Le sang qui existait avant le cœur, commence à se colorer; ensuite on distingue la tête, puis les yeux, la bouche, et enfin les membres du corps. La poitrine n'est pas encore formée, quand déjà les parties internes sont en mouvement. Il n'y a point encore d'intestins, quand déjà l'animal ouvre sa bouche. Le petit cerveau n'est point encore enfermé dans la tête, ni le cœur dans la poitrine. Les côtes et les os ressemblent aux fils d'une toile d'araignée; mais peu à peu les ailes, les pieds, les orteils, les hanches paraissent, et la créature vivante reçoit une plus grande abon-

---

[1] Harvey, *De Generat. animal.* Wolf, *Theor. generat.*

dance de nourriture. Ce qui était nu, s'enveloppe et se couvre; la poitrine et la tête se ferment; l'estomac et les intestins restent encore flottans et suspendus; mais ils finissent aussi par recevoir leur forme propre aussitôt que la matière leur en est fournie. L'épiderme se contracte et s'épaissit, l'abdomen se ferme; l'animal est achevé. Il ne nage plus; il s'étend sur le dos; il dort et il veille tour à tour. Il se meut, il se repose, il crie, il cherche une issue et arrive avec tous ses membres complets à la lumière du jour. Quel nom donnerait à ce prodige celui qui le verrait pour la première fois? c'est, dirait-il, un pouvoir vivant organique; je ne sais ni d'où il vient, ni ce qu'il est intérieurement; mais ce que je vois et qui est incontestable, c'est qu'il est ici, qu'il vit, qu'il a acquis lui-même des parties organiques au sein d'un chaos de matière homogène.

En continuant à observer, il dut reconnaître que chacune de ces parties organiques avait été produite pour ainsi dire *in actu*, par une opération particulière; le cœur ne se montra pas avant d'être sorti des préparations successives qui l'avaient précédé. Aussitôt que l'estomac commença à paraître, il renferma la matière qu'il devait digérer. Il en est de même des artères et de tous les autres vaisseaux. Les fluides ont été formés avant les solides, le contenu existait avant le contenant, la pensée avant le corps, dont elle n'a fait que se revêtir. S'il remarqua ces choses[1], ne dut-il pas se dire que le pouvoir invisible ne s'est point abandonné à de vains caprices dans le choix des formes; mais qu'il n'a fait, pour ainsi dire, que se révéler conformément à sa nature intime? Il se produit au jour dans une masse qui lui appartient, et il faut qu'il ait en lui le *type même de sa manifestation* qui le fait être ce qu'il est. La créature nouvelle qui paraît dans le monde n'est que la réalisation d'une idée de la nature créatrice, qui ne pense jamais qu'activement.

Un examen plus attentif encore apprit que si cette création est provoquée par la chaleur de la mère ou par celle du soleil, cependant l'œuf ne produit pas de fruit vivant, malgré la présence de la chaleur et des matériaux nécessaires, à moins qu'il ne soit vivifié par le père. Arrivé à ce point, que restait-il à penser, si ce n'est que le principe de chaleur peut en effet avoir quelque affinité avec le principe de vie qu'il provoque; mais que la cause qui met ce pouvoir organique en action, pour donner à la matière morte et informe une figure vivante, est réellement présente et renfermée dans l'union de deux êtres vivans? C'est ainsi que se forment l'homme et les créatures animées, chacune

---

[1]. Wolf, *Theor. generat.*, p. 169, 180, 216.

suivant le genre de son organisation, et toutes conformément à la loi universelle d'analogie, qui se reproduit avec évidence dans tous les êtres qui ont vie sur la terre.

Enfin, comme il paraît, ce pouvoir vital, loin d'abandonner la créature lorsqu'elle est achevée, continue à se développer activement en elle, sans plus créer, il est vrai, mais en conservant, en vivifiant, en nourrissant ce qui déjà est créé; du moment où il entre dans le monde, il accomplit toutes les fonctions vitales pour lesquelles, et même jusqu'à un certain point avec lesquelles il a été formé. La bouche s'ouvre, car c'était là la première opération qu'elle devait exécuter; le poumon respire. Les organes vocaux envoient des sons; les lèvres sucent; l'estomac digère. Il vit, il croît; toutes les parties externes et internes s'assistent l'une l'autre; elles attirent, repoussent et s'assimilent par une action sympathique les corps étrangers et se prêtent un secours mutuel dans la souffrance et la maladie, de mille manières non moins admirables qu'inexplicables. Or, celui qui aurait vu pour la première fois la succession de ces phénomènes, que dirait-il, sinon que le pouvoir vital inné et originel continue à résider dans la créature qu'il a formée, animant et développant chacune de ses parties, selon le mode organique qui lui est propre. Partout présent en elle sous les formes les plus variées, ce n'est que par lui qu'elle est un tout vivant, qui se conserve, qui croît et qui agit.

Et ce principe vital, nous tous nous le portons en nous, dans la maladie comme dans la santé; assimilant, séparant ou rejetant les substances extérieures selon qu'elles lui conviennent ou lui nuisent, il grandit, se fortifie avec l'âge et survit encore dans quelques parties après la mort de l'individu : toutefois il est autre que la puissance rationnelle de notre pensée; car assurément ce n'est pas elle qui façonne le corps qu'elle ne connaît pas, et qu'elle n'emploie que comme un instrument grossier fait pour exprimer ses idées. Mais il y a entre elle et le principe vital les mêmes rapports qu'entre toutes les forces de la nature en général; car même la pensée immatérielle varie avec la santé et l'organisation, et les désirs et les penchans de nos ames dépendent tous intimement de la chaleur animale. Comme ce sont des *faits* naturels qu'aucune hypothèse ne peut changer, qu'aucun sophisme ne peut renverser, leur simple énoncé renferme la philosophie la plus ancienne de la terre, et celle qui probablement survivra à toutes les autres [1]. Assurément, bien que je

---

1. Conduits par l'expérience, Hippocrate, Aristote, Galien, Harvey, Bayle, Stahl, Glisson, Gaubius, Albinus et plusieurs autres philosophes qui ont le plus observé l'histoire naturelle de l'espèce humaine, ont admis cette force vitale,

sache que je pense, je ne connais point la faculté qui pense en moi, pas plus que je ne sais ce qu'est le principe vital, tout en voyant et en sentant que je vis. Inné, organique, originel, ce principe est le fondement de mes facultés physiques, le génie interne de mon être. L'homme n'est la plus parfaite des créatures terrestres que parce que les pouvoirs organiques les plus épurés que nous connaissions agissent en lui avec les instrumens les plus achevés; c'est la plante animale la plus parfaite, un génie né sous la forme humaine.

Si les principes avancés jusqu'ici sont justes, s'ils sont fondés sur une expérience incontestable, notre espèce ne peut dégénérer que par l'action de ces pouvoirs organiques; ce qu'il y a de certain, c'est que chaque homme, chaque animal, chaque plante a son climat propre; car chacun reçoit à sa manière les impressions externes, et les modifie selon ses organes. Dans la fibre la plus déliée, l'homme n'est point affecté comme la pierre ou comme une hydatide. Examinons quelques degrés, quelques nuances de cette dégradation progressive. Si dans l'espèce humaine le premier degré de dégénération commence à se montrer dans les parties

---

à laquelle ils n'ont fait que donner des noms différens, ou qu'ils n'ont pas toujours assez distinguée de celles qui s'en rapprochent.

externes, ce n'est pas qu'elles agissent d'elles-mêmes et par leur propre vertu, mais c'est que le pouvoir vital opère du dedans au dehors. Par le mécanisme le plus étonnant, il tend à rejeter hors du corps tout ce qui lui est nuisible ou mal assorti : ainsi donc de toutes les parties du sujet organique les extrémités sont les premières à s'altérer et à se changer; et, en effet, les variétés les plus frappantes de l'espèce n'atteignent que la peau et les cheveux. La nature protège la forme interne et en conserve les traits essentiels, en rejetant autant que possible la matière qui la surcharge ou l'embarrasse.

Si l'altération du pouvoir externe va plus loin, ses effets se produisent de la même manière que ceux du principe vital lui-même, *par le mode de nutrition et de propagation*. Le Nègre est blanc en venant au monde; les parties de son corps qui sont les premières à se noircir[1], sont une preuve manifeste que le germe qui, en recevant de l'air externe tout son développement, lui donne un caractère distinctif dans l'espèce humaine, se transmet originellement. L'âge de puberté et une foule de faits que les maladies présentent, montrent assez l'empire qu'ont sur le corps de l'homme la nutrition et la propagation; c'est par elles que les parties

---

[1] Voy. le livre précédent.

même les plus éloignées entrent en rapports intimes, et que dans la dégénération de l'espèce, elles subissent ensemble des modifications correspondantes. La peau et les organes du sexe exceptés, ce sont les oreilles, le cou et la voix, le nez, les lèvres, la tête, etc., qui présentent le plus de variétés.

Enfin, comme le principe vital unit toutes les parties entre elles, et que l'organisation est un nœud compliqué qui, à proprement dire, n'a ni commencement ni fin, il est aisé de comprendre que toutes les modifications de quelque importance doivent finir par devenir visibles même dans les parties les plus solides, et dont les rapports ne changent que par l'effet du pouvoir interne, qui est affecté depuis le haut de la tête jusqu'à la plante des pieds. La nature ne cède pas facilement à ce changement, et même dans les naissances monstrueuses, quand elle a été brusquement troublée dans ses opérations, elle a une foule de moyens pour réparer le mal, comme un général déploie tout son génie dans la retraite. Toutefois la variété des formes nationales prouve que les changemens les plus opposés ne sont point impossibles dans l'espèce humaine, et c'est un résultat du système compliqué de notre constitution, de sa délicate mobilité et des pouvoirs innombrables qui agissent sur elle. Pendant des siècles, des nations ont moulé leur tête, écrasé leur nez, rapetissé leurs pieds ou alongé leurs oreilles; la nature n'en reste pas moins conforme à elle-même, et si pendant quelque temps elle est obligée de prendre une autre direction que la sienne, et de distribuer des fluides aux parties malades, elle reprend sa marche véritable aussitôt qu'elle recouvre sa liberté, et reproduit sa propre image dans sa perfection primitive. Il en est tout différemment quand la difformité est un vice originel et que la nature n'a point été violemment contrariée; alors elle est héréditaire, même dans des membres particuliers. Que l'on ne dise pas que l'art ou le soleil ont aplati le nez du Nègre: comme la conformation de cette partie du visage est en rapport avec celle du crâne, du menton, du cou, de l'épine dorsale, et que la prolongation de la moelle épinière est pour ainsi dire le tronc de l'arbre sur lequel le thorax et tous les membres se développent, l'anatomie comparée montre d'une manière satisfaisante[1] que la dégénération a affecté toute la figure, et qu'aucune de ces parties ne pourrait subir une altération sans qu'elle ne se fît sentir partout. Ainsi la forme nègre se transmet héréditairement, et elle ne peut changer une seconde fois que par le mélange des races. Voyez le Nègre en Europe;

---

[1]. Sœmmering, sur la différence physique qu'il y a entre le Nègre et l'Européen; 1784.

il reste ce qu'il était. Qu'il épouse une femme blanche, et une seule génération fera ce que le climat le plus tempéré ne pourrait faire dans des siècles. Il en est de même des constitutions de tous les peuples, les changemens de pays n'influent sur eux que très-lentement; mais si l'on suppose le mélange des races, après quelques générations, il n'y a plus ni traits chinois, ni mongols, ni américains.

Si le lecteur se plaît à suivre cette voie, continuons à présenter encore quelques observations.

1. Tout observateur doit reconnaître à la première vue que *dans les variétés innombrables de la figure humaine, non-seulement certaines formes et certaines proportions se représentent, mais encore ont entre elles la correspondance la plus intime.* C'est pour les artistes un fait reconnu, et nous voyons dans les statues des anciens que cette proportion ou cette symétrie, comme ils l'appelaient, comprenait non-seulement la longueur et la grosseur des membres, mais encore leur convenance harmonique avec le caractère du tout. Les caractères de leurs dieux et de leurs déesses, de leurs jeunes gens et de leurs héros, étaient si bien déterminés dans toutes leurs formes, que l'on peut, jusqu'à un certain point, les reconnaître à un seul membre, et que pas une de ces figures ne pourrait recevoir un bras, une poitrine, des épaules, qui appartiendraient à une autre. Un génie particulier

vit et respire dans chacune des formes dont il s'est revêtu, et son caractère est marqué par la moindre attitude ou le moindre mouvement d'une manière aussi distincte que dans le tout. Le Polyclète de notre pays, Albert Durer, s'est livré chez les modernes à d'ingénieuses recherches sur les diverses proportions du corps humain[1], et il a montré évidemment que les formes des parties changent en même temps que les rapports qui les unissent. Que serait-ce si un homme, joignant à l'exactitude de Durer le génie et le goût de l'antiquité, étudiait les différences originelles des caractères nationaux dans les traits qui leur correspondent? Alors, et seulement alors, l'étude de la physionomie reviendrait, ce me semble, à la véritable méthode que son nom indique; ce ne serait ni l'éthognomie, ni la technognomie, mais l'exposition même de la nature vivante de l'homme, l'interprète de son génie, qu'elle révélerait au dehors par des signes manifestes. Comme dans ces limites elle ne cesse de se conformer à l'analogie du tout, qui se montre principalement sur les traits du visage, il faut qu'elle ne se sépare pas de la pathognomie, et que la physiologie et la séméiotique lui prêtent des secours fréquens; car la figure extérieure de l'homme

---

[1]. Albert Durer, sur les proportions humaines; Nuremberg, 1528.

n'est que l'enveloppe de son mécanisme interne, assemblage compliqué, où chaque lettre forme, il est vrai, une partie du mot, mais où le mot entier a seul un sens déterminé. C'est ainsi que l'observation de la physionomie nous sert dans la vie ordinaire : le médecin expérimenté reconnaît au maintien et à l'habitude du corps de quelle maladie un homme est menacé, et le regard physionomiste d'un enfant apprend à connaître les penchans naturels (Φυσις) d'un homme par ses traits et toute sa personne, c'est-à-dire par la forme sous laquelle son génie se manifeste.

2. Bien plus, *ne pourrait-on pas noter ces formes, ce concours de parties harmoniques de manière à en faire une sorte d'alphabet ?* Ce système de lettres ne serait point parfait, il est vrai ; car il n'y en a de tel dans aucune langue : mais il n'est pas de doute que l'étude attentive de ces inscriptions vivantes, gravées sur les colonnes de l'humanité, n'ouvrît un vaste champ à la science des caractères. Si dans ce but, loin de nous renfermer dans les bornes de l'Europe, et surtout dans l'idée que nous nous faisons communément du plus haut degré de santé et de beauté, nous suivions la nature vivante sur toute l'étendue du globe, dans toutes ses harmonies et ses variétés, nos efforts seraient infailliblement récompensés par de nombreuses découvertes sur l'accord des principes vitaux de la

structure humaine. D'ailleurs, il est probable que cette étude des rapports naturels des formes dans le corps humain nous conduirait plus loin que n'a pu faire la théorie des constitutions et des tempéramens, tant de fois essayée, quoique presque toujours avec de très-médiocres succès. Si les observateurs les plus habiles n'ont fait ici que peu de progrès, c'est qu'il leur manquait un alphabet précis pour noter les différences qu'ils avaient à exprimer.[1]

Comme la physiologie doit partout éclairer le tableau de la formation et des variations de l'espèce humaine, la sagesse de la nature qui ne façonne et n'altère les formes que conformément à une loi universelle de bonté et de compensation, se montre à chaque pas dans tout son éclat. Pourquoi, par exemple, l'auteur des choses a-t-il séparé les espèces les unes des autres, si ce n'est pour perfectionner et conserver indéfiniment le type de leur conformation. Nous ignorons jusqu'à quel point les espèces d'animaux que nous voyons aujourd'hui sous nos yeux étaient rapprochées entre elles dans les premiers âges de notre globe; mais nous voyons que leurs rangs et leurs différences sont marqués originellement. Dans l'état sauvage, il n'y

---

[1]. Cette doctrine est réduite à une grande simplicité dans les mélanges de Metzger. Platner et quelques autres ont traité cette question avec un mérite reconnu.

a pas d'accouplement entre des animaux de genres différens, et si l'art despotique de l'homme, si la mollesse lascive des animaux domestiques altèrent leurs vrais instincts, la nature ne laisse pas dépendre ses lois invariables des caprices de l'art ou de la débauche. Ainsi, ou l'union est stérile, ou le mélange ne produit des fruits qu'entre les espèces les plus voisines. D'ailleurs, dans ces espèces bâtardes la forme ne paraît viciée que dans les extrémités du corps, comme déjà nous l'avons remarqué dans la dégénération de l'espèce humaine. Si le type de la forme interne pouvait être altéré essentiellement, aucune créature vivante n'aurait conservé son identité. Ainsi donc, en vertu des lois fondamentales de la nature créatrice, et du type essentiel et originel de chaque genre, la sphère des organisations ne comporte ni un Satyre, ni un Centaure, ni une Scylla, ni une Méduse.

3. Enfin, *les moyens les plus parfaits que la nature ait employés pour accorder la variété et l'uniformité de figures dans les divers genres d'organisation*, sont les rapports établis entre deux sexes qu'elle unit en un seul. Par quel secret mystère les traits des deux parens se mêlent-ils et se confondent-ils avec tant de délicatesse dans l'image de leurs enfans, comme s'ils leur avaient communiqué leur ame dans des proportions différentes, et qu'ils eussent partagé avec eux la foule de leurs

pouvoirs organiques? Tout le monde sait que les maladies, les traits, et même le tempérament et les penchans se transmettent héréditairement, et souvent même la ressemblance des ancêtres morts depuis long-temps reparaît dans le cours des générations d'une manière frappante. Une chose également incontestable, quoique plus difficile à expliquer, est l'influence des affections physiques et morales de la mère sur son enfant. Plusieurs exemples déplorables prouvent que ces effets se prolongent pendant toute la vie. La nature a donc concentré deux sources de vie en une seule, pour douer la créature future d'un pouvoir naturel complet qui doit se développer en elle, suivant les traits de chacun des deux parens. Pour relever une race dégénérée, il ne faut quelquefois qu'une mère saine et forte; souvent un jeune homme affaibli s'éveille à un nouvel état de vie et de santé dans une union bien assortie. Quant à la formation originelle de l'homme, l'amour est le plus puissant des dieux; il ennoblit les races, il relève celles qui déclinent. C'est un rayon de la divinité, qui éclaire d'une flamme rapide et dévorante les lentes ténèbres de la vie humaine. Rien, au contraire, n'enchaîne plus le génie plastique de la nature, qu'une froide antipathie, ou, ce qui est pis encore, de flétrissantes convenances : unissant à regret des créatures qui jamais n'ont été destinées l'une à l'autre, elles perpétuent une race d'êtres misérables, sans harmonie avec eux-mêmes. Jamais l'animal n'est tombé si bas que l'homme par cette cause de dégradation.

## CHAPITRE V.

*Réflexions sur les conséquences de l'opposition entre le climat et le pouvoir originel.*

Si je ne me trompe, on peut considérer les observations qui précèdent comme les premiers traits qui marquent cette opposition. Personne ne s'attendra, par exemple, à ce que la rose devienne un lis, le chien un loup en changeant de climat; car la nature a déterminé avec précision la sphère de chaque espèce : elle en a marqué les derniers contours, et plutôt que de mutiler ou de dégrader essentiellement la forme d'une créature, elle aime mieux la laisser disparaître. Mais que la rose soit susceptible de variétés, que le chien puisse acquérir quelques-uns des caractères du loup, c'est ce que l'expérience confirme; toutefois l'altération ne provient, dans ces cas, que d'une violence faite à l'action des pouvoirs organiques, et même dans la lutte qui s'engage entre eux, ces deux principes fondamentaux ne laissent pas d'agir avec une grande force chacun à leur manière. Le climat renferme en soi une foule de causes très-différentes les unes des autres, qui pour cela n'opèrent qu'avec lenteur et diversité, jusqu'à ce qu'elles aient pénétré les parties internes pour les changer par l'habitude et le pouvoir originel. Toujours conforme à lui-même, ce dernier résiste long-temps avec force et uniformité ; mais comme il n'est pas indépendant des circonstances externes, il faut qu'il s'y accommode avec le temps.

A un aperçu général de l'opposition de ces deux pouvoirs, je préférerais l'examen attentif des cas particuliers que l'histoire et la géographie nous présentent en foule. Nous savons, par exemple, quel a été le sort des colonies portugaises en Afrique, des Espagnols, des Hollandais, des Anglais et des Allemands établis en Amérique et dans les Indes orientales, suivant qu'ils ont adopté le genre de vie des indigènes, ou qu'ils ont conservé les coutumes d'Europe. Après avoir étudié cette classe de faits avec attention, nous pourrions passer à des émigrations plus anciennes, comme, par exemple, à celles des Malais dans les îles, des Arabes en Afrique et aux Indes orientales, et des Turcs dans les contrées qu'ils ont conquises, et aller ainsi jusqu'aux Mongols, aux Tartares, et enfin à cet essaim de nations qui ont couvert l'Europe dans le cours des grandes invasions. Jamais il ne faudrait perdre de vue de quel climat tel peuple est arrivé, quel genre de vie il en a rapporté, quel pays il a rencontré dans sa marche, avec quelles nations il s'est mêlé, et quelles révolutions il a subies dans sa nouvelle patrie. Si l'on soumettait à cet examen les époques sur lesquelles nous avons des documens certains, tout nous fait croire que l'on pourrait ordonner en systèmes ces premières migrations, qui ne nous sont connues que par les histoires traditionnelles des anciens écrivains, ou les rapports des langues et des mythologies; car tous les peuples de la terre, ou du moins le plus grand nombre, ont émigré tôt ou tard. Ainsi, à l'aide de quelques mappes-mondes qui faciliteraient nos recherches, nous obtiendrions une histoire *physique et géographique des migrations et des variations de notre espèce*, selon les temps et les climats, et par là nous arriverions à d'importans résultats pour la science de l'homme.

Sans prétendre anticiper sur les travaux de l'esprit observateur qui s'imposera cette tâche, je placerai ici quelques faits tirés de l'histoire moderne, pour confirmer les réflexions qui précèdent.

1. *Il est rare que des changemens trop brusques d'hémisphère et de climat soient favorables à une nation;* car ce n'est pas en vain que la nature a séparé les territoires et marqué les limites des peuples. L'histoire des conquêtes, aussi bien que celle des compagnies de commerce, et surtout celle des missions, présentent, d'après les récits des parties elles-

mêmes, un tableau triste et sous quelques rapports ridicule, si l'on considère avec impartialité ce sujet et ses nombreuses conséquences. Nous reculons d'horreur quand nous lisons ce que l'on écrit de tant de peuples européens, qui, tombés dans la volupté la plus dissolue et dans un orgueil effréné, ont laissé dégénérer à la fois leurs facultés morales et physiques au point de n'être plus capables ni de jouissance ni de compassion. Fantômes revêtus de la forme humaine, qui, perdus pour tous les plaisirs nobles et généreux, portent dans leur sein une mort anticipée. Si nous ajoutons à ces derniers cette foule de malheureux qui ont trouvé leurs tombeaux dans les Indes; si nous lisons l'histoire des maladies étrangères dans les Mémoires des médecins anglais, français et allemands, et si alors nous ramenons nos regards sur les pieux missionnaires, qui plus que tous les autres ont conservé les réglemens de leurs ordres et les coutumes qu'ils avaient apportées d'Europe, quels résultats déplorables, et qui malheureusement appartiennent à l'histoire de l'homme !

2. *L'industrie européenne des colonies dont les mœurs et le genre de vie étaient plus réglés, n'a pas toujours suffi dans d'autres parties du monde à combattre les effets du climat.* Kalm a observé [1]

---

1. Recueil de voyages; Gœttingue, X et XI: *passim.*

que dans l'Amérique septentrionale, les Européens arrivent plutôt que dans leur pays natal à l'âge de puberté, à la vieillesse et à la mort. « Rien n'est « plus ordinaire, dit-il, que de voir de petits enfans « répondre avec une vivacité et une promptitude « étonnante aux questions qu'on leur propose; « mais aussi ils n'atteignent que rarement l'âge des « Européens. Il est bien rare que ceux qui naissent « en Amérique de parens européens arrivent à « quatre-vingts ou quatre-vingt-dix ans, quoique « la vie des indigènes soit souvent plus longue; « et les Européens vivent communément en Amé-« rique plus long-temps que ceux de leurs enfans « qui sont nés sur le nouveau continent. Les fem-« mes sont stériles de meilleure heure, quelques-« unes dès l'âge de trente ans; et l'on a générale-« ment observé que les enfans des colons euro-« péens perdent beaucoup plus tôt leurs dents, tan-« dis que les Américains conservent les leurs, dans « toute la blancheur de leurs premières années, « jusqu'à la fin de leur vie. » On a cité injustement ce passage comme une preuve de l'insalubrité de l'Amérique, même pour ses propres habitans; mais, ainsi que Kalm l'observe, elle n'est une mère cruelle que pour ceux qui viennent se reposer sur son sein avec des constitutions et des mœurs étrangères.

3. *Que l'on ne pense pas que l'homme puisse,*

*par un habile despotisme, faire en une seule fois d'une contrée étrangère une Europe nouvelle, en abattant d'antiques forêts et en cultivant un sol vierge;* car toute la création vivante est une harmonie dont les rapports ne changent pas à volonté. Kalm, d'ailleurs, nous apprend, par la bouche des indigènes, que l'effet de la destruction rapide des forêts et de la culture du sol est non-seulement de diminuer le nombre du gibier qui peuplait d'abord les bois et les eaux, et des poissons qui fourmillaient dans les ruisseaux et les fleuves; de dessécher une partie des lacs, des rivières, des sources, des amas d'eaux de pluie; de faire tomber les ombrages des forêts, etc.; mais encore d'altérer la santé des habitans, d'abréger leur vie et de modifier jusqu'aux saisons. « Les Américains, dit-il, dont la vie
« se prolongeait jusqu'à cent ans et plus avant l'ar-
« rivée des Européens, arrivent à peine aujourd'hui
« à la moitié de l'âge de leurs ancêtres; et il est
« probable que ce changement doit être attribué
« non-seulement à l'usage immodéré des liqueurs
« et à un changement subit dans leur manière de
« vivre, mais aussi à la destruction de tant de plantes
« odoriférantes et d'herbes salutaires, qui chaque
« matin et chaque soir parfumaient l'air, comme
« un jardin émaillé de fleurs. L'hiver était alors
« plus régulier, plus froid et plus sain : de nos
« jours le printemps commence plus tard, et,

« comme les autres saisons, il est plus variable et
« plus irrégulier. » Telle est l'opinion de Kalm, et
quelque locale qu'elle puisse être, elle montre pourtant que la nature ne se plaît point à des changemens si rapides, si violens, même dans les meilleures choses, et lors même que la culture d'une
contrée est le noble but des efforts de l'homme.
N'est-il pas aussi présumable que la mollesse des
Américains civilisés du Mexique, du Pérou, du Paragay et du Brésil, vient de ce que nous avons
changé leur pays et leurs manières de vivre, sans
avoir eu ni le pouvoir ni la volonté de leur donner
une nature européenne ? Toutes les nations qui
vivent dans les bois, selon les mœurs de leurs ancêtres, sont fortes et hardies, vivent long-temps,
et se renouvellent, comme le feuillage de leurs arbres, dans toute la fraîcheur de la jeunesse. Celles
qui habitent les pays cultivés, privés d'ombres et
de fraîcheur, dégénèrent peu à peu : l'ame et le
courage habitent au fond des forêts. Voyez, par
exemple, dans Dobritzhofer [1], l'histoire si intéressante de cette famille arrachée à la vie heureuse
qu'elle menait au fond des bois. La mère et la fille
ne tardèrent pas à mourir; toutes deux, dans leurs
rêves, continuaient à appeler, l'une le frère, l'autre
le fils, dont elles avaient été séparées, jusqu'au mo-

---

[1]. Dobritzhofer, *Geschichte der Abiponer* (Histoire des
Abipons), I, 114.

ment où la mort vint fermer leurs yeux, sans le secours de la maladie. Cela seul fait comprendre comment des nations, qui jadis étaient vaillantes, actives et intrépides, sont tombées en peu de temps dans l'état de faiblesse dont les jésuites du Paraguay et les voyageurs du Pérou font une peinture si déplorable, qu'il est impossible de la lire sans une tristesse amère. Dans le cours des âges, il peut arriver que ce joug imposé à la nature produise de bons effets dans certains lieux[1]; seulement je doute qu'il en fût ainsi, s'il était possible de l'étendre partout : mais il ne paraît pas qu'il ait aucun effet pendant les premières générations, ni sur ceux qui donnent, ni sur ceux qui reçoivent la civilisation ; car la nature est partout un tout vivant qu'il faut suivre et développer peu à peu, loin de vouloir le subjuguer par la violence. Jamais on n'a rien fait de ces sauvages que l'on a brusquement transportés au milieu d'une ville d'Europe. De ce sommet brillant où on les avait placés, ils soupiraient après leurs plaines natales, et pour la plupart ils revenaient, amollis par la corruption sans s'être enrichis par l'expérience, à leurs anciennes manières de vivre, dont ils n'étaient plus capables alors de sentir le prix. Il en est de même des révolutions que la puissance des Européens a fait subir aux climats.

---

1. Essai de Williamson sur les causes du changement de climat. Recueils de Berlin, vol. VII.

O fils de Dédale, messagers du destin, que d'instrumens sont entre vos mains pour répandre le bonheur sur la terre, par des moyens humains et glorieux! et combien de fois l'amour insolent et vénal du gain ne vous a-t-il pas conduits dans des voies opposées! Tous les étrangers qui, arrivés dans une terre nouvelle, ont consenti à se conformer aux habitudes des indigènes, non-seulement se sont attiré leur estime et leurs affections, mais ont fini par trouver que leur manière de vivre était clairement indiquée par les convenances du climat; mais que le nombre de ces derniers est limité! qu'il est rare qu'un Européen entende un indigène dire de lui: « C'est un homme comme nous. » Aussi la nature ne se venge-t-elle pas de toutes les injures qu'elle reçoit! où sont les conquêtes, les établissemens, les tombeaux de ces races qui jadis ont envahi des terres lointaines pour y répandre la dévastation et le pillage. Le souffle du climat les a ou dissipées ou dévorées, et les indigènes n'ont pas eu de peine à donner le dernier coup à l'arbre déjà à demi ébranlé. Au contraire, la plante paisible qui s'est accommodée aux lois de la nature, non-seulement a prolongé sa vie, mais a répandu ses germes bienfaisans sur un sol nouveau. C'est aux siècles futurs à dire quelle influence, heureuse ou funeste, a été exercée par notre génie sur les climats étrangers, et par les climats étrangers sur notre génie.

# LIVRE VIII.

Après avoir étudié la figure et les pouvoirs naturels de l'homme, quand j'arrive à l'essence même de sa pensée, et que je cherche à décrire d'après des documens indirects, défectueux et récusables en partie, ses facultés toujours mouvantes, telles qu'elles apparaissent en général sur toute l'étendue du globe, je ressemble à un matelot qui, las de parcourir paisiblement l'Océan, tenterait une semblable navigation au milieu des airs. Le métaphysicien a ici une tâche beaucoup plus facile à remplir : il attribue à l'intelligence une idée dominante dont il déduit tout ce qui y est contenu, quelles que puissent être les circonstances extérieures; la philosophie de l'histoire, loin de vivre ainsi d'abstraction, ne repose que sur l'histoire; et l'on s'expose à tirer de fausses conséquences, si l'on ne généralise pas, du moins jusqu'à un certain point, les faits nombreux qu'elle présente. J'essayerai cependant d'éclairer la voie; mais, au lieu de m'élancer en pleine mer, je ne ferai que raser les côtes, c'est-à-dire, je me bornerai aux faits certains, ou du moins tenus pour tels, et sans oublier de les distinguer de mes propres conjectures, je laisserai à d'autres, plus heureux que moi, le soin de les classer dans un ordre plus rigoureux et d'en faire un meilleur usage.

## CHAPITRE PREMIER.

*La sensibilité de l'espèce humaine varie avec les formes et le climat ; mais partout l'humanité se développe à mesure que les sens sont exercés d'une manière moins grossière.*

Si l'on en excepte les Albinos, tous les peuples ont, au nombre de cinq ou de six, les sens qui ont été donnés à l'homme en général. Il est reconnu dans toute l'histoire moderne que les peuples auxquels Diodore de Sicile refuse le sens du toucher, et que ces nations de sourds et muets dont on a tant parlé, ne sont que des fables qui ne méritent aucune croyance. Toutefois celui qui, frappé de la différence qu'établissent entre nous les impressions extérieures, considère d'ailleurs quelle multitude innombrable de familles et d'individus vivent dans tous les climats de la terre, finit par se trouver égaré dans sa contemplation, sur un Océan sans bornes, où la vague se perd dans la vague qui la suit. Dans chaque homme, les impressions sensibles ont entre elles un rapport particulier, et pour ainsi dire une harmonie qui leur est propre, de telle sorte que, dans certains cas, l'état de l'homme individuel est révélé suivant les circonstances par les phénomènes les plus surprenans; aussi les médecins et les philosophes ont-ils formé des catégories de quelques sentimens extraordinaires, c'est-à-dire, des idiosyncrasies qui, pour la plupart, sont aussi rares qu'inexplicables; le plus souvent ils ne se présentent que dans l'état de maladie, ou dans des accidens imprévus; rarement dans les circonstances habituelles de la vie. Les langues n'ont point de termes pour les exprimer; car chaque homme ne parle et ne comprend que dans la sphère de ses perceptions propres, et il faut à des organisations différentes un type commun pour y rapporter les impressions diverses qu'elles reçoivent. Dans celui de nos sens qui est le plus précis, dans celui de la vue, on retrouve encore ces différences, non-seulement en ce qui concerne la distance, mais encore dans l'appréciation de la figure et de la couleur des objets. Voilà pourquoi la plupart des peintres se distinguent par leur dessin et leur coloris. La philosophie de l'histoire de l'homme n'a point pour objet d'épuiser cet abîme; il lui suffit par quelques oppositions frappantes d'appeler notre attention sur les phénomènes les plus élevés de tous et qui touchent à notre nature même.

Le sens le plus généralement répandu et le plus nécessaire est celui du toucher : c'est le fondement de tous les autres et l'un des plus précieux avantages de l'homme organique[1]. C'est à lui que nous devons notre adresse, nos arts et nos découvertes; peut-être même a-t-il contribué plus que nous ne l'imaginons, à la formation de nos idées : mais combien ne varie-t-il pas, suivant les modifications qu'il reçoit du genre de vie, du climat, de l'exercice et de l'irritabilité originelle du corps; chez quelques nations américaines, par exemple, la peau a une insensibilité originelle que l'on remarque même dans les femmes, et qui résiste aux opérations les plus douloureuses[2]. Si ce fait est vrai, je conçois qu'il peut être aisément expliqué par les circonstances physiques et morales. Pendant des siècles, la plupart des nations de cette partie du monde ont exposé leur corps nu à toute la violence des vents, et pour se garantir des insectes, ils ont enduit leur peau de certaines substances corrosives, et se sont arraché les poils qui tendent à l'amollir. Ils se nourrissent de racines, de plantes alcalines et de la farine de quelques végétaux âcres : or, l'on n'ignore pas quel rapport

---

1. Voy. Metzger, de la supériorité physique de l'homme sur les animaux, dans ses traités de médecine (en allemand), tom. III.

2. *Robertson's history of America*, vol. I

intime unit les organes de la digestion et le siége du tact, non plus que les maladies qui en résultent pour ce sens. Les excès qu'ils font dans les repas, et la faculté qu'ils ont de supporter la faim pendant un temps extraordinaire, semblent également confirmer cette insensibilité, qui est d'ailleurs un symptôme de plusieurs de leurs maladies [1], et qu'il faut ainsi mettre au nombre des avantages et des désavantages de leur climat. Ils ont été armés par là contre des fléaux qu'une sensibilité plus irritable n'eût pu supporter; et ils ont suivi dans leurs coutumes les traces de la nature. C'est avec une insensibilité héroïque que les Américains du Nord attachent leur honneur à supporter des douleurs et des tourmens incroyables; ils s'y accoutument dès l'enfance, et les femmes ne le cèdent point en cela aux hommes. Cette apathie stoïque, au milieu des souffrances physiques, devient pour eux une habitude naturelle; et c'est à la même cause qu'il faut attribuer la mollesse de leurs désirs, que ne contredit pas l'activité apparente de leur nature, et cette insensibilité léthargique qui semble retenir une foule de nations dans un demi-sommeil à peine interrompu par les soupirs de l'esclavage; viles tribus qui ont abjuré l'humanité en abusant de leurs imperfections même, jusqu'à les

---

[1]. Ulloa, vol. I, p. 188.

faire servir à leur amusement dans de mortelles épreuves.

L'expérience a montré qu'un degré extrême de chaleur ou de froid consume ou émousse l'activité des sens : chez les peuples qui marchent à nu sur un sol sablonneux, la plante des pieds devient aussi dure que le fer, et l'on cite des hommes qui pouvaient rester debout pendant vingt minutes sur des charbons ardens. La peau est quelquefois tellement altérée par des poisons corrosifs, que l'on peut plonger la main dans du plomb fondu : un froid extrême, aussi bien que la colère et que les autres passions morales, contribuent également à affaiblir le tact[1]. D'une autre part, il semble être plus exquis dans les contrées et les genres de vie qui favorisent le plus une contraction modérée de la peau, et pour ainsi dire la tension harmonieuse des nerfs tactiles. C'est peut-être l'habitant des Indes orientales qui de tous les peuples jouit au plus haut degré de la perfection de ce sens. Son palais, qui n'a jamais été émoussé par des liqueurs fortes ni par des alimens violens, reconnaît dans l'eau pure les moindres nuances et les saveurs les plus délicates; son doigt imite avec tant de perfection les ouvrages les plus déliés que l'on a peine à distinguer la copie de l'original. Doux

---

[1]. Physiologie de Haller, vol. V, p. 16.

écho des impressions qu'excitent en lui les objets qui l'entourent, son ame est calme et sereine, comme le cygne qui se joue au sein des flots, comme le vent qui murmure au printemps à travers les feuilles naissantes.

Après la chaleur et la douceur tempérée du climat, rien ne contribue tant à perfectionner ce sens, que la propreté, la sobriété et le mouvement, trois conditions physiques qui sont plus rares parmi nous que parmi beaucoup de nations que nous traitons de barbares, et qui semblent surtout appartenir aux habitans des contrées les plus délicieuses de la terre. Le soin qu'ils mettent à se laver la bouche, à fréquenter les bains, le goût des exercices en plein air, l'habitude de frotter leur corps de substances saines et voluptueuses, de l'étendre, de le mouvoir en tous sens, tout cela provoque la circulation des fluides et maintient le ton élastique des fibres musculaires. Ces usages, qui furent ceux des Romains, sont aujourd'hui ceux des Indiens, des Persans et de plusieurs nations tartares, qui occupent une étendue immense de terrains. Les habitans des contrées les plus fertiles vivent très-sobrement : ils ne peuvent concevoir que tout le plaisir de l'homme sur la terre doive être de stimuler artificiellement ses nerfs, et de surcharger chaque jour son estomac d'un poids inutile. Depuis le commencement du monde, les Bramines n'ont jamais goûté ni de vin, ni de viande : or, comme l'influence du régime alimentaire modifie évidemment le système des sens des animaux, ne doit-il pas agir beaucoup plus puissamment sur l'homme, à la fois centre et modèle de toutes les organisations ? La modération dans les jouissances physiques contribue plus, sans nul doute, à l'établissement des doctrines morales qu'un vain échafaudage d'abstractions et de théories. Les peuples dont la sensibilité émoussée par la vie sauvage ou par un climat rigoureux; n'est éveillée que par la faim qui pour eux succède le plus souvent à l'abondance, se font tous remarquer par leur intempérance, et le plus souvent aussi ils sont réduits à manger tout ce qu'ils trouvent sur leur chemin. A des peuples plus délicatement organisés, il faut des plaisirs moins grossiers, une manière de se nourrir plus simple et surtout plus uniforme, des huiles voluptueuses, des parfums épurés, une sorte de pompe et d'éclat, et plus que tout cela, les émotions de l'amour physique, qui pour eux remplacent et surpassent toutes les autres. N'entend-t-on parler ici que de la délicatesse des organes, il est certain que l'on ne peut balancer dans le choix; car un Européen n'hésitera jamais entre les aromates des Hindous et les huiles grasses et malpropres des Groënlandais; toutefois, en dépit de notre culture apparente, c'est une question de savoir auquel des deux nous ressemblons le plus, dans les traits généraux de notre constitution. L'Hindous place son bonheur dans un calme inaltérable, dans une jouissance non interrompue et dans des plaisirs que la passion n'anime ni ne trouble de ses inconstantes joies ; il respire la volupté au sein d'un Océan de songes heureux et de douces illusions. Au contraire, quels sont les objets de nos désirs et de nos convoitises; pourquoi troubler le monde entier et ravager chaque contrée de la terre? Des épiceries dont le goût âpre excite un palais émoussé, des fruits et des alimens étrangers, tellement mélangés les uns aux autres, qu'il nous est impossible de reconnaître leur goût véritable; des liqueurs brûlantes, qui portent le trouble dans nos sens et détruisent notre repos, tout ce qu'il est possible d'inventer pour épuiser la nature en l'excitant à tort, tels sont les grands soucis de nos peuples civilisés. Voilà ce qui établit des distinctions entre les conditions, voilà ce qui rend les peuples heureux. — Heureux! pourquoi le pauvre souffre-t-il de la faim, pourquoi traîne-t-il avec peine une vie de chagrins et de fatigues toujours renaissantes? pour que les riches et les grands enivrent leurs sens de plaisirs plus étudiés, sans goût, sans joie, sans volupté, et alimentent à jamais leurs brutales jouissances. « L'Européen mange de tout, « dit l'Hindous, et la simple exhalaison de ses

« alimens révolte les sens. » D'après ces idées, il peut le ranger dans la classe flétrie des Parias, auxquels il est permis, en signe de mépris, de manger de tout ce qui leur plait. Dans plusieurs pays les Mahométans traitent les Européens d'animaux impurs, et cela non pas toujours par l'effet d'une antipathie religieuse.

Il est difficile de croire que la nature ait donné à l'homme une langue pour faire dépendre de l'ébranlement des papilles qui la recouvrent, le bonheur ou le malheur de sa vie; si elle nous a doués du sens du goût, c'est pour qu'il adoucisse l'obligation où nous sommes de satisfaire au besoin de la faim, qu'il nous excite au travail par des motifs de sensualité, et qu'il veille scrupuleusement à la santé du corps, qu'il détruit au contraire chez toutes les nations où le luxe domine. La vache connaît bien les herbes qui conviennent à son estomac, et elle les choisit avec une extrême attention; elle rejette les plantes nuisibles et vénéneuses, et il est rare qu'elle se trompe. Les hommes qui vivent avec les animaux finissent par distinguer, comme eux, la nourriture qui leur est propre; mais cette faculté disparait quand ils rentrent dans la société générale; de même que les Indiens perdent la délicatesse de leur odorat, à mesure qu'ils s'éloignent de leur ancienne frugalité. Les nations qui jouissent encore d'une salutaire indépendance ont conservé quelque chose de cette première instruction des sens : presque jamais elles ne se trompent sur les productions de leur pays. L'Américain du Nord reconnaît à l'odorat la trace de son ennemi ; et c'est de la même manière que le Caraïbe distingue les empreintes de diverses nations : ainsi, en les cultivant et en les exerçant, l'homme peut perfectionner ses facultés physiques et instinctives ; mais elles n'atteignent la plus haute perfection que lorsqu'elles sont exactement proportionnées les unes aux autres, et en harmonie avec la destination de la vie humaine, de telle sorte qu'aucune ne soit perdue et qu'aucune ne prédomine. Cette proportion varie avec les pays et les climats : l'habitant des pays chauds recherche avidement des alimens qui n'exciteraient que notre dégoût, mais que sa nature réclame comme autant de spécifiques et d'antidotes qui lui conviennent.[1]

Enfin, la vue et l'ouïe sont les sens les plus nobles, et ceux pour lesquels l'organisation de l'homme a été spécialement préparée ; car les organes de ces sens atteignent en lui une perfection qu'ils n'ont dans aucun animal. Quel développement l'ouïe et la vue n'ont-elles pas reçu chez un grand nombre de nations. Le Calmouck voit de la fumée là où il est impossible à l'œil d'un Euro-

---

[1]. Observations de Wilson sur l'influence du climat, p. 93.

péen de rien distinguer. L'Arabe entend retentir des bruits lointains au fond de son désert silencieux. Si l'on exerce avec une attention soutenue l'activité naturelle de ces sens, on sait ce qui arrive ; car, même dans les choses les plus frivoles, nous voyons dans toutes les nations combien la pratique et l'habitude mettent de différence entre les hommes. Les peuples chasseurs connaissent tous les arbres, toutes les broussailles de leur pays ; de leur vie, les Américains du Nord ne se sont égarés dans leurs forêts. Ils vont chercher leurs ennemis à des distances de plusieurs centaines de lieues, après quoi ils reviennent sans détour à leurs huttes. Dobritzhofer rapporte que les Guaranis civilisés imitent avec une étonnante exactitude les ouvrages d'art les plus délicats, pourvu qu'on les place sous leurs yeux; car à peine si les descriptions de mots laissent quelques idées même indécises dans leur ame ; et c'est l'effet naturel d'une éducation dont l'unique règle est de frapper l'intelligence par des objets présens et visibles et non pas par des mots. Au contraire, les hommes, dont les mots composent toute la science, en ont souvent retenu un si grand nombre, qu'il leur est impossible de voir ce que leurs yeux rencontrent. L'intelligence du libre enfant de la nature est, pour ainsi dire, partagée entre l'œil et l'oreille : il connaît avec exactitude les objets qu'il a vus, il répète avec précision les contes qu'il a entendus ; sa langue n'hésite pas plus que sa flèche ne s'égare ; car comment sa pensée pourrait-elle se tromper ou hésiter sur ce qu'il a vu et entendu distinctement ?

Tout est bien dans la nature pour un être qui ne doit qu'aux impressions des sens le premier développement de son bien-être et de son intelligence. Notre corps est-il dans son équilibre, nos sens sont-ils exercés et proportionnés avec mesure, il en résulte pour nous un calme, une satisfaction interne, que la raison spéculative peut facilement troubler, mais non pas remplacer. Le fondement du bonheur physique de l'homme consiste partout à vivre là où la destinée lui commande de vivre, à jouir de ce qui se présente à lui, sans trop s'inquiéter ni des soucis d'une ambitieuse prévoyance, ni d'inutiles retours vers le passé : qu'il se borne à ce terme moyen, et il est fort et puissant ; mais, pendant qu'il ne devrait porter ses pensées et ses désirs que sur le présent, s'il laisse son imagination se repaître de chimères, quel isolement ! quelle faiblesse ! Sa vie ne devient-elle pas plus douloureuse que celle de l'animal, qui pour son bonheur est réduit à un cercle plus étroit ? Dans son heureuse ignorance, l'homme primitif porte ses regards sur la nature, et, sans savoir pourquoi, il trouve du charme à laisser tomber ses yeux sur les riches vêtemens dont elle se couvre. Puis, quittant sa douce oisiveté pour ses occupations ordinaires, il jouit des saisons, des jours qui renaissent, sans que le temps paraisse laisser sur lui aucune empreinte. Son oreille, qui jamais n'a été égarée par des symboles écrits ni troublée du vain retentissement des demi-connaissances, entend avec une extrême précision, et ne recueille dans les mots que ceux qui, en exprimant des objets déterminés, satisfont mieux les besoins de la pensée que des volumes de termes abstraits. C'est ainsi que vit le sauvage; c'est ainsi qu'il meurt, content, et non pas rassasié, de quelques plaisirs simples que les sens lui ont apportés.

Mais la nature, en douant d'un sens supérieur, du sens musical, les parties du corps qui étaient le moins accessibles aux idées, a répandu sur l'espèce humaine un bienfait inappréciable. Avant que l'enfant puisse parler, il peut chanter ou du moins percevoir la mélodie; et chez les nations les plus barbares, la musique est de tous les arts celui qui a le plus de puissance sur leur ame. Les tableaux que l'univers présente à nos yeux, sont si variés, si mobiles, si étendus, que l'imitation doit long-temps se perdre en inutiles tâtonnemens, et chercher les grands effets dans des productions monstrueuses, avant de connaître le prix de la justesse des proportions; mais quelque simples et grossiers que soient les accens de la musique, il n'est pas de cœur d'homme qui n'en soit atteint, et sur toute la surface du globe, elle se mêle à la danse pour célébrer et animer les innocentes fêtes de la nature. Il est à regretter que, par un raffinement déplacé, la plupart des voyageurs oublient de nous parler de ces essais des peuples étrangers : s'ils sont inutiles au musicien, ils ont de l'importance pour celui qui étudie l'homme; car la musique d'une nation, dans ses formes les plus imparfaites et dans ses tours favoris, indique le caractère du peuple, c'est-à-dire le ton vrai de ses impressions, avec beaucoup plus d'exactitude et de profondeur que les descriptions les plus complètes des accidens externes.

Plus j'étudie les variétés de sensibilité dans l'homme, dans leurs rapports avec les contrées qu'il habite et les genres de vie qu'il adopte, plus les preuves de la bonté universelle de la nature se multiplient autour de moi. Là où un organe est moins susceptible de développement, elle n'éveille point l'irritabilité qu'il contient, et le laisse pendant des siècles dans une sorte de sommeil salutaire; au contraire, a-t-elle perfectionné et déployé un organe, elle prépare autour de lui les objets qui doivent le servir et l'exercer. Ainsi, par cette organisation, tantôt réprimée et tantôt excitée, la terre entière résonne à l'oreille de l'homme comme une lyre harmonieuse, d'où s'échapperont à la fin tous les accords possibles dans la succession des choses et des âges.

## CHAPITRE II.

*L'imagination humaine est partout sous la dépendance de l'organisation et du climat; mais partout aussi elle s'appuie de la tradition.*

Nous n'avons aucune idée d'une chose qui dépasse la sphère de nos perceptions. L'histoire du Roi de Siam, qui niait l'existence de la neige ou de la glace, est dans mille circonstances notre propre histoire. C'est ainsi que les idées de toutes les nations indigènes se bornent à la région où elles vivent; et quand elles déclarent qu'elles comprennent certains mots qui expriment des objets qui leur sont entièrement étrangers, nous sommes en droit de douter long-temps de la vérité absolue de cette assertion.

« Les Groënlandais, dit le respectable Cranz[1],
« aiment à entendre parler de l'Europe; mais il
« leur est impossible de rien comprendre à ce qu'on
« leur en dit, si on ne les aide par des compa-
« raisons. La ville ou le pays, par exemple, sont
« habités par un si grand nombre d'hommes, que
« plusieurs baleines suffiraient à peine à les nourrir
« pendant un jour : ils ne mangent cependant pas

---

1. Hist. des Groënl., p. 225.

« des baleines, mais du pain qui croît sur la terre
« comme de l'herbe, et ils se nourrissent de la
« viande de certains animaux qui ont des cornes.
« De grandes bêtes les portent sur leurs dos, ou
« les traînent dans un char de bois. En entendant
« ce récit, ils prennent le pain pour de l'herbe,
« les bœufs pour des rennes, et les chevaux pour
« de grands chiens; ils sont frappés d'admiration
« et ils souhaitent ardemment de vivre dans un
« si beau pays, jusqu'à ce qu'ils apprennent que
« la foudre y tombe fréquemment et que l'on n'y
« trouve pas de veaux marins. Ils se plaisent aussi
« à entendre parler de Dieu et des choses di-
« vines, tant que l'on n'attaque point leurs supers-
« titions. » D'après le même auteur [1], j'essayerai de composer un catéchisme de leur théologie naturelle, pour montrer qu'il leur est impossible de comprendre les questions des Européens ou d'y répondre sans rentrer dans le cercle de leurs propres idées.

*Demande.* Qui a créé le ciel et la terre et toutes les choses que vous voyez?

*Réponse.* Nous ne le savons pas; nous ignorons quel homme ce fut. Ce devait être un homme très-puissant. Ou bien, ces choses ont toujours été, et ne cesseront d'être ce qu'elles sont.

---

1. Sect. V et VI.

*D.* Avez-vous une ame?

*R.* Oh! oui. Elle peut croître et décroître; il est au pouvoir de nos sorciers de la refaire et de la réparer : quand un homme a perdu la sienne, ils savent la lui rendre, et au lieu d'une ame malade, ils peuvent lui donner une ame saine et intacte qu'ils tirent du corps d'un lièvre, d'une renne ou d'un petit enfant. Quand nous partons pour un long voyage, il arrive souvent que nos ames restent chez nous; dans la nuit, quand nous dormons, elles vont errer hors de nos corps, à la chasse, à la danse ou font des visites, pendant que le corps reste couché.

*D.* Que devient-elle après la mort?

*R.* Elle va chercher un asile bienheureux au fond de l'Océan; c'est là qu'habitent Torngarsuck et sa mère. L'été est continuel, le soleil toujours brillant sans aucune nuit; il y a surtout de belles eaux avec des multitudes d'oiseaux, de poissons, de veaux marins et de rennes, que l'on peut prendre sans peine, ou que l'on trouve préparés dans une grande chaudière.

*D.* Et tous les hommes vont-ils là?

*R.* Il n'y a que les bonnes gens, ceux qui ont bien travaillé pendant leur vie, qui ont fait de grandes actions, qui ont pris un grand nombre de baleines et de veaux marins; ceux qui ont long-temps souffert, qui se sont noyés dans la mer, ceux qui sont morts en naissant, etc.

## CHAPITRE II.

*D.* Comment font-ils pour y aller ?

*R.* Ils ont beaucoup de peine ; il faut qu'ils passent cinq jours au moins à gravir un rocher escarpé, qui est déjà tout ensanglanté.

*D.* Mais, ne voyez-vous pas dans les cieux ces étoiles qui sont si belles, n'est-il pas plus vraisemblable de croire qu'elles seront le lieu de notre séjour futur ?

*R.* C'est aussi là que nous allons, au plus haut des cieux, au-dessus de l'arc-en-ciel ; et le voyage est si commode et si facile, que le même matin l'ame peut se reposer dans la lune, qui était d'abord une Groënlandaise, et danser et jouer aux boules avec les autres ames ; ces lumières que l'on aperçoit au Nord, sont les ames qui dansent et qui jouent aux boules.

*D.* Et que font-elles de plus ?

*R.* Elles vivent sous des tentes, près d'un grand lac, où sont des multitudes de poissons et d'oiseaux. Quand ce lac déborde, il pleut sur la terre : si les digues se rompaient, ce serait un déluge universel ; mais en général il n'y a que les paresseux et les gens de peu de mérite qui vont au ciel ; ceux qui sont actifs et diligens vont au fond de la mer. Les premiers ont souvent à souffrir de la faim ; ils sont faibles et maigres, et n'ont aucun repos, à cause du mouvement rapide qui fait tourner le ciel ; c'est là que vont les méchantes gens et les sorciers : ils sont tourmentés par des corbeaux qui se prennent à leurs cheveux sans qu'il soit possible de les en détacher, etc.

*D.* Comment croyez-vous que l'espèce humaine a commencé ?

*R.* Le premier homme, **Kallak**, sortit de la terre, et bientôt après sa femme sortit de son pouce : elle mit au monde une Groënlandaise, et celle-ci donna naissance aux **Kablunaet**, c'est-à-dire aux étrangers et aux chiens ; de là vient qu'ils sont les uns et les autres également féconds et incontinens.

*D.* Et le monde durera-t-il toujours ?

*R.* Il a déjà été détruit une fois, et tous les hommes périrent, excepté un seul ; celui-ci frappa la terre avec un bâton, une femme en sortit et ils repeuplèrent le monde. Maintenant il repose sur des piliers qui le soutiennent, mais qui sont tellement rongés par le temps, qu'ils craquent fréquemment ; et il y a long-temps qu'ils seraient tombés en poussière, si nos sorciers n'étaient pas toujours occupés à les réparer.

*D.* Mais, que pensez-vous de ces belles étoiles ?

*R.* Elles étaient toutes anciennement des Groënlandais ou des animaux, qui ensuite ont voyagé jusque là-haut dans des occasions particulières, et elles nous paraissent pâles ou rouges, suivant la qualité de leur nourriture ; celles que vous voyez ici qui se rencontrent, sont deux femmes qui se font visite; cette étoile brillante est une ame qui va en voyage : cette grande étoile (l'ours) est une renne; ces étoiles, au nombre de sept, sont des chiens qui chassent un ours; celles-ci (la constellation d'Orion) sont des hommes qui, s'étant égarés en chassant des veaux marins, et n'ayant pu retrouver le chemin de leurs maisons, s'en sont allés parmi les étoiles. Le soleil et la lune sont frère et sœur. Assaillie par son frère dans l'obscurité, Malina chercha à lui échapper par la fuite, monta dans les cieux et devint le soleil. Anninga la poursuivit et devint la lune. La lune tourne sans s'arrêter autour de la jeune fille, dans l'espérance de l'atteindre ; mais c'est en vain. Quand elle est faible et épuisée (dans le dernier quartier), elle va chasser un veau marin pendant quelques jours, après quoi elle revient aussi bien rétablie que nous la voyons dans la pleine lune : elle se réjouit de la mort des femmes, et le soleil de la mort des hommes.

Personne ne me saurait gré de la peine que je prendrais pour exposer ainsi les rêves fantastiques de diverses nations; s'il en est qui désirent voyager à travers ces régions ténébreuses, œuvres de vanité qui se retrouvent dans toutes les parties du monde, pour moi, ce que je souhaite le plus, est de ne point trop m'écarter de l'esprit calme d'observation qui, loin de s'abandonner aux diverses hypothèses que font naître l'origine et la ressemblance des nations, est dans chaque lieu pour ainsi dire comme chez soi, et sait rendre instructives jusqu'aux folies les plus étranges de nos semblables. Il ne me reste donc qu'à faire quelques observations sur ce royaume de fantômes que les rêveries des peuples ont enfanté.

1. *Partout il est marqué de l'empreinte des climats et des nations.* Comparez la mythologie des Groënlandais et celle des Hindous, celle des Lapons et celle des Japonais, celle des Péruviens et celle des Nègres; c'est une géographie complète de l'imagination humaine. Qu'on lise à un Brahmane la *Voluspa* de l'Islandais, et qu'on cherche à lui en expliquer l'ensemble, à peine pourra-t-il s'en former une idée, et les Védas ne seraient pas moins inintelligibles pour l'Islandais. Si chaque peuple tient aussi fermement que nous le voyons à ses propres représentations, c'est qu'elles leur sont véritablement appropriées, c'est qu'elles conviennent à leur terre, à leur ciel, qu'elles dérivent de leur manière même de vivre, et qu'elles leur ont été transmises de père en fils sans aucun intervalle. Ce qu'un étranger a le plus de peine à concevoir, souvent il leur semble que c'est là ce qu'ils comprennent le mieux; ils traitent avec un respect extrême ce qui n'excite que son sourire. Selon les

Indiens, la destinée de chaque homme est écrite sur son cerveau, dont les lignes délicates représentent les lettres indéchiffrables du destin : la plupart des opinions et des idées humaines ressemblent à ces tableaux mobiles; ce sont des traces de l'imagination qui dépendent à la fois et du corps et de la pensée.

2. Comment cela? tous ces peuples, toutes ces tribus ont-ils inventé leurs propres mythologies, et s'y sont-ils attachés comme à une véritable propriété? En aucune manière; ils ne les ont point inventées, *mais ils en ont hérité;* s'ils les avaient produites eux-mêmes par leurs propres réflexions, leurs rêveries eussent été de plus en plus indignes de l'objet qu'elles embrassaient, et ce n'est point ce qui a lieu. Quand Dobritzhofer[1] représenta à toute une tribu de braves et intelligens Abipons, combien il était ridicule de se laisser épouvanter par les paroles d'un sorcier qui les menaçait de se changer en tigre, et d'imaginer que déjà ils sentaient ses griffes : « Vous tuez journelle-
« ment de vrais tigres dans les champs, leur disait-
« il, et sans en être effrayés; pourquoi vous alar-
« mer ainsi d'un fantôme qui n'existe point? Père,
« répondit un vaillant Abipon, vous ne con-
« naissez rien à nos affaires; les tigres ne nous
« effraient pas en plein champ, parce que nous

---

1. Histoire des Abipons, tom. I.

« les voyons ; là, nous les tuons sans beaucoup
« de peine : mais les tigres artificiels nous épou-
« vantent, parce que nous ne pouvons les voir,
« et qu'ainsi il nous est impossible de les tuer. »
Voilà, selon moi, où repose le mystère. Si toutes
les notions que nous avons étaient aussi claires
que celles que nous recevons par la vue ; si nous
n'avions d'idées que celles qui viennent des objets
visibles, ou qui peuvent entrer en comparaison
avec eux, la source de l'erreur ne nous serait plus
inconnue, ou du moins on ne tarderait pas à la
découvrir ; mais, au contraire, la plupart des fables
nationales naissent avec la parole et se propagent
par elle. L'enfant écoute avec curiosité les contes
qui, coulant dans son ame comme le lait de sa
mère, comme le vin choisi de son père, fournissent le premier aliment à sa pensée ; il lui semble
qu'ils expliquent tout ce qui jusque-là a frappé ses
yeux. La jeunesse y cherche le souvenir des usages
de sa tribu et des images glorieuses pour ses ancêtres ; ils retracent à l'homme fait les tableaux de
la vie nationale, les circonstances du climat et de
la contrée, et pénètrent ainsi jusqu'au fond même
de sa nature ; car le Groënlandais et le Tungouse
ne voient pendant leur vie entière que les choses
dont ils ont entendu parler dès leur enfance, et
qu'ils s'accoutument ainsi à prendre pour des vérités absolues. De là, malgré la distance qui les

sépare, ces cérémonies superstitieuses communes à tant de peuples à l'approche des éclipses de soleil ou de lune; de là, la crainte religieuse des esprits de l'air, de l'eau et des autres élémens. A peine un mouvement a-t-il été aperçu dans la nature, à peine a-t-on cru reconnaître qu'un effet existe et qu'il varie, sans que l'œil ait pu découvrir les lois par lesquelles s'opèrent ces variations, aussitôt l'oreille est frappée d'une foule de mots qui expliquent ce que l'on a vu, par ce qui est resté invisible. De tous les sens, celui de l'ouïe est en général le plus timide, le plus craintif; si ses impressions sont rapides, elles sont obscures. Il ne peut retenir et comparer les choses pour s'en rendre compte; les objets de ses perceptions fuient et s'écoulent comme l'onde : destiné à éveiller la pensée, il est rare qu'il puisse acquérir quelque notion claire et complète sans le secours des autres sens, et surtout de celui de la vue.

Par tout ce qui précède on devine aisément *chez quels peuples l'imagination doit avoir le plus de puissance.* Il est évident que c'est parmi ceux qui aiment la solitude et habitent des pays sauvages, des rochers escarpés, les rivages de la mer, le pied des volcans et d'autres contrées, où toutes les émotions de l'ame sont également excitées. Depuis les temps les plus reculés, les déserts de l'Arabie ont inspiré de sublimes extases, et ceux qui s'y sont livrés ont presque tous été des hommes solitaires et mystérieux. C'est dans la solitude que Mahomet a commencé le Coran ; son imagination exaltée le ravit au ciel, le fit assister à l'assemblée des anges et des saints, et lui dévoila le spectacle des mondes. Jamais son ardente pensée ne s'éleva si haut que lorsqu'il eut à dépeindre le jour de la résurrection, le jugement dernier et d'autres scènes d'un effet aussi imposant : où le shamanisme ne s'est-il pas répandu ! Depuis le Groënland et les trois Laponies jusqu'aux côtes désolées de la mer glaciale, dans l'intérieur de la Tartarie, et dans presque toute l'Amérique, partout on retrouve des magiciens, et partout les images de la nature les plus effrayantes représentent le monde qu'ils habitent. Ainsi cette croyance s'est étendue sur plus des trois quarts du globe ; car, en Europe même, la plupart des nations d'origine esclavonne ou finlandoise sont encore livrées à la magie et au culte de la nature ; et les superstitions des Nègres ne sont qu'une sorte de shamanisme, auquel leur génie et leur climat ont donné une empreinte particulière. Dans les contrées policées de l'Asie, il est vrai, les institutions politiques et une religion positive et formelle ont arrêté l'essor de ces croyances ; mais on les retrouve partout où elles peuvent se développer, dans la solitude et dans la dernière classe du peuple ; il y a même quelques-unes des îles de la mer du Sud où elles règnent encore sans partage. Ainsi, le culte des élémens a fait le tour du monde, et les rêveries qu'il propage se sont exercées sur ces objets d'étonnement et d'effroi qui, variés dans chaque climat, touchent de près aux besoins et aux misères de l'homme. Dans les premiers temps, les peuples n'avaient pas d'autre culte.

4. *Que la manière de vivre et le génie de chaque nation aient éminemment contribué à en modifier les formes*, c'est ce qu'il n'est pas besoin d'expliquer au long; ce n'est point des mêmes yeux que le berger, le pêcheur ou le chasseur voient la nature; et dans chaque contrée ces conditions ne diffèrent pas moins les unes des autres que le caractère des peuples qui les ont adoptées. On découvre, par exemple, avec étonnement, dans la mythologie du Kamtschatka, un caractère de mollesse que l'on croirait ne devoir rencontrer que dans une nation méridionale; mais cette apparente contradiction a sa raison même dans les circonstances extérieures du pays et du climat [1]; car cette contrée, toute froide qu'elle est, renferme des montagnes volcaniques et des fontaines chaudes. Les températures les plus opposées y sont dans une lutte constante, et soit qu'elles resserrent, soit qu'elles amollissent l'organisation de l'homme, c'est à elles qu'il faut rapporter les habitudes dissolues de ces peuples et les traditions grossières de leur mythologie.

---

[1] Voy. Steller, Krascheninikow.

Il en est de même et de ces fables interminables que le Nègre raconte avec un plaisir passionné[1], et de celles dont se compose la mythologie concise et déterminée de l'Américain du Nord[2], et des rêveries élégantes de l'Hindou[3], qui respirent comme lui la joie voluptueuse du paradis; ses dieux se baignent dans des mers de lait et de miel : ses déesses goûtent la fraîcheur des lacs ou reposent dans les coupes odorantes des fleurs. En un mot, la mythologie de chaque peuple est l'expression de la forme particulière sous laquelle la nature lui a apparu : elle indique surtout quel est, du bien ou du mal, celui qui leur a semblé l'emporter, d'après leur climat et leurs génies propres, et comment ils ont essayé d'expliquer l'un par l'autre. Ainsi jusques dans les traits les plus informes, dans les contours les plus imparfaits, on aperçoit l'effort philosophique de la pensée humaine qui rêve en attendant qu'elle s'éveille, trop heureuse de prolonger ainsi cet état d'enfance.

5. C'est une idée assez répandue, que les devins, les sorciers, les magiciens et les prêtres ont inventé ces fables pour aveugler le peuple, et l'on croit avoir tout expliqué quand on les a traités d'imposteurs. Ils le sont en effet, dans la plupart des pays

---

1. Voy. Rœmer, Bossmann. Muller, Oldendorp.
2. Voy. Lafiteau, Lebeau, Carver, etc.
3. Baldeus, Dow, Sonnerat, Holwell, etc.

de la terre ; pourtant n'oublions pas qu'ils font partie de l'espèce humaine, et se laissent bercer des traditions qui les ont précédés : nés et élevés dans les croyances de leurs tribus, ils ne sont devenus ce qu'ils sont qu'après de longs jours de retraite et de jeûne, après avoir fréquemment excité leur imagination, et épuisé leur corps et leurs pensées. Aucun d'eux ne s'annonce pour sorcier, que son esprit familier ne lui soit d'abord apparu et qu'il n'ait accompli dans ses rêveries solitaires les prodiges qu'il va répéter pour autrui pendant toute sa vie, sans cesser d'exalter son ame et d'affaiblir son corps. Les voyageurs les plus expérimentés n'ont pu voir sans étonnement certains prodiges de ce genre, et des effets de l'imagination, qu'ils auraient hésité à croire s'ils n'en avaient été témoins, et que le plus souvent il leur est impossible d'expliquer. De toutes les facultés de l'homme, l'imagination est celle que l'on a le moins étudiée, et qui renferme probablement le plus de mystères. Unie par des rapports intimes à la structure générale du corps, à celle du cerveau et des nerfs en particulier, ainsi que plusieurs maladies extraordinaires le démontrent, elle semble être non-seulement la base et le lien des pouvoirs moraux les plus parfaits, mais encore le nœud qui rattache l'un à l'autre le corps et la pensée, et pour ainsi parler, le sommet de l'organisation sensible qui touche aux plus nobles développemens de l'intelligence; aussi est-ce de toutes les puissances de l'homme celle qui se transmet le plus fréquemment des parens aux enfans, comme cela est suffisamment démontré par une foule d'exemples où la nature s'éloigne de son cours ordinaire, et par l'analogie frappante qui se manifeste entre l'organisation interne et externe, même dans les circonstances les plus accidentelles. Long-temps on a agité la question des idées innées; il est certain, dans le sens ordinaire du mot, qu'elles sont inadmissibles : mais si l'on ne veut parler que d'une prédisposition à recevoir, à combiner et appliquer d'une certaine manière les acquisitions des sens, loin que le système qui les adopte repose sur de frêles fondemens, tout, au contraire, le favorise et le consacre. Si un enfant peut hériter de six doigts, si la famille de l'*homme porc-épic*, qui a paru en Angleterre, retient de ses ancêtres ces excroissances monstrueuses; si, comme on ne peut le nier, les formes extérieures de la tête et de la figure se transmettent souvent de père en fils, ne serait-il pas étrange que la forme du cerveau, même dans ses divisions organiques les plus délicates, ne puisse aussi être transmise originellement? Chez diverses nations, règnent des maladies d'imagination dont nous n'avons aucune idée, mais qui réveillent dans tous les hommes du même pays des mouvemens sympathiques de tristesse et de pitié.

C'est ainsi que les braves Abipons sont sujets à une espèce de folie périodique, dont le malade ne s'aperçoit point dans les intervalles : sa santé est ce qu'elle était auparavant ; seulement, comme ils disent, son ame s'est éloignée de lui. Pour porter un remède à ce mal, on a inventé dans plusieurs tribus d'établir des fêtes des songes, pendant lesquelles on permet aux visionnaires de faire tout ce qui leur plaît. Les songes, en effet, ont une puissance étonnante chez tous les peuples d'une imagination vive, et il est probable que les Muses leur doivent leurs premières inspirations, et que la poésie et la fable n'ont pas d'autre origine. Éclairé par eux, l'homme a reconnu des objets et des formes que son œil n'a point rencontrés, que sa main n'a pas touchés, mais que son cœur ne cesse de désirer ; car quoi de plus naturel que de penser que l'image d'un ami qui n'est plus, apparaît dans ses songes à l'ami qu'il a laissé sur la terre, et que ceux qui ont vécu si long-temps avec nous sont avides de retrouver au moins cette existence éphémère et fantastique qu'ils ont dans les rêves ? L'histoire montrera l'usage que la Providence a tiré de l'imagination des peuples, et quel instrument simple et puissant elle est devenue dans sa main : le mal est que la fraude et le despotisme en abusent et font servir à leurs desseins cet abîme d'illusions et de rêveries, auquel nul ne peut se vanter d'échapper.

Suprême Auteur des mondes, esprit invisible de l'univers qui te proclame, de quels yeux contemples-tu ces formes, ces figures éphémères qui se succèdent sur notre globe ; car nous ne sommes que des ombres et nos pensées sont vaines comme les pensées des ombres. Incapables de respirer l'air pur, nous ne pouvons pas davantage nous élever jusqu'à la raison pure, à travers cette masse d'argile qui compose notre corps ; mais pourtant, malgré toutes les erreurs des sens, l'espèce humaine est faite pour entendre son auguste harmonie. Les hommes s'attachent aux formes, parce qu'elles expriment des choses ; et, à travers les nuages les plus obscurs, ils cherchent et aperçoivent des rayons de vérité. Heureux le petit nombre de ceux qui s'élèvent, autant que cela est possible, dans notre étroite sphère des représentations à l'essence des choses, c'est-à-dire, de l'enfance à l'âge viril, et qui de cette hauteur suivent l'histoire de leurs frères avec une pensée étendue et un entendement solide. L'ame s'exalte et s'enchante elle-même, quand, sortie du cercle étroit que le climat et l'éducation tracent autour d'elle, elle vient à reconnaître, par l'exemple des autres nations, combien il est de choses dont l'homme peut se passer. Qu'il en est, en effet, que l'habitude nous fait regarder comme indispensables, jusqu'à ce que nous apprenions qu'elles manquent à d'autres peuples ! Nous mettons au rang des principes généraux de l'intelligence humaine une foule d'idées qui changent et disparaissent avec le lieu et le climat, comme la terre qui se perd peu à peu en un brouillard confus, à mesure que le matelot s'éloigne. Souvent ce qu'une nation considère comme essentiel à la nature de l'humanité, n'est jamais entré dans la pensée de telle autre, et une troisième s'en offense comme d'une injure. Ainsi, nous errons sur la terre dans le labyrinthe des rêveries humaines; mais où est le point central du labyrinthe où nos traces vont se réunir comme les rayons réfractés de la lumière solaire? c'est là la question.

## CHAPITRE III.

*L'intelligence pratique de l'espèce humaine s'est partout développée à l'occasion des besoins de la vie; mais partout elle a été un fruit du génie des peuples, le résultat de la tradition et des coutumes.*

On a l'habitude de diviser les nations de la terre en peuples de chasseurs, de pêcheurs, de bergers et d'agriculteurs; et non-seulement on détermine le rang qu'ils occupent dans la civilisation, d'après ces distinctions, mais on considère la civilisation elle-même comme une conséquence nécessaire de tel ou tel genre de vie. Cette marche serait excellente, si l'on commençait par déterminer ces genres de vie; mais ils varient dans tous les pays, et pour l'ordinaire ils rentrent les uns dans les autres, de sorte qu'il est presque impossible d'appliquer avec exactitude cette méthode de classification. Le Groënlandais, habitué à harponner la baleine, à poursuivre la renne et le veau marin, s'occupe à la fois de chasse et de pêche; mais sa manière de pêcher n'est point celle du Nègre, pas plus que sa chasse ne ressemble à celle de l'Araucanien des déserts des Andes. L'Arabe bédouin et le Mongol, le Lapon et le Péruvien, sont tous des pasteurs; mais quelle différence n'y a-t-il pas entre eux, si l'un mène paître des chameaux, l'autre des chevaux, le troisième des rennes, et le dernier des pacos et des llamas! Les marchands anglais ne diffèrent pas plus de ceux de la Chine, que les agriculteurs de Whidah des agriculteurs du Japon.

Il paraît d'ailleurs que les besoins physiques, même quand une nation a des forces suffisantes pour servir à son développement, ne peuvent à eux seuls faire naître les premiers élémens de la civilisation; car, aussitôt que l'homme, dans son indolence native, a satisfait à ses premiers besoins, et qu'ainsi paraît dans le monde l'enfant qu'il nomme aisance, il s'arrête dans cette condition et n'en change que difficilement. D'autres causes concourent à établir le genre de vie d'un peuple ; considérons-le maintenant comme déterminé, et cherchons quelles sont les facultés actives qui se développent avec lui.

Les hommes qui vivent de racines, d'herbes et de fruits, resteront inactifs, et tant que des causes particulières ne hâteront pas pour eux le cours de la civilisation, leurs facultés ne feront aucun progrès. Nés sous un beau climat et descendus d'une heureuse origine, ils auront une vie douce et facile ; car pourquoi des querelles désuniraient-elles des hommes que la nature accable elle-même de ses bienfaits ? leurs arts et leurs découvertes ne dépasseront pas les besoins de chaque jour. Les insulaires que la nature nourrit de productions végétales, surtout du fruit à pain, et qu'elle habille sous un climat délicieux de l'écorce des arbres, passent des jours tranquilles et heureux. On dit que les oiseaux se reposent sur les épaules des habitans des îles Mariannes, sans interrompre leurs chants. Étrangers au feu que la douceur de leur climat leur rend inutile, ils ne connaissaient point non plus l'usage des flèches ; car aucune bête féroce ne les forçait d'avoir recours à des armes défensives. Il en est de même des habitans de la Caroline et de ceux des îles de la mer du Sud ; ce n'est que dans quelques-unes d'elles que les naturels sont parvenus à un plus haut degré de civilisation, et que diverses circonstances ont établi des arts et des manufactures. Plus le climat est sévère, moins la vie de l'homme est simple et facile. L'habitant de la Nouvelle-Hollande poursuit son opossum et son kangarou, va à la pêche, à la chasse, et se nourrit de racines de yam, rassemblant ainsi tous les genres de vie que les circonstances externes lui présentent, et qu'il a pour ainsi dire réunis en un centre, où il vit heureux à sa manière. Il en est de même des Nouveaux-Calédoniens et des Nouveaux-Zélandais, et à peine faut-il excepter les misérables habitans de la Terre de feu : ils ont leurs canots d'écorce, leurs flèches et leurs arcs, des vêtemens et des haches, du feu et une hutte, c'est-à-dire tous les élémens des arts à l'aide desquels les nations les plus éclairées de la terre ont atteint le degré de civilisation où nous les voyons parvenues. Mais, pour eux, au milieu de leurs rochers désolés, tout engourdis par le froid, ils sont restés dans l'état le plus grossier sans avoir essayé d'en sortir. Le Californien développe autant d'intelligence qu'il en faut dans le pays qu'il habite et dans le genre de vie qui lui convient. Il en est de même des indigènes du Labrador et de toutes les contrées qui s'étendent aux extrémités glacées du globe. Partout les hommes ont fait un pacte avec la nécessité, et l'habitude héréditaire leur permet de vivre heureux au milieu des fatigues dont ils sont accablés ; ils méprisent ce que leurs besoins ne leur rendent pas indispensable, et bien que l'Eskimaux manie la rame avec adresse, il n'a point appris à nager.

Sur les grands continens du globe, les hommes et les animaux ont entre eux plus de communications; aussi ces derniers ont-ils contribué de diverses manières à développer l'intelligence humaine. Il est vrai que les habitans des marais de l'Amérique ont été réduits à exercer leur industrie sur des lézards et des serpens, sur l'iguana, l'armadille et l'alligator; mais la plupart des tribus se sont adonnées à une chasse d'un genre plus élevé : que faut-il à un habitant de l'Amérique méridionale ou septentrionale pour être propre au genre de vie auquel il a été destiné? connaître les animaux qu'il poursuit, les lieux où ils se retirent, leurs habitudes, leurs ruses; s'armer contre eux de force et d'adresse, et se préparer à l'attaque par l'exercice. L'enfant est impatient de conquérir la gloire du chasseur, comme le fils du Groënlandais de s'illustrer par la pêche aux veaux marins : c'est là le sujet des discours, des chansons et des récits qui arrivent à son oreille; c'est là ce qui partout se représente à ses yeux dans des pantomimes expressives et des danses animées. Dès son plus bas âge il apprend à fabriquer les instrumens de la chasse et à les mettre en usage; les armes sont ses jouets, et les femmes l'objet de ses dédains; car, plus la sphère de la vie est rétrécie, mieux l'objet où l'on cherche la perfection est déterminé, et plutôt elle est atteinte. Rien ne ralentit l'ardeur du jeune homme; tout au contraire l'excite et l'encourage, puisqu'il vit exposé aux yeux de ses compatriotes, dans l'état et la condition qui ont distingué son père. Si l'on écrivait un livre sur les arts des différentes nations du monde, on verrait qu'ils sont répandus sur toute la face de la terre, et qu'ils règnent tous dans le lieu qui leur est propre. Ici le Nègre s'élance sur des brisans où aucun Européen ne voudrait s'exposer; là il grimpe sur un arbre où notre œil a peine à le suivre; dans ces parages, le pêcheur poursuit sa proie avec tant d'art, qu'il semble se servir d'armes enchantées : plus loin le Samoïède rencontre l'ours blanc, et engage avec lui une lutte sanglante; joignant la force à l'adresse, le Nègre combat avec avantage contre deux lions; le Hottentot attaque le rhinocéros et l'hippopotame; l'habitant des îles Canaries gravit les montagnes les plus escarpées, en sautant comme un chamois de rochers en rochers. Fières de leurs forces toutes viriles, les femmes du Thibet portent l'étranger sur les sommets les plus élevés du globe. Ainsi les enfans de Prométhée réunissent en eux les parties et les instincts de tous les animaux, et par la puissance de l'art et de l'intelligence, ils les ont surpassés tous dans tel ou tel lieu, après avoir appris d'eux les élémens de leurs connaissances.

Que les hommes aient appris de la nature et des animaux la plupart des arts qu'ils possèdent, c'est ce que l'on ne peut révoquer en doute : pourquoi les habitans des îles Mariannes se revêtent-ils d'écorces d'arbres ? pourquoi les Américains et les Papous se parent-ils avec des plumes ? parce que les premiers vivent entourés d'arbres dont ils tirent leur nourriture, et que les regards des derniers se portent sur l'élégant plumage de leurs oiseaux, comme sur le plus bel objet qui se présente à leur vue. Le chasseur s'habille de la peau de l'animal qu'il poursuit, et prend des leçons d'architecture du castor des lacs : les uns établissent sur le sol leurs huttes en forme de nids, d'autres les fixent aux arbres comme les oiseaux. Le bec de l'oiseau a servi à l'homme de modèle pour ses flèches et ses pieux, et il a imité la forme de son canot de celle du poisson. C'est du serpent qu'il a appris à empoisonner ses armes, et cette coutume si bizarre et si répandue, de se peindre le corps de différentes couleurs, il l'a aussi empruntée aux oiseaux et aux animaux. Eh quoi ! se dit-il, faut-il qu'ils soient ornés avec tant de splendeur, parés de couleurs si éclatantes, pendant que je n'ai qu'une blancheur monotone, parce que ma paresse refuse de préparer le vêtement dont mon climat ne me fait pas un besoin ? et sur cela, il se mit à se peindre et à se tatouer avec une exacte symétrie. Les nations même qui sont restées étrangères à l'usage des habits, ont envié au bœuf ses cornes, à l'oiseau sa crête, à l'ours sa queue, et ils s'en sont fait des objets d'imitation. Les Américains du Nord racontent avec complaisance que le maïs leur a été apporté par un oiseau; et on ne peut douter que ce ne soient les animaux qui aient appris à l'homme l'usage de la plupart des plantes médicinales; mais pour tout cela il fallait l'ame naïve des libres enfans de la nature; vivant sans cesse avec les animaux, ils ne se croyaient point trop élevés au-dessus d'eux. Dans d'autres contrées il est difficile à un Européen de découvrir l'utilité de certaines choses dont les indigènes se servent journellement; après plusieurs efforts ils en sont réduits à obtenir leur secret ou par force ou par artifice.

Mais l'homme fit un pas immense, quand, après avoir attiré les animaux autour de lui, il les rangea sous son joug. La différence qui existe entre les nations les plus voisines, selon qu'elles ont eu en leur pouvoir ces auxiliaires, ou qu'elles en ont été privées, frappent tous les yeux. D'où vient que l'Amérique, au moment où elle fut découverte, était si inférieure au vieux monde, et que les Européens ne trouvèrent dans les habitans qu'un troupeau de brebis sans défense? Cela ne dépendit uniquement ni des forces physiques, ni de la différence d'intelligence individuelle; car, d'un côté les peuples sauvages pris séparément, surpassaient en vigueur, en adresse et en légèreté la plupart de ceux pour qui ce fut un jeu de les conquérir ; et de l'autre, l'Américain n'ignorait pas les moyens de pourvoir à ses besoins, et de préparer le bonheur de sa femme et de ses enfans. Tout vint donc de la différence que mettaient entre eux l'art et les armes, une union étroite, et surtout le secours des animaux domestiques. Si l'Américain avait eu le secours du cheval, dont il reconnaissait en tremblant la majesté guerrière ; s'il avait eu pour lui les chiens dévorans que l'Espagnol envoyait à sa poursuite, comme autant de soldats alliés à la paie de Sa Majesté catholique, la conquête aurait été plus chèrement achetée ; et au moins les montagnes, les déserts et les plaines auraient ouvert une retraite à une nation de cavaliers. Aujourd'hui encore, tous les voyageurs s'accordent à dire que la possession du cheval établit la plus grande différence entre les nations américaines. Les cavaliers de la partie septentrionale de l'Amérique, et surtout ceux des contrées méridionales, sont tellement supérieurs aux esclaves du Mexique et du Pérou, que l'on a peine à croire qu'ils vivent près les uns des autres et sous le même climat. Non-seulement les premiers ont conservé leur liberté, mais encore leurs facultés physiques et morales paraissent avoir augmenté depuis la découverte de leur pays. Le cheval, que les oppresseurs de leurs ancêtres ont employé comme un aveugle instrument, deviendra peut-être à quelque époque future le libérateur de toute la contrée, puisque déjà les animaux domestiques qui y ont été naturalisés, ont contribué à rendre la vie plus commode, et servent ainsi selon toute vraisemblance au développement d'une forme de civilisation particulière à l'Occident. Mais comme tout ceci est dans la main de la Providence, c'est à elle qu'il faut demander pourquoi cette partie du monde est restée tant de siècles sans posséder ni le cheval, ni l'âne, ni le chien, ni le mouton, ni le porc, ni le bouc, ni le chat, ni le chameau. Si elle n'a point autant d'espèces de quadrupèdes que le vieux continent, c'est que son sol est moins étendu, qu'elle n'a avec lui aucun point de communication, et qu'il est très-probable qu'elle n'est sortie que beaucoup plus tard du sein de l'océan; de même elle n'en a qu'un très-petit nombre qui soient susceptibles d'être apprivoisés. Le paco et le llama, la vigogne du Mexique, du Pérou et du Chili, étaient les seuls animaux domestiques; car, avec toute leur intelligence, les Européens n'ont jamais pu en ajouter un seul à ces premiers, ni apprivoiser le quiqui, le puma, le aï et le tapir.

Dans l'ancien monde, au contraire, quelle foule d'animaux domestiques, et quel secours n'ont-ils pas prêté à l'activité infatigable de l'homme ! Sans le cheval et le chameau, les déserts de l'Arabie et de l'Afrique seraient inaccessibles ; la brebis et la chèvre ont servi à l'économie domestique, le bœuf et l'âne à l'agriculture et au commerce. Dans l'état primitif, l'homme est leur ami et leur compagnon ; il les traite avec bonté et leur est reconnaissant des services qu'ils lui rendent. C'est ainsi que l'Arabe, que le Mongol vit avec son cheval, le berger avec son troupeau, le chasseur avec ses chiens, le Péruvien avec son llama[1]. Il est également reconnu que tous les animaux qui aident l'homme dans ses travaux le servent d'autant mieux qu'il les traite avec plus de douceur : instruits par degrés à le comprendre et à l'aimer, ils développent des facultés et des penchans également étrangers aux animaux sauvages, et à ceux qui, dégradés par de coupables abus, perdent peu à peu les instincts et l'industrie de leur espèce. Ainsi, l'homme et les animaux se sont mutuellement développés dans une sphère déterminée : l'intelligence pratique de l'homme a été fortifiée et étendue par l'animal, qu'à son tour il a perfectionné en l'asservissant à ses

---

1. Voy. par exemple dans Ulloa quelle est la joie naïve du Péruvien quand il consacre un llama à son service. Les relations de divers voyageurs font assez connaître de quelle manière d'autres nations vivent avec les animaux qui les entourent.

règles. Quand nous lisons ce que l'on raconte des chiens du Kamschatka, à peine s'il nous est possible de déterminer quelle est, du chien ou du Kamtschadale, la créature la plus raisonnable.

C'est dans cette sphère qu'est renfermé le premier développement actif de la pensée humaine; une fois qu'une nation s'y est accoutumée quelque temps, il lui est difficile de la quitter, et toutes hésitent à se soumettre au joug de l'agriculture. Rien n'est plus aisé que de trouver dans l'Amérique du Nord d'excellens terrains de culture; chaque tribu est attachée à son sol, ainsi qu'à une propriété qu'elle défend de son sang, et toutes elles savent apprécier, à l'exemple des Européens, l'or, les liqueurs fortes et quelques-unes des commodités de la vie; cependant le soin de labourer la terre, de cultiver le maïs et un petit nombre de plantes potagères, est abandonné aux femmes avec tous les détails de l'intérieur de la hutte. Le chasseur sur ses rochers se révolterait de la pensée de devenir jamais un jardinier, un berger ou un agriculteur: à tout, le sauvage préfère l'indépendance des forêts et l'air libre du ciel. Entouré de périls, cette vie inquiète tient ses facultés éveillées, affermit son courage, et lui assure pour récompense la santé, la liberté et la joie dans sa hutte, le respect et l'honneur dans sa tribu. C'est là tout ce qu'il lui faut, tout ce qu'il désire; et que deviendrait son bonheur dans un autre ordre de choses, dont il ignore les avantages et dont il ne pourrait supporter les inconvéniens? Écoutez les discours de ces hommes simples que nous appelons sauvages, et dites si le sens commun et la justice naturelle leur sont refusés. Quelque rudes que soient ses traits, et quelqu'étroit que soit le cercle d'objets qu'elle embrasse, la forme intérieure de l'homme se développe dans cet état autant que le permettent de telles circonstances. L'insouciance de la mort, le repos du cœur et l'oubli du passé, que faut-il d'autre pour alléger une vie dont aucune maladie ne trouble la durée! Aussi le Bédouin et l'Abipon se trouvent-ils heureux l'un et l'autre dans la condition où ils sont; mais le premier frémit à la pensée seule d'habiter une ville, comme le second à l'idée d'être enterré dans une église; autant vaudrait, selon lui, être enterré tout vivant.

Partout où l'agriculture a été introduite, ce n'est pas sans peine que les hommes ont été amenés à enclorre un terrain et à établir la distinction du tien et du mien : beaucoup de petites nations nègres cultivent leur sol sans en avoir la moindre idée; car, disent-elles, la terre appartient à tous. Chaque année ils se partagent le terrain, et le labourent avec assez de négligence; aussitôt que la moisson est recueillie, le sol retourne à son premier état et retombe dans le domaine commun.

En général, aucun genre de vie n'a produit de si grands changemens dans la constitution morale de l'homme que l'agriculture, quand elle a donné l'idée d'enclorre le terrain : pendant que d'un côté elle faisait naitre les arts et le commerce, les bourgs et les villes, et par suite les gouvernemens et les lois, d'un autre elle préparait nécessairement la voie à ce despotisme effrayant qui, après avoir renfermé chaque homme dans son champ, en vint peu à peu jusqu'à lui commander et ce qu'il devait faire et ce qu'il devait être dans ce champ. Le sol alors cessant d'appartenir à l'homme, ce fut l'homme qui appartint au sol. Bientôt même la conscience des facultés qu'il avait développées languit et se perdit faute d'exercice ; enfin, réduits à la lâcheté et à l'esclavage, les peuples furent conduits, par la misère et le besoin, à des plaisirs efféminés et de honteuses débauches ; de là vient que sur toute la surface de la terre, l'homme qui dans sa vie errante plante sa tente et la transporte où il lui plait, regarde ceux qui habitent une hutte, comme de viles bêtes de somme, comme une race dégénérée et séparée de l'espèce ; ses besoins les plus impérieux deviennent des plaisirs quand il a pour récompense la liberté de faire et de vouloir : au contraire, toutes les douceurs se changent en poisons, quand elles énervent la pensée et enlèvent à une créature aussi frêle son indépendance et sa dignité, c'est-à-dire les seuls biens qui embellissent son existence précaire.

Loin de moi toutefois la pensée de déprécier un genre de vie dont la Providence s'est servi avec tant d'efficacité pour conduire l'homme à la société civile; car moi aussi je vis du pain qu'il me donne: mais ne soyons pas injustes envers d'autres conditions, qui, aussi bien que celle de l'agriculteur, ont été destinées, d'après la constitution de notre globe, à contribuer à l'éducation du genre humain. Ce n'est que la plus faible portion de notre espèce qui s'adonne à cultiver le sol, et la nature elle-même a déterminé dans les peuples différentes manières de vivre. Comptez les nations qui se nourrissent de racines, de riz, de fruits, de poissons, d'oiseaux et de gibiers; ces tribus innombrables de nomades, qui sans doute ne laissent pas de dérober à leurs voisins un peu de pain ou de récolter elles-mêmes quelques gerbes de blé; ajoutez toutes les nations qui cultivent la terre sans avoir nulle part une propriété fixe, ou du moins, qui n'y emploient que leurs femmes et leurs esclaves. Direz-vous, à proprement parler, que tous ces peuples sont des agriculteurs? Quelle faible partie du monde reste donc pour ce genre de vie et l'art sur lequel il repose! L'intelligence pratique de l'homme devait fleurir et porter les fruits les plus divers: à une espèce aussi mobile, il fallait une terre aussi variée.

## CHAPITRE IV.

*Les sentimens et les penchans de l'homme sont partout en rapport avec son organisation et les circonstances dans lesquelles il vit; mais partout aussi ils sont sous la dépendance de la coutume et de l'opinion.*

La conservation de soi-même est la première loi de toute créature vivante : depuis le grain de sable jusqu'au globe du soleil, tous les êtres tendent à rester ce qu'ils sont; c'est pour cela que l'instinct et la raison qui le remplace ont été départis l'un à l'animal et l'autre à l'homme : conformément à cette loi, ce dernier obéit partout à l'impulsion inexorable de la faim qui le pousse à chercher sa nourriture; dès son enfance, et par un mouvement irréfléchi, il cherche à exercer ses facultés et à sortir de l'inaction. Accablé de fatigue, il n'a pas besoin d'appeler à son secours le sommeil, qui vient de lui-même rafraîchir son être. Épuisé de maladie, ses forces vitales le rendent à la santé, ou du moins elles combattent le mal qu'elles ne détruisent pas. Secondé par elles, l'homme défend sa vie contre toutes les attaques qui lui sont livrées, et même sans s'apercevoir des mesures salutaires que la nature prodigue autour de lui pour le servir.

On a vu des philosophes s'appuyer de cet instinct de conservation pour ranger l'homme parmi les animaux de proie et établir que l'état de guerre est son état naturel; honteux paradoxe, dont il n'est pas difficile de sentir la fausseté. L'homme, il est vrai, quand il s'approprie les fruits d'un arbre, est un voleur; un meurtrier, quand il égorge un animal, et le plus cruel tyran, puisque de son pied et de son souffle même, il tue des multitudes innombrables de créatures invisibles. On connaît les innocentes précautions des Hindous et les extravagances imaginées par la philosophie égyptienne pour empêcher l'homme de nuire à rien qui ait vie sur la terre; mais la spéculation découvre que tous ces efforts sont inutiles. Nous ne pouvons porter nos regards dans le chaos des élémens, et si nous nous abstenons de dévorer des animaux que nos yeux aperçoivent, nous ne pouvons éviter d'avaler un nombre prodigieux de petits êtres vivans avec l'eau, l'air, le lait et les plantes.

Mais, laissant de côté ces vaines subtilités, et considérant l'homme au milieu de ses frères, demandons-nous s'il est par sa nature une bête de proie armée contre ses semblables, et s'il a un caractère originel d'insociabilité ? ses formes et sa naissance répondent également à cette double question. Conçu dans le sein de l'amour, nourri et caressé par l'amitié la plus tendre, il est élevé par des hommes, et il en reçoit une foule de bienfaits dont il n'a point connaissance. Il est donc si bien formé dans la société et pour elle, que, hors de là, il n'aurait pu ni recevoir la vie, ni devenir homme. L'insociabilité commence pour lui du moment où, entrant en rapport et en lutte avec d'autres hommes, sa nature est comprimée ou méconnue; et encore n'est-ce point là une exception, puisqu'il ne laisse pas d'agir alors conformément à la loi universelle de la conservation de soi-même. Examinons de quels moyens la nature s'est servie pour le retenir sans cesser de lui plaire et pour prévenir un état de guerre générale.

1. Comme l'homme est de toutes les créatures la plus compliquée, aucune ne présente une aussi grande variété de caractères originaux. Son être délicat n'est point régi par un instinct aveugle, et les divers mouvemens de sa pensée et de ses désirs se combinent en lui d'une manière qui lui est propre. Ainsi, par sa nature même, l'homme n'est point froissé dans ses rapports avec l'homme, puisque ses penchans, ses sensations, ses dispositions sont variés à l'infini, et pour ainsi dire en aussi grand nombre que les individus eux-mêmes. Ce qui est indifférent à l'un, l'autre le désire avec passion, et ainsi chacun a en soi un monde de jouissance et une création qui n'appartiennent qu'à lui.

2. La nature a donné à cette espèce inconstante et mobile un vaste domaine ; elle a étendu sous ses pieds la surface de la terre, qu'elle a préparée pour des climats et des modes de vie divers. Pour séparer les hommes les uns des autres, ici elle a entassé des montagnes, là elle a déroulé des déserts ou penché l'urne des fleuves : au chasseur elle a donné d'immenses forêts, au pêcheur les vagues de l'océan, et au berger des plaines sans bornes. Ce n'est point sa faute si, trompés par la ruse, les oiseaux se précipitent dans les piéges qu'on leur tend, se disputent entre eux jusqu'à la mort une proie illusoire et empoisonnent l'air qu'ils respirent ; car elle a placé l'oiseau dans l'air et non pas dans le filet de l'oiseleur. Voyez dans quelle paix inaltérable vivent entre eux cette foule d'animaux sauvages. Point de haine, point de jalousie ; chacun satisfait à ses besoins et obéit à ses goûts sans troubler ses voisins. Il répugne à la vérité de l'histoire de considérer comme le caractère général et essentiel de l'espèce humaine, les débats et les passions haineuses des hommes resserrés en foule, les rivalités des artistes, les luttes des politiques, les jalousies des auteurs. Le plus grand nombre de nos frères ne connaissent encore ni ces blessures sanglantes, ni le poison qui les envenime ; trop heureux, sous le ciel de leurs solitudes, d'échapper à l'atmosphère corrompue des villes. Prétendre que les lois sont

nécessaires, parce que sans elles l'homme vivrait sans règles et sans frein, c'est raisonner d'après ce qui est à démontrer. Faites que les hommes ne soient pas entassés dans d'étroites prisons; que devient le besoin de purifier l'air? faites que leurs ames ne soient pas incessamment troublées par des passions que le caprice éveille, et ôtez, si vous le voulez, la puissance répressive de l'art.

5. La nature a abrégé autant que possible le temps que les hommes ont à passer ensemble. Pendant toute la durée de son éducation, qu'elle prolonge, rien n'égale sa faiblesse : c'est un enfant qui s'irrite et s'apaise, souvent triste et mécontent, mais toujours incapable de nourrir sa colère. A peine arrive-t-il à l'âge viril, que je ne sais quel instinct nouveau le presse de quitter la maison paternelle; la nature elle-même l'appelle et le convoque pour construire aussi son nid.

Et avec qui le construit-il? avec une créature qui a avec lui toutes les convenances et tous les contrastes nécessaires pour que l'union qu'ils doivent former ensemble, ne soit jamais troublée par un choc de passions et de volontés contraires. La nature de la femme n'est pas celle de l'homme; il ne diffère pas moins d'elle par ses sentimens que par ses actions. Malheur à celui qui se laisse égaler ou surpasser par sa femme dans les vertus viriles! elle n'est destinée à régner sur lui que par l'amour et les douces complaisances ; ce n'est qu'ainsi que la pomme de discorde devient la pomme de l'amour.

Je ne suivrai pas plus loin l'histoire de la dispersion du genre humain : la division en différentes familles, en différentes tribus, fut l'origine des sociétés, des lois, des coutumes et même des langues. Que nous apprennent cette foule innombrable de dialectes qui parcourent le globe en tous sens, et souvent n'ont aucun rapport les uns avec les autres, malgré le voisinage des peuples qui les parlent? Ils prouvent que la pensée de notre premier père ne fut pas de réunir en une seule masse tous ses enfans, mais de les laisser s'étendre indéfiniment sur la surface de la terre pour respirer plus à l'aise : en général, il n'est point donné à un arbre d'en étouffer un autre au point d'empêcher son accroissement, ni de courber ses branches vers le sol. Chacun a sa place déterminée ; c'est là qu'il doit s'élever de sa racine par sa propre impulsion, et porter dans les airs sa tête chargée de fruits.

Ainsi donc l'état naturel de l'homme tant qu'il reste libre, est la paix, et non la guerre. Fille de la nécessité, et réprouvée par l'instinct moral, cette dernière n'est jamais (sans même excepter les atrocités des antropophages) un but pour la nature, mais un moyen affligeant et terrible, dont la mère de toutes choses ne pouvait entièrement se passer, et que par compensation elle a fait servir à divers effets, plus élevés et plus glorieux pour elle.

Mais, avant de parler des haines et des discordes, reposons-nous en disant quelques mots des délices de l'amour; douce puissance, qui étend son empire sur toute la surface de la terre, quoique partout sous des formes diverses.

Aussitôt que la plante a atteint son accroissement, elle fleurit; ainsi le temps de la floraison est réglé par l'époque de son accroissement, et celle-ci par l'action de la chaleur solaire. De même la maturité de l'homme est plus ou moins précoce, selon le climat et toutes les circonstances qui y ont rapport. L'âge nubile surtout varie extrêmement avec les pays et les genres de vie. En Perse, les femmes se marient à huit ans, et deviennent mères à neuf. Nos héroïnes de l'antique Germanie arrivaient à l'âge de trente ans sans avoir jamais songé à l'amour.

On voit évidemment combien cette différence doit changer les relations des sexes. Dans l'Orient la femme n'est encore qu'une enfant quand elle se marie; fleurie avant l'aurore, elle est fanée le soir: aussi l'homme ne la traite-t-il que comme un enfant ou une fleur. Puisque dans ces contrées brûlantes les désirs physiques, plus précoces, sont aussi plus énergiques, comment s'étonner que celui qui a la force en partage ait abusé de la supériorité de son sexe pour se composer un jardin de ces fleurs périssables ? Cette première usurpation eut des conséquences importantes. Victimes d'une jalousie effrénée, les femmes furent enfermées dans un sérail et séquestrées de la société humaine. Et comme d'ailleurs elles n'étaient élevées depuis leur enfance que pour l'enceinte du Harem, souvent achetées ou vendues dès l'âge de deux ans, il était impossible que tant d'abus n'influassent pas sur la conduite des hommes en général, l'économie domestique, l'éducation des enfans, et même la population. Il est généralement reconnu, par exemple, que les mariages entre des femmes trop jeunes et des hommes dans la plénitude de l'âge produisent peu d'enfans et ne sont pas favorables à la beauté des formes. Selon les récits de divers voyageurs, il est probable qu'il n'ait actuellement plus de femmes que d'hommes dans un grand nombre de ces pays; et si le fait est vrai, il peut être à la fois un effet et une cause de la polygamie qu'il perpétue. Ce qu'il y a de certain, c'est que ce n'est point le seul cas où l'art et les passions de l'homme ont détourné la nature de son cours : car partout ailleurs elle a établi et conservé une exacte proportion entre les naissances des deux sexes : mais comme l'amour est le mobile le plus puissant de la création, et la femme la production la plus délicate de notre terre, les coutumes et les institutions qui ont réglé sa place et son état dans la société humaine, s'offrent les premières à l'examen dans l'histoire de notre espèce. Source d'union et de discorde, d'amour et de haine, semant partout les rivalités avec les désirs, la nature en a fait la première pierre de fondation du corps social.

Suivons, par exemple, Cook dans son dernier voyage. Tandis que dans les îles de la Société et quelques autres, la femme semble entièrement vouée au culte de l'amour, et qu'il n'est aucune de ses rigueurs qui ne devienne une faveur si on lui offre un ornement quelconque, un clou, une plume, et que le mari lui-même est prêt à céder la sienne en échange de quelque bagatelle dont il a envie; la scène change complétement dans d'autres îles avec le climat et le caractère général du pays. Là, où les hommes se présentent armés de la hache des combats, les femmes vivent plus retirées dans leurs cabanes, et les habitudes grossières des premiers les obligent d'être plus réservées, et de n'exposer aux yeux ni leur laideur, ni leurs beautés. Il n'est rien, je crois, qui marque d'une manière plus décisive le caractère d'un homme ou d'une nation, que la manière dont les femmes en sont traitées. Les peuples qu'endurcit un genre de vie difficile et précaire, rabaissent les femmes au rang des animaux domestiques et ne partagent avec elles aucune des occupations de la hutte. Dans sa rudesse l'homme s'imagine que les entreprises hardies qu'il exécute lui donnent le droit de dédaigner des travaux plus paisibles, et d'en abandonner entièrement le soin aux femmes. De là, l'état de servitude où elles sont retenues chez la plupart des tribus sauvages, et le peu de respect que le fils a pour sa mère, dès qu'il est parvenu à l'âge viril. Souvent ils prennent part à de périlleuses entreprises : ainsi se multiplient les occasions d'admirer la supériorité de l'homme; et bientôt une habitude grossière des fatigues et des dangers, prend la place des affections les plus douces. Depuis le Groënland jusqu'au pays des Cafres, le même mépris pour la condition des femmes se montre chez toutes les nations sans culture, mais toujours sous des indices différens. La femme du Nègre est son inférieure, même dans l'esclavage, et il n'est pas jusqu'au misérable Caraïbe qui n'imagine être un roi quand il est de retour dans sa cabane.

Mais, loin que la faiblesse de la femme ait été la seule cause qui l'ait soumise à l'empire de l'homme, rien n'y a plus contribué que son ardente sensibilité, que la délicatesse de ses penchans et l'inconstante mobilité de sa pensée. Les Asiatiques, par exemple, ne conçoivent pas qu'en Europe la liberté illimitée des femmes puisse subsister sans exposer les hommes aux plus grands périls, persuadés que dans leur pays tout serait dans un état perpétuel d'agitation, si ces êtres toujours mouvans, toujours changeans, n'étaient point retenus par des chaînes étroites. La seule raison que l'on donne de la plupart de ces coutumes tyranniques, c'est que les femmes les ont elles-mêmes provoquées par leur conduite, et que les hommes ont été obligés d'y avoir recours pour leur paix et leur sûreté. C'est ainsi, par exemple, que l'on explique la coutume barbare de brûler les femmes sur le corps de leurs époux dans l'Indostan : sans cet usage impie, la vie de l'homme, dit-on, ne cesserait d'être en danger : et, en effet, ce que nous lisons de la violence des passions des Indiennes, des charmes enivrans des Bayadères, et des intrigues des sérails chez les Turcs et les Persans, laisse croire que tout n'est pas exagéré dans ces craintes. Impuissans à étouffer le feu dévorant que leur sein recèle, trop indolens pour démêler les détours insidieux et les innocens caprices des femmes qu'ils outragent, ils ne savent ni les éclairer, ni les protéger, ni les sauver. Aussi faibles que barbares, c'est dans une coutume odieuse qu'ils cherchent leur repos, soumettant par la force les cœurs intelligens dont leur raison ne peut se rendre maître. Que l'on lise tout ce que les Grecs et les orientaux ont écrit sur les femmes, et l'on s'expliquera la bizarrerie et la tristesse de leur destinée dans la plupart des climats chauds. D'ailleurs, ainsi que cela est prouvé par l'histoire de la civilisation, qui par l'effet d'une éducation raisonnable a mis l'homme et la femme dans la même balance, et surtout par l'exemple de quelques peuples intelligens auxquels n'a manqué qu'une culture plus développée, la vérité est que la faute est tout entière à l'homme, dont la brutalité stupide n'a point déraciné le mal qu'il a tenté de prévenir par des voies si honteuses. Au fond de ses forêts antiques, le Germain sentait pour les femmes je ne sais quel respect religieux, et il admirait en elles les qualités les plus nobles de l'homme, la fidélité, la prudence, la valeur et la chasteté; aussi tout l'y préparait, et son climat, et son caractère original, et le genre de vie qu'il avait adopté. Fier de la compagne de sa vie, tous deux ils croissaient comme les chênes de leurs solitudes, dans une longue jeunesse dont une maturité féconde était le prix. La sévérité de son climat n'éveillait ni les désirs brûlans, ni les molles complaisances, et les mœurs, non moins que la nécessité, donnaient aux deux sexes un même instinct de vertu. Filles de la Germanie, que rien n'égale pour vous la gloire de celles dont vous êtes descendues et ne vous lasse de les imiter. Il est peu de nations qui aient reçu des femmes tant de titres d'honneur; il en est peu où les hommes aient entouré leurs vertus de tant de respect : chez presque tous les peuples dont la carrière commence, elles sont esclaves. Vos mères étaient les amies et les conseillers de leurs époux, et, le plus souvent, il en est encore de même aujourd'hui parmi vous.

Continuons à examiner les vertus des femmes, telles qu'elles se développent dans l'histoire de l'humanité. Chez les peuples même les plus sauvages, la femme se distingue de l'homme par des manières moins grossières et par un goût naturel pour les ornemens et la parure. Même chez les nations qui ont à lutter contre le climat le plus ennemi et les besoins les plus impérieux, la femme se plait encore à se parer, quelque vils que soient les ornemens qu'elle peut se procurer. C'est ainsi qu'au commencement du printemps, la terre, reprenant une vie nouvelle, fait croître quelques fleurs plus odorantes, pour montrer ce qu'elle peut produire dans d'autres saisons.

Une autre qualité des femmes est la propreté, qui leur est commandée par la nature et par leur désir de plaire. Les réglemens, et la sévérité des lois et des coutumes qui, chez les peuples où la corruption ne s'est point encore introduite, retiennent les femmes, quand elles sont malades, sous une dépendance particulière, accusent la négligence de la plupart des nations civilisées ; aussi sont-ils exempts d'une grande partie des infirmités qui chez nous sont les effets et plus tard la cause de cette profonde dégénération, que la licence et la débauche transmettent de père en fils à la dernière postérité.

Il faut surtout louer la patience, la douce résignation, l'activité infatigable des femmes, quand elles ne sont point corrompues par les abus de la civilisation : elles supportent sans se plaindre le joug dont la supériorité physique de l'homme, le goût qu'elles ont pour l'inaction, et enfin les fautes de leurs ancêtres ont fait une coutume héréditaire : souvent cette résignation n'est nulle part plus touchante que chez les peuples les plus misérables. Dans plusieurs pays il faut employer la force pour réduire les jeunes filles à l'esclavage que le mariage entraîne avec lui ; et ce n'est point là une répugnance forcée ; elles se précipitent hors de leurs huttes et fuient dans le désert : elles reçoivent en pleurant la guirlande de l'hymenée, car c'est la dernière fleur de leur jeunesse si libre et si promptement fanée. Presque toujours les épithalames n'ont pas d'autre but que de les encourager et de les consoler ; le rhytme en est mélancolique, et peut-être ne ferions-nous qu'en sourire, incapables que nous sommes d'en sentir l'innocence naïve, et la vérité attendrissante. La jeune fille dit un tendre adieu à tout ce qui fut cher à sa jeunesse ; elle quitte la maison de ses parens, comme si elle était morte à jamais pour eux ; elle perd son ancien nom et devient la propriété d'un étranger qui, selon toute apparence, la traitera comme une esclave. Il faut qu'elle lui sacrifie tout ce qu'il y a de plus cher à un être humain, sa personne, sa liberté, sa volonté, probablement aussi sa vie et sa santé ; et cela pour complaire à une passion grossière, à laquelle la vierge modeste est encore étrangère, et qui bientôt sera étouffée sous le poids des ennuis. Heureusement la nature a enrichi et orné le cœur de la femme d'une puissance presque incroyable d'affections, et surtout du sentiment le plus profond de la dignité et de la valeur personnelle de l'homme ; c'est là ce qui lui fait supporter ses rigueurs : riche d'illusion et d'amour, sa pensée se distrait des maux réels qui l'oppressent ; et elle ne voit plus en lui que ce qui lui paraît noble, grand, courageux, héroïque. Par la vivacité toujours renaissante de ses impressions, elle participe de son ame aux mâles actions dont chaque soir elle entend le récit pour alléger le poids du jour ; et destinée à l'obéissance, elle s'enorgueillit d'avoir à obéir à l'homme qu'elle admire. Ainsi le charme de l'amour et les chimères qu'il enfante sont pour la femme le bienfait le plus précieux de la nature ; c'est un baume pour les plaies de son cœur, et une récompense glorieuse pour celui de l'homme ; car la plus douce couronne du jeune homme sera toujours l'amour d'une jeune fille.

Enfin, il faut parler de cette tendresse maternelle que la nature a inspirée à la femme, et qui, indépendante des combinaisons glacées du raisonnement, exclut par-dessus tout la moindre pensée d'un retour personnel. La mère aime son enfant, non pas parce qu'il est aimable, mais comme une partie vivante d'elle-même, comme l'enfant de son cœur, l'image fidèle de sa nature : de là, ses entrailles s'émeuvent à ses souffrances; son cœur s'épanouit à son bonheur; son sang s'apaise, son front s'éclaire, quand il boit à longs traits le lait de son sein. Il n'est pas de peuple sur la terre, à moins qu'il n'ait atteint le dernier terme de corruption, où ces sentimens de mère n'étendent leur empire; ni les saisons, ni le climat, qui altèrent toutes choses, ne les changent, ni ne les effleurent; et les coutumes les plus dépravées ont pu seules rendre les vices d'une société énervée plus doux que les tendres soucis de l'amour maternel. Dans le Groënland, la femme nourrit son enfant pendant trois ou quatre ans, parce que le climat ne fournit aucun aliment qui convienne à son premier âge. Elle se soumet d'avance, avec un oubli indulgent, à tous les maux que lui préparent son ingratitude et sa rudesse lorsqu'il sera arrivé à l'âge viril. C'est avec une force plus qu'humaine que la Négresse défend son enfant contre les attaques des monstres. Combien ne cite-t-on pas d'exemples d'héroïsme maternel, dont le moindre mérite est le mépris de la mort! Enfin, quand la tendre mère, que nous appelons sauvage, est privée de sa seule consolation dans ses misères, de l'objet de son culte, de celui qui pour elle donne seul un prix à la vie, la plume se brise et la langue n'a point de mots pour de telles douleurs. Que l'on lise dans Carver[1] les plaintes d'une Nadauwaise sur la perte de son époux et de son enfant âgé de quatre ans, et que l'on explique comment chez ces mêmes peuples les sentimens d'humanité pour les femmes sont éteints, à moins de dire que la misère, la nécessité ou un faux point d'honneur, et quelques traditions barbares, les ont effacés par degrés? Non-seulement les germes de tous les sentimens grands et nobles existent partout sur la terre, mais encore ils sont universellement développés, autant que le permettent le climat, le genre de vie, les faits traditionnels et les accidens particuliers de chaque nation.

Quoi qu'il en soit, l'homme ne reste pas inférieur à la femme; et de quelles mâles vertus n'a-t-il pas illustré sa carrière! Le courage qui fait de lui un souverain du monde, et lui assure une vie libre et active, est la première vertu dont il s'honore. Presque universellement répandue sous des formes variées que la nécessité lui impose, chaque pays,

---

[1] Voyage de Carver, p. 338.

chaque changement de mœurs et de coutumes lui a laissé un caractère différent. Ainsi l'homme chercha bientôt la gloire dans les périls, et il mit à les vaincre tout l'honneur de sa vie. Cette disposition se transmit de père en fils; l'éducation en hâta le développement, et elle devint héréditaire après quelques générations. Si le chasseur est ému plus que tout autre par le son du cor et la voix retentissante des chiens, c'est le résultat des impressions qu'il a reçues dès son enfance; et souvent il arrive que son air, son attitude, la structure de son cerveau se transmettent à sa postérité. Il en est de même de tous les autres genres de vie des nations libres et actives: les chants des peuples sont les meilleurs documens que l'on puisse avoir sur leurs sentimens privés, leurs inclinations et leur manière de voir les choses. Commentaires aussi fidèles que naïfs de leurs pensées et de leurs impressions les plus fugitives, un seul d'entre eux a souvent plus d'expression que le tableau entier de leurs usages, de leurs proverbes et de leurs maximes; et il est certain que nous aurions des documens plus précieux encore, si les voyageurs prenaient la peine de citer quelques exemples des songes les plus ordinaires aux peuples qu'ils visitent: dans les jeux, et surtout dans les rêves, l'homme se présente tel qu'il est réellement.

Après la vertu dont nous venons de parler, l'amour du père pour son enfant est celle qui se développe avec le plus de puissance dans l'éducation de l'homme. De bonne heure le père commence à accoutumer son fils à son propre genre de vie; il lui enseigne son art, il éveille en lui le sentiment de la gloire, et il s'aime encore en lui, quand il est vieux et qu'il approche de sa fin. Fondement de toute espèce d'honneur et de vertus héréditaires, ce sentiment fait de l'éducation une œuvre publique, éternelle. Par lui se transmettent à la postérité toutes les qualités et tous les préjugés de l'espèce humaine. De là, dans la plupart des nations et des tribus, la joie qui éclate quand le fils arrive à l'âge mûr et qu'il se revêt des vêtemens ou des armes de son père; de là le désespoir du père quand il voit s'éteindre en lui sa plus noble espérance. Lisez les plaintes du Groënlandais sur la perte de son fils[1]; écoutez les soupirs d'Ossian sur la mort de son Oscar, et vous saurez quelles sont les blessures du cœur d'un père, les plus douloureuses, les plus âpres, qui puissent atteindre un cœur d'homme.

L'amour filial n'est certainement qu'un faible retour pour l'affection qui unit le père à son fils; mais tel était le dessein de la nature. Quand le fils devient père, ses affections descendent sur ses enfans. La chaîne des affections a pour loi de descen-

---

1. *Volkslieder*, vol. II, p. 128.

dre plutôt que de remonter; car c'est seulement ainsi que se conserve le lien qui enchaîne les générations aux générations. Il ne faut donc pas regarder avec horreur ces nations qui, obsédées par les besoins et la misère, préfèrent l'enfant au père accablé d'années; ou qui, selon d'autres, accélèrent la mort des parens que leur vieillesse rend inutiles. Ce n'est point à une pensée de haine qu'il faut attribuer de tels désordres, mais à une nécessité douloureuse, ou plutôt à une bienveillance réfléchie. Comme ils ne peuvent nourrir les vieillards, ni les emmener avec eux, plutôt que de les abandonner à la fureur des bêtes féroces, ils aiment mieux leur donner eux-mêmes une mort rapide. Quand la nécessité l'y oblige, l'ami qui, en détournant les yeux, ôte à son ami une vie insupportable, est-il insensé d'accorder à celui qu'il ne peut sauver, le seul bien qui soit en son pouvoir? Quoi qu'il en soit, que la gloire du père vive et agisse immortellement dans la pensée de ses descendans, c'est ce que montrent évidemment les chants de la plupart des nations, leurs guerres, leur histoire, leurs traditions, et principalement le respect profond qu'elles ont pour le genre de vie qui leur a été transmis par leurs ancêtres.

Enfin, des périls communs excitent les courages à s'unir pour les braver; et de là fut formé le troisième et le plus noble lien de l'homme, *l'amitié*.

Dans les pays et les genres de vie, où la première nécessité est l'union dans les entreprises, on trouve des ames héroïques qui restent fidèles aux sermens de l'amitié, à la vie et à la mort; tels furent ces amis des âges héroïques de la Grèce, qui vivront à jamais dans la mémoire des hommes; tels furent ces Scythes tant renommés, et tant d'autres dont l'histoire ne recueille pas le souvenir, parmi les nations adonnées à la chasse, à la guerre, parmi les tribus aventureuses, qui vont errer dans les forêts et les déserts. L'agriculteur a un voisin, l'ouvrier un compagnon de travaux, qui l'aide ou qui lui porte envie; le marchand, le savant, le courtisan....., ah! qu'ils sont loin de cette amitié vive, active, fidèle que nourrissent dans leurs cœurs le sauvage errant, le prisonnier, l'esclave qui gémit avec un autre esclave sous le poids des mêmes chaines! Dans les temps de désolation, les ames s'unissent sous la verge de la nécessité : l'homme mourant appelle son ami pour venger son sang, et il se réjouit de le revoir au-delà de la tombe. L'ami tressaille, il brûle, il se consume du désir de venger la mort de celui que tant de liens lui rendent cher, de le délivrer de la prison, de le secourir dans le combat et de partager sa gloire. Chez les nations peu nombreuses, une tribu bien unie n'est qu'une société d'amis dévoués, séparée de toutes les autres, et dans l'amour et dans la haine : telles sont les tribus arabes, la plupart des hordes tartares, et une grande partie des nations américaines. Leurs guerres les plus sanglantes, et qui semblent accuser le plus l'humanité, naissent le plus souvent du ressentiment d'une amitié méconnue ou d'une injure faite à l'honneur de la tribu.

Je ne poursuivrai pas plus loin l'examen de ce sujet, dans ses rapports avec les différentes formes de gouvernement des rois ou des reines de la terre; car d'abord, dans tout ce qui a été dit jusqu'à présent, nous ne trouvons aucun moyen d'expliquer pourquoi un homme régnerait sur des milliers de ses frères par droit de naissance, exigeant d'eux une obéissance entière à sa volonté, sans conditions et sans examen; pourquoi il enverrait une partie de ses sujets à une mort certaine sans entendre aucune opposition; maître de dissiper les richesses de l'État, sans en rendre compte, et de faire peser sur le plus pauvre les taxes les plus onéreuses. D'ailleurs, dans l'impossibilité plus absolue encore de comprendre, d'après les principes naturels, pourquoi un peuple, intrépide et belliqueux, c'est-à-dire des milliers d'hommes et de femmes, qui pourtant ont bien quelque valeur, baisent humblement les pieds d'une simple créature, ou adorent le sceptre avec lequel un insensé les déchire jusqu'au sang et brise leurs os de ses coups redoublés, qui nous dira quel Dieu, quel démon ce peut être qui leur conseille de soumettre leur intelligence, leur industrie et souvent même leur vie à la volonté d'un seul, et de faire éclater une joie immodérée si le tyran donne le jour à quelque tyran futur, en tout semblable à lui? Si donc toutes ces choses nous semblent, à la première vue, l'énigme la plus inexplicable de la nature humaine, et que, par une destinée heureuse ou funeste, cette forme de gouvernement soit encore inconnue à la plus grande partie du monde, nous ne pouvons la mettre au nombre des lois primitives, nécessaires, universelles, que la nature a imposées à l'humanité. L'homme et la femme, le père et le fils, l'ami et l'ennemi, sont des relations et des noms déterminés ; mais les idées de chef et de roi, de juge, de législateur héréditaires, le despotisme d'un seul, qui doit se continuer dans la personne de ses descendans encore à naître, ont besoin d'une explication qu'il nous serait difficile de donner ici. Qu'il suffise d'avoir considéré jusqu'ici la terre comme une école où se développent, dans une extrême variété, une foule de qualités, d'arts, de capacités, de facultés, de dispositions naturelles et de vertus morales : maintenant il faut chercher quels droits et quels moyens l'homme a reçus pour atteindre le bonheur, et où l'on peut espérer d'en trouver le type le moins variable.

## CHAPITRE V.

*Le bonheur de l'homme est toujours un bien individuel; ainsi partout il dépend du climat et de l'organisation; il naît de l'expérience, de la tradition et de la coutume.*

Le nom même de bonheur laisse entendre que l'homme n'est point fait pour la béatitude suprême, et qu'il ne peut pas se créer à lui-même sa propre félicité; jouet de l'air et des saisons, il est l'enfant du hasard qui l'a placé dans tel ou tel lieu, qui a déterminé l'étendue de ses jouissances, le genre et la mesure de ses joies et de ses chagrins, suivant le pays, le temps, l'organisation et les circonstances. Une absurde vanité serait d'imaginer que tous les habitans du monde doivent être Européens pour être heureux; et nous-mêmes, serions-nous devenus, hors de l'Europe, ce que nous sommes maintenant? Celui qui nous a placés où nous sommes, a sans doute donné à ceux qui occupent d'autres lieux, un droit égal aux jouissances de la vie. Le bonheur est un état intérieur; ainsi son type et sa mesure ne sont point hors de nous, mais dans le cœur de chaque individu, et ce n'est que là qu'ils peuvent être réalisés : un autre n'a pas plus le droit de me contraindre d'adopter ses sentimens, que le pouvoir de me transmettre son propre mode de perception et de faire que son identité soit la mienne. Ainsi donc, n'exagérons ni ne diminuons, par un faux orgueil ou une ingrate légèreté, la mesure du bonheur de l'homme, telle qu'elle a été fixée par le Créateur; car lui seul connaît ce qu'un mortel peut atteindre sur la terre.

1. L'organisation composée de nos corps avec tous leurs sens et tous leurs membres, nous a été donnée pour que nous la développions par l'usage et l'exercice. Sans cela, les parties fluides deviennent stagnantes, nos organes languissent, et le corps, qui périt de langueur, n'est plus qu'un cadavre vivant, qu'une mort lente consume peu à peu. Si donc la nature veut nous assurer la première base indispensable au bonheur, la santé, il faut qu'elle nous donne l'exercice, la fatigue et le travail; plutôt que de nous laisser manquer du bien-être, il faut qu'elle nous l'impose par force. De là, si, comme disent les Grecs, les dieux obligent les mortels d'acheter toutes choses au prix du travail, c'est plutôt par bonté que par envie; car la conscience même des forces vitales et le sentiment tout entier de l'existence, semblent se concentrer dans l'effort que nous faisons pour atteindre au bonheur. La nature humaine ne languit que dans les climats et les conditions où une oisiveté efflémi-

## CHAPITRE V.

née, une indolence voluptueuse semblent arrêter la vie dans les corps, et les réduire à de pâles fantômes que leur propre poids accable. Partout ailleurs, et dans la plupart des genres de vie, l'homme se distingue par l'énergie des forces vitales, la beauté des proportions et la santé de chaque partie du corps. Jetez les yeux sur l'histoire des nations, et lisez ce que Pagès dit, par exemple, des Chactas et des Tégas, du caractère des Bissayoans, des Hindous et des Arabes [1], à peine si les climats les plus sévères abrègent de quelques années la durée de la vie, et la misère elle-même donne à l'enfant joyeux du besoin la force de supporter les fatigues qui prolongent sa santé; même les difformités, qui semblent être des caractères de races, ou des altérations héréditaires, sont moins funestes que nos ornemens artificiels et que nos absurdes usages; car, si l'Araucanien alonge outre mesure ses oreilles en les chargeant d'un poids; si l'Indien d'orient et d'occident s'arrache la barbe et se perce le nez, que sont ces abus en comparaison d'une poitrine comprimée, d'un genou ankilosé, d'un pied déformé, d'une taille serrée et contrefaite, tristes effets d'un art factice, dont tant d'hommes et de femmes sont les victimes en Europe? Si la santé est le fondement de toute espèce de bonheur physique, rendons

---

[1]. Voyages de Pagès.

grâces à la Providence de l'avoir si universellement répandue sur la terre. Les peuples que la nature semble au premier aperçu avoir traités avec le plus de rigueur, sont peut-être ceux qu'elle a le plus favorisés; car si elle ne leur a pas ménagé de douces oisivetés, ni des plaisirs qui cachent un poison, elle leur a présenté la coupe de la santé en leur imposant la loi du travail, et en leur donnant un degré plus élevé de chaleur vitale. Heureux enfans du matin, ils fleurissent jusqu'au soir : une sérénité constante, un sentiment permanent de bien-être, voilà selon eux le bonheur suprême, la fin et la destinée de l'homme. Quel bonheur plus doux et plus durable peut-on imaginer pour eux?

2. Nous nous vantons de la délicatesse de nos facultés morales; mais l'expérience, quelque triste qu'elle soit, nous apprend que la délicatesse n'apporte pas toujours le bonheur, et que souvent même l'extrême raffinement d'un instrument fait qu'il n'est plus propre à l'usage auquel il était destiné. La contemplation, par exemple, ne peut avoir de charmes que pour un petit nombre d'hommes oisifs; comme l'opium des peuples asiatiques, c'est souvent un plaisir qui consume et énerve l'intelligence dans de vagues et d'impuissantes visions. L'exercice des sens, si favorable à la santé, celui des facultés morales, appliquées à des choses réelles, et qui touchent de près aux intérêts de la vie, une atten-

tion profonde que sert la vivacité des souvenirs, une détermination rapide que suit un heureux effet, c'est en cela que consiste la présence de l'ame, la puissance réelle de la pensée, qui a pour récompense la conscience d'une force active, à laquelle se joint un sentiment permanent de bonheur et de jouissance. Gardez-vous de croire, ô hommes, que le vain éclat d'une culture prématurée soit un bonheur ; qu'un stérile étalage de sciences, que les fêtes de l'imagination et des arts, puissent assurer à un être vivant la science de la vie : le sentiment du bonheur ne s'acquiert ni par des mots que la mémoire répète, ni par la pratique des arts. Une tête surchargée des plus nobles connaissances, se courbe sous le poids comme une fleur desséchée, fatigue le corps, oppresse la poitrine, obscurcit le regard et devient un fardeau mortel. A mesure que nous divisons par nos précautions factices les puissances de notre pensée, ses facultés inactives s'engourdissent et s'altèrent ; étouffés sous des ornemens artificiels, nos membres et notre intelligence se flétrissent quand ils se développent avec ostentation. Le bien-être que donne la santé, vient de l'usage que l'on fait de la pensée en général, et de ses pouvoirs actifs en particulier. Remercions donc la Providence de n'avoir pas fait l'espèce humaine trop délicate, et de la terre une immense école de sciences et d'abstractions. Chez la plupart des nations, et dans une foule de conditions de l'humanité, les pouvoirs de l'intelligence, étroitement liés l'un à l'autre, se fortifient mutuellement, et ne se développent que là où le besoin l'exige. La plupart des peuples de la terre ne sont que des enfans dans leurs actions et leurs pensées, dans leur amour et dans leur haine, dans leurs craintes et dans leurs espérances, dans leurs sourires et dans leurs larmes; mais, du moins, ils ont les rêves si doux de l'enfance. Malheur à celui qui le premier les abandonna pour livrer à son étude les secrets du cœur et la profondeur de la destinée !

3. Comme notre bien-être est plutôt un sentiment paisible, qu'une conquête brillante de l'intelligence, de même notre vie est plutôt embellie par l'amour et les battemens de nos cœurs, que par le génie et ses conceptions les plus profondes. C'est donc un bienfait de la nature, si la bienveillance pour soi et pour autrui est devenue le caractère propre et distinctif de notre espèce, qu'elle a créée pour cela presque entièrement indépendante de mobiles artificiels. Tout être vivant jouit de son existence, sans examiner scrupuleusement pourquoi il existe : son existence est pour lui une fin, et sa fin est l'existence. Ni le sauvage, ni l'animal ne se donnent la mort. Le premier propage son espèce sans savoir dans quel but, et dans les climats les plus sévères il se soumet, dans la seule pensée de prolonger sa vie,

à une foule de fatigues et de travaux. Ainsi, le sentiment de l'existence, le plus simple, le plus profond de tous, le seul qui n'ait aucun équivalent, est déjà le bonheur ; une goutte de cet océan sans bornes que remplit de sa présence l'être infiniment heureux, qui, universellement répandu, se sent et jouit dans toutes choses. De là cette joie, cette tranquillité imperturbable, que les Européens remarquent avec d'autant plus d'étonnement dans la vie et sur la physionomie des nations étrangères, que leurs inquiétudes et leurs agitations continuelles les en éloignent davantage. De là aussi cette bienveillance cordiale, ces manières prévenantes et faciles qui distinguent tous les peuples assez heureux pour n'être point obligés de songer à se défendre ou à se venger. D'après des relations impartiales, on voit que ces paisibles vertus sont tellement répandues sur la terre, qu'on pourrait les regarder comme les traits caractéristiques de l'homme, si ce n'était aussi une des marques distinctives de sa nature changeante, d'oublier, quand la raison ou la passion l'y obligent, cette franche bienveillance, cette tranquillité obligeante, ces plaisirs simples que la sympathie rendait plus doux, pour veiller aux nécessités les plus pressantes et se précautionner contre les menaces de l'avenir. Pourquoi une créature heureuse en elle-même ne verrait-elle pas dans son voisinage d'autres créatures heureuses comme elle, et ne serait-elle pas tous ses efforts pour leur faire partager son bonheur? mais parce qu'assiégés de toutes parts de besoins impérieux, nous les avons augmentés par notre art et nos propres efforts, notre être s'est resserré, et les nuages de l'inquiétude, des noirs soucis, de la fatigue et de la méfiance obscurcissent des traits qui ne devaient exprimer qu'une joie ouverte et communicative. Cependant ici encore, la nature a pris le cœur de l'homme dans sa main, et forcée de s'interdire les bienfaits, elle a moulé l'argile vivante de tant de manières, qu'elle est parvenue à plaire même dans ses refus. L'Européen n'a aucune idée des passions brûlantes, des désirs effrénés qui fermentent dans le cœur du Nègre; et l'Hindous ne peut comprendre l'activité inquiète, les vains projets qui poussent l'Européen d'un bout du monde à l'autre. Le sauvage, dont les plaisirs grossiers ne se parent d'aucun charme, est surtout enclin à l'oisiveté et à une sorte d'égalité paisible dans ses habitudes. En un mot, les sentimens de l'homme ont reçu toutes les formes qu'ils pouvaient prendre suivant la diversité du climat, des états et des organisations du globe: mais, loin que le bonheur naisse jamais d'une foule tumultueuse de pensées dévorantes, il s'établit par le rapport des idées avec le sentiment intime de notre existence et de tout ce que nous regardons comme partie de nous-mêmes. Nulle part la rose du bonheur ne fleurit sans épines ; mais ce qui vient après elle, est la rose de la vie humaine, dont l'immortalité est le plus doux parfum.

Si je ne me trompe, on peut, d'après ces simples considérations, dont chaque cœur doit reconnaître la vérité, déterminer en quelques lignes plusieurs erreurs que l'on a commises sur la destination de l'espèce humaine. Comment, par exemple, l'homme, tel que nous le connaissons, serait-il fait pour développer à l'infini ses facultés intellectuelles, pour étendre par une progression non interrompue la sphère de ses perceptions et de ses actions, bien plus encore, pour arriver à un état qui serait le but suprême de l'espèce ? Et comment toutes les générations seraient-elles faites, à proprement parler, pour la dernière qui s'élèverait ainsi sur les débris épars du bonheur de celles qui l'ont précédée ? Un seul regard jeté sur nos semblables et l'expérience de la vie individuelle contredisent également ce plan si faussement attribué à la Providence créatrice. Notre tête n'est pas plus destinée que notre cœur à recevoir une masse infinie d'idées et de sentimens ; notre main n'est pas faite, notre vie n'est pas calculée pour s'étendre dans un champ sans limites ; si elles fleurissent, nos facultés intellectuelles les plus délicates ne se fanent-elles pas ? Incessamment ballottées au gré des âges et des circonstances, ne se soutiennent-elles pas à l'envi dans une heureuse harmonie? Et qui n'a pas senti qu'étendre à l'infini ses sentimens, c'est les affaiblir et les détruire, puisqu'on répand ainsi dans le vague des airs ce qui aurait dû former le lien de l'amour? Comme il nous est impossible d'aimer les autres plus que nous-mêmes, ou d'une manière différente; puisque nous ne les aimons que comme parties de nous, ou plutôt que c'est nous que nous aimons en eux, la pensée, heureuse quand, semblable à un génie supérieur, elle embrasse un grand nombre d'objets dans la sphère de son activité, et qu'elle les considère réellement comme parties d'elle-même, souffre et succombe quand ses sentimens étouffés sous les mots deviennent impuissans pour elle et pour autrui. Selon moi, le sauvage qui, sur un rocher lointain, se reconnait et s'aime dans sa femme et son enfant, et se passionne pour les intérêts de sa tribu autant que pour les siens, est véritablement un être plus réel que ces fantômes arrangés par l'art, qui se prennent d'amour pour des fantômes comme eux, c'est-à-dire, pour des mots. Le sauvage, dans sa hutte, a toujours place pour l'étranger, qu'il reçoit avec une bienveillance inaltérable comme son frère, sans seulement lui demander d'où il vient. Le cœur blasé du cosmopolite n'est une hutte pour personne.

Ne voyons-nous donc pas, mes frères, que la

nature a fait tout ce qu'elle a pu, non pas pour étendre notre être, mais pour le circonscrire, et pour nous habituer à la sphère où notre vie doit se développer? Nos sens et nos facultés ont leurs mesures. Les heures de nos jours et de nos vies se donnent mutuellement la main; celles qui arrivent prennent la place de celles qui s'éloignent. Quand le vieillard rêve qu'il est encore plein de jeunesse, ce n'est qu'une illusion décevante. L'enivrement de la pensée, qui, plus rapide que le désir, se change plus promptement en dégoût, est-ce le bien suprême du ciel? n'est-ce pas plutôt l'enfer de Tantale, le tonneau des Danaïdes, que tant d'efforts toujours renaissans laissent vide? Le seul art qui te soit indispensable maintenant, ô homme, c'est la modération. Le bonheur, cet ange du ciel, pour lequel tu soupires, t'environne et tu le portes en toi. C'est la fille de la tempérance, la sœur du contentement et de la satisfaction intérieure, qui peut accompagner ton être dans la vie et dans la mort.

Encore moins comprend-on que l'homme soit fait pour l'État et le corps social, de telle sorte que son vrai bonheur dépende nécessairement des institutions; car combien n'est-il pas de peuples qui, entièrement étrangers à toute espèce de constitution politique, vivent pourtant plus heureux que ceux qui se sont sacrifiés à l'intérêt de l'État! Je n'examinerai point quels sont les avantages que ces modes artificiels de société apportent avec eux; mais, puisque l'art n'est en général qu'un instrument qui exige de la part de ceux qui l'emploient d'autant plus de prudence qu'il est plus compliqué, on peut remarquer que le danger de nuire au bonheur des individus augmente indéfiniment, à mesure que l'État s'agrandit, et que les élémens de la constitution s'embarrassent en se multipliant. Dans les grands États, il faut que des hommes meurent par centaines pour qu'un seul ait des fêtes et de pompeux équipages; il faut que des milliers de familles soient ruinées et désolées pour qu'un fou ou un philosophe couronné satisfasse ses caprices. D'ailleurs, comme les politiques s'accordent à dire qu'en général un État bien constitué doit être une machine réglée par la volonté d'un seul, quelle sorte de bonheur peut-on trouver à y servir d'instrument aveugle? Où est l'honneur d'être étendu pendant toute sa vie sur une roue d'Ixion qui ne laisse à la victime l'espoir d'aucun soulagement, si, cherchant le bien dans l'insensibilité de la mort, elle n'abjure la liberté inviolable de la pensée, comme le père étouffe son enfant pour le préserver d'un mal certain. Ah! si nous sommes des hommes, remercions le ciel de n'avoir pas fait de cette condition la destinée générale de l'humanité. Des millions d'êtres, semblables à nous, vivent sans gouvernement; et même sous la sauve-garde des meilleures institutions politiques, chacun de nous, s'il veut être heureux, ne doit-il pas commencer là où commence le sauvage, par chercher à acquérir et à conserver la santé du corps, l'équilibre de la pensée, le bonheur de sa maison, le repos de son cœur, et cela, non pas par le corps social, mais par lui-même? Ces noms de père et de mère, d'époux et de femme, de fils et de frère, d'ami et d'homme, désignent autant de relations naturelles où nous pouvons être heureux. L'État ne nous offre que des instrumens artificiels; et ceux-là malheureusement peuvent nous dérober quelque chose qui nous est bien autrement essentiel, ils peuvent nous dérober à nous-mêmes.

Ce fut donc une noble détermination de la Providence, que d'avoir préféré le bonheur plus facile des individus aux fins compliquées des grandes sociétés, et d'avoir épargné autant que possible aux générations ces machines d'État qu'il faut payer si cher. Elle a admirablement séparé les nations non-seulement par des forêts et des montagnes, mais surtout par les langues, les goûts et les caractères, afin que l'œuvre du despotisme fût plus difficile, et que les quatre parties du monde ne devinssent pas la proie d'un monstre. Aucun Nimrod n'a pu ranger sous un joug héréditaire tous les habitans du globe; et quoique pendant des siècles le but de l'Europe entière ait été de s'ériger en despote, et d'obliger toutes les nations de la terre à être heureuses à sa manière, cette divinité si zélée pour le bonheur d'autrui, est pourtant bien éloignée de la fin qu'elle se proposait. La pensée de l'Auteur des choses eût été incomplète et presque puérile, si elle avait établi la destinée même de ses enfans, celle d'être heureux, sur des moyens artificiels, et qu'elle en eût fait dépendre tous les accidens de la création. O vous, hommes de toutes les parties du monde, qui avez passé avec les années ou les siècles, vous n'avez point vécu, vous n'avez pas enrichi la terre de vos cendres, pour qu'à la fin des âges votre postérité dût son bonheur à la civilisation européenne! Une pensée si orgueilleuse n'est-elle pas une injure à la majesté de la nature?

Si le bonheur est quelque part sur la terre, il est dans tout être animé; il faut qu'il y soit naturellement, et que l'art même devienne une seconde nature, pour servir au bien-être. Chaque homme porte en lui, avec la mesure de son bonheur, la forme qui lui a été destinée, seule sphère dans laquelle il puisse être heureux. Pour cela, la nature a épuisé sur la terre toutes les formes humaines, afin de donner à chacun, suivant le temps et le lieu, un jouet qui l'amuse pendant la courte durée de sa vie.

# LIVRE IX.

## CHAPITRE PREMIER.

*Quelque disposé que l'homme soit à imaginer qu'il produit tout de lui-même, il est pourtant soumis à l'influence de la nature extérieure dans le développement de ses facultés.*

Non-seulement le philosophe a soustrait la raison à la dépendance des sens et des organes, et l'a mise en possession d'un pouvoir simple et primordial ; mais encore le vulgaire des hommes imaginent qu'ils sont devenus d'eux-mêmes tout ce qu'ils sont. Il est facile d'expliquer ce préjugé, surtout dans le second cas. Le sens de la spontanéité, donné à l'homme par le Créateur, le pousse à agir, et a pour récompense le fait même qui s'exécute conformément aux ordres de la volonté. Dans son heureuse insouciance, les jours de son enfance sont bientôt oubliés : les semences qu'il a reçues alors, et qu'il reçoit encore journellement, dorment dans sa pensée. Il ne voit la plante qu'au moment de la floraison ; il ne jouit que de l'heure présente, pendant que les bourgeons se multiplient et que les branches se chargent de fruits. Au contraire, le philosophe qui étudie l'origine et les progrès de la vie de l'homme dans le livre de l'expérience, et qui peut suivre dans l'histoire la chaîne entière de l'éducation de notre espèce, doit, ce me semble, puisque sa pensée est sous la dépendance de tout ce qui l'entoure, quitter bientôt pour le monde des réalités, ce monde idéal dans lequel il se sent solitaire et qu'il remplit de sa présence.

Comme l'homme, dans l'ordre des choses naturelles, ne s'enfante pas lui-même, il est tout aussi loin de se donner l'être, quand il s'agit de ses facultés intellectuelles. Non-seulement le germe de nos dispositions intérieures dépend de notre origine, aussi bien que la configuration matérielle de nos corps, mais chacun de ses développemens est ce que l'ont fait être le temps, le lieu, l'occasion, et toutes les circonstances de la vie. Il faut que l'œil apprenne à voir, l'oreille à entendre; et personne n'ignore combien il faut d'art pour acquérir une langue, ce premier instrument de la pensée. Il est évident que la nature a préparé pour cette éducation extérieure le système entier de notre organisation, ainsi que les conditions et la durée de chaque période de la vie humaine. Dans l'enfance, le cerveau est mou et adhérent au crâne; ses plis se forment lentement; de plus en plus ferme avec les années, il finit par se durcir au point de ne plus recevoir d'impressions. Il en est de même des organes et des facultés de l'enfant : molles et formées pour l'imitation, elles se modifient de tout ce qu'il voit, de tout ce qu'il écoute, avec une attention prodigieuse et toute l'activité d'un pouvoir qui s'éveille. Ainsi l'homme est une machine artificielle qu'ennoblissent, il est vrai, de nombreuses dispositions originelles et une grande abondance de vie; mais la machine ne travaille pas d'elle-même, et le plus habile n'est point dispensé d'apprendre à la mettre en œuvre. Composée des expériences et des observations de la pensée, la raison est le résultat distinctif de l'éducation que l'élève achève en lui-même, comme un artiste, d'après certains modèles extérieurs.

Et c'est sur ce principe que repose l'histoire de l'humanité, de telle sorte que sans lui elle ne pourrait être. Si l'homme, tirant de lui-même tous les élémens de sa culture, les développait indépendamment des circonstances externes, nous pourrions bien avoir l'histoire de l'individu, mais non pas celle de l'espèce. Or, notre caractère distinctif étant d'être presque entièrement dépourvus d'instinct, et de ne nous former à l'humanité que par la pratique de la vie entière; comme c'est de cette loi de notre espèce que dépendent ses progrès et ses chutes, ses conquêtes et ses défaites, l'histoire du genre humain est nécessairement un tout, c'est-à-dire, une chaîne de sociabilité et de tradition, depuis le premier anneau jusqu'au dernier.

Il y a donc une éducation de l'espèce humaine; puisque chacun n'arrive à l'état d'homme que par l'éducation, et que l'espèce entière n'est composée que d'une chaîne d'individus. J'avoue que, si quelqu'un disait que l'éducation forme l'espèce et non pas les individus, il parlerait d'une manière inintelligible pour moi; car l'espèce et le genre ne sont que des abstractions, qui n'ont de vie que dans les individus; et si j'allais jusqu'à les douer de toutes les perfections de la nature humaine, de la culture la plus parfaite et de l'intelligence la plus lumineuse que puisse comporter un être idéal, je ne ferais pas plus de progrès dans l'histoire réelle de notre espèce, que si, en traitant d'une manière absolue des règnes animal, végétal et minéral, je leur attribuais différentes qualités qu'aucun individu ne peut réunir à lui seul.

Il ne faut pas que notre philosophie s'égare dans les détours de ce système d'Averroës, suivant lequel l'espèce humaine entière ne possède qu'une seule ame d'un degré très-inférieur, et qui ne se communique aux individus que par parties. D'un autre côté, si j'allais tout circonscrire dans les limites de l'individu, et nier l'existence de la chaîne qui unit chaque partie au tout, je serais également en contradiction avec la nature de l'homme et toute l'expérience de son histoire; car aucun de nous n'est arrivé de lui-même à l'état d'homme. La constitution entière de son humanité tient par un lien spirituel, par l'éducation, à ses parens, à ses maîtres, à ses amis, à toutes les circonstances de sa vie, par conséquent à ses compatriotes, à leurs ancêtres; et, en un mot, à la chaîne entière de l'espèce humaine, qui agit incessamment par tel ou tel point sur ses facultés morales. Ainsi, on peut ramener les nations aux familles, les familles à leurs fondateurs : le fleuve de l'histoire se resserre à mesure que nous approchons de sa source, et toute la terre habitable se réduit peu à peu à l'école de la famille, qui comprend, il est vrai, plus d'une division, plus d'un compartiment, mais toujours d'après un seul et même plan que nos ancêtres ont transmis à toute leur race, à travers une foule d'altérations et de changemens. Maintenant, si nous pensons que le législateur le plus médiocre ne sépare pas ses disciples sans quelques raisons, et si nous reconnaissons que l'espèce humaine trouve partout une sorte d'éducation artificielle, appropriée aux besoins du temps et du lieu, quel homme de droit sens peut considérer la structure de notre terre et les rapports de l'homme avec elle, sans être porté à croire que le père de notre race, qui a déterminé jusqu'où et comment les nations devaient s'étendre, ne soit aussi celui qui a réglé leurs destinées? Quiconque voit un vaisseau, nie-t-il le dessein de celui qui l'a construit? Et si l'on compare la constitution artificielle de notre nature avec chacun des climats du monde habitable, où est celui qui ne se hâtera de reconnaître que la diversité des climats est une des fins de la création et entre dans l'éducation morale de l'homme ? Mais comme le séjour et les objets externes qu'il présente ne concourent pas seuls à en modifier les formes, puisque des êtres vivans, semblables à nous, contribuent à nous instruire et à changer nos habitudes, il y a, selon moi, une éducation de l'espèce et une philosophie de l'histoire de l'humanité, tout aussi certainement, tout aussi indubitablement qu'il y a une nature humaine, c'est-à-dire, une coopération d'individus, qui seule fait de nous des hommes.

De là, les principes de cette philosophie empruntent un caractère d'évidence, aussi simple, aussi irrécusable que ceux sur lesquels repose l'histoire naturelle de l'homme; ce sont la *tradition* et les *pouvoirs organiques*. Toute éducation doit naître de l'imitation et de l'exercice, par le moyen desquels le modèle passe dans la copie : et comment exprimer ceci plus nettement que par le mot *tradition ?* Mais il faut que l'imitateur ait des facultés pour recevoir ce qui lui est communiqué ou ce qui est communicable, et pour le convertir en sa propre substance, comme la nourriture dont il soutient sa vie. Que reçoit-il ? en quelle quantité ? d'où ? de quelle manière ? quel usage, quelle application en fait-il ? comment peut-il se l'assimiler ? C'est là ce qui dépend de la nature de son être, de ses pouvoirs de réceptivité. Ainsi l'éducation de notre espèce est dans un double sens, originelle en tant qu'elle est communiquée, organique en tant que ce qui est communiqué est reçu et appliqué. Soit que nous nommions cette seconde création, *culture*, de l'action de cultiver le sol, ou que nous disions que l'homme est *éclairé*, en empruntant cette expression au phénomène de la lumière, peu importe ; la chaîne de la lumière et de la culture s'étend jusqu'à l'extrémité de la terre. Il n'est pas jusqu'à l'habitant de la Californie ou de la Terre de feu qui n'apprenne à faire et à manier l'arc et la flèche. Il a un langage et des idées, des habitudes et des arts, qu'il a appris, comme nous apprenons les nôtres ; de sorte qu'il a sa culture et ses lumières, quoique dans le degré le plus inférieur. Ainsi, la différence qui existe entre les nations éclairées et non éclairées, cultivées ou non cultivées, loin d'être absolue, ne consiste que dans le plus ou le moins. Cette portion du tableau des peuples est marquée d'une infinité d'ombres, qui changent avec le lieu et le temps ; et, comme dans tout autre tableau, l'effet dépend beaucoup du point de vue sous lequel on l'examine. Si nous prenons pour type l'idée de la civilisation européenne, nous ne la rencontrerons qu'en Europe ; et si nous établissons des distinctions arbitraires entre la culture sociale et les lumières de la pensée qui ne peuvent, là où elles sont réellement, exister séparément, nous allons nous perdre plus avant encore dans les nuages; mais si, nous bornant à la sphère terrestre, nous considérons en général l'ensemble que la nature, à qui la destination et le caractère de ses créatures doivent être bien connus, présente à nos regards dans le spectacle de l'éducation de l'humanité, nous ne trouvons partout que la *tradition d'une éducation qui a pour but le bonheur et le perfectionnement de l'homme sous des formes variées.* C'est un principe aussi étendu que l'espèce humaine tout entière, et même son application est souvent plus active que nulle part chez les peuples sauvages, quoique dans un cercle plus restreint. Qu'un homme demeure parmi des hommes, il est impossible qu'il échappe à l'influence bonne ou mauvaise de la civilisation; la tradition s'empare de lui, elle moule sa tête et façonne ses membres. Ainsi l'homme devient ce que le font être ses formes ainsi modifiées. Les enfans même, que le hasard a jetés parmi des animaux, ont acquis quelque culture humaine, quand ils ont vécu un certain temps parmi des hommes : de nombreux exemples l'attestent. Il n'y a sur la terre qu'un enfant, élevé depuis sa naissance par un animal, qui pût présenter le spectacle d'un homme entièrement sans culture.

Que suit-il de ces considérations positives que confirme l'histoire entière de notre espèce? Premièrement, un principe consolant pour nos cœurs, et qui, fécondé par la réflexion, conduit à cette vérité : que, comme l'espèce humaine ne s'est pas élevée d'elle-même, et qu'il y a dans sa nature telles dispositions primitives auxquelles nulle admiration ne peut suffire, il faut que le Créateur, dans sa bonté paternelle, ait médité et tracé les voies que ces dispositions suivront dans leurs développemens. Est-ce en vain que l'œil du corps est si merveilleusement formé? ne rencontre-t-il pas les rayons dorés du soleil qui ont été créés pour lui, comme il a été créé pour eux? Il en est de même de tous les sens, de tous les organes, qui trouvent chacun leurs moyens de développement, le milieu pour lequel ils ont été créés. Et peut-il en être autrement des sens et des organes spirituels qui règlent, par l'usage que l'homme en fait, son caractère, le genre et la mesure de son bonheur? Ici faudra-t-il que la créature manque sa destination, la destination de toute la nature, autant qu'elle est sous la dépendance des facultés humaines? Impossible! Toute conjecture pareille vient de nous-mêmes, soit que nous attribuions au Créateur des fins erronées, soit que nous nous efforcions autant qu'il est en nous de tromper ses desseins; mais, comme ces efforts doivent avoir leurs limites, et qu'aucun projet de la sagesse suprême ne peut être renversé par une créature de sa propre pensée, reposons-nous avec sécurité sur cette croyance, que les desseins de Dieu sur l'espèce humaine s'accomplissent en entier, même dans les parties les plus embarrassées de l'histoire. Toutes les œuvres de Dieu, bien qu'elles composent dans leur ensemble un tout qu'aucun regard ne peut embrasser, ont encore la propriété de former dans chacune de leurs parties un tout qui est marqué du caractère divin de sa destination. C'est ce qui a lieu pour l'animal et pour la plante; peut-il en être autrement quand il s'agit de l'homme? peut-il se faire que des milliers d'individus naissent pour un seul? que toutes les générations qui ont passé soient faites pour la dernière venue? et chaque individu pour l'espèce seulement, c'est-à-dire, pour le faux leurre d'une vaine abstraction? Ce n'est point ainsi que se joue la sagesse suprême; elle n'invente point de pareils fantômes décevans : elle vit, et elle sent, dans chacun de ses enfans, avec une affection paternelle, comme s'il était la seule créature dans le monde. Tous ses moyens sont des fins, toutes ses fins sont des moyens pour parvenir à des fins plus élevées, dans lesquelles l'infini, qui remplit tout de son essence, se révèlera lui-même. Ainsi, la fin de l'espèce est ce que chaque homme est ou peut être : or, en quoi cela consiste-t-il? dans l'humanité et le bonheur sur cette terre, à tel degré, dans tel anneau, et non pas tel autre de la chaîne de perfectionnement qui s'étend sur l'espèce tout entière. Quel que tu aies été à ta naissance, et dans quelque lieu que tu aies reçu le jour, tu es ce que tu devais être, et là où tu devais être. N'abandonne pas la chaîne, ne t'élève pas au-dessus, mais restes-y fermement attaché. C'est dans ce rapport mutuel, en développant activement ce qui vient de toi et ce que tu as reçu d'autrui, que tu peux rencontrer réellement la vie et le bonheur.

Secondement. Quelque orgueil que l'homme puisse tirer de ce que la divinité a partagé avec lui son œuvre, et lui a laissé, ainsi qu'aux créatures qui l'entourent, le soin de déterminer ses formes, pourtant le choix même des moyens atteste l'imperfection de notre existence terrestre, par cela même que nous ne sommes point hommes dès l'origine, et que nous ne le devenons que progressivement. Quelle impuissance dans l'être qui, n'ayant rien de lui-même, reçoit tout de l'imitation et de l'expérience, aveuglément moulé et façonné comme la cire! Que celui que sa raison enorgueillit contemple, à travers l'immensité du monde, la scène où s'agitent ses frères, et qu'il prête l'oreille à l'harmonie dissonante de leur histoire! Cherchez quelque sorte de barbarie à laquelle ne se soient pas accoutumés, je ne dis pas un homme, une nation, mais une société de nations! Le plus grand nombre, peut-être, ne sont-elles pas allées jusqu'à se nourrir de la chair de leurs semblables ? Quelle absurde conception la pensée peut-elle inventer, qui n'ait été consacrée par la tradition héréditaire dans tel ou tel lieu ? Il n'est donc aucune créature inférieure à l'homme : car pendant toute sa vie, non-seulement sa raison ne fait que l'égarer, mais encore il est l'élève de la raison d'autrui. Les mains qui le reçoivent sont celles qui lui donnent sa forme, et je suis persuadé qu'il n'est pas, dans l'ordre des choses possibles, de formes d'institutions humaines qui n'aient été adoptées par quelque nation ou quelque individu. L'histoire multiplie jusqu'à les épuiser, toutes les combinaisons de vices et de crimes, pendant que l'on ne voit paraître que çà et là quelque noble développement de sentimens et de vertus. Peut-être qu'il ne pouvait en être autrement, en conséquence des moyens choisis par le Créateur, pour que notre espèce se donnât à elle-même ses formes : il faut que les folies se transmettent aussi bien que les trésors si rares de la sagesse. La voie de l'homme ressemble à un labyrinthe, où se multiplient les passages qui vont en divergeant, tandis qu'il n'est qu'un petit nombre de sentiers qui aboutissent au centre. Heureux celui qui peut ou l'atteindre lui-même, ou y conduire ses proches, quand ses pensées, ses inclinations, ses désirs, et jusqu'à ses exemples que le silence accompagne, ont provoqué l'humanité de ses frères ! Dieu n'agit sur la terre que par le moyen d'hommes supérieurs et élus de sa main. La religion et le langage, l'art, la science, et les gouvernemens eux-mêmes, ne peuvent être parés d'une plus noble couronne que des lauriers cueillis dans le développement moral de la pensée humaine. Notre corps périt dans le tombeau, et notre nom devient bientôt une ombre sur la terre : incorporés à la voix de Dieu, à la tradition, nous vivrons activement dans la pensée de la postérité, lors même que notre nom ne sera plus.

Troisièmement. Ainsi la philosophie de l'histoire qui suit la chaine de la tradition, est à proprement parler la véritable histoire de l'humanité ; hors de là, tous les accidens externes de ce monde ne sont que de vains fantômes ou de révoltantes monstruosités. C'est un triste point de vue, que celui d'où l'on n'aperçoit, dans les révolutions de notre terre, que des débris sur des débris, d'éternels commencemens sans fins, des changemens de circonstances sans aucun but fixe. Il n'y a que la chaine du perfectionnement qui compose de ces ruines un tout, dans lequel vont s'évanouir les formes humaines, et où l'esprit de l'humanité vit et agit éternellement. Noms glorieux qui brillez dans l'histoire de la civilisation, comme les génies de l'espèce humaine, comme de brillantes étoiles dans la nuit des temps, bien qu'avec le cours des âges plusieurs de vos édifices se soient écroulés, et qu'une grande partie de votre or pur soit tombé dans le gouffre de l'oubli, vos travaux n'ont point été perdus; car les œuvres de vos pensées, que la Providence a voulu sauver, ont été transmises aux âges suivans sous d'autres formes. Il n'est pas d'autre moyen pour qu'un monument humain dure à jamais sur la terre; formé dans la succession des générations par la main du temps pour un usage temporel, il devient évidemment nuisible à la postérité, du moment où il retarde ou rend inutile son développement. C'est ainsi que la forme changeante et que l'imperfection de toutes les œuvres humaines entraient dans le plan du Créateur. Il faut que la folie paraisse pour que la sagesse en triomphe: il n'est pas jusqu'à la fragilité effrayante des plus nobles travaux qui ne soit une des propriétés essentielles des objets qu'ils embrassent, afin que l'homme s'exerce de nouveau à bâtir et à perfectionner sur leurs ruines; car nous sommes tous ici dans un état d'exercice. Chaque individu doit s'éloigner un jour de cette terre, et comme alors peu lui importera l'usage que la postérité fera de ses œuvres, une ame élevée ne pourrait consentir à condamner les générations successives à les révérer dans une apathique stupidité, sans rien entreprendre au-delà. Si de nouveaux travaux s'achèvent, elle s'en réjouit, car ce qu'elle emporte avec elle hors du monde, c'est son pouvoir fortifiant, le fruit mûr de son activité interne.

Chaîne dorée du perfectionnement, toi qui entoures la terre de tes replis, et qui t'étends à travers tous les individus jusqu'au trône de la Providence, depuis que j'aperçus tes traces et que je les suivis dans tes anneaux les plus délicats, dans les sentimens de parent, d'ami et de maître, l'histoire ne me parut plus, comme autrefois, une suite non interrompue de désolations sur une terre sacrée. Si une foule de faits hideux se cachent sous le voile d'une louange servile, si tant d'autres restent dans leur laideur native, c'est pour faire briller de tout son éclat l'activité humaine, qui toujours a continué sa longue carrière, sans avoir presque jamais prévu les conséquences que la Providence voulait tirer de son sein, comme l'esprit des formes matérielles. Ce n'est qu'au milieu des orages que fleurit cette noble plante; ce n'est que par une opposition obstinée à de fausses prétentions que peuvent triompher les nobles travaux de l'homme; souvent on dirait qu'il va succomber sous ses projets vertueux, mais ce n'est qu'une vaine apparence. La semence a un germe plus abondant sous les cendres du bien, et quand elle a été arrosée de sang, elle manque rarement de donner naissance à une fleur qu'aucun souffle ne peut flétrir. Ainsi donc, je ne me méprends plus sur le mécanisme des révolutions; elles sont aussi nécessaires à notre espèce que les vagues au fleuve pour qu'il ne devienne pas un marais stagnant. L'humanité fleurit dans une jeunesse toujours renouvelée, et à mesure qu'elle avance, sa régénération s'opère par les nations, les générations et les familles.

## CHAPITRE II.

### *Le langage est le moyen principal de l'éducation de l'homme.*

On remarque dans l'homme, et même dans le singe, une disposition particulière à imiter, qui semble être, non pas la conséquence d'une conviction rationnelle, mais l'effet immédiat d'une sympathie organique. Comme une corde en fait résonner une autre, et que la puissance de vibration dans tous les corps augmente à mesure qu'ils sont plus denses et plus homogènes, l'organisation humaine, la plus parfaite de toutes, est nécessairement la plus propre à se mettre à l'unisson avec les autres êtres et à sympathiser avec eux. L'histoire des maladies démontre que non-seulement les affections et les blessures du corps, mais aussi les dérangemens moraux, peuvent être propagés par la sympathie.

Nous apercevons au plus haut degré dans les enfans l'action de ces rapports harmoniques avec les êtres environnans. Pendant plusieurs années leurs corps ne sont que des instrumens qui répondent au moindre accord. Les actions et les gestes, même les passions et les pensées, s'emparent d'eux à leur insçu, de telle sorte qu'en s'élevant au moins au ton harmonique de ce qu'ils ne peuvent exécuter, ils obéissent machinalement à un penchant qui est une sorte d'assimilation morale. Il en est de même des sauvages, heureux enfans de la nature. Pantomimes en naissant, ils imitent tout ce qu'on leur a raconté, ou tout ce qu'ils désirent exprimer; et le caractère particulier de leurs idées se développe par les danses, les jeux et les sentences. C'est par l'imitation que leur imagination acquiert ces formes : tout le trésor de leur mémoire et de leurs langues consiste dans de pareils types, et de là vient que leurs pensées passent si promptement à l'action et à une tradition vivante.

Mais ce n'est pas par ces vains simulacres que l'homme a atteint l'élément caractéristique de son espèce, je veux dire, la raison : il n'y a été conduit que par la puissance de la parole. Examinons ce miracle d'institution divine, le plus grand peut-être de la création terrestre, si l'on excepte la génération des êtres vivans.

Si quelqu'un demandait comment les images

peintes dans l'œil, et toutes les perceptions de nos sens les plus opposées peuvent être représentées par des sons, et ce qu'il y a de plus étonnant, comment ces sons peuvent être doués du pouvoir inhérent d'exprimer des idées et même de les éveiller : nul doute que l'on ne considérât le problème comme la saillie d'un insensé qui, substituant l'une à l'autre les choses les plus dissemblables, voudrait remplacer la couleur par le son, le son par la pensée, et la pensée par un mot pittoresque. Ce problème, la divinité l'a en effet résolu. L'accent de notre voix devient l'interprète du monde, le signe qui manifeste à la pensée d'un autre nos idées et nos sentimens. Tout ce que l'homme a jamais pensé, voulu, fait, ou tout ce qu'il fera d'humain sur la terre, a été ou sera dépendant du simple mouvement d'un filet d'air; car si ce souffle divin ne nous avait pas inspiré, s'il n'avait pas erré sur nos lèvres comme un charme, nous serions tous encore errans dans les forêts. Ainsi l'histoire entière de l'homme, avec tous les trésors de la tradition et de la civilisation, n'est qu'une conséquence de la solution de ce divin problème. Ce qui le rend plus étonnant encore pour nous, c'est qu'en le voyant chaque jour résolu par la magie de la parole, nous ne concevons pas davantage le rapport des instrumens qui concourent à ce mystère. Il y a une liaison entre parler et entendre; car aussitôt que les créatures commencent à dégénérer, il se fait un changement réciproque des organes de l'ouïe et de la parole. Nous voyons bien aussi que tout le corps est fait pour être en harmonie avec eux ; mais nous ne comprenons pas quel est leur mode intérieur de coopération. Si chacune des passions, principalement la douleur et la joie, deviennent des sons ; si ce qui est entendu par l'oreille peut ébranler la langue, si les images et les sensations deviennent des caractères spirituels, et ces caractères des sons significatifs, expressifs, c'est ce qui résulte comme d'un concours volontaire, d'une foule de dispositions que le Créateur dans sa sagesse a établies entre les sens et les instincts, les facultés et les membres les plus opposés de la créature, avec une prévoyance non moins merveilleuse que celle qui a présidé à l'union de l'ame et du corps.

N'est-il pas singulier qu'un filet mobile d'air soit le seul, ou au moins le meilleur milieu de nos idées et de nos perceptions ? Détruisez sa liaison inconcevable avec toutes les opérations de notre intelligence, qui ont avec lui si peu de rapport apparent, et ces opérations elles-mêmes cessent d'exister, et la structure de notre cerveau devient inutile, et toute la destination de notre être reste inaccomplie, comme le démontrent suffisamment les exemples des hommes qui ont passé leur vie au milieu des animaux. Les sourds et muets de naissance, bien que quelques gestes et d'autres signes suffisent à leurs premiers besoins, se conduisent comme des enfans ou des animaux humains. Leurs actions correspondent à ce qu'ils voient sans le comprendre, car ce ne sont pas les ressources de la vue qui peuvent à elles seules donner à leur raison un véritable développement. Une nation n'a point les idées pour lesquelles sa langue n'a pas de mots. L'image la plus vive n'est encore qu'un sentiment obscur, quand la pensée n'a point trouvé le caractère qui lui convient et qu'elle ne l'a point inscrite par le moyen d'un mot, dans la mémoire, le souvenir, l'intelligence, et, enfin, dans l'intelligence du genre humain, c'est-à-dire, la tradition : une intelligence pure, sans langage, n'est sur la terre qu'une vaine utopie. Il en est de même des passions du cœur et de tous les instincts sociaux. La parole seule a rendu l'homme humain en posant des bornes à ses passions, et en leur donnant dans la collection des mots un mémorial rationnel. Aucune ville n'a été fondée par la lyre d'Amphion ; aucun talisman n'a métamorphosé les déserts en jardins : mais tout cela a été fait par la puissance du langage ; c'est par lui que les hommes se sont formés en société et qu'ils ont reconnu les liens de l'amour. Il a établi les lois et réuni les familles ; lui seul rend possible une histoire du genre humain avec les modifications traditionnelles du cœur et de la pensée. Au moment où je parle, je vois les héros d'Homère, j'entends les plaintes d'Ossian, malgré les siècles qui me séparent des ombres des poètes et des héros. Un rayon d'air sonore les a rendus immortels et fait revivre leurs images devant moi. La voix de l'homme mort retentit dans mon oreille; j'écoute lentement ses pensées silencieuses. Si la Providence y consent, tout ce que le génie de l'homme a conçu, tout ce que la sagesse antique a imaginé, arrive jusqu'à moi par l'intermédiaire de la parole. Ainsi mon ame intelligente est unie à l'intelligence du premier et probablement du dernier homme qui ait fait usage de sa pensée. En un mot, le langage est le caractère de notre raison, et c'est par sa puissance seule qu'elle acquiert les formes qu'elle doit répandre ensuite.

Toutefois, quand on le considère non-seulement comme l'instrument de la raison, mais comme le lien qui unit l'homme à l'homme, il suffit du moindre examen pour reconnaître l'imperfection de ce moyen de développement; car on a peine à concevoir un fil plus délié, plus indécis, plus fugitif que celui que le Créateur a étendu sur l'espèce humaine. Être souverainement bon! n'y avait-il pas, dans l'ordre des choses possibles, un moyen d'expression d'une exactitude plus rigoureuse, un système d'enchaînement plus intime entre les cœurs et les pensées des hommes?

1. Toute langue exprime non pas des choses, mais des noms. Ainsi la raison humaine ne perçoit pas les choses; mais les images, que les mots servent à peindre : observation humiliante, qui donne à l'histoire entière de notre entendement d'étroites limites et un caractère de contingence. Fidèle au nom qu'elle a adopté, la science métaphysique est une collection systématique et abstraite de noms composés d'après les observations de l'expérience. A la considérer comme une méthode, une table indicative, elle a une haute utilité et doit, jusqu'à un certain point, guider notre intelligence artificielle dans toutes les autres sciences; mais, l'examine-t-on en elle-même, et suivant la nature des choses, elle ne présente pas une seule idée substantielle et complète, pas une seule vérité intrinsèque. Mobile et passagère, notre science repose sur des caractères abstraits, individuels, variables; ce qu'elle ignore, c'est l'intérieur des choses, que nous ne pouvons ni apercevoir ni exprimer par nos organes. Nulle force que nous connaissions, ou que nous puissions apprendre à connaître dans son essence; car le principe même de notre être, qui nous anime et qui pense en nous, nous le sentons, il est vrai, et nous en jouissons, mais sans le connaître. Tout nous échappe et nous fuit, jusqu'à la connexion qui existe entre la cause et l'effet; parce que nous ne pouvons voir dans l'intérieur

ni de l'actif, ni du passif, et rien ne nous est plus étranger que l'entité d'une chose. De là notre entendement, flottant d'images en images, n'est pour ainsi dire qu'un calculateur aveugle, comme son nom paraît l'indiquer dans plus d'un idiome.

2. Et sur quoi s'exercent ses opérations? est-ce sur les caractères eux-mêmes qu'il a abstraits, quelque imparfaits et contingens qu'ils puissent être? Nullement. Bientôt, sans que le signe conserve avec l'élément qu'il remplace aucun rapport nécessaire, ces caractères sont transformés en une foule de sons; et c'est sur eux et par eux que la pensée opère. Ainsi elle calcule avec des jetons, des sons et des chiffres; car quiconque connaît deux langues n'imaginera jamais qu'il y ait une connexion absolue entre les sons et les idées, ou mieux encore, entre les sons et les choses. Or n'est-il que deux langues sur la surface de la terre? dans chacune d'elles la raison calcule et se satisfait par le talisman d'une liaison arbitraire. Pourquoi cela? parce qu'elle ne possède elle-même que des caractères contingens, et qu'il lui est pleinement indifférent de calculer avec telle ou telle de ces images : triste aspect dans l'histoire de l'humanité! L'inconstance des opinions et les erreurs qu'elle suppose sont donc inévitables par notre nature même; loin de dériver des inexactitudes de l'observation, c'est la manière même dont nos idées s'engendrent et dont elles se propagent

par la raison et le langage qui les perpétuent : si nos facultés s'exerçaient, non point sur des abstractions, mais sur des réalités; si nous pénétrions, non point des signes arbitraires, mais la nature des choses, adieu les fantômes de l'erreur et l'instabilité de l'opinion! nous vivrions sur le terrain de la vérité. Mais maintenant que nous en sommes loin, même quand nous croyons toucher à ses limites, puisque ce que je connais d'une chose n'en est que le symbole externe qui s'en détache et se revêt d'un nouveau symbole aussi arbitraire que le premier! Si un autre homme me comprend, s'il assigne au mot que j'emploie la même idée que moi, ne lui donne-t-il pas du moins plus d'extension, ou ne le transmet-il pas à d'autres comme une enveloppe stérile. C'est ainsi qu'ont pris naissance toutes les sectes philosophiques et religieuses : le fondateur, quoique ses idées fussent fausses et incomplètes, avait au moins, selon toute probabilité, la conscience claire et précise de ce qu'il disait : vinrent ensuite les disciples et les sectaires, qui le comprirent chacun d'une manière différente, c'est-à-dire qu'en attachant à ses paroles leurs propres idées, ils ne répétèrent bientôt plus à l'oreille des hommes que des mots vides de sens. On aperçoit à la première vue les imperfections du seul moyen qui existe de propager la pensée humaine; pourtant c'est de lui que dépendent tous les accidens de notre perfectionnement, et il nous est impossible d'échapper à sa loi.

De là dérivent des conséquences importantes pour l'histoire de l'humanité. *Premièrement*, puisque Dieu a choisi ce moyen de développement, il est manifeste que nous n'avons été destinés ni à de pures spéculations, ni à la vie contemplative; car, dans la sphère où nous sommes placés, nous ne pouvons atteindre que très-imparfaitement à l'un ou à l'autre de ces deux buts. La contemplation pure! mais c'est ou une déception, puisque nul n'aperçoit l'intérieur des choses, ou du moins un mode d'existence qui ne peut se répandre ni se communiquer, puisqu'il n'admet ni mots, ni signes, ni caractères. A grand'peine le contemplatif indiquera-t-il à un autre le chemin qui conduit à des trésors qu'aucun nom ne désigne; ainsi la part que celui-ci prendra à ces vagues rêveries dépend de son génie et de l'instabilité des circonstances: d'où mille perplexités, et autant d'habiles déceptions, comme le prouve l'histoire de tous les peuples. L'homme n'a pas davantage été créé pour la spéculation; en effet, par la manière même dont elle se produit et se communique, elle n'approche pas plus de la perfection, et remplit aussi fréquemment de mots vides de sens la tête de ceux qui s'en vont répétant les spéculations d'autrui; et quand ces deux extrêmes, la spéculation et la contemplation, tendent à se réunir, et que l'enthousiasme métaphysique ébranle une frêle intelligence qui, rejetant le secours de la parole, se repaît de vaines chimères, pauvre nature humaine, dans quelles régions ténébreuses et stériles ne vas-tu pas t'égarer sans retour! Le langage a servi à la divinité à nous conduire par une voie plus douce à un sage milieu. Sans atteindre à la substance des choses, nous n'acquérons par son intermédiaire que des idées phénoménales; mais elles nous suffisent pour jouir de la nature, exercer nos facultés, remplir notre destinée et développer notre humanité : nous ne sommes point faits pour l'éther, qui ne convient pas à l'état présent de notre machine, mais pour l'air salubre de cette terre où nous devons passer nos jours.

D'ailleurs, est-il vrai qu'il y ait entre les hommes, dans la sphère des idées vraies et utiles, autant de différence que le suppose une orgueilleuse spéculation? c'est ce que l'histoire des nations et la nature de la raison et du langage me défendent de croire. Le pauvre sauvage qui n'a vu qu'un petit nombre d'objets, et combiné que peu d'idées, procède, quand il les combine, de la même manière que le premier des philosophes. Comme eux, il a un langage, et par là il exerce de mille manières son intelligence et sa mémoire, son imagination et ses sentimens. Peu importe, que son cercle soit plus ou moins restreint, ce qu'il y a de vrai, c'est qu'il développe sa pensée selon les lois de la nature humaine. Nommez une seule faculté morale qui appartienne en propre au philosophe européen. Bien plus, la nature fournit d'abondantes compensations dans la mesure de ses dons intellectuels et le mode de leur exercice. Chez la plupart des sauvages, par exemple, la mémoire, l'imagination, la philosophie pratique, la promptitude de décision, l'exactitude de jugement, la grâce de l'expression, brillent à un degré qu'atteint rarement la raison artificielle de nos philosophes. Nul doute que l'homme éclairé ne calcule, avec ses idées verbales et ses chiffres, une infinité de combinaisons qui jamais ne sont entrées dans la pensée de l'homme de la nature; mais depuis quand la table de Pythagore est-elle le type de la perfection, de la force et du bonheur de l'humanité? Accordons que le sauvage pense par images et qu'il lui est impossible de rien concevoir abstraitement; s'il n'a aucune idée fixe de Dieu, c'est-à-dire aucun mot pour désigner celui dont il jouit comme du grand esprit de la création qu'il concentre dans le foyer de sa propre activité, il n'est cependant pas plus étranger aux mouvemens de la reconnaissance qu'aux impressions d'un bonheur mérité; et s'il croit à l'immortalité de l'ame, bien qu'il ne puisse la démontrer par des signes vocaux, il part pour la terre de ses aïeux avec plus de tranquillité que la plupart des sceptiques avec leur science de mots.

Remercions donc la Providence d'avoir rendu, par le moyen imparfait mais général du langage, les hommes plus semblables réellement l'un à l'autre que leur extérieur ne l'indique. Si le langage nous conduit à la raison, la tradition et la croyance aux paroles de nos pères nous conduisent au langage. Comme la méthode la plus mauvaise pour l'enseignement d'une langue serait celle qui chercherait à remonter à la cause première des mots, de même il n'y a, dans des choses aussi difficiles que l'expérience et l'observation de la nature, que la croyance et la foi qui puissent, avec les précautions convenables, nous servir de guide dans la pratique tout entière de la vie. Celui qui ne croit point aux rapports de ses sens est un fou; il ne peut sortir d'une sphère d'oisives spéculations; au contraire, celui qui exerce avec confiance leur activité, toujours prêt à s'examiner et à se corriger, obtient seul un trésor d'expérience pour le cours entier de sa vie terrestre. Le langage, quelles que soient ses bornes, lui suffit; car il n'est destiné qu'à fixer l'attention de l'observateur, et à éveiller l'activité de ses facultés intellectuelles. Un idiome plus parfait, pénétrant comme les rayons du soleil, d'un côté pourrait bien n'être pas universel, pendant que de l'autre il serait incompatible avec la grossièreté de notre constitution dans la sphère présente. Il en est de même de la langue du cœur : elle ne dit que peu, et pourtant elle dit assez. D'ailleurs, jusqu'à un certain point le langage de l'homme est plutôt fait pour le cœur que pour la tête ; le geste, le mouvement, l'objet lui-même, aident l'intelligence ; mais il faut que les sentimens de notre cœur restent enfouis dans notre sein, si la parole ne les porte en flots harmonieux au cœur d'un autre. C'est pour cela que le Créateur a choisi, pour l'organe de notre perfectionnement, la mélodie des sons, la langue des sentimens, la langue du père, du fils et de l'ami. Des créatures qui, séparées l'une de l'autre, ne peuvent se toucher intimement, murmurent entre elles des paroles d'amour : dans les êtres qui parlent le langage de la lumière, ou de quelque autre organe, la forme entière et l'enchaînement de leur éducation diffèrent nécessairement des nôtres.

*Secondement.* La comparaison philosophique des langues est incontestablement la meilleure étude que l'on puisse faire sur l'histoire et les divers caractères de l'intelligence et du cœur humain ; car toute langue porte l'empreinte de la pensée et du caractère du peuple qui la parle. Non-seulement l'organe de la parole varie avec les climats, non-seulement chaque nation a certains sons, certaines lettres qui lui sont propres, mais encore le nom des choses qui frappent l'ouïe, et même les interjections, expressions immédiates des passions, changent sur toute la surface de la terre. Quand il s'agit des choses que les sens n'atteignent pas ou des sujets abstraits, cette différence augmente encore. A cela ajoutez-vous les expressions allégoriques, les formes du discours, en un mot, la structure même du langage, les rapports, l'arrangement et la connexion de ses parties? Elle devient pour ainsi dire infinie; et pourtant le génie d'un peuple ne se révèle nulle part plus évidemment que dans la physionomie de sa langue. Par exemple, telle nation a-t-elle beaucoup de mots, ou compte-t-elle beaucoup d'actions? Quelle est la manière d'exprimer le temps et la personne, à quel ordre d'idées est-elle attachée de préférence? C'est ce qui le plus souvent est déterminé par les nuances délicates de la parole. Dans plusieurs nations chaque sexe a une langue particulière; il y en a d'autres où la condition des personnes est déterminée par le simple mot *moi*. Chez les nations actives, les verbes ont une foule de modes différens; avec le raffinement de la civilisation augmente le nombre des modifications objectives que l'on élève au rang des notions abstraites. Enfin, la partie la plus singulière des langues humaines est celle qui comprend la description des sentimens de l'homme, les expressions d'amour et d'estime, de reproche et d'adulation, et c'est là souvent que se montre dans tout son jour la faiblesse des peuples [1]. Que ne puis-je indiquer ici quelque ouvrage où la physionomie des nations ait été étudiée dans leur langue, suivant le vœu si souvent répété par Bacon, Leibnitz, Sulzer et autres? Dans les grammaires et dans les livres de voyages on trouve de nombreux matériaux pour un ouvrage de ce genre, et il ne serait ni d'une extrême difficulté, ni d'une longueur démesurée, si l'on en excluait tout ce qui y est superflu, et si l'on se bornait à faire un bon usage de ce qui pourrait être placé dans un jour brillant. Il ne manquerait pas non plus de ce charme instructif qui vivifie chaque détail; puisque les qualités d'un peuple se révèlent elles-mêmes dans les accidens de sa langue, comme dans un tableau immense, où l'intelligence pratique, les puissances diverses de l'imagination, les coutumes et la manière de vivre, sont toutes réunies; c'est ainsi que l'on construirait le plus riche édifice d'idées humaines, la meilleure logique et la meilleure métaphysique de l'intelligence : pourtant le laurier n'est pas encore cueilli, il faut qu'un autre Leibnitz se présente quand son temps sera venu.

---

[1]. Les exemples sur lesquels il nous serait facile de nous appuyer nous entraîneraient trop loin; ils n'appartiennent pas à ce livre et trouveront leur place ailleurs.

Un travail qui ressemblerait beaucoup à celui dont nous venons de parler, serait d'entreprendre l'histoire des révolutions de quelque langue. Pour nous servir d'exemple à nous autres Allemands, je choisirai spécialement celle de notre pays; car, bien qu'elle ait été moins mélangée que d'autres, pourtant elle a subi, depuis le temps d'Ottfried, même dans les lois de sa grammaire, des altérations essentielles. La comparaison de diverses langues cultivées, avec les révolutions correspondantes des peuples qui les ont parlées, présenterait, dans les dégradations successives de la lumière et de l'ombre, une sorte de tableau mouvant du développement progressif de la pensée humaine, qui, d'après toutes mes convictions, a fleuri avec chaque idiome dans toute l'étendue des âges. Les nations se meuvent dans l'enfance, la jeunesse, l'âge viril et la vieillesse de l'humanité; et combien n'en est-il pas qui ont été entées sur d'autres ou qui se sont élevées de leurs cendres!

Enfin, gardons-nous d'oublier la tradition des traditions, l'écriture. Si le langage est le moyen de développer les hommes comme hommes, l'écriture est le moyen de former pour eux une éducation scientifique. Tous les peuples qui ont manqué de cette tradition artificielle, sont restés, suivant nos idées, sans culture; pendant que ceux qui n'en ont joui même que d'une manière très-imparfaite, ont éternisé leur intelligence et leurs lois par la gloire des lettres. Le mortel privilégié qui a inventé l'art d'enchaîner la pensée fugitive, non pas seulement par des mots, mais par des lettres, a paru comme une divinité au milieu du genre humain.[1]

Quoi qu'il en soit, l'observation que nous avons faite sur le langage trouve ici une application plus directe; bien que ce moyen de perpétuer nos idées fixe à la fois et l'esprit et la lettre, il les restreint et les enchaîne de mille manières. Non-seulement les accens, les gestes animés qui communiquaient d'abord au langage la puissance de pénétrer les cœurs, se glacent et disparaissent; non-seulement le nombre des dialectes, et par suite celui des idiomes caractéristiques de certaines tribus, de certaines nations, diminue peu à peu; mais encore la mémoire des hommes et l'activité de leurs facultés intellectuelles s'affaiblissent par ce concours artificiel qui donne à la pensée des formes déterminées. Depuis long-temps le génie de l'humanité aurait été étouffé sous le poids des livres et de la science, si la Providence n'avait appelé, pour le laisser respirer, les pouvoirs destructeurs de plusieurs révolutions. Embarrassée par la lettre, l'intelligence ne se traine qu'avec peine; nos idées

---

1. L'histoire de cette découverte et de celles qui se rapportent plus particulièrement à la science de l'homme viendra plus tard.

les plus nobles sont défigurées par les caractères de l'écriture morte. Tout cela cependant n'empêche pas la tradition de l'écriture d'être la plus durable, la plus paisible, la plus efficace des institutions de Dieu. C'est par elle que les nations agissent sur les nations, les âges sur les âges, et que l'espèce humaine se trouvera à la fin enlacée d'une chaîne de tradition fraternelle.

## CHAPITRE III.

### *C'est par l'imitation, la raison et les langues qu'ont été découverts tous les arts et toutes les sciences de l'humanité.*

A peine l'homme, soit qu'il ait eu pour guide un génie ou un Dieu, fut-il conduit à s'approprier une chose pour lui servir de signe, et à substituer au signe qu'il avait établi un caractère arbitraire; ou, en d'autres termes, à peine les premiers élémens rationnels du langage eurent-ils apparu, qu'il se trouva sur la voie de tous les arts et de toutes les sciences; car en les inventant la raison fait-elle autre chose que de remarquer et de spécifier des différences ou des similitudes! Ainsi, avec le langage, le plus difficile de tous les arts, le genre humain reçut pour ainsi dire un prototype de tout ce qui restait à faire.

Par exemple, l'homme qui imagina, d'après les traits d'un animal, un signe pour le désigner, posa par cela même les fondemens de la domesticité des animaux, s'appropria ce qui lui parut convenir à ses besoins, et s'établit le maître général de tout ce qui existe dans la nature; car dans chacune de ces prises de possession il ne fit réellement que marquer les caractères d'un être utile et capable d'obéir pour l'aider et le servir, soit qu'il le désignât par la parole, soit qu'il le représentât par un signe. Ainsi, dans la brebis il remarqua le lait que suce l'agneau, la laine qui échauffait sa main, et il s'empressa de les approprier à son usage. Dans l'arbre, dont la faim lui apprit à connaître les fruits, il remarqua des feuilles dont il pouvait se couvrir, et du bois qui lui promettait un feu éclatant. Il s'élança sur le dos du cheval qui devait le porter au loin, et le retint en son pouvoir, afin de s'en servir une seconde fois. Il observa comment la nature élevait ses enfans et les préservait du moindre danger; comment les animaux se nourrissaient et se défendaient. C'est ainsi qu'il parvint à tous les arts, en imaginant un signe distinct qu'il se rappela par un fait ou quelque autre indice. En un mot, ce fut le langage, et lui seul, qui rendit possibles l'observation, la reconnaissance, le souvenir, la possession et un enchaînement continu d'idées et de sentimens. Ainsi naquirent les sciences et les arts, fruits de la raison qui s'appuie sur des signes, et de l'imitation qui se propose un but.

Il y a long-temps que Bacon appelait de ses vœux une méthode de découvertes ; mais comme sa théorie serait difficile et peut-être inutile, il est probable qu'une histoire des découvertes serait l'ouvrage le plus instructif dont les génies de l'espèce humaine, éclairés par la Divinité, pussent faire présent à leurs successeurs. A chaque pas on verrait comment l'occasion et le hasard tantôt ont présenté aux regards d'hommes privilégiés des points de vue jusque-là inconnus, tantôt de nouveaux signes, c'est-à-dire de nouveaux instrumens ; comment, d'autres fois, du rapprochement incomplet de deux idées depuis long-temps reçues, a pu sortir un art dont l'influence s'est répandue sur les âges futurs. Il en est quelques-uns qui ont été inventés plusieurs fois et aussi souvent oubliés. La théorie existait ; mais pour qu'ils devinssent pratiques, il fallut que quelque homme plus heureux mît en circulation l'or caché, ou ébranlât les mondes avec un faible levier. Peut-être n'est-il pas d'histoire qui montre si évidemment l'action d'une puissance suprême sur le mouvement des affaires humaines, que celle des découvertes et du développement des arts dont nous sommes le plus disposés à nous enorgueillir. Depuis long-temps le caractère et l'objet qui servent à les spécifier, existaient l'un et l'autre ;

mais alors on les remarqua, on les désigna pour la première fois : il y eut un mouvement rapide de plaisir dans la procréation d'un art, comme dans celle d'un être humain, à l'instant où s'unirent l'idée et le caractère, le corps et la pensée.

C'est avec un profond sentiment de respect que je suis la trace des découvertes de la pensée humaine, pour en ramener le principe unique aux distinctions et aux signes rationnels qu'elle a établis ; car c'est là ce qu'il y a de véritablement divin dans l'homme, et le caractère même de son excellence. Tous ceux qui se servent d'un langage étudié s'égarent, comme si leur raison endormie se berçait dans un songe. Fiers de la raison d'autrui, ils n'ont qu'une sagesse d'emprunt ; car direz-vous que celui qui emploie l'art d'un autre est lui-même un artiste ? Mais celui qui nourrit dans son ame des pensées originales et en compose un harmonieux ensemble ; celui dont le regard intérieur n'est pas distrait par les yeux du corps ; assez pénétré de l'objet qu'il contemple pour le décrire, non pas avec des mots seulement, mais avec ame et conscience ; assez privilégié du ciel pour observer la nature dans son creuset créateur, et reconnaître çà et là de nouvelles marques de ses opérations, qu'il ramène par les développemens de l'art à quelque but avoué de l'humanité ; celui-là est véritablement homme ; et comme il n'en paraît de tels qu'à de longs intervalles, c'est un Dieu parmi des hommes. Il parle, et la foule répète en bégayant ce qu'il a dit : il crée, et d'autres jouissent de ses œuvres. C'était un homme, et peut-être après lui ne paraîtra-t-il que des enfans pendant des siècles. Le spectacle du monde et l'histoire des nations sont là pour nous apprendre combien sont rares les génies créateurs, et avec quelle ténacité les hommes s'attachent à ce qu'ils possèdent, sans s'inquiéter de ce qui leur manque : il n'est bruit que de cela dans l'histoire entière de la civilisation.

Ainsi, avec les sciences et les arts, s'étend sur toute l'espèce humaine une nouvelle tradition; et tandis qu'il n'est donné qu'à un petit nombre d'élus d'ajouter de nouveaux anneaux à la chaîne, les autres, esclaves ingénieux qui se traînent machinalement sur ses traces, se laissent enlacer par elle. De même que cette coupe parfumée est venue de mains en mains jusqu'à moi, et que je n'ai eu d'autre peine que de la porter à mes lèvres, ainsi notre raison et notre manière de vivre, nos connaissances et nos arts, notre science politique et militaire ne sont que des combinaisons des idées et des découvertes d'autrui : sans que nous en puissions tirer aucune gloire, elles sont arrivées jusqu'à nous de toutes les parties du monde, et nous y avons été comme plongés et engloutis depuis notre première jeunesse.

Rien n'est donc plus vain que la prétention d'un grand nombre d'Européens, qui marquent eux-mêmes leur place au-dessus de tous les peuples du monde, dans ce qu'ils appellent les arts, les sciences et la civilisation. Semblables en cela à ce fou du Pirée, ils s'imaginent que toutes les découvertes de l'Europe leur appartiennent en propre, par cela seul qu'ils sont nés au confluent même des découvertes et des traditions. Orgueilleux insensé, as-tu inventé un seul de ces arts? que sont tes propres idées au milieu de ces traditions qui t'investissent de toutes parts? C'est le travail d'une machine, que d'apprendre à se servir des secours qu'elles présentent; et quand tu avales à longs traits les eaux de la science, as-tu d'autre mérite que celui de l'éponge qui a long-temps séjourné sur un sol humide? Conduis ta frégate à Otahiti, transporte tes canons le long du rivage des Nouvelles-Hébrides ; tu ne l'emportes ni en adresse ni en habileté sur l'insulaire de la mer du Sud, qui dirige avec art le canot qu'il a construit. Il n'est pas jusqu'aux sauvages qui n'aient aperçu obscurément cette vérité, aussitôt qu'ils ont connu de plus près les Européens. A la vue de leurs instrumens, ils les prirent d'abord pour des êtres mystérieux et supérieurs, devant lesquels ils s'inclinaient avec respect; mais quand le sauvage se fut persuadé qu'ils étaient vulnérables, mortels, sujets à la maladie, et plus faibles que lui dans les exercices du corps, il redouta la puissance de l'art et tua l'homme qui n'était pas plus l'art que le prêtre n'est le Dieu qui l'inspire. Tout cela est applicable à la civilisation européenne. Si la langue d'un peuple, et même ses écrits, se distinguent par un caractère particulier de modestie et de délicatesse, aussi vainement que faussement en conclurait-on qu'il en est de même de tous ceux qui lisent ces livres ou parlent cette langue. La question est de savoir comment ils lisent et comment ils parlent; et même encore ils ne font que penser et parler d'après d'autres hommes, dont ils empruntent les idées et les expressions. Le sauvage qui, dans son cercle étroit, pense par lui-même et s'exprime avec précision et énergie, celui qui dans la sphère de son activité sait exercer avec présence d'esprit ses facultés morales et physiques, son intelligence et quelques instrumens plus ou moins parfaits, celui-là, toute proportion gardée, a une culture plus réelle que le politique ou le savant qui, avec l'aveugle insouciance de l'enfance, se repose sur un magnifique théâtre, élevé par d'autres mains que les siennes, et peut-être même par les efforts réunis des âges précédens. Au contraire, l'homme de la nature, resserré, il est vrai, dans de plus étroites limites, mais plus adroit et plus industrieux, s'appuie fermement sur le sol. Personne ne contestera que l'Europe ne soit le centre des arts et des découvertes de l'intelligence humaine : c'est là que le destin des âges a déposé ses trésors, qui y ont reçu ensuite leur développement et leur emploi; mais tous ceux qui s'en servent sont loin d'avoir l'intelligence des inventeurs. Bien plus, l'usage même tend à diminuer l'activité de l'intelligence; car, si j'ai pour servir mes projets l'instrument d'autrui, je ne prendrai point la peine d'en inventer un moi-même.

Il est plus difficile de déterminer ce que les sciences et les arts ont fait pour le bonheur du genre humain, et jusqu'à quel point ils ont concouru à l'augmenter. Et d'abord, je ne pense pas que la question puisse être résolue d'une manière absolue par une affirmation ou une négation simple; car ici, comme en toute autre chose, tout dépend de l'usage auquel on a plié les découvertes. On ne niera pas que la société ne soit en possession d'instrumens plus ingénieux et plus parfaits, qui, avec une moindre dépense de forces, produisent plus d'effets, et qu'ainsi le travail et les fatigues de l'homme ne soient beaucoup réduits. Il est également incontestable que chaque art, chaque science, a formé un nouveau lien social de ce besoin mutuel sans lequel les hommes que l'art a façonnés ne pourraient exister; mais, d'un autre côté, à mesure que les besoins se sont multipliés, le cercle étroit du bonheur de l'homme s'est-il agrandi?

L'art peut-il réellement ajouter quelque chose à la nature, loin de l'affaiblir et de la limiter par ses conquêtes? Les talens et les sciences, en excitant en lui une agitation intérieure, ennemie des plaisirs simples et des longs souvenirs, n'ont-ils pas éveillé dans le cœur de l'homme des désirs qui ont rendu son bonheur plus rare et moins durable? Enfin, la population toujours croissante et le développement extrême de la sociabilité n'ont-ils pas fait de la plupart des villes et des royaumes, des espèces d'hôpitaux et de maisons de charité, où la nature humaine se flétrit dans une atmosphère empoisonnée? D'ailleurs si les hommes vivent des aumônes de la science, de l'art et de la politique, ne s'accoutument-ils pas aussi peu à peu aux précautions serviles des parasites? Ces questions, et un grand nombre d'autres de ce genre, ne peuvent être éclairées que par l'histoire et l'expérience des siècles.

Messagers du destin, génies créateurs, sur quels sommets dangereux et bienfaisans tout à la fois, n'avez-vous pas exercé votre céleste mission! Vous avez inventé, mais non pas pour vous. Il n'était pas en votre pouvoir de déterminer quel usage la postérité ferait de vos découvertes, et ce qu'elle leur ajouterait ou leur retrancherait, conduite par l'analogie à d'autres idées que les vôtres. Plus d'une fois la perle est resté enterrée pendant des siècles, et le coq a gratté le sol dans le voisinage, jusqu'à ce qu'elle ait été trouvée par quelque mortel indigne, et enchâssée dans la couronne d'un monarque, non pas toujours pour y briller d'un éclat bienfaisant. Toutefois vous avez accompli votre œuvre en donnant à la postérité le trésor qui a été déblayé par votre infatigable pensée, ou que le destin a jeté à vos pieds; de même vous avez abandonné vos découvertes à la volonté de la providence, pour qu'elle en fît ce qui lui semblerait concourir au bien. Au milieu du flux et du reflux des âges, tantôt elle a donné aux idées léguées par le passé à l'avenir des développemens inattendus, tantôt elle les a laissées périr, cherchant partout à corriger le poison par l'antidote, l'injure par le bienfait. L'inventeur de la poudre à canon n'imaginait guère quelle mortelle influence l'explosion de sa poussière noire devait exercer sur les forces politiques et physiques de l'homme; encore moins prévoyait-il (ce qui échappe presque à nos conjectures) comment de ce monceau de poudre, sur lequel se sont assis tant de despotes, allaient sortir pour la postérité les germes bienfaisans d'une constitution nouvelle. Le tonnerre n'éclaircit-il pas l'atmosphère? Après que les géans de la terre sont détruits, ne faut-il pas que les Hercules eux-mêmes habituent leurs mains à des travaux moins rudes? L'homme qui le premier remarqua la polarité de l'aiguille magnétique, ne vit pas de quelle foule de biens et de maux la découverte de cette vertu merveilleuse, que secondaient tant d'arts divers, allait être suivie; et nous même savons-nous quelle catastrophe imprévue doit compenser les anciens maux ou en engendrer d'inconnus jusqu'ici. Il en est de même des découvertes du verre, de l'or, du fer, des vêtemens, de l'écriture, de l'imprimerie, de l'astronomie, et en général de toutes les sciences qui ont quelque rapport avec le domaine des arts. La connexion merveilleuse qui se manifeste dans le développement et le perfectionnement périodique de ces découvertes, la manière extraordinaire dont elles limitent et atténuent mutuellement leurs effets, appartiennent à la suite des desseins de Dieu sur notre espèce, c'est-à-dire à la vraie philosophie de notre histoire.

## CHAPITRE IV.

*Fondés principalement sur la tradition héréditaire, les gouvernemens sont établis pour maintenir l'ordre parmi les hommes.*

La société est l'état naturel de l'homme; né et élevé dans son sein, c'est toujours à elle qu'il est ramené à mesure que les penchans de la jeunesse s'éveillent dans son cœur; et les noms si doux de père, de fils, de frère, de sœur, d'amant, d'ami, sont des liens de la loi naturelle qui se retrouvent dans toutes les sociétés primitives. Ils ont même servi de fondemens aux premiers gouvernemens, aux institutions de la famille sans lesquelles l'espèce ne pourrait subsister; lois précieuses, que la nature elle-même a posées et limitées avec sagesse; c'est là ce que nous appellerons le premier degré du gouvernement naturel; ce sera toujours le dernier et le plus élevé.

C'est ainsi que la nature a marqué les premières bases de la société, laissant à la raison ou aux besoins de l'homme l'ample faculté d'élever sur ce premier plan de plus hauts édifices. Dans les lieux où les tribus et les races peuvent se passer d'une assistance mutuelle, l'intérêt qu'elles prennent l'une à l'autre est presque nul, et jamais elles n'ont pensé à former entre elles d'association politique; tels sont les côtes habitées par des pêcheurs, les pâturages des bergers et les forêts du chasseur : là où cesse le gouvernement paternel et domestique, l'union entre les hommes est fondée ou sur un contrat, ou sur une fonction quelconque, qui a été conférée à un ou plusieurs d'entre eux. Une nation de chasseurs, par exemple, s'assemble pour partir : s'ils ont besoin d'un chef, c'est pour diriger la chasse; aussi choisissent-ils le plus adroit, et ils lui obéissent volontairement pour la fin commune qu'ils ont en vue. Les animaux qui vivent par troupes ont un chef semblable : dans les voyages, dans les défenses, dans les attaques, et en général dans tous les travaux qui se font en commun, cette précaution est indispensable ; c'est ce que nous appellerons le second degré du gouvernement naturel. On le retrouve chez tous les peuples qui, en proie aux besoins physiques, vivent comme on dit dans l'état de nature. Au reste, le juge élu par une nation appartient à ce degré de gouvernement ; car c'est le plus sage et le meilleur que l'on choisit pour une fonction cependant si précaire, que sa souveraineté finit quand son œuvre est achevée.

Mais, qu'il en est autrement du troisième degré de gouvernement, de celui dont l'hérédité est le caractère distinctif! où les lois de la nature s'arrêtent-elles? où commencent-elles? Que le plus juste et le plus sage soit choisi pour arbitre dans un différend, rien ne paraît plus naturel ; et même après cette épreuve, rien n'empêche qu'il ne conserve pendant toute la durée de sa vie cette sorte de magistrature. Mais quand le vieillard est mort, quel droit son fils a-t-il à le remplacer? Ce n'est point une raison de descendre d'un père juste et sage ; car ni la sagesse ni la justice ne sont héréditaires. Encore moins la nation, par la nature même des choses, est-elle tenue de le reconnaître pour juge, parce qu'elle a élu autrefois son père pour des raisons personnelles. Le fils n'est pas le père, et s'il paraissait convenable d'établir en loi que toutes les générations qui ne sont point encore, eussent à le reconnaître pour juge et à former avec lui au nom de tous, jusqu'à la fin des temps, un contrat par lequel chaque descendant de sa race naîtrait juge, chef et pasteur de la nation, ou en d'autres termes, le plus vaillant, le plus juste et le plus sage du peuple entier; il serait difficile de concilier un pacte de ce genre, je ne dis pas avec la justice, mais avec la raison. La nature ne départit pas ses dons les plus nobles à quelques familles privilégiées; et le droit du sang, suivant lequel un homme qui n'est point encore né, tiendra de sa naissance un empire absolu sur d'autres hommes qui ne sont pas nés, et à quelque époque qu'ils viennent à paraître dans le monde : voilà, à mon avis, une des phrases les plus inintelligibles des langues humaines.

Il faut donc que l'introduction du gouvernement héréditaire parmi les hommes ait eu d'autres fondemens, et l'histoire ne laisse aucune obscurité sur ce sujet. Qui a imposé leurs gouvernemens à l'Allemagne et à l'Europe civilisée? la guerre. Des hordes de Barbares parcourent en tous sens cette partie du globe; leurs chefs et les nobles se partagent le sol et les habitans. De là

prennent naissance les principautés et les fiefs ; de
là le vasselage des peuples subjugués, d'autant plus
oppressif que les conquérans deviennent les propriétaires du pays, et que les changemens qui se
succèdent sans intervalles dans leur mode de possession, sont déterminés par les révolutions, par
la guerre, par des transactions mutuelles entre les
plus puissans, et toujours par la loi de l'étranger.
L'expérience des âges dévoile cette sanglante origine, et ici les faits historiques ne peuvent être
contestés. Qui courba le monde sous le joug de
Rome ? qui rangea la Grèce et l'Orient sous la domination d'Alexandre ? qui a fondé toutes les monarchies, depuis les temps de Sésostris, de la fabuleuse Sémiramis, et qui les a renversées ? la guerre.
Ainsi, les conquêtes de la force, mises à la place
du droit, ont été érigées en lois par la suite des
siècles, ou, comme disent nos politiques, par un
contrat tacite ; mais, dans ce cas, voici ce que veut
dire ce contrat tacite : Que le plus fort prend ce
qu'il veut, et que le plus faible donne ce qu'il ne
peut refuser, ou supporte ce qu'il ne peut éviter.
Ainsi, comme presque toutes les autres possessions
héréditaires, le droit d'hérédité dans le gouvernement dépend d'une chaîne de traditions, dont le
premier anneau, forgé par la force ou le hasard,
et recueilli de temps en temps, il est vrai, par
la sagesse et la clémence, est devenu le plus

souvent la proie de la fortune ou de la force. Les héritiers et les descendans s'enrichissent des usurpations de leurs ancêtres; et il n'est pas besoin de prouver longuement que celui qui a le plus, est aussi celui qui reçoit davantage : c'est la conséquence naturelle de cette odieuse prise de possession de la terre et des hommes.

Gardons-nous de supposer que, vrai pour ces monstres de la conquête qu'on appelle monarchies, cela soit faux pour les gouvernemens primitifs; car de quelle autre manière auraient-ils pris naissance? Aussi long-temps qu'un père régna sur sa famille, ce fut un père, et il laissa ses fils l'imiter à leur tour, sans s'arroger sur eux d'autres droits que celui du conseil. Tant que plusieurs familles se choisirent d'elles-mêmes et d'après leur propre délibération des juges ou des chefs pour un cas particulier, ceux qui en remplirent les fonctions ne furent que les esclaves de l'intérêt commun, les présidens élus de la société. Dans un peuple ainsi constitué, les noms de souverain, de monarque, de despote absolu, arbitraire, héréditaire étaient également inconnus. Mais si la nation, venant à sommeiller, laissa le père, le juge, le chef agir pour lui-même; si, dans une aveugle reconnaissance, elle déposa entre ses mains, en considération de son mérite, ou de son pouvoir, ou de ses richesses, ou de quelque autre motif, un sceptre héréditaire, qu'elle s'engageait à respecter comme le troupeau de brebis obéit au berger, quel rapport subsiste entre les deux parties, si ce n'est d'un côté la faiblesse et de l'autre la puissance, ou en d'autres termes, le droit du plus fort? Quand Nemrod commença par tuer des animaux, et qu'ensuite il subjugua des hommes, il ne fut, dans les deux cas, qu'un chasseur. Le chef d'une colonie ou d'une horde, que des hommes suivent comme de vils troupeaux, usurpa bientôt sur eux le droit de l'homme sur les animaux. Il en fut de même de ceux qui donnèrent aux nations leur culture : tant qu'ils n'eurent d'autre but que de les civiliser, ils furent les pères, les précepteurs des peuples, et ils maintinrent les lois pour le bien général : à peine devinrent-ils des chefs absolus ou héréditaires, qu'il n'y eut plus que la force en présence de la faiblesse qu'elle renversait; souvent il arriva que le renard se glissa à la place du lion, et alors ce fut le renard qui fut le plus fort; car, loin que la force consiste seulement dans une supériorité matérielle, pour l'ordinaire l'adresse, la ruse et l'artifice ont des effets plus puissans encore. En un mot, c'est de la différence que les dons du corps, le génie ou la fortune établissent entre les hommes, que sont sortis le despotisme et la servitude, sous des formes variées, selon le pays, l'époque ou la manière de vivre des peuples; et le plus souvent ces diverses combinaisons n'ont fait que se succéder l'une à l'autre. Les habitans des montagnes, par exemple, se sont répandus dans les plaines pacifiques. Aguerris par le climat, la nécessité, le besoin, ils ont pris possession de toute la terre, comme ses seigneurs légitimes; puis, subjugués par le luxe dans de plus doux climats, ils sont tombés à leur tour sous une domination étrangère. Ainsi notre terre a été la proie de la violence, et son histoire, que les conquêtes remplissent, forme le triste tableau d'une chasse aux hommes. Le plus léger changement d'esclavage, et en général chaque époque nouvelle, sont presque toujours marqués, sur le livre du temps, du sang de l'humanité et des pleurs de l'opprimé. Les noms les plus célèbres sont ceux des meurtriers des peuples, de quelques bourreaux couronnés ou s'apprêtant à l'être; et ce qu'il y a de plus douloureux, les hommes les plus dignes de respect ont souvent été forcés par la nécessité de paraître sur l'obscur échafaud où l'on forgeait les fers de leurs frères. D'où vient que l'histoire présente un si petit nombre de projets raisonnables? de ce que la plus grande partie des événemens ne dérivent point d'une pensée réfléchie; car ce sont les passions et non l'humanité, qui, triomphant sur la terre, ont armé, comme des animaux féroces, les peuples les uns contre les autres. Si la Providence avait voulu que nous fussions gouvernés par des êtres supérieurs, combien l'histoire de l'homme eût été différente ! Au contraire, des héros, c'est-à-dire des hommes ambitieux en possession du pouvoir, pleins d'artifices ou d'audace, tels sont ceux qui ont presque toujours tenu le fil des événemens, libres de l'embrouiller ou de le briser au gré de leurs passions et du hasard qui les guide. Quand rien n'attesterait l'infériorité de l'espèce humaine, l'histoire des gouvernemens suffirait à la démontrer ; aussi le nom qui conviendrait le mieux à notre planète, serait celui de Mars ou de Saturne qui dévore ses enfans.

Et quoi ! follement épris de déclamations vaines, irons-nous donc accuser la Providence d'avoir établi une trop grande diversité dans les climats, et d'avoir partagé ses bienfaits entre les hommes suivant une répartition trop inégale ? Une telle accusation ne serait pas moins immorale qu'injuste, puisqu'elle serait en contradiction avec le but manifeste de notre espèce. Si la terre devait être habitée, il fallait par une conséquence nécessaire qu'il y eût des montagnes à sa surface, et sur leurs plateaux de hardis montagnards. Si ces derniers renversèrent et subjuguèrent les habitans voluptueux des plaines, pour la plupart les habitans des plaines ne méritaient pas d'autre sort ; car pourquoi se laissèrent-ils subjuguer? pourquoi s'être endormis dans un luxe et une mollesse insensée? On peut admettre en histoire comme principe général, qu'il n'y a de peuples opprimés que ceux qui se soumettent à l'oppression et méritent d'être esclaves. Il n'y a d'esclave que le lâche; la médiocrité est destinée par la nature à servir le génie : ainsi chacun est à sa place, et serait malheureux s'il était forcé d'en changer.

D'ailleurs, si l'inégalité des conditions est telle qu'elle semble ne plus pouvoir augmenter, c'est plutôt l'effet de l'éducation que de la loi naturelle, comme le prouve la variété des caractères qu'un même peuple présente en changeant de formes de gouvernement. La nation la plus noble perd bientôt sa dignité sous le joug du despotisme; le venin gagne jusqu'à la moelle des os, et quand ses facultés les plus élevées ne servent qu'à la fraude, et qu'elles s'éteignent dans la servitude et la volupté, comment s'étonner qu'à la longue elle ne s'accoutume au joug, fière de baiser ses chaines et de les couvrir de fleurs? Quelque douloureux que soit la destinée de l'espèce humaine, aussi bien dans les circonstances de la vie privée que dans l'histoire publique, et quoique l'on ait peine à trouver une seule nation qui se soit arrachée à l'abîme d'un esclavage habituel sans le miracle d'une régénération complète, pourtant il est manifeste que ces déplorables abus ne sont point l'œuvre de la nature, mais de l'homme. La nature n'étend les liens de la société qu'à la famille; après cela elle laisse aux hommes la liberté de les étendre et de composer, comme il leur plaît, les ouvrages de l'art les plus compliqués, je veux dire, les corps politiques. S'ils les combinent avec sagesse, ils en sont récompensés par le bonheur; s'ils choisissent ou s'ils endurent la tyrannie et les mauvaises formes de gouvernement, il faut qu'ils en supportent les funestes conséquences. Le Créateur ne pouvait que les instruire par la raison, par la tradition de l'histoire, ou enfin par le sentiment même de la douleur et de la misère. Ainsi, la dégénération morale de l'humanité dérive des vices et de la dépravation des gouvernemens; car, même sous le despotisme le plus oppresseur, l'esclave n'a-t-il pas toujours partagé le butin avec son maître, et le despote n'est-il pas le premier esclave?

Mais, inépuisable dans ses bienfaits, notre mère commune n'abandonne point ses enfans, même dans la dégénération la plus profonde, et toujours elle cherche à alléger le fardeau de l'oppression par l'habitude et l'oubli. Tant que les nations conservent leur vigilance et leur activité première, tant que la nature perpétue en elles l'esprit d'industrie, elles échappent au joug des sultans efféminés : un territoire coupé et brisé, une manière grossière de vivre, voilà la sauve-garde de leur liberté. Au contraire, s'endorment-elles sur les dangers qui les menacent, et laissent-elles le filet les envelopper de toutes parts ; toujours prête à consoler, la Providence répand encore sur les opprimés ses bienfaits les plus doux; car le despotisme suppose la faiblesse, et par conséquent les faciles jouissances, qui viennent de la nature ou des bienfaits des arts. Les gouvernemens despotiques s'étendent sur un grand nombre de pays où la nature fournit d'elle-même à l'homme sa nourriture et ses vêtemens ; c'est là qu'il se fait peu à peu à l'orage qui gronde, et quand la tempête a cessé, il respire la fraîcheur de l'air dans une molle indifférence, qui, pour détruire la dignité morale, n'exclut pas un sentiment vague de plaisir et de bien-être. En général, le lot de l'humanité et le bonheur terrestre qui lui appartient sont également indépendans de l'esclavage et de la puissance. Le pauvre peut être heureux, l'esclave peut être libre dans les fers : le plus souvent le despote et ses créatures sont avec toute leur race les plus malheureux et les plus vils esclaves.

Comme tous les points que j'ai indiqués jusqu'ici doivent recevoir de l'histoire leur propre confirmation, il est impossible d'en séparer le développement de celui des faits; contentons-nous maintenant d'exposer quelques vues générales.

1. Un principe aussi faux que vulgaire dans la

philosophie de l'histoire de l'homme, serait d'établir que l'homme est un animal qui a besoin d'un maître, dont dépend médiatement ou immédiatement tout le bonheur de sa destinée. Renversons la proposition : l'homme qui a besoin d'un maître n'est qu'un animal; aussitôt qu'il devient homme, ce besoin disparaît. La nature n'a point assigné de maître à l'espèce humaine. S'il lui en faut un, ce sont les vices et les passions grossières qui le rendent nécessaire. La femme a besoin d'un mari, le mari d'une femme; il faut à l'enfant des parens qui l'instruisent, au malade un médecin, au plaideur un juge, au troupeau un berger. Voilà les relations naturelles qui reposent sur l'essence même des choses. L'idée que l'homme a besoin d'un despote, sous une forme semblable à la sienne, répugne à la nature de la pensée humaine. Il faut supposer qu'il est naturellement faible, pour lui donner un protecteur; incapable de ménager ses intérêts, pour l'aider d'un tuteur; sauvage, pour prendre le droit de l'apprivoiser; criminel, pour légitimer un ministre de vengeance. Ainsi tous les gouvernemens humains, nés de la nécessité, n'existent que par elle. Comme il n'y a qu'un mauvais père qui donne à son enfant une éducation telle qu'il doive rester toute sa vie dans un état absolu d'incapacité; comme il n'y a qu'un médecin dépravé qui entretienne la maladie qu'il pouvait guérir, afin de retenir jusqu'à la mort sa victime sous sa dépendance, appliquez le même mode de raisonnement aux instituteurs de l'espèce humaine, aux législateurs des peuples. De deux choses l'une. Ou ces derniers étaient incapables de perfectionnement, ou l'on doit apercevoir, dans le cours de tant de siècles, pendant lesquels les hommes ont été gouvernés, et ce qu'ils peuvent devenir, et dans quelle direction ils ont été conduits par leurs instituteurs.

2. La nature fait l'éducation des familles. L'état le plus naturel est donc une nation avec un caractère distinctif qu'elle puisse conserver pendant des siècles. Jamais les élémens dont il se compose ne présentent un accord plus simple que lorsqu'ils ont été rassemblés et coordonnés par les fondateurs mêmes; car une nation est aussi bien une plante naturelle qu'une famille, seulement elle porte plus de branches. Aussi rien ne paraît plus directement contraire au but des gouvernemens que l'agrandissement disproportionné des états, et que le mélange bizarre de races et de nations réunies sous un sceptre unique. Un sceptre humain est un roseau trop faible et trop fragile pour remuer des masses si hétérogènes et les fondre en un seul tout. A la vérité, elles peuvent, jusqu'à un certain point, être rapprochées l'une de l'autre dans une frêle machine, que l'on appelle corps social; mais

sans qu'il y ait entre les diverses parties ni lien, ni sympathie, ni esprit de vie. De tels empires, où il est presque impossible que le nom de père de la patrie s'applique même aux monarques les plus vertueux, apparaissent dans l'histoire comme ces types de monarchie orientale dans les visions du prophète, alors que la tête du lion, la queue du dragon, les ailes de l'aigle et les griffes de l'ours, allaient se confondre dans la figure abstraite d'un État. De pareilles machines sont agencées comme le cheval de Troie ; elles se garantissent l'une à l'autre leur durée éternelle, bien qu'il n'y ait pas de vie là où manque un caractère national, et que la malédiction du destin puisse seule condamner à l'immortalité une union forcée et monstrueuse. Les mêmes politiques qui les ont ainsi combinées entre elles, sont ceux qui jouent avec les hommes et les nations, comme avec des substances inanimées ; mais l'histoire démontre suffisamment que ces instrumens de l'orgueil humain sont formés d'argile, et que, comme toute autre argile, ils se dissoudront et tomberont en poussière.

3. Comme le but des associations humaines est d'assurer à chaque individu le secours et la protection de tous ; le meilleur des états est l'ordre naturel, c'est-à-dire celui où chacun des membres de la société est ce qu'il était destiné à être par la nature. Aussitôt que le souverain se met à la

place du Créateur, et que, poussé par sa volonté ou ses passions, il fait en sorte de détourner ses semblables de la carrière que Dieu leur avait assignée, ce despotisme, qui va jusqu'à contrôler les cieux, devient la source d'une foule de désordres et de malheurs inévitables. Or, puisque les degrés que la tradition établit parmi les hommes contrarient jusqu'à un certain point la nature, qui n'a livré spécialement ses bienfaits à aucun ordre particulier, comment s'étonner que plusieurs nations, après avoir essayé de diverses formes politiques, et senti les inconvéniens de chacune, aient fini par recourir dans leur désespoir au gouvernement héréditaire despotique, qui les réduisait à n'être que de pures machines? Comme le roi des Juifs, quand on lui offrit à choisir de trois maux, elles se dirent : « Tombons plutôt entre les mains du maître, qu'entre les mains des hommes; » et, soumises à la volonté de la Providence, elles se préparèrent à tout ce que le ciel vengeur pourrait envoyer contre elles ; car, si la tyrannie de l'aristocratie est une tyrannie sévère, le gouvernement populaire est un véritable Léviathan. De là vient aussi que les monarques chrétiens emploient la formule, *par la grâce de Dieu*, reconnaissant ainsi qu'ils doivent leurs couronnes, non pas à leur propre mérite, qui en vérité pourrait bien ne pas exister avant qu'ils ne soient nés ; mais à la volonté de la Providence, qui permit qu'ils prissent naissance sur un trône. Quant aux droits du talent, c'est à eux de les acquérir par leurs propres travaux. Il leur appartient de justifier la Providence de les avoir jugés dignes de leur haute mission ; car la mission d'un prince n'est pas autre que celle d'un Dieu parmi des hommes, d'un être supérieur sous une forme mortelle. Le petit nombre de ceux qui en ont senti la grandeur et la majesté réelle, brillent comme des étoiles au sein de la nuit, que remplissent de leurs ténèbres les monarchies ordinaires ; ils raniment le voyageur égaré dans son triste pélerinage à travers l'histoire politique du genre humain.

O plût à Dieu qu'un autre Montesquieu laissât à la postérité un Esprit des lois et des institutions, qui ne comprendrait que les siècles les mieux connus ! Sans prendre pour bases ni ces vaines divisions de gouvernemens en trois ou quatre formes, qui ne sont nulle part semblables l'une à l'autre et ne restent jamais identiques à elles-mêmes, ni des maximes politiques, car il n'y a pas d'États fondés sur des principes de mots, ou qui puissent s'y conformer dans tous les temps et toutes les occasions ; ni des exemples détachés, empruntés à chaque nation, à chaque époque, à chaque climat, quand il serait impossible au génie même de notre terre de composer un tout de cette confusion, il n'aurait qu'à suivre le mouvement philosophique de l'histoire civile, qui, malgré son uniformité apparente, ne présente pas deux fois la même scène, et dont les leçons effrayantes complètent le tableau des vices et des vertus de l'humanité et de ses chefs, selon les circonstances du lieu et du temps, toujours changeant, toujours le même.

## CHAPITRE V.

*De toutes les traditions de la terre, la religion est la plus ancienne et la plus sainte.*

Fatigués et attristés de tant de changemens de climats, de temps et de nations, ne trouverons-nous pas sur la terre quelque type immuable qui marque d'un caractère universel l'excellence de nos frères? Dans le tableau de leurs nobles facultés, n'oublierons-nous que la disposition à la raison, à l'humanité et à la religion, ces trois grâces de la vie humaine? Tous les États ont eu une lente origine, et les sciences et les arts n'ont paru qu'à une époque plus tardive encore; mais les familles sont l'œuvre éternel de la nature, l'établissement progressif dans lequel elle jette les germes de l'humanité dont l'avenir s'empare. Les langues changent avec les peuples et les climats; mais toutes reproduisent la même loi de la raison humaine. Ainsi, malgré la différence des formes, on trouve, jusqu'à l'extrémité de la terre, des traces de religion chez les nations les plus pauvres et les plus grossières. Le Groënlandais et le Kamtschatkale, le Pécherais et le Papous, n'en sont point dépourvus, comme le prouvent leurs coutumes et leurs traditions; et si chez les Ansicans ou les sauvages des îles de l'Inde qui sont obligés de se cacher dans les forêts, on découvrait quelques peuplades privées de culte, cela même serait une preuve de la profonde barbarie dans laquelle elles seraient retenues.

Maintenant, d'où la religion de ces peuples dérive-t-elle? dans leur impuissante rudesse, ont-ils inventé leur culte comme une sorte de théologie naturelle? Non, certainement; car, épuisés par la fatigue et la misère, ils n'inventent rien et ne font que suivre les traditions de leurs ancêtres. D'ailleurs, les objets externes ne pouvaient pas les amener seuls à cette découverte; car, si la nature ou les animaux leur ont appris à faire des flèches et des arcs, des hameçons et des vêtemens, dans quel animal, dans quel objet naturel ont-ils pu voir la religion? de toutes les choses qui les entourent, quelle est celle qui les a instruits à adorer une divinité? c'est donc encore la tradition qui a propagé la religion et ses saints rites, aussi bien que les langues et les premiers degrés de civilisation.

Il suit de là évidemment que les traditions religieuses ne pouvaient employer d'autres moyens que ceux qui ont été mis en usage par la raison et la parole, je veux dire les symboles ; si, pour se propager, il faut que les pensées deviennent des mots ; si chaque institution a besoin d'un signe visible pour être transmise à d'autres peuples et à la postérité, comment ce qui est impalpable peut-il devenir l'objet d'une perception, comment l'histoire du passé devient-elle le domaine des âges futurs, si ce n'est par le moyen des mots et des signes ? Il résulte de là que, chez les peuples les moins avancés dans la civilisation, la langue de la religion est toujours la plus ancienne et la plus obscure. Souvent inintelligible pour les initiés eux-mêmes, elle l'est bien plus encore pour les étrangers. Le plus souvent les symboles les plus sacrés, les plus expressifs, quelque bien appropriés qu'ils puissent être au climat et à la nation, perdent leur sens et leur application après un petit nombre de générations : et loin que ceci soit contradictoire, c'est ce qui doit arriver de toute espèce de langues et d'institutions, revêtues de caractères arbitraires, à moins qu'elles ne soient comparées fréquemment avec leur objet, et qu'un usage continu n'en grave la signification dans le souvenir : or, en fait de religion, cette comparaison est difficile, sinon impraticable ; car le symbole se rapporte, soit à une idée abstraite, soit à un événement passé.

De là il suit infailliblement que les premiers philosophes d'une nation, les prêtres, ne pouvaient rester à jamais ce qu'ils avaient commencé d'être; car à peine eurent-ils perdu le sens des symboles, qu'ils ne furent plus que les esclaves aveugles de l'idolâtrie, ou que les missionnaires obstinés de la superstition. Et la vérité est que presque partout ils se sont montrés sous cet aspect, non pas qu'ils eussent quelque penchant particulier à tromper, mais par la nature même des choses. Il en est de même dans les langues, les sciences, les arts et les institutions. Pour que l'ignorant enseigne un art qu'il ne connaît pas, il faut qu'il use d'artifice, de mystères et de fraudes. Une feinte apparence prend la place de la vérité qu'on a perdue. Voilà l'histoire de tous les mystères qui se sont succédés dans le monde; d'abord une grande partie des faits que l'on cachait méritaient d'être produits au jour; mais bientôt, quand l'expérience eut appris à les traiter avec indifférence, ce ne furent que de vains simulacres, dont le mensonge égalait la puérilité; et les prêtres d'un sanctuaire muet et désert n'eurent plus de l'imposture que le mépris sans puissance, et la misère sans prestiges.

De tous les membres de la société, les princes et les philosophes étaient ceux dont l'inquiète surveillance était le plus à redouter pour le sacerdoce. Enorgueillis par leur rang élevé, dans lequel venaient se confondre tous les pouvoirs; accoutumés à exercer arbitrairement leur volonté, les princes jugèrent que c'était un devoir de restreindre la puissance occulte qui les ombrageait, et par conséquent de détruire ses symboles ou de se ménager, en les conservant, des fils pour mouvoir les hommes et les choses avec eux. De là ce funeste débat entre le trône et l'autel, qui chez toutes les nations à demi civilisées ne s'est terminé que par l'alliance des deux puissances et le spectacle bizarre d'un trône sur un autel, ou d'un autel sur un trône. Dans cette lutte inégale, les prêtres dégénérés ne pouvaient manquer de perdre du terrain; car une croyance invisible avait à combattre contre des forces matérielles, et l'ombre d'une ancienne tradition contre la splendeur de ce sceptre d'or que les prêtres eux-mêmes avaient consacré et placé dans la main du monarque. Ainsi les jours de la domination sacerdotale passèrent à mesure que la civilisation se développa. Le despote, qui d'abord portait sa couronne au nom de Dieu, trouva plus simple ensuite de la garder en son nom, et les souverains et les philosophes accoutumèrent les peuples à cette innovation.

Maintenant, en premier lieu, il est indubitable que *la religion seule a introduit parmi les peuples les premiers élémens de la civilisation et des sciences, qui même ne furent dans l'origine qu'une sorte de tradition religieuse.* Ces premières ébauches de civilisation et de science que nous trouvons, encore de nos jours, chez toutes les nations sauvages, ont un rapport intime avec leur culte; leur langue religieuse est un hymne, qui non-seulement accompagne, avec les danses et les chants, la solennité des rites sacrés, mais qui, pour l'ordinaire, repose sur les vagues souvenirs du monde primitif : c'est donc le seul débris que ces peuples aient conservé des premières périodes de leur histoire, le seul monument d'antiquité, la seule lueur de science que l'on puisse découvrir parmi eux. Fondement de toute chronologie, l'art de compter et d'observer les jours est ou fut partout une chose sainte : les mages de toutes les parties du monde s'approprièrent la connaissance des cieux et de la nature, quelque faible qu'elle fût. La médecine, la sorcellerie, les sciences occultes et l'interprétation des rêves, la connaissance de l'écriture, les actes d'expiation aux dieux, de satisfaction aux mânes des ancêtres, ceux qui avaient pour but d'interroger les tombeaux; en un mot, tout ce qui tient à ce règne éternel de doutes que la curiosité humaine ne cesse de poursuivre, est entre les mains des prêtres : aussi, dans plusieurs nations, les familles, d'abord séparées les unes des autres, ne sont-elles réunies que par l'identité des croyances et des formes religieuses. L'histoire de la civilisation montrera que ceci s'applique aux nations même les plus avancées dans la voie du perfectionnement. Les sciences des Égyptiens et des peuples de l'Orient, jusqu'à l'extrémité de l'Asie, ainsi que des nations éclairées de l'antiquité, des Étrusques, des Grecs et des Romains, prirent naissance au sein des traditions religieuses et s'enveloppèrent de leurs voiles. La poésie et les arts, la musique et l'écriture, l'histoire et la physique, l'histoire naturelle et la métaphysique, l'astronomie et la chronologie, n'eurent pas d'autre origine. Les plus anciens philosophes ne firent que choisir les germes que le passé recélait et qu'aider le développement des plantes qu'ils renfermaient. Nous aussi, gens du Nord, nous n'avons reçu nos sciences que par l'intermédiaire de la religion ; ainsi nous pouvons assurer hardiment, d'après l'histoire générale des peuples, que le monde doit tous les élémens principaux de sa civilisation aux traditions religieuses, orales ou écrites.

Secondement. La nature même des choses confirme ce que l'histoire avance ; car qu'est-ce qui a élevé l'homme au-dessus de l'animal, et l'a empêché, même dans son état le plus grossier, de tomber jusqu'au rang des brutes ? On répond, la raison et la parole ; mais, comme sans la parole il ne se serait point élevé jusqu'à la raison, il ne pouvait acquérir l'une ou l'autre qu'en observant l'unité dans la multiplicité, en percevant l'invisible dans le visible, la connexion de la cause avec l'effet. Ainsi, au milieu du chaos des êtres qui l'entouraient, il faut qu'une sorte d'instinct religieux des forces invisibles de la nature ait précédé dans sa pensée la conception et la liaison des idées abstraites dont il a formé la base. Les sauvages, s'ils n'ont aucune idée précise de Dieu, obéissent du moins à ce sentiment vague dont la bienveillance et la naïveté se montrent dans les formes de leur idolâtrie. Dans toutes les idées qui ne représentent que des objets extérieurs, l'homme agit comme un animal. Quand il vient à concevoir quelque chose d'invisible dans le visible, ou une force dans son action, il s'élève par cela même aux premiers degrés de la raison supérieure. Des conceptions qui peuvent se rencontrer dans une nation sans culture, celle-ci est la seule qui soit du domaine de la raison transcendante. Elle s'est développée chez les peuples les plus avancés avec une extrême variété de signes. Il en est de même de la croyance à la survivance de l'ame, par quelque voie que les hommes l'aient acquise : cet article de foi universelle distingue l'homme en mourant de la condition de l'animal. Il n'est pas de nation sauvage qui puisse démontrer philosophiquement l'immortalité de l'ame humaine, ce qui peut-être échappe à la puissance même de la philosophie, car elle ne peut que confirmer par des argumens rationnels la croyance de l'immortalité, qui, enracinée dans le cœur de l'homme, est de tous les temps et de tous les lieux. C'est à ce vague pressentiment qu'obéissent l'habitant du Kamtschatka quand il place un chien à côté d'une tombe, et celui de la Nouvelle-Hollande, quand il plonge dans la mer les restes de son compagnon. Aucune nation n'ensevelit ses morts comme de vils animaux. Le sauvage, lorsqu'il expire, part pour le pays de ses pères, pour la terre des ames. Partout, les traditions religieuses et le sentiment intérieur d'une existence qui ne reconnaît point le néant, précèdent les analyses de la raison. Abandonnée à elle-même, l'intelligence n'aurait pu que difficilement atteindre à la notion d'immortalité, ou du moins elle ne l'aurait présentée que sous une forme abstraite et stérile. Ainsi, la croyance universelle de la survivance de l'ame est la pyramide que la religion a élevée sur les tombeaux des peuples.

Enfin, ces lois et ces institutions humaines dont la céleste puissance se développe par parties, il est vrai, chez les nations les plus sauvages, est-ce la raison qui les a découvertes après un intervalle peut-être de mille années, et n'ont-elles pour base que des images changeantes et d'inconstantes abstractions? Je ne puis le penser, surtout quand je considère la marche de l'histoire. Si les hommes dispersés sur la terre comme les animaux, avaient dû établir d'eux-mêmes et sans secours la forme intérieure de l'humanité, nous trouverions encore des nations sans langage, sans raison, sans religion, sans morale; car, ce que l'homme a été, l'homme l'est encore : mais aucune histoire, aucune expérience ne nous permet de croire que l'homme vive nulle part comme l'orang-outang. Les fables antiques que Diodore et Pline racontent de ces monstres humains, privés de tous sentimens, portent avec elles un caractère évident de fausseté, ou du moins ne peuvent être crues sur le seul témoignage de ces écrivains. Il en est de même des récits des poètes qui, jaloux de relever la gloire de leurs Orphées et de leurs Cadmus, exagèrent la grossièreté des empires naissans de l'antiquité; les temps où ils ont vécu et le but de leurs ouvrages diminuent également l'autorité de leurs témoignages. En suivant les analogies du climat, il paraît évident qu'aucune nation européenne, surtout aucune tribu de la Grèce, n'a été dans un état si abject que les Nouveaux-Zélandais ou que les Pécherais de la Terre de feu; encore dans la dégradation même de ces peuplades, retrouve-t-on des traces d'humanité, de raison et de langage. Les cannibales ne dévorent ni leurs enfans, ni leurs frères. Fondée parmi eux sur le droit de la guerre, leur coutume inhumaine, l'effroi de leurs ennemis et l'aliment de leur valeur, n'est que l'œuvre d'une politique grossière qui outrage dans d'odieux sacrifices ces mêmes lois de l'humanité que nous méconnaissons nous-mêmes dans tant de circonstances. Du moins n'osent-ils avouer, devant les étrangers, qu'ils ont soif de sang, pendant que pour nous Européens, notre gloire est de tuer des hommes; on peut même dire qu'ils se conduisent avec générosité et en frères pour les prisonniers sur lesquels n'est pas tombé le lot fatal. Bien plus, ces égaremens et tant d'autres, qui poussent le Hottentot à enterrer vif l'enfant qui l'embarrasse, l'Eskimaux à abréger les jours des vieillards, sont les conséquences d'une douloureuse nécessité, qu'il n'est pas impossible de concilier avec un sentiment vague d'humanité. La raison aveuglée ou les caprices de la débauche ont produit parmi nous des excès plus honteux, auxquels ne peut se comparer la polygamie du Nègre : or, comme nul ne contestera que l'empreinte de l'humanité ne soit gravée dans le cœur du sodomite, du tyran, de l'assassin, quoique presque entièrement effacée par la licence de leurs mœurs et de leurs passions, qu'il nous soit permis, après tant de lectures et de méditations, dont les nations de la terre nous ont fourni le sujet, de considérer cette disposition intérieure à l'humanité comme aussi universelle que la nature humaine, ou plutôt, à proprement parler, comme le fond et l'essence même de l'homme. Assurément elle est plus vieille que la raison spéculative, qui, formée peu à peu par l'expérience et le langage, n'eût jamais trouvé d'archétype pour les cas pratiques, si elle ne l'eût tiré de l'image obscure qui reposait en nous. Que tous les devoirs de l'homme, purement conventionnels et faits pour servir son bonheur, soient d'origine terrestre et tirent de l'expérience leur sanction la plus sainte, ils cessent d'être des devoirs pour moi, aussitôt que je renonce à la fin qu'ils proposent, au bonheur. Ainsi tombe le syllogisme dont la raison s'appuie. Mais comment sont-ils entrés dans la tête de celui qui de sa vie n'a réfléchi ni sur le bonheur, ni sur les moyens de l'obtenir? Comment les devoirs du mariage, de l'affection paternelle et filiale, de l'amour social et domestique, ont-ils été des liens pour l'homme, avant qu'il eût éprouvé les avantages ou les inconvéniens qu'ils entraînent avec eux? Marchant ainsi de degrés en degrés, avant d'arriver à l'état d'homme, a-t-il donc passé par mille formes incomplètes et mutilées? Non, Dieu bienveillant, tu n'as pas abandonné ta créature aux chances d'un hasard si funeste. A l'animal, tu as donné l'instinct qui le fait vivre, à la pensée de l'homme, la religion et l'humanité, où ton image respire. Les contours de la statue restent encore cachés dans le bloc de marbre; mais si elle ne peut se révéler et se dégager elle-même, c'est ce que doivent faire, par les moyens que tu as enseignés, la tradition et les lumières, la raison et l'expérience. Les règles de la justice, les principes du droit social, la monogamie elle-même, à la considérer comme le système d'union nuptiale le plus naturel à l'homme, la tendresse pour les enfans, la reconnaissance pour les amis et les bienfaiteurs, l'idée même obscure du plus puissant et du plus bienfaisant des êtres, telles sont les traces principales de cette image ; tantôt couvertes d'un voile léger, tantôt éclairées d'une vive lumière, partout reflétées et renvoyées, elles commandent à l'homme qui, malgré ses penchans naturels, ne peut s'empêcher de les suivre dès qu'il les a reconnues. Voilà, à vrai dire, les dispositions qui, par leurs développemens, établissent le royaume de Dieu sur la terre : tous les hommes en sont citoyens ; seulement il y a des classes et des degrés différens. Heureux qui peut contribuer à étendre ce royaume intérieur de la création humaine ! il n'envie ni au génie ses découvertes, ni au roi sa couronne.

Mais qui nous dira où et comment cette tradition consolante de religion et d'humanité a commencé à s'élever, pour se répandre jusqu'aux extrémités de la terre, et se perdre elle-même dans les traces les plus obscures ? Où est celui qui a enseigné à l'homme le langage que chaque enfant apprend aujourd'hui par imitation et que nul ne découvre par les lois de sa raison? Quels ont été les premiers symboles que l'homme a conçus? Comment les germes de la civilisation se sont-ils propagés sous le voile d'une cosmogonie et d'une histoire religieuse? Où chercher le premier anneau de la chaîne de notre espèce et de son éducation spirituelle et morale? Écoutons ce que l'histoire naturelle de la terre et les plus anciennes traditions nous disent sur ce sujet.

# LIVRE X.

## CHAPITRE PREMIER.

*Notre terre est spécialement formée pour sa création animée.*

Comme l'origine de l'histoire humaine est couverte de ténèbres, et que ses périodes les plus reculées présentent des phénomènes qui ne s'accordent point avec les systèmes des philosophes, ils ont pris le parti désespéré de trancher le nœud. Partis de cette hypothèse que la terre est composée des ruines d'une planète plus ancienne, ils ont d'ailleurs supposé que l'espèce humaine, heureux débris d'une population antérieure, a échappé, dans le fond des antres et sur le sommet des montagnes, au bouleversement général du globe. Ainsi la raison de l'humanité, ses arts et ses traditions, sont des trésors sauvés des décombres du monde primitif[1]; d'où il suit que d'une part ils jettent dès l'origine un éclat que relève l'expérience des an-

---

1. Voy. surtout l'*Essai sur l'origine de la connaissance de la vérité et de la science*; Berlin, 1781. L'hypothèse que notre terre est formée des ruines d'un globe qui l'a précédée, est soutenue par plusieurs naturalistes et fondée sur les raisons les plus différentes.

ciens âges, et que de l'autre il est impossible d'établir l'époque où quelques tribus fugitives ont servi comme d'un pont sur l'abîme pour unir et confondre en un seul tout, la civilisation de deux mondes. Que cette opinion soit fondée; il faut renoncer aussitôt à une véritable philosophie de l'histoire, et laisser sans examen l'espèce humaine, avec tous ses arts, s'élever au-dessus des ruines d'un monde suranné, comme l'écume des flots battus des vents. Cherchons donc sur quels fondemens repose une hypothèse qui réduit notre terre et l'histoire de ses habitans à un chaos inexplicable.

Et d'abord ce ne peut être, selon moi, sur la théorie de la formation du globe; car les révolutions et les phénomènes qui les premiers en ont ravagé l'intérieur, loin de faire supposer une histoire antérieure de l'homme, appartiennent tous à une série de créations progressives qui ont rendu peu à peu notre terre habitable[1]. A la profondeur où il nous est possible de pénétrer dans les entrailles de la terre, le granite primitif ne présente aucune trace d'êtres organiques. Non-seulement il n'en renferme pas de parties intégrantes, mais on

---

1. Les faits sur lesquels reposent les assertions répandues dans ce chapitre, sont décrits dans divers ouvrages modernes de géologie, et si bien exposés par Buffon et d'autres naturalistes, que ce serait une vaine affectation que de citer des autorités pour tout ce qui suit.

n'en découvre aucun vestige dans l'analyse de ses élémens. Ses sommités les plus hautes s'élevaient probablement au-dessus des eaux de la création, puisqu'elles n'offrent aucun signe que la mer y ait séjourné; mais comment sur ces hauteurs stériles, un être humain aurait-il pu se nourrir ou même respirer? L'air qui enveloppait ces masses n'était point encore séparé de l'eau et du feu : chargé de diverses substances qui se déposèrent elles-mêmes en diverses combinaisons sur le noyau du globe, et lui donnèrent peu à peu sa forme actuelle, il était incapable de répandre ou de conserver le souffle de la vie dans les créatures les plus parfaites. Les premiers êtres animés ont donc paru dans les eaux; dès leur formation, elles ont été douées d'une force créatrice qui ne pouvait agir ailleurs, et selon laquelle elles se sont organisées d'abord en une multitude infinie de poissons à coquilles, seuls animaux faits pour vivre dans cette mer de fermentation; détruits bientôt dans les périodes suivantes, leurs débris servirent de base à une organisation plus parfaite. A mesure que le roc primitif se dégagea des eaux, et qu'il s'enrichit, soit de leurs dépôts, soit des parties élémentaires et des êtres organiques qui y étaient mêlés, la création végétale succéda à celle des eaux, et dans chaque région jusque-là stérile, tout ce qui pouvait végéter obéit à la force de végétation. Mais, pas un animal terrestre n'aparaissait encore au milieu de cette fermentation du règne végétal. Sur les sommets déchirés où croissent aujourd'hui les plantes de la Laponie, on découvre des productions pétrifiées de la zône torride : preuve évidente que leur atmosphère eut jadis la chaleur des régions équinoxiales; puisque, d'ailleurs, tant de substances en ont été précipitées, et que pour vivre la moindre plante a besoin de l'action de la lumière, cette atmosphère a sans doute été élevée à un degré considérable de pureté : or, comme la région des impressions végétales ne présente aucun des animaux qui vivent à la surface de la terre, et à plus forte raison aucun squelette humain, il est d'autant plus probable qu'il n'existait pas alors d'animaux, qu'il n'y avait pas d'alimens appropriés à leurs besoins, et que la matière de leur organisation n'était point encore suffisamment préparée. On traverse ainsi diverses combinaisons avant d'arriver aux squelettes d'éléphans et de rhinocéros qui sont enfouis dans des couches de sable ou d'argile, assez près de la surface ; car les os que recouvrent des couches plus profondes, et que quelques-uns ont pris pour des fossiles humains, n'ont qu'un caractère extrêmement équivoque, et les naturalistes les plus expérimentés les ont mis au nombre des restes d'animaux aquatiques. La nature, dans son œuvre, a donc commencé par produire les animaux des climats chauds, et, à ce qu'il semble, les plus massifs, comme elle a peuplé la mer des grands crustacés, et de l'énorme corne d'ammon. Ce qu'il y a de certain, c'est que parmi les nombreux squelettes d'éléphans qui, amoncelés à une époque postérieure, se sont conservés dans plusieurs endroits avec leurs peaux, on découvre des animaux marins et d'autres semblables, mais pas le moindre débris d'organisation humaine; et supposé qu'on eût trouvé des corps humains, ils auraient été incontestablement d'une époque récente, comparés aux montagnes primitives, qui ne renferment aucun de ces vestiges d'êtres animés. Voilà ce que l'on lit dans le plus ancien livre de la terre; voilà ce qui est écrit sur ses lignes de marbre, de chaux, de sable, d'ardoise et d'argile; et où voit-on qu'il parle d'une révolution du globe à laquelle a survécu une race d'hommes dont nous sommes les descendans? Tout ce qu'il dit tend plutôt à prouver que, dégagée d'un chaos de substances et de pouvoirs contraires, notre terre s'est elle-même façonnée aux rayons de la chaleur vivifiante de l'esprit créateur, jusqu'à former un tout complet et déterminé, qu'avait préparé une série de diverses révolutions, et que devait couronner, quand il en serait temps, l'apparition de l'homme, de toutes les créatures la plus parfaite et la plus délicate. Par là, ces systèmes qui, supposant avec divers changemens de pôles et de climats, la destruction réitérée d'un sol cultivé et habité, établissent que l'espèce humaine, chassée de contrée en contrée, a été écrasée sous les rochers, noyée dans les mers, et ne montrent qu'horreur et destruction dans l'histoire entière des temps primitifs, sont en contradiction avec la structure de la terre, ou du moins ne peuvent se démontrer par elle, malgré les révolutions qu'elle a subies. Ni les veines des roches primitives, ni les escarpemens du globe n'annoncent qu'un monde habitable a précédé celui que nous voyons. D'ailleurs, si le hasard eût décomposé les anciennes masses, pour les fondre en une seule, il est certain qu'aucun des êtres vivans du monde primitif n'eût survécu. Telle qu'elle est maintenant, la terre n'est donc plus, ainsi que l'histoire de ses habitans, qu'un simple problème que l'observation doit résoudre. Continuons d'avancer, et cherchons :

## CHAPITRE II.

*Quel est le lieu de la terre où l'homme a été formé, et quel fut son berceau.*

Que ce lieu fut situé ailleurs que sur les plages lointaines qui ont le plus tardé à paraître, c'est ce dont personne ne doute; il faut donc s'élever de nouveau sur les sommets des montagnes primitives et sur les territoires qui peu à peu se sont étendus dans leurs voisinages. Les hommes ont-ils été produits originairement dans tous les lieux, comme les poissons à coquilles? les montagnes de la lune ont-elles vu naître les Nègres ; les Andes, les Américains ; l'Ural, les Asiatiques ; et les Alpes, les Européens ? Les montagnes principales sont-elles habitées par autant de variétés de l'espèce humaine ? Si chaque contrée se distingue par des espèces particulières d'animaux qui ne naissent et ne vivent que dans son climat et sur son sol, pourquoi ne produirait-elle pas de même une race particulière d'hommes ? N'est-ce pas ce que confirment la variété des traits nationaux, des coutumes, des caractères, et surtout la prodigieuse diversité des idiomes ? Il n'est pas un seul de mes lecteurs qui ne sache avec quelle supériorité cette opinion a été soutenue par plusieurs naturalistes distingués ; comme si une des hypothèses les plus étranges à leurs yeux n'était pas de supposer que la nature, libre de produire partout des singes et des ours, ait un champ limité pour l'espèce humaine ! à quoi ils ajoutent que ce serait être en contradiction manifeste avec tout l'ensemble de ses opérations, que d'exposer, par une bizarre parcimonie, la plus délicate de ses créatures à une foule de dangers qu'un couple seul doit affronter. « A l'époque actuelle, disent-ils, voyez encore la

« prodigalité toute vivifiante de la nature! quelle
« multitude innombrable de germes, non-seule-
« ment de plantes, mais d'animaux et d'hommes
« ne sème-t-elle pas dans le gouffre de la des-
« truction! Dans les premiers jours de la création,
« avec quelle abondance son sein virginal ne répan-
« dait-il pas les êtres et les formes! La structure
« du globe prouve que, pour produire de nouveaux
« genres, elle sacrifiait des myriades de créatures
« vivantes : est-il donc probable qu'au moment
« de créer l'homme, déjà épuisée par les produc-
« tions inférieures, elle n'ait animé le labyrinthe
« désert de la création que de la présence de
« deux êtres humains? » Examinons jusqu'à quel
point ces hypothèses, si plausibles en apparence,
s'accordent avec les progrès de la civilisation et
l'histoire de notre espèce, avec ses formes, son
caractère et les rapports qui l'unissent aux autres
créatures animées.

En premier lieu, la marche de la nature prouve
que tous les êtres vivans n'ont été produits ni en
nombre égal, ni à la même époque; la structure
de la terre et la constitution intérieure des créatures s'y opposaient également : il n'y a pas un même
nombre d'éléphans et de vers, de lions et d'insectes.
D'ailleurs, par leur nature même, ils ne pouvaient
être créés originellement, ni dans la même période,
ni dans des proportions égales. Avant que le roc

primitif ait été recouvert d'un terrain propre à alimenter une vie moins grossière, des millions d'animaux testacés ont péri. Chaque année la destruction d'une foule innombrable de plantes prolonge la vie de créatures supérieures. Ainsi, en laissant de côté les causes finales, on voit que c'est une loi fondamentale de la nature, de composer un être de plusieurs êtres, et d'abandonner des multitudes d'organisations diverses à l'action destructive de la roue toujours mobile de la création, pour s'élever à un ordre de productions moins nombreuses et plus nobles. Elle a donc procédé par degrés ascendans; et en même temps qu'elle déposait un assez grand nombre de germes pour conserver les espèces qu'elle voulait propager, elle préparait la voie à d'autres genres d'un ordre supérieur.

Puisque l'homme devait couronner la création, il ne pouvait être composé de la même manière que le poisson ou le coquillage, ni paraître le même jour, au même lieu, dans le même élément; il fallait non-seulement que son sang fût différent de l'eau, et par conséquent que la chaleur vitale de la nature fût assez élaborée pour le colorer, mais que tous ses vaisseaux, ses fibres, et même ses os, fussent formés de l'argile la plus pure : or, comme le Tout-puissant n'agit que par des causes secondes, c'est par elles que les matériaux ont été préparés. Peu à peu elles ont pénétré dans les degrés les plus grossiers de la création animée. Chaque animal naissait avec le temps et le lieu où il pouvait paraître. De toutes parts se répandaient des forces actives qui d'elles-mêmes s'élevaient à la vie. La corne d'ammon parut avant le poisson ; ici, la plante précéda l'animal, qui ne pouvait vivre sans elle ; là, rampèrent le crocodile et le caiman, avant que l'industrieux éléphant fit onduler sa trompe pour choisir sa nourriture. Les carnivores avaient besoin que la race des animaux qu'ils devaient dévorer se fût déjà abondamment multipliée ; de là l'impossibilité qu'ils fussent produits en même temps et en même nombre que ces derniers. Enfin, l'homme fait pour habiter la terre, devait-il être le souverain de la création ? Il trouva nécessairement son habitation et son royaume préparés à le recevoir ; en conséquence, il parut au dernier acte, et en plus petit nombre que ceux qu'il était appelé à gouverner. Si la nature, avec les élémens du système terrestre qu'elle a composé, avait pu produire un être plus parfait, plus noble, plus merveilleux que l'homme, pourquoi se serait-elle arrêtée dans sa carrière ? Elle n'a pas été plus loin, parce que l'homme était le dernier terme de son œuvre ; et elle a achevé sur la terre avec la parcimonie la plus sévère, ce qu'elle avait commencé avec la profusion la plus abondante dans les profondeurs des eaux. « Dieu a créé l'homme à son image, dit la « plus ancienne des traditions écrites ; il a créé

« l'homme et la femme à l'image de Dieu; après
« la multitude infinie d'êtres qu'il avait créés, il
« s'arrêta sur le nombre le plus faible : alors il se
« reposa et ne créa plus rien. » C'était le sommet
qui terminait la pyramide des êtres vivans.

Maintenant, où ce sommet a-t-il été placé?
où la perle de la création a-t-elle jeté son premier
éclat? nécessairement au centre des pouvoirs organiques les plus actifs, dans le lieu où la création
a été, pour ainsi dire, le plus prodiguée et travaillée avec le plus de soin. N'est-ce pas désigner
l'Asie, comme la structure de la terre nous porte
d'ailleurs à le conjecturer? C'est là que se trouvent
ces immenses plateaux que les eaux n'ont jamais
couverts, et dont les branches s'étendent au loin
dans tous les sens. Nulle part l'attraction des forces
actives ne fut plus puissante. C'est là qu'un frottement plus universel a mis partout en circulation
le fluide électrique, et que les élémens vivans du
chaos ont été précipités avec le plus de force et
d'abondance. Ainsi que le prouve la configuration
du globe, le plus vaste continent s'étend autour
de ces montagnes, et leurs sommets sont peuplés
d'un nombre prodigieux d'animaux, qui probablement erraient déjà dans ces solitudes, pleins de
vie et d'années, quand le reste du monde, noyé
sous les eaux, ne laissait encore paraître que des
crêtes nues ou couronnées de forêts. La montagne

idéale [1] que Linnée s'est représentée comme le sommet de la création, existe réellement dans la nature ; seulement au lieu d'une simple élévation, c'est un vaste amphithéâtre, une souche de montagnes dont les chaînes s'étendent en divers climats.

« Je dois ajouter, dit Pallas [2], que tous les animaux
« domestiques des contrées méridionales et sep-
« tentrionales se retrouvent à l'état sauvage dans
« le climat tempéré du milieu de l'Asie, le dro-
« madaire excepté, dont l'espèce ne dépasse pas
« l'Afrique, ou qui du moins s'accoutume avec
« peine au climat asiatique. Ce n'est que sur les
« chaînes de montagnes qui traversent le milieu
« de l'Asie et une partie de l'Europe, qu'il faut
« chercher le pays originaire du buffle et du
« bœuf sauvage, du moufle, dont notre brebis
« descend, de l'ægagre et du bouquetin, dont
« le mélange a produit la race de la chèvre. La
« renne, qui sert de bête de somme, habite les
« hautes montagnes qui bordent la Sibérie et la
« couvrent à l'Orient. On la trouve aussi sur la
« chaîne du mont Ural, d'où elle se répand plus
« au Nord. Le chameau est encore à l'état sauvage
« dans les grands déserts qui séparent le Thibet de

---

1. *Linnæi Amœnitates academicæ*, t. II, p. 439. *Oratio de terra habitabili.*

2. Observations sur les montagnes, dans les fragmens de Géographie physique, t. III, p. 250.

« la Chine. Le cochon sauvage habite les bois et
« les marais de la partie tempérée de l'Asie. Tout
« le monde connaît le chat sauvage, dont notre
« chat descend. Enfin, il est certain que le jackal
« a produit nos chiens domestiques; mais, loin
« de penser qu'il n'ait subi aucune altération ori-
« ginelle, je suis persuadé que depuis une époque
« très-reculée il s'est mélangé avec le loup com-
« mun, le renard et l'hyène; et c'est ainsi que
« s'explique l'extrême variété de forme et de
« grandeur qui distingue nos chiens. » Et qui
ne sait combien l'Asie, surtout dans les parties
méridionales, est riche en productions naturelles ? On dirait que la contrée non-seulement
la plus étendue, mais encore la plus fertile, s'est
elle-même déposée aux pieds des montagnes les
plus hautes du globe, pour attirer depuis l'origine
des choses la plus grande quantité de chaleur organique. L'Asie produit les éléphans les plus industrieux, les singes les plus rusés, les animaux les
plus vifs et même encore malgré son déclin, si l'on
considère la disposition primitive, les hommes les
plus intelligens et les plus enthousiastes.

Que dirons-nous des autres parties du monde?
L'histoire démontre que l'Europe a tiré de l'Asie
les hommes et les animaux qui l'ont peuplée, et
qu'elle était en grande partie couverte d'eau, de
forêts et de marais, quand le sol plus élevé de

l'Asie était déjà cultivé. Nous n'avons que des renseignemens très-incomplets sur l'intérieur de l'Afrique. A peine si la forme et la hauteur du plateau qui en occupe le centre nous sont connues de la manière même la plus vague ; d'après plusieurs relations, il est pourtant probable que dans une partie du monde que les pluies arrosent si rarement, et qui se compose d'une grande étendue de terres basses, ce plateau n'égale ni en hauteur ni en largeur ceux du continent asiatique. Ainsi tout porte à croire que cette contrée est restée plus long-temps cachée sous les eaux ; et bien que le climat de la zône torride ait exercé sur le système entier des êtres qui l'habitent l'action la plus puissante, il semble que l'Afrique et l'Europe, comparées à l'Asie, ne soient que des enfans suspendus au sein de leur mère commune. Ce qu'il y a de certain, c'est que ces trois parties du monde, peuplées en général des mêmes animaux, ne forment dans le fait qu'un seul continent.

Enfin, si nous considérons les montagnes roides qui traversent l'Amérique en s'élevant à des hauteurs inhabitables, leurs volcans encore brûlans, à leurs pieds des plaines humides de niveau avec la mer, les productions vivantes ou végétales qui, composées d'une foule de plantes, d'amphibies, d'insectes et d'oiseaux, n'offrent qu'un petit nombre des animaux moins grossiers et plus actifs du vieux monde; si à cela nous ajoutons les informes ébauches de gouvernemens des nations indigènes, il sera difficile de concevoir que ce continent ait été habité dès l'origine, et avant tous les autres. Comparé à l'autre moitié du globe, il présente au philosophe un important problème à résoudre sur la différence de deux hémisphères opposés. La riche vallée de Quito elle-même, pas plus que les montagnes de la lune en Afrique, ne pourrait que difficilement être considérée comme le berceau du genre humain, quelque disposé que l'on soit à lui accorder ce glorieux avantage et à s'en rapporter d'avance aux preuves que l'avenir peut apporter en sa faveur.

Il est temps cependant de sortir de ces simples conjectures, dont personne n'abusera, j'espère, pour refuser au Tout-puissant le droit de créer des hommes là où il lui plaisait. La parole de Dieu, qui peupla la mer et la terre des êtres qui leur conviennent, pouvait de même, s'il l'eût voulu, donner à chaque partie du monde un maître indigène; toutefois, pour justifier le contraire, n'y a-t-il pas des raisons inaperçues jusqu'à présent et fondées sur le caractère même de l'homme? Nous avons vu que sa raison et son caractère d'humanité dépendent de l'éducation, du langage et de la tradition; c'est sous ce rapport qu'il diffère essentiellement de l'animal, qui apporte en naissant un instinct infaillible. Cela posé, il était impossible que l'homme, par sa nature même, fût dispersé comme les animaux dans le monde encore désert; il fallait que l'arbre qui ne devait être propagé en tous lieux que par la puissance de l'art, s'élevât d'une seule racine dans le lieu le plus favorable à son accroissement, et là où il pouvait être cultivé par celui-là même qui l'avait planté. Destiné à l'humanité, le genre humain fut depuis sa première apparition une société de frères sortis d'une même famille et soumis à une même tradition ; ainsi se forma le corps entier, comme aujourd'hui se forme chaque famille individuelle, les branches s'échappant d'une même souche, et les plantes d'un même germe. Selon moi, ce plan de Dieu sur notre espèce, qu'il sépare de la brute depuis l'origine des choses, sera toujours le plus juste, le plus beau, le plus parfait, pour tous ceux qui étudient les traits caractéristiques de notre nature, les lois et les modes de notre raison, la manière dont nous acquérons nos idées et dont l'humanité se développe dans nos ames. Fait pour accomplir ce dessein, l'homme fut le favori de la nature; comme le fruit le plus précieux de son industrie, ou plutôt, comme l'enfant de sa vieillesse, elle le plaça, dans l'asile qui lui parut le plus favorable à ses premiers essais; puis, aidant ses pas chancelans de sa main protectrice, elle l'entoura d'abord de tout ce qui était propre à hâter le développement de son caractère d'homme. Puisque la terre ne comportait qu'une seule espèce de raison humaine, la nature ne produisit qu'une seule espèce de créatures raisonnables; elle la laissa s'instruire des premiers élémens de l'humanité dans une même école de langage et de tradition, et dirigea elle-même cette éducation à travers une série de générations qui toutes sont descendues d'une même origine.

## CHAPITRE III.

*L'histoire et les progrès de la civilisation démontrent historiquement que l'espèce humaine est originaire d'Asie.*

D'où viennent toutes les nations européennes ? d'Asie. La plupart d'entre elles nous sont assez connues; nous savons quelle est l'origine des Lapons, des Finlandais, des Germains, des Goths, des Gaulois, des Sclavons, des Celtes et des Cimbres. La comparaison de leurs langues, ou du moins des débris qui en restent, la connaissance que nous avons de leurs anciennes migrations, nous permettent de déterminer dans une immense étendue de l'Asie, la place qu'elles ont occupée sur les bords de la mer Noire, et dans la Tartarie, où l'on retrouve encore quelques vestiges de leurs premiers idiomes. L'histoire des autres peuples nous laisse plus incertains sur leur origine, et ce n'est que par une ignorance jusqu'ici obligée qu'on en fait des autochtones. Si Büttner, le plus habile philologue qui ait étudié l'histoire des nations antiques et modernes, nous communiquait les trésors que sa modestie nous cache, et ramenait, comme il le pourrait sans nul doute, une famille de nations à leurs souches premières qu'elles ignorent elles-mêmes, ce ne serait pas un médiocre bienfait qu'il conférerait au genre humain.

L'origine des Africains et des Américains est encore plus obscure, il est vrai; mais de nombreuses relations sur les frontières septentrionales de l'Afrique, et la comparaison des traditions les plus anciennes touchant l'origine des habitans, nous prouvent également qu'elle est asiatique. En avançant au Midi, notre pensée se confirme; puisque, loin de trouver dans la figure et la constitution nègre rien qui la contredise, nous voyons les traits nationaux subir des altérations locales et graduées, ainsi que nous avons cherché à l'établir dans le sixième livre de cet ouvrage. Plus récemment peuplée, l'Amérique présente le même phénomène; cependant il est à présumer, d'après les traits et la figure des habitans, qu'ils sont originaires des contrées orientales de l'Asie.

Au reste, les langues des nations laissent moins d'incertitude que les traits et les formes du corps; et dans quelle partie du monde trouve-t-on les langues les plus anciennes ? en Asie. Cherche-t-on le prodige d'un peuple qui, dans un espace de quelques milliers de lieues, parle une langue composée de simples monosyllabes ? Que l'on visite l'Asie. Les nations qui habitent au-delà du Gange, le Thibet, la Chine, l'empire Birman, Pégu, Ava, Aracan, le Tonquin, Laos, la Cochinchine, Camboge et Siam, ne s'expriment que par des monosyllabes sans aucune inflexion ; ce fut probablement un effet des premières lois de leurs langues et de leur système d'écriture ; car les institutions les plus anciennes n'ont éprouvé, dans cette partie de l'Asie, aucune modification. Préférez-vous des langues qui, chargées d'une abondance extrême de mots, n'ont qu'un petit nombre de racines, combinant ainsi la richesse et la pauvreté avec une régularité parfaite, et, semblables à l'enfant qui essaie la parole, expriment une idée nouvelle par une légère modification du signe radical ? Parcourez le Midi de l'Asie, depuis l'Inde jusqu'à la Syrie, à l'Arabie et à l'Éthiopie. La langue du Bengale a sept cents racines, d'où se forment les noms, les verbes et toutes les autres parties du discours, dont elles sont pour ainsi dire les élémens rationnels. L'hébreux, et toutes les langues qui appartiennent à la même famille, quelque différentes qu'elles paraissent d'abord, excitent l'étonnement, quand on en étudie la structure, surtout dans les écrits les plus anciens. Leurs mots peuvent tous être ramenés à des racines composées de trois lettres. Vraisemblablement ce ne furent d'abord que des monosyllabes qui, par l'artifice d'un alphabet particulier, reçurent bientôt une autre forme; de simples additions et quelques inflexions suffirent ensuite pour compléter la langue. Dans l'idiome poli de l'Arabie, par exemple, il ne faut que la combinaison de quelques racines pour exprimer un nombre prodigieux d'idées; et le moyen infaillible de mettre au grand jour le défaut de liaison de la plupart des langues européennes, la marche embarrassée de leurs auxiliaires, et la monotonie de leurs inflexions, est de les comparer aux langues asiatiques. De là vient qu'un Européen a d'autant plus de peine à les apprendre qu'elles remontent à une plus haute antiquité; car il est obligé de renoncer aux vains ornemens de sa propre langue, quand il approche de ces formes calmes et méthodiques qui voilent la parole de l'ombre mystérieuse des hiéroglyphes et du vêtement majestueux du symbole.

Rien n'annonce d'une manière plus certaine le degré de culture d'une langue, que le système de signes qui la représente; plus il est ancien, plus il est savant et réfléchi, plus aussi le travail et la contexture de l'idiome sont parfaits. Or, si nous exceptons les Scythes, qui sont asiatiques, il n'est peut-être pas une seule nation européenne qui puisse se vanter de la découverte d'un alphabet : en cela elles ne surpassent ni le Nègre, ni l'Américain ; à l'Asie seule appartient l'art de l'écriture, depuis les temps les plus reculés. Les Grecs, qui les premiers ont commencé en Europe la carrière de la civilisation, ont emprunté leur alphabet de l'Orient; et les tables de Büttner montrent que tous les caractères alphabétiques dont l'Europe a fait usage, sont dérivés de ceux des Grecs[1]. Ainsi qu'il parait d'après leurs momies, la plus ancienne écriture littérale des Égyptiens est phénicienne, et, de même que l'alphabet copte, c'est une corruption du grec. Rien n'annonce parmi les Nègres ou les Américains qu'ils aient inventé un alphabet original ; car jamais les Mexicains ne sont allés au-delà de leurs grossiers hiéroglyphes, et les Péruviens n'ont pas dépassé leurs nœuds de corde. L'Asie, au contraire, a, pour ainsi parler, épuisé l'art de l'écriture, soit dans les lettres, soit dans les hiéroglyphes ; aussi trouve-t-on dans ses caractères presque toutes les formes que la parole humaine peut revétir. L'alphabet du Bengale a cinquante consonnes et douze voyelles : dans la foule prodigieuse de leurs caractères, les Chinois n'ont pas choisi moins de cent douze voyelles sur trente-six

---

[1]. Voyez les tables comparées de l'écriture de diverses nations : *Vergleichungs-Tafeln der Schriftarten verschiedener Völker*, par Büttner ; Gœttingue, 1771.

consonnes. Les alphabets du Thibet, des Chingulais, des Marattes et des Mantchoux sont construits sur de pareils principes, bien que les traits dont ils se composent se modifient de diverses manières. Quelques-uns des alphabets de l'Asie sont évidemment d'une si ancienne origine, que l'on peut étudier comment la langue s'est formée avec eux et leur a obéi; dans sa mystérieuse simplicité, il nous est entièrement impossible de comprendre l'écriture qui est gravée sur les ruines de Persépolis.

Si des instrumens de la civilisation nous passons à la civilisation même, où apparut-elle pour la première fois, où pouvait-elle apparaître, si ce n'est en Asie, pour se répandre de là en diverses branches qui nous sont bien connues? La souveraineté sur les animaux fut le premier degré qui y conduisit, et c'est en Asie qu'elle peut surtout être remarquée bien avant toutes les révolutions de l'histoire. Non-seulement c'est, comme il a été établi plus haut, sur ces montagnes primitives que se trouvaient le plus grand nombre d'animaux et ceux qui étaient le plus capables d'être rendus domestiques; mais ces derniers ont été de si bonne heure apprivoisés par la société des hommes, que nos animaux les plus utiles, la brebis, la chèvre et le chien, n'ont probablement pas d'autre origine, et ne sont que de nouvelles espèces produites par l'art des peuples asiatiques. Si l'on voulait se placer au point central d'où se sont répandus les animaux domestiques, il faudrait se rendre sur les hauteurs de l'Asie. Plus on s'en éloigne, toute proportion gardée avec la grande échelle de la nature, plus les animaux domestiques deviennent rares; partout ils sont en grand nombre dans l'Asie, et même dans les îles du Sud. On ne trouve que le chien et le porc dans la Nouvelle-Guinée et la Nouvelle-Zélande; dans la Nouvelle-Calédonie il n'y a que le chien, et dans toute l'étendue de l'Amérique le guanaco et le llama sont les seuls animaux domestiques que la contrée produise. D'ailleurs, si les meilleures races sont en Asie et en Afrique, c'est là aussi que sont les genres les plus nobles et les plus beaux. Le dziggtaï et le cheval arabe, l'âne sauvage et domestique, l'argali et la brebis, le bouc sauvage, la chèvre d'Angora, sont les premiers de leur espèce. C'est en Asie que l'éléphant a été dressé avec le plus d'art et dès les temps les plus anciens. Le chameau était indispensable à cette partie du monde. L'Afrique approche de l'Asie pour la beauté de quelques-uns de ces animaux; mais, quant à l'art de les dresser, elle lui est de beaucoup inférieure. L'Europe[1], qui ne peut compter au nombre des animaux qui lui sont propres que quinze

---

[1]. Histoire géographique de l'homme, par Zimmermann, vol. III, p. 183.

ou seize espèces sauvages, et surtout des rats ou des chauve-souris, a tiré de l'Asie tous les animaux domestiques qu'elle possède.

Il n'en fut pas autrement de la culture de la terre et des plantes; il n'y a pas un temps très-ancien que l'Europe était encore en grande partie couverte de bois, et ses habitans, s'ils se nourrissaient de végétaux, ne pouvaient se procurer que des racines et des herbes, des glands et des pommes sauvages. Dans la plupart des contrées de l'Asie dont nous avons parlé, le blé croît naturellement, et l'agriculture date d'un temps immémorial. Les plus beaux fruits de la terre, le raisin et l'olive, l'orange et la figue, la grenade, l'amande, les noix, les châtaignes, en un mot toutes les productions de nos jardins et de nos vergers, ont été d'abord apportées d'Asie en Afrique et en Grèce, d'où elles se sont répandues dans des contrées plus éloignées. Nous avons tiré de l'Amérique quelques autres végétaux; le plus souvent nous savons de quel lieu ils nous sont arrivés et dans quel temps; or, ces bienfaits de la nature ont été distribués au genre humain à l'aide de la tradition : l'Amérique ne produit pas de vin, et la vigne n'a été plantée en Afrique que par la main des Européens.

Que les sciences et les arts sont nés en Asie et dans l'Égypte, qui en est si peu distante, c'est ce que nous n'avons pas besoin de prouver au long :

les anciens monumens et l'histoire le démontrent suffisamment; d'ailleurs les preuves que Goguet [1] a réunies sont entre toutes les mains. Dans cette partie du monde, les arts utiles et les beaux-arts ont été cultivés de très-bonne heure, et partout marqués de l'empreinte asiatique, ainsi que l'attestent les ruines de Persépolis, les temples hindous, les pyramides d'Égypte, et les débris de plusieurs autres monumens; presque tous ils ont précédé la civilisation européenne, et rien en Afrique ni en Amérique ne peut leur être comparé. Personne n'ignore à quelle hauteur la poésie s'est élevée chez la plupart des peuples de l'Asie méridionale [2]. Plus elle est ancienne, et plus on y retrouve cette noblesse et cette simplicité qui l'ont fait juger digne du ciel. Quelle pensée brillante, je dis plus, quelle hypothèse ingénieuse est entrée dans la pensée d'un habitant moderne de l'Occident, et dont on ne puisse retrouver le germe dans quelque maxime, ou quelque fiction de l'Orient. Le négoce des Asiatiques est le plus ancien de la terre, et c'est à eux qu'il faut attribuer les découvertes les plus importantes au commerce : on peut en dire de même de l'astronomie et de la chronologie. Sans donner aucune

---

[1]. De l'origine des lois, des arts, des sciences, et de leurs progrès chez les anciens peuples, 3 vol.; 1758.

[2]. *Jones poeseos Asiatic. comment.*

extension aux hypothèses de Bailly, qui pourrait considérer sans étonnement avec quelle rapidité se sont multipliés, dès l'origine, tant d'observations et de procédés astronomiques, auxquels les nations les plus anciennes de l'Asie ont des droits qu'il ne serait pas facile de leur disputer [1]? Leurs anciens philosophes étaient surtout les philosophes du ciel, les observateurs de la marche silencieuse et progressive du temps ; car l'esprit de calcul se développait déjà parmi eux autant que de nos jours, malgré l'état de barbarie où sont tombés la plupart de ces peuples [2]. Les Brahmanes comptent de tête des sommes énormes : depuis la mesure la plus petite, jusqu'aux plus grandes révolutions des cieux, toutes les divisions du temps leur sont familières ; et bien qu'ils n'aient aucun des secours que les Européens emploient, ils ne commettent que peu d'erreurs. L'antiquité leur a transmis les formules qu'ils appliquent aujourd'hui. Il n'est pas jusqu'à notre manière de partager l'année qui ne soit asiatique ; nos caractères arithmétiques et les constellations de nos astronomes sont d'origine égyptienne ou indienne.

---

1. Bailly, Histoire de l'astronomie ancienne.
2. Legentil, Voyage dans les mers de l'Inde, t. II, p. 406. Walther, *Doctrina temporum indica*, servant d'appendice à l'ouvrage de Beger, intitulé : *Historia regni Græcorum Bactriani* ; Pétersb., 1738.

Enfin, si de tous les arts de la civilisation les institutions politiques sont les plus difficiles, où trouvons-nous les monarchies les plus anciennes et les plus étendues ? La Chine a conservé son ancienne constitution pendant des milliers d'années; et quoique cette contrée pacifique ait été plusieurs fois conquise par des hordes tartares, les vaincus ont toujours civilisé les vainqueurs, qu'ils ont courbés sous le joug de leur antique constitution. En Europe quelle forme de gouvernement peut se vanter d'un pareil triomphe ? La plus ancienne hiérarchie de la terre règne sur les montagnes du Thibet, et les castes des Hindous laissent encore voir dans les débris de leur puissance quelles ont été les institutions primitives qui, pendant de longs siècles, ont régi, comme une seconde nature, le plus doux des peuples. Dès les temps les plus anciens on voit sur le Tigre et l'Euphrate, sur les bords du Nil, sur les montagnes de la Médie, s'établir des monarchies soit guerrières, soit pacifiques, qui se mêlent ensuite à l'histoire des nations occidentales. Jusque sur les hauteurs de la Tartarie, la liberté illimitée des hordes s'allia au despotisme des Khans; et c'est de là que dérivent la plupart des formes politiques que l'Europe a connues. Quelque partie du monde que nous prenions pour point de départ, plus nous approchons de l'Asie, plus se multiplient les monarchies absolues dont la lente et durable puissance a imprimé depuis des milliers d'années une trace si profonde sur la pensée humaine, que le roi de Siam s'émerveillait d'une nation sans roi, comme d'un monstre avorté et privé de tête. En Afrique, les empires despotiques les plus fortement établis sont ceux qui sont le plus près de l'Asie. Plus ils s'en éloignent, moins la tyrannie a de force dans sa rudesse, jusqu'à ce qu'enfin elle aille se perdre parmi les Cafres dans la condition patriarchale du berger. Dans l'Océan méridional, plus nous approchons de l'Asie, plus l'on trouve que les arts, les manufactures, le luxe, et le compagnon du luxe, la monarchie absolue, ont poussé de profondes racines : plus nous nous en éloignons, comme dans les îles lointaines en Amérique et à l'extrémité glacée du monde méridional, moins l'état social, encore simple et grossier, met d'entraves à la liberté individuelle et à l'indépendance des familles ; aussi quelques historiens ont-ils rapporté l'établissement des deux monarchies du Mexique et du Pérou à l'influence du voisinage des gouvernemens asiatiques. L'aspect général de cette partie du monde, surtout près des montagnes, annonce qu'elle est habitée depuis les temps les plus reculés ; et l'on sait que les traditions nationales, les formes religieuses et la manière de mesurer le temps, remontent aux âges primitifs. Tous les mythes des Européens et des Africains, dont je sépare les Égyptiens, et encore plus ceux des Américains et des habitans des îles occidentales de l'Océan pacifique, ne sont, en comparaison des monumens gigantesques de l'ancienne cosmogonie de l'Inde, du Thibet, de la vieille Chaldée, et même de la basse Égypte, que des fragmens épars de fables modernes, que le retentissement confus de l'écho du monde primitif dont la voix va elle-même se perdre dans la fiction.

Que serait-ce si nous suivions cette voix, et, puisque le genre humain ne peut se former que par la tradition, si nous tentions de découvrir la source originelle d'où elle dérive? Ceci, il faut l'avouer, serait aussi difficile que si quelqu'un cherchait à poursuivre l'arc-en-ciel ou à saisir un écho; car, comme il est impossible à un enfant de donner la relation de sa naissance, bien qu'il y fût présent, nous ne devons pas davantage espérer que l'espèce humaine puisse nous parler de l'époque où elle a été créée, des premières leçons qu'elle a reçues, de l'invention du langage et de son séjour primitif, avec toute l'exactitude d'une histoire authentique; du moins un enfant se rappelle quelques circonstances de ses premières années, et si plusieurs enfans élevés ensemble, et depuis séparés, racontent la même chose, ou des faits qui ont entre eux une extrême ressemblance, pourquoi ne les croirions-nous pas? pourquoi refuserions-nous de réfléchir sur ce qu'ils disent, ou sur ce qu'ils expriment à leur insçu, surtout si nous ne pouvons obtenir aucun autre renseignement? et puisque le dessein de la Providence a été évidemment d'instruire l'homme par l'homme, c'est-à-dire par la tradition et son action progressive, ne doutons pas qu'en ce point nous ne soyons en possession de toutes les connaissances qui nous sont nécessaires.

## CHAPITRE IV.

*Traditions asiatiques sur la création de la terre et sur l'origine de l'espèce humaine.*

Mais qui nous servira de guide au milieu de cette immense forêt où tant de voix trompeuses se font entendre, et où tant de lumières brillent pour nous égarer? Je n'ai nulle envie d'ajouter une seule syllabe à la foule de rêveries que la mémoire humaine a entassées par volumes : ainsi, il ne me suffira pas de séparer des faits traditionnels les conjectures de différentes nations et les hypothèses de leurs philosophes; je chercherai autant que possible à apprécier l'époque, le degré de certitude et la valeur réelle des monumens qui nous restent. Le peuple qui est situé à l'extrémité de l'Asie, celui qui se vante de l'antiquité la plus haute, les Chinois, n'ont pas d'histoire authentique antérieure à l'année 722 avant notre ère. Les règnes de Fohi et de Hoangti sont mythologiques, et tout ce qui précède Fohi, c'est-à-dire, le temps des esprits ou des élémens personifiés, est considéré par les Chinois eux-mêmes comme une fiction allégorique. Le plus ancien de leurs livres[1], qui dans l'année 176 avant la naissance de Jésus-Christ, a été retrouvé, ou plutôt restauré d'après deux exemplaires échappés à l'incendie général de leurs livres, ne contient aucune trace de cosmogonie et se tait sur l'origine de la nation : on y trouve d'abord Yao, qui règne de concert avec les montagnes de son empire, avec lesquelles il partage les honneurs de son rang : il n'eut qu'à commander, et les étoiles furent observées, les aqueducs construits, les divisions du temps établies : à sa voix le culte et les hiérarchies sociales se disposent et se classent dans le meilleur ordre. Il ne nous donne rien moins que la métaphysique chinoise du grand premier Y[2]. Il nous apprend comment 4 et 8 ont été formés de 1 et de 2 ; comment, après que le ciel se fut ouvert, Puanku et les trois Hoangs ont régné sous la forme de fantômes ; car l'histoire humaine ne paraît com-

---

[1]. Le Chou-king, un des livres sacrés des Chinois. Paris, 1770.

[2]. Recherches sur les temps antérieurs à ceux dont parle le Chou-king, p. Prémare, dans le préambule de l'édition du Chou-king, par De Guignes.

mencer qu'avec le premier fondateur de leurs lois, Gin-Hoang qui, né sur le mont Hingma, a divisé la terre et l'eau en neuf portions; encore cette sorte de mythologie se développe-t-elle à travers plusieurs générations. Ainsi, on ne peut rien fonder sur cette base, à moins peut-être de s'en servir pour déterminer le lieu qu'occupaient les rois et leurs formes merveilleuses sur ces hautes montagnes de l'Asie qui leur sont consacrées, et que le peuple honore dans ses fables les plus anciennes. Ils célèbrent surtout, au milieu de ces êtres fabuleux, qu'ils appellent rois, une grande montagne située au centre de la terre.

Si nous nous élevons sur le Thibet, nous trouvons que la position de la terre autour d'une montagne centrale, est encore plus clairement indiquée; car c'est sur ce fait que repose toute la mythologie de cet empire théocratique. Le sommet et le contour entier de cette montagne sont décrits avec d'effrayantes images: elle a pour gardien des monstres et des géans; autour d'elle s'étendent sept mers et sept montagnes d'or; les Lahs habitent son sommet, et d'autres êtres peuplent les degrés inférieurs. Enveloppés de corps plus grossiers, pendant les éons des âges primitifs, il a fallu que ces contemplateurs du ciel naquissent d'un couple hideux de singes pour arriver à la forme humaine. Il en est de même de l'origine des animaux; ils descendent des *Lahs* dégradés [1]; mythologie grossière, qui plonge le monde dans la mer, le peuple de monstres et finit par précipiter tout le système des êtres sous les griffes d'un démon, de l'éternelle nécessité. D'ailleurs, cette tradition honteuse, qui fait descendre l'homme du singe, est si bien mêlée de fables modernes, que ce n'est pas sans contradiction qu'elle peut passer pour une des doctrines originales du monde primitif.

Ce serait pour nous un trésor inappréciable qu'un recueil des plus vieilles traditions des Hindous; mais, outre que la première secte de Brahmâ a été long-temps étouffée par les disciples de Visnou et de Siva, nous ne possédons dans tout ce qui a été apporté en Europe de leurs monumens religieux, que des fables modernes qui ne sont évidemment qu'une mythologie populaire ou un système d'interprétation philosophique. Elles changent avec les provinces et les tribus; il nous serait donc probablement aussi difficile de retrouver les Védas originaux, que la véritable langue sanscrite; et même les traditions les plus anciennes de ces peuples nous seraient d'un faible secours, puisqu'ils pensent eux-mêmes que la première partie en est perdue. Dans la plupart de ces fables d'origine moderne on aperçoit pourtant le brillant reflet de l'histoire pri-

---

1. *Georgii Alphabet. Tibetan.*; Rom., 1762, p. 181 *et passim*.

mitive. Le Gange, par exemple, est consacré dans tout l'Indostan, et il descend immédiatement des montagnes saintes, des pieds de Brahmâ le Créateur du monde. Vichnou apparut dans sa huitième métamorphose, sous la figure de Prassarama : l'eau couvrait encore toute la terre, excepté les monts des Gates. Il supplia le dieu de la mer de lui donner passage et de retirer les flots aussi loin que porterait la flèche qu'il lancerait. Le dieu y consentit : Prassarama fit l'épreuve, et la terre resta à sec dans toute l'étendue qu'avait parcourue la flèche, c'est-à-dire, jusqu'à la côte de Malabar. Preuve manifeste, ainsi que Sonnerat l'a aussi remarqué, que la mer s'éleva jadis jusqu'à la chaîne des Gates, et que la côte de Malabar est d'une époque plus récente. D'autres traditions indiennes racontent d'une manière différente, comment la terre s'est dégagée pour la première fois du sein des eaux. Vichnou naviguait sur une feuille : le premier homme sortit du calice d'une fleur. Sur la surface des vagues flottait un œuf, que Brahmâ fit éclore; de sa coquille il forma l'atmosphère et les cieux, des parties intérieures il fit l'homme et les animaux; toutefois il faudrait lire ces contes dans le style naïf des Hindous eux-mêmes.[1]

La doctrine de Zoroastre[2] est évidemment un système philosophique qui, s'il n'était pas combiné

---

1. Voyez Sonnerat, Baldeus, Dow, Holwell, etc.
2. Zend-Avesta ; Riga, 1776 jusqu'à 1778.

avec les fables des autres sectes, ne pourrait que très-difficilement être considéré comme une tradition originale, bien qu'il en retrace pourtant quelques caractères. C'est encore la grande montagne Albordy, placée au centre de la terre, avec d'autres montagnes qui s'étendent autour d'elle. Près d'elle tourne le soleil : les rivières coulent de son sein, avec les mers et les territoires. Les formes des choses existaient d'abord en germes; et, de même que dans toutes les autres mythologies de la haute Asie, le monde primitif est peuplé de monstres, dans celle-ci on voit le grand taureau Kaiomorts produire toutes les créatures de la terre. Sur le sommet de cette montagne, comme sur celle des Lahs, est le paradis, le séjour des esprits bénis et des sages, ainsi que la source première des rivières, le fleuve de la vie. Au reste, la lumière, qui divise et dissipe les ténèbres, qui fructifie la terre et anime toutes les créatures, est évidemment le premier principe physique sur lequel est fondé le culte des Parsis. Toute simple qu'elle est, ils ont appliqué de mille manières cette idée à la théologie, à la morale et à la politique.

Plus nous avançons à l'est entre les montagnes de l'Asie, plus les époques et les traditions du monde primitif se rapprochent et se resserrent. Dans toutes on reconnait une origine postérieure, et l'influence des mythes des contrées plus élevées sur ceux des terres basses. S'ils sont de moins en moins appropriés aux circonstances locales, le système devient par cela même plus complet et plus clair; car les fables anciennes n'y paraissent que rarement et par fragmens, et encore sont-elles marquées d'une empreinte nationale plus moderne. Aussi je m'étonne que Sanchoniathon ait été représenté d'un côté comme un imposteur, et de l'autre comme le vrai prophète du monde primitif, qu'il n'a pu connaître par lui-même, à cause de la situation de son pays. Chaos obscur et confus, sans limites et sans formes, que le commencement de toutes choses ait été un air privé de lumière, qui flottait dans l'espace vide depuis un temps infini, jusqu'à ce que l'esprit mouvant se prit d'amour pour ses propres principes, et que les élémens de la création sortissent de leur union; ce sont là autant de faits traditionnels qui appartiennent à une mythologie si ancienne et si répandue, qu'il ne resta aux Phéniciens que peu de choses à inventer sur ce sujet. Presque tous les peuples de l'Asie, en y ajoutant les Égyptiens et les Grecs, font mention du chaos et d'un œuf fécondé : pourquoi donc ne trouverait-on pas, dans un temple phénicien, des traditions écrites du même genre? Que les germes des choses soient restés enveloppés d'une sorte d'argile; que les premières créatures raisonnables aient été des êtres d'une espèce merveilleuse, des miroirs du ciel (Zophasemim) qui, arrachés au sommeil par le bruit du tonnerre, ont fait sortir de leurs formes mystérieuses les différens genres d'animaux : voilà des traditions qui sont abrégées ici, mais qui ont eu aussi leurs jours de puissance et d'éclat, puisqu'elles s'étendent sous des aspects différens sur les montagnes de la Médie, dans le Thibet, jusqu'à l'Indostan et à la Chine, pour redescendre ensuite en Phrygie et en Thrace; car on en retrouve des débris dans la mythologie d'Orphée et d'Hésiode. Nous avons encore les longues généalogies du vent Colpias, c'est-à-dire, du souffle de Dieu; de son épouse la Nuit; de leurs enfans, Æon et le premier né; de leurs petits-fils, le genre et l'espèce; de leurs arrière-petits-fils, la lumière, le feu et la flamme; de leurs arrière-arrière-petits-fils, les monts Cassius, Liban, Antiliban, etc.; et quand nous voyons que des découvertes humaines sont attribuées à ces noms allégoriques, il ne faut rien moins qu'une extrême indulgence pour consentir à reconnaître une histoire primitive de l'homme, et une philosophie du monde au milieu de cette prodigieuse confusion de traditions anciennes, surtout s'il est probable que celui qui les fonda ne fit que personnifier des noms propres qui s'offraient à lui.

Nous ne nous fatiguerons pas à chercher en Égypte des traditions du monde primitif; il est incontestable que les noms de ces anciennes divinités sont des restes d'un système religieux allié de près à celui des Phéniciens; car on retrouve encore ici l'ancienne Nuit, l'Esprit, le Créateur du monde, l'argile où sont déposés les germes des choses. D'ailleurs tout ce que nous connaissons de l'ancienne religion de l'Égypte est plein d'obscurités, d'incertitudes, fondé sur des témoignages récens, et les images mythologiques de ce pays ont fortement reçu l'empreinte du climat; ce serait donc vainement que nous nous arrêterions près de ces vaines idoles, ou que nous étudierions les fables des Nègres, avec l'espérance trompeuse de trouver des traditions du monde primitif, sur lesquelles il nous serait possible d'élever la philosophie de l'histoire la plus ancienne de l'homme.

Par là il ne nous reste en monumens historiques que les traditions écrites que l'on a coutume d'appeler traditions mosaïques. Laissant de côté tout préjugé, même sans entrer dans la question de leur origine, nous savons qu'elles remontent à plus de trois mille ans, et que c'est le plus ancien livre qui nous ait été transmis. En le considérant non pas comme une histoire, mais comme un recueil de traditions, ou une ancienne philosophie de l'histoire de l'homme, il suffira d'un premier examen de ses pages aussi rapides que simples pour nous en faire apprécier le but et la valeur. Je vais essayer de les dégager des ornemens orientaux et de tout l'éclat poétique qui les environnent.

## CHAPITRE V.

*De la première tradition écrite sur l'histoire de l'homme.*

Au commencement de la création de la terre et du ciel, dit cet ancien livre, la terre était une masse informe et nue, sur laquelle flottait une mer ténébreuse, que l'esprit de vie agitait et fécondait dans tous les sens. Or, si nous voulions conclure l'état primitif de la terre d'après nos dernières observations, telles qu'elles s'offrent à l'examen, et sans aucune hypothèse gratuite, nous retrouverions précisément cette ancienne description. Un roc immense de granite, couvert en partie par les eaux, des principes qui recélaient la vie, voilà tout ce que nous connaissons de ces premiers temps : que ce roc ait été projeté dans l'espace par le soleil, c'est une idée gigantesque qui n'est fondée ni sur l'analogie de la nature, ni sur le développement progressif de notre terre; car, comment l'eau a-t-elle apparu sur cette masse incandescente? comment expliquer la forme sphérique, les révolutions du globe et ses pôles, puisque le feu détruit la force magnétique? Il est bien plus vraisemblable de penser que ce roc primitif s'est formé par son énergie intime, ou, en d'autres termes, qu'après avoir été condensé, il a été déposé par le chaos lorsqu'il enfanta la terre. Au reste, tout ce que ce fragment philosophique a de commun avec les fables que nous avons indiquées plus haut, se réduit peut-être à la comparaison que l'on peut établir entre Élohim et les Lahs, le Zophasemim, etc.; mais ici la pensée humaine s'est élevée jusqu'à l'idée de l'unité agissante : ce ne sont plus des créatures, c'est le Créateur lui-même.

La création des choses commença avec la lumière. Ainsi fut déchirée l'ancienne nuit, ainsi furent séparés les élémens. Et sache-t-on que l'expérience ancienne et moderne nous ait révélé un principe de distinction et de vitalité différent de la lumière, ou, si l'on aime mieux, du feu élémentaire? Universellement répandu, quoique inégalement distribué, d'après les affinités des corps, toujours mouvant, toujours agissant, fluide et actif par essence, il est si bien la cause de toute fluidité, de toute chaleur, de tout mouvement, que les principes électriques semblent même n'en être qu'une modification; or, comme la vie ne se manifeste que par la chaleur et ne se développe que par le mouvement des fluides; comme non-seulement la semence animale agit d'une manière semblable à la lumière, par une force expansive et d'actifs stimulans, mais que de plus on a découvert de la lumière et de l'électricité jusque dans la fructification des plantes, on voit aussi dans cette ancienne cosmogonie philosophique la lumière figurer comme le premier agent. Non pas qu'il soit question ici de la lumière du soleil, mais de celle qui émane de l'intérieur de la masse organique, et cela est également conforme à l'expérience. Ce n'est point des rayons du soleil que les créatures tirent la vie et l'aliment qui la prolonge; chaque chose renferme en soi une chaleur interne : le roc glacé n'en est point dépourvu; seulement la vie, l'intelligence et l'activité se développent proportionnellement à la quantité de feu générateur que chaque créature renferme et au degré de pureté qu'il acquiert dans la circulation du mouvement interne. Ainsi se communiqua la première flamme élémentaire, moins par l'effet d'une éruption volcanique, ou d'un amas de substances incandescentes, que par une force qui, en séparant les élémens, répandit en eux la chaleur, merveilleuse puissance que la nature a employée pour mettre peu à peu toutes choses en mouvement. Combien ces traditions phéniciennes, qui éveillent à la lueur des éclairs et au bruit du tonnerre les principes de la nature qu'elles comparent à un animal endormi, sont plus grossières et plus éloignées de la vérité ! Dans le système plus élevé dont nous nous occupons, et dont l'expérience confirmera probablement de jour en jour les bases principales, la lumière est l'agent de la création.

Pour mettre l'exposition qui va suivre à l'abri de toute interprétation fausse, qu'il me soit permis de faire une observation dont l'examen le plus rapide démontre la justesse[1] : c'est que tout le système qui représente la création s'accomplissant d'elle-même, repose sur une comparaison d'après laquelle la séparation des élémens n'a point lieu physiquement, mais symboliquement. Comme notre œil, par exemple, est incapable de saisir d'un seul regard l'ensemble de la création et le détail de ses phénomènes, il était nécessaire de former des classes, et naturel de distinguer d'abord les cieux et la terre, puis les eaux et les continens, bien qu'ils ne fassent dans la nature qu'un seul système d'êtres actifs et passifs. Ainsi cette ancienne relation est le premier *tableau d'un système naturel*, où le mot *jour*, qui répond ici à une pensée propre à l'ancien philosophe, n'est réellement qu'une échelle de division indéterminée. Aussitôt que la lumière exista comme agent de la création, elle opéra à la fois et sur le ciel et sur la terre : elle purifia l'air, qui, d'après un nombre infini d'expériences, étant le milieu de la création et servant à la fois dans mille combinaisons à la propagation de la lumière et au dévelop-

---

[1]. *Aelteste Urkunde des Menschengeschlechts*, t. I.

pement des êtres, soit terrestres, soit aquatiques, ne pouvait être ni purifié, ni élevé à un tel degré de fluidité élastique, par aucun autre principe naturel que la lumière ou le feu élémentaire; mais pour cela, il fallut que les matières les plus grossières se déposassent successivement en diverses précipitations, qui séparèrent en autant de régions distinctes, l'air, la terre et les eaux. La seconde et la troisième opération contribuèrent donc mutuellement à l'accomplissement l'une de l'autre; aussi sont-elles réunies, dans le symbole de cosmogonie, comme des productions du premier principe, comme le résultat de l'action universelle de la lumière. Qu'elles aient duré des milliers d'années, c'est ce que démontrent d'une manière incontestable la formation des montagnes, les couches des roches et l'excavation des vallées le long des fleuves. Trois agens puissans dominèrent cette grande période, l'eau, l'air et le feu; ceux-là, en multipliant les dépôts, les précipitations, les décompositions; le dernier, en se mêlant organiquement autant que cela pouvait se faire aux deux autres et à la terre, qui se donnait elle-même sa forme.

Nous arrivons à un autre grand point de vue de ce premier naturaliste; combien il en est peu de nos jours même qui soient capables d'en saisir toute l'étendue! L'histoire intérieure de la terre prouve que dans sa formation les forces organiques de la nature ont agi partout en même temps et se sont développées aussitôt qu'elles l'ont pu. La végétation commença dès que le sol fut suffisamment préparé, quoique les plantes dussent être détruites ensuite par les dépôts successifs de l'air et des eaux. A peine la mer fut-elle purifiée, qu'elle fourmilla d'êtres vivans, bien que les débordemens en fissent périr peu après des foules innombrables qui servirent de matériaux à d'autres organisations ; mais à chaque période les élémens ne renfermaient pas tous les êtres animés qui étaient appelés à y vivre. Les divers genres de créatures se suivirent dans l'ordre que déterminaient leur nature et l'état de leur élément ; et voyez comme notre naturaliste exprime tout cela par une seule parole du Créateur. Quand il appela la lumière et qu'il ordonna ainsi à l'air de s'épurer, à la mer de s'abaisser, à la terre de s'élever, c'est-à-dire, quand il mit en mouvement les forces actives de la nature, il commanda *à la terre, à l'eau, à la poussière, de produire des êtres organiques, chacune dans des genres différens, et à la création de s'animer par les forces organiques que ces élémens renfermaient.* Ainsi parle ce sage, et il ne contredit point ce que nous apprend encore l'examen de la nature : que partout les pouvoirs organiques s'élèvent à la vie conformément à leurs élémens ; seulement il divise, comme les naturalistes eux-mêmes, les règnes qui doivent être séparés, bien qu'il sache qu'aucun d'eux n'agit isolément. La végétation se montre d'abord : et comme la physique moderne a découvert que beaucoup de plantes en particulier sont nourries par la lumière, il ne fallut, pour hâter leur apparition, que des rocs brisés par la tempête, un peu de boue délayée et aidée de la chaleur de la création en travail. Le sein fertile de la mer répandit ensuite ses productions et multiplia les progrès de la végétation : fécondée par ces dépouilles, vivifiée par l'action de la lumière, de l'air et de l'eau, la terre se hâta de produire, sans laisser cependant de suivre des gradations nécessaires; car, comme les carnivores ne peuvent se passer d'une nourriture animale, ils furent nécessairement précédés des animaux dont ils font leur proie, et rien n'est mieux établi dans l'histoire naturelle du globe. Si les couches les plus profondes de la terre présentent des débris d'animaux marins ou herbivores, les dépôts des premiers âges n'offrent que peu ou point de restes de carnivores : c'est ainsi que la création, procédant par une échelle ascendante d'organisation, finit par enfanter l'homme, l'image la plus parfaite d'Élohim, la couronne qui compléta l'univers.

Avant d'en approcher, examinons encore quelques traits plus frappans du tableau de cet ancien naturaliste. *Premièrement.* Dans son système, le soleil et les astres n'agissent pas sur la scène mouvante de la création; ils ne sont que le point central du symbole : En effet, s'ils tiennent en mouvement notre globe et ses productions organiques, s'ils sont, comme il le dit, les régulateurs du temps, ce n'est cependant pas par eux que les pouvoirs organiques sont distribués et transmis à la terre. Le soleil brille aujourd'hui comme il brillait au commencement de la création; pourtant il n'éveille ni organise de nouvelles espèces d'êtres ; et même il ne déterminerait pas, dans les corps putréfiés, l'apparition d'une multitude d'animalcules, s'ils ne contenaient le principe vital dont il varie les formes. Le soleil et les étoiles entrent donc dans ce tableau de la nature dès qu'ils peuvent y entrer, c'est-à-dire, dès que l'air est purifié et la terre construite; et c'est comme de simples témoins de la création, comme des régulateurs d'une sphère qui s'est elle-même organisée.

*Secondement.* La lune apparaît depuis le commencement du monde; voilà, selon moi, un puissant témoignage en faveur de cette ancienne cosmogonie. Ils ne m'ont point convaincu ceux qui pensent que la terre est plus vieille que son satellite, et qui attribuent à l'arrivée de ce dernier tous les désordres de l'intérieur du globe et de sa surface. Aucune preuve physique ne parle en leur faveur, puisque non-seulement les bouleversemens apparens de notre planète s'expliquent sans leur hypothèse, mais cessent même d'être des désordres dans le système contraire. Il est évident, en effet, que notre terre, avec les élémens que son noyau renfermait, ne pouvait être formée que par des révolutions; encore pour cela faut-il admettre le voisinage de la lune. Celle-ci gravite vers la terre, comme la terre gravite vers elle et vers le soleil; ce ne sont pas seulement les mouvemens de la mer, mais encore les développemens de la végétation, du moins autant que le système des forces célestes et terrestres nous est connu, qui sont liés à ses révolutions.

*Troisièmement.* Avec la même vérité le naturaliste range en une seule classe les créatures de l'air et des eaux; car l'anatomie comparée a trouvé d'étonnantes similitudes dans leur structure interne, surtout dans la région encéphalique, qui est, à proprement parler, la marque distinctive de l'échelle animale. La différence de configuration est généralement appropriée au milieu pour lequel l'animal est formé : ainsi dans ces deux classes d'animaux, aériens et aquatiques, la construction intérieure doit conserver la même analogie que l'on découvre entre l'air et l'eau. En résultat, cette histoire universelle de la création vivante tend à montrer que, comme chaque élément produit ce qu'il est capable de produire, et que réunis, ils composent un harmonieux ensemble, *il ne peut y avoir*, à proprement parler, *sur notre planète, qu'un seul système organique*, qui commence au degré le plus inférieur des êtres vivans, et se termine dans le dernier et le plus noble des ouvrages d'Élohim.

Aussi, est-ce avec joie et une secrète admiration que j'approche de la riche description de la création de l'homme; car c'est le sujet de mon livre et le sceau qui lui laisse son empreinte. *Élohim prit conseil en lui-même*, et il grava l'image de ce conseil sur la première ébauche de l'homme : l'intelligence et la réflexion sont donc ses caractères distinctifs. *Il le forma à sa propre image*, et tout l'Orient lui donne l'attitude droite. *Il lui imprima un caractère de domination sur la terre.* Par là l'espèce humaine reçut le pouvoir d'habiter chaque partie du globe, et de régner dans tous les climats, comme le représentant d'Élohim, comme une Providence visible, un Dieu agissant. Telle est la plus ancienne philosophie de l'histoire de l'homme.

Et, enfin, quand le cercle des êtres fut rempli, *Élohim se reposa et il ne créa plus rien.* Il demeure pour ainsi dire invisible sur le théâtre de la création, comme si chaque chose, se produisant elle-même, eût existé éternellement dans des générations nécessaires; heureuse hypothèse, si la structure de la terre et l'organisation graduée des créatures ne prouvaient suffisamment que tout sur la terre a eu un commencement et s'est développé dans une série progressive. Mais, comment le premier pas a-t-il été fait? pourquoi le mouvement de la création s'est-il arrêté? pourquoi la terre et la mer ne produisent-elles plus de genres nouveaux? que devient le pouvoir créateur qui, oisif et caché, n'agit plus que par le moyen des lois et des espèces déjà établies? Notre naturaliste explique ces difficultés par l'agent même qu'il a choisi pour donner le mouvement à la création. S'il est vrai que la lumière, ou le feu élémentaire, a divisé les masses, étendu les cieux, rendu l'air élastique et préparé la terre pour la végétation, c'est ce même principe qui a élaboré les semences des choses, et s'est organisé depuis la forme la plus grossière jusqu'au développement le plus élevé de la vitalité. Ainsi la création a été achevée, lorsque, selon la parole de l'Éternel, et conformément à la sagesse de ses commandemens, *toutes les forces vitales qui pouvaient et devaient être répandues sur notre planète ont été distribuées, et ont revêtu les formes qu'admettait le système universel des choses.* Cette chaleur primitive, qui soutenait l'esprit de vie au-dessus des eaux de la création, et qui s'était déjà développée dans les formes souterraines avec une plénitude et une énergie que ni la mer, ni la terre ferme ne reproduisent de nos jours.

se communiqua avec rapidité à l'univers entier, et anima ses plus faibles parties : sans elle, il était aussi impossible alors qu'une portion de matière fût organisée, qu'il l'est maintenant à l'organisation de se manifester sans le concours de la chaleur génératrice; et elle est encore le premier agent du mouvement et de la vie. Par exemple, quelle énorme quantité de feu élémentaire ne fut pas absorbée par la masse du globe, comme le prouvent les volcans, les minéraux inflammables, et jusqu'aux étincelles du moindre caillou! Un grand nombre de faits et d'expériences récentes annoncent que cette matière inflammable se répand dans toute la végétation, et que la vie animale est employée tout entière à élaborer ce phlogistique. D'où il semble que le cercle entier de la création vivante ne se meuve que pour élever des fluides à l'état de solides, des solides à l'état de fluides, pour développer et recombiner le calorique et enchaîner dans une organisation savante ou grossière des forces vitales qui sont ensuite mises en liberté. Or, puisque la masse destinée à former notre terre, a son nombre, son poids et sa mesure, il en résulte nécessairement que l'agent interne qui opère en elle et sur elle, a aussi ses limites. Les parties de la création vivent ainsi dans une dépendance mutuelle l'une de l'autre; la sphère des êtres tourne sans que leur nombre augmente : elle détruit et elle construit, dans les limites qui ont été déterminées par la première période de la création. Perfectionnée par la main du Créateur, la nature est devenue un art; et les énergies des élémens sont circonscrites dans un cercle d'organisations déterminées, qu'elles ne peuvent dépasser, puisque dès l'origine l'esprit plastique les a douées de toutes les qualités qu'elles étaient capables de recevoir. Mais, qu'une pareille machine ne puisse exister éternellement, que ce qui a eu un commencement doive infailliblement avoir une fin, c'est ce qui dérive de la nature même des choses. Sans se lasser jamais, la création travaille à retomber dans le chaos, de la même manière qu'elle a travaillé à en sortir. Ses formes s'évanouissent, chaque organisation se perfectionne et vieillit. Il n'est pas, jusqu'au grand organisme de la terre, qui ne doive décliner et périr, pour reparaître sous une forme nouvelle et plus élevée, quand le temps en sera venu.

## CHAPITRE VI.

*Continuation de la première tradition écrite sur le commencement de l'histoire de l'homme.*

Si le lecteur n'est point las des simples notions de cette antique tradition, quoique présentées sans aucun ornement et dégagées de toute hypothèse, continuons de les examiner, après avoir jeté un coup d'œil sur l'ensemble de ce tableau de la création. Qu'est-ce qui le distingue d'une manière si frappante des fables et des traditions de la haute Asie? La liaison, la simplicité, la vérité. Sous leurs voiles mystérieux, ces souvenirs des premiers âges contiennent, il est vrai, un grand nombre de germes d'histoire et de philosophie naturelle; par malheur, la confusion qui naît du mélange de tant de traditions non écrites, figurées, sacerdotales et populaires, reproduit l'image du chaos de la création naissante. Débrouillant ces ténèbres, notre philosophe nous a présenté un système qui, par sa simplicité et la sagesse de ses proportions, imite l'ordre de la nature même. D'où vinrent donc cet ordre et cette simplicité? Nous n'avons besoin que de comparer ses annales aux fables des autres nations, pour nous convaincre que les fondemens plus solides de sa philosophie sont ceux de l'histoire de la terre et de l'homme.

*Premièrement.* Il exclut tout ce qui est incompréhensible à l'homme et dépasse la portée de son regard; il se borne à examiner ce que nos yeux voient, et ce que notre intelligence comprend. Quelle question, par exemple, a donné lieu à plus de controverse, que celle de savoir l'époque de l'origine du monde, l'âge de notre terre et celui de l'espèce humaine? N'a-t-on pas attribué aux nations asiatiques une sagesse infinie parce qu'elles ont prolongé à l'infini les périodes des temps primitifs? Au contraire, la tradition dont nous parlons a semblé insignifiante et presque puérile, parce qu'en opposition apparente avec ce qu'on appelle la raison et le témoignage de la structure du globe, elle traite aussi rapidement que légèrement de la création, et ne donne pas à l'espèce humaine une origine assez ancienne. Nulle injustice plus manifeste. Si Moïse n'eût fait que recueillir d'anciennes traditions, instruit, comme il l'était, dans les sciences de l'Égypte, il connaissait sans doute ces Æons de dieux et de demi-dieux par lesquels les Égyptiens, ainsi que tous les autres peuples, ont commencé l'histoire du monde. Pourquoi donc ne les fit-il pas intervenir dans cette relation? pourquoi, par une sorte de mépris, a-t-il resserré symboliquement l'origine des choses dans une période si brève? Évidemment pour effacer de la pensée des hommes ce qu'il regardait avec sagesse comme des fables inutiles, sinon nuisibles. Avant que la terre fut achevée, c'est-à-dire, avant les premiers commencemens de l'espèce humaine et de son histoire, il ne pouvait en effet y avoir de chronologie qui en méritât le nom. Que Buffon assigne aux six premières époques de la nature des nombres aussi grands qu'il lui plaira, de vingt-six, trente-cinq, quinze, dix mille ans; l'intelligence humaine, qui sent ses limites, sourit de ces calculs que l'imagination rassemble, dût-elle admettre l'exactitude du développement des époques elles-mêmes : encore moins l'historien est-il empressé d'en charger sa mémoire. Les chronologies primitives de différentes nations rentrent évidemment dans la même classe que celles de Buffon ; elles vont se perdre dans ces âges où régnaient les dieux et les élémens, c'est-à-dire dans les temps de la formation de la terre, tels que ces nations, passionnées pour les nombres infinis, se les représentaient d'après les révolutions des cieux ou les symboles obscurs des plus anciennes traditions figurées. Ainsi, chez les Égyptiens, le règne de Vulcain, créateur du monde, est indéfini ; celui du soleil, son fils et son successeur, dure 30,000 ans ; et, enfin, Saturne et les autres douze dieux, règnent 3,984 ans avant les demi-dieux et les hommes, leurs derniers successeurs. Il en est de même des traditions de la haute Asie, concernant la création et les diverses époques qui l'ont suivie. Suivant les Parsis, les saints anges de lumière ont régné 3,000 ans sans ennemis : 3,000 ans suivirent avant l'apparition du taureau monstrueux, d'où naquirent d'abord différentes créatures, et enfin Meschia et Meschianè, l'homme et la femme. La première époque des peuples du Thibet se prolonge indéfiniment pendant tout le règne des Lahs ; la seconde est de 80,000 ans, la troisième de 40,000, la quatrième de 20,000, d'où ils descendent brusquement à une période de dix années ; alors ils s'élèvent de nouveau par degrés jusqu'à un intervalle de 80,000 ans. Les périodes des Hindous, avec les métamorphoses de leurs dieux, celles des Chinois, que remplissent aussi les transfigurations de leurs anciens rois, remontent encore plus haut. Vaines chimères, qui embrassent l'infini et n'eussent enfanté que le néant, si elles n'avaient été réduites par Moïse à leur véritable expression ; puisque, d'après le rapport même des traditions, elles appartiennent à la description de la création du globe et non à l'histoire de l'homme.

*Secondement.* Vante-t-on la jeunesse ou la vieillesse du monde ? on a également raison. Le noyau du globe est incontestablement de la plus haute antiquité, et de longues révolutions se sont succédées avant que les matières qui l'enveloppent aient été achevées. Ici Moïse laisse à chacun la liberté de déterminer l'époque qu'il lui plaît, et de prolonger autant qu'il lui semble convenable le règne d'*Alorus*, la lumière ; d'*Uranus*, le ciel ; de *Géa*, la terre ; d'*Hélios*, le soleil, et ainsi des autres. Il ne calcule point les époques de ce genre, et pour mieux les éviter il a enfermé son système descriptif dans la période la plus brève d'une révolution terrestre. Quoi qu'il en soit, l'espèce humaine est d'autant plus jeune, que ces révolutions sont plus anciennes et qu'elles ont plus duré; car, d'après toutes les traditions et suivant la nature même des choses, elle fut la dernière production qui signala l'œuvre du Créateur. Je sais donc gré au naturaliste d'avoir élagué ces anciennes fables toutes monstrueuses; la nature et le genre humain, tels qu'ils sont actuellement, suffisent à remplir le cercle entier de mon intelligence.

Quant à la création de l'homme, l'historien répète aussi[1] qu'elle eut lieu aussitôt que le permit le développement naturel des choses. « Pendant qu'il n'y « avait ni plante, ni arbre sur la terre, continue-t- « il, l'homme, que la nature a destiné à les cultiver, « ne pouvait pas vivre. Aucune pluie n'arrosait le « sol, mais des vapeurs s'élevèrent, et il fut formé « d'une argile détrempée par la rosée: animé du « souffle de vie, il devint un être vivant. » Ce simple récit me paraît comprendre tout ce que l'homme est capable de connaître de son organisation, même après la foule d'observations physiologiques qui ont été faites. Organiquement unis dans notre constitution artificielle, l'eau, l'air et la terre se séparent et se dissolvent par la mort; mais l'économie intérieure de la vie animale dépend du stimulant invisible, de la vertu précieuse que l'air renferme et

---

1. Genèse, II, 5 — 7.

transporte avec lui. C'est par elle que s'établissent, dans la plus parfaite harmonie, la circulation du sang et l'équilibre des forces vitales. Ainsi l'homme, en recevant le souffle de la vie, devint réellement une ame active et libre; de ce moment, il acquit et développa avec la chaleur vitale le pouvoir d'agir, de sentir et de penser, comme un être qui s'appartient et ne relève que de soi. En cela, la plus ancienne philosophie est d'accord avec les découvertes les plus récentes.

*Le premier séjour de l'homme fut un jardin*, et ce caractère traditionnel est tel que la philosophie seule pouvait l'inventer. Pour l'homme nouveau-né, le genre de vie que favorisait l'Éden était le plus facile, puisque, sans excepter l'agriculture, il n'en est aucun qui n'exige un certain art et une expérience plus ou moins consommée. Ce trait indique ce que confirme la disposition entière de notre être, que l'homme n'est pas fait pour l'état sauvage, mais pour une vie paisible et de douces occupations : aussi, comme l'auteur des choses n'ignorait pas la destination de ses créatures, l'homme, avec tous les autres êtres, fut créé, pour ainsi dire, dans son élément, au centre du genre de vie pour lequel il était né; chacun de ses retours vers la vie sauvage est une dégradation qu'entraînent la nécessité, le climat ou quelque passion à laquelle il a laissé prendre un empire absolu. Partout où ces chaînes ne pèsent pas sur lui, il vit heureux et tranquille, suivant le témoignage de son histoire. Rien ne l'a rendu sauvage que le sang des animaux, la chasse, la guerre et les égaremens de la société humaine. Dans la plus ancienne des traditions on ne voit aucun de ces monstres imaginaires qui portent autour d'eux le carnage pendant de longs siècles et remplissent ainsi leur horrible destination. Ces contes barbares n'ont commencé à paraître dans des contrées éloignées et grossières qu'après la dispersion du genre humain. Les poëtes vinrent ensuite, qui se plurent à les imiter en les exagérant ; ils laissèrent leur héritage à l'historien compilateur, qui le transmit à son tour au métaphysicien ; mais, ni les abstractions de la métaphysique, ni les merveilles de la poésie ne donnent une histoire véritablement originale de l'humanité.

Maintenant, *dans quelle contrée était situé ce jardin où l'Auteur des choses plaça sa créature favorite, qu'il laissa sans défense ?* Comme cette tradition a pris naissance à l'occident de l'Asie, elle le place à l'extrémité orientale, vers le lever du soleil, sur un plateau d'où descend un ruisseau qui forme ensuite quatre grands fleuves [1]. Aucune tradition ne présente un caractère plus impartial; car, tandis que chaque nation de la haute antiquité

---

1. Genèse, II, 10 — 14.

aspire à passer pour la plus ancienne et représente son pays comme le berceau du genre humain, celle-ci rejette le monde primitif dans un lointain indéfini sur le plateau le plus élevé de la terre. Et où chercher cette montagne? où sont ces quatre fleuves qui, selon l'historien, naissent d'une même source? Nulle part dans la géographie, telle que nous la connaissons, et vainement s'efforcerait-on de défigurer de mille manières les noms des fleuves; l'examen attentif d'une mappemonde suffit pour nous désabuser sur cette source imaginaire d'où sortent l'Euphrate et les trois fleuves que le paradis a pour enceinte. Que si nous invoquons les traditions de la haute Asie, dans toutes nous retrouvons cet Éden sur la contrée la plus élevée du globe, avec ses sources d'eau vive et ses fleuves qui fertilisent le monde. Les Chinois et les Thibétains, les Hindous et les Persans, parlent de cette montagne primitive qu'entourent des continens, des mers et des îles, et font jaillir de son sommet couronné de nuages la source de tous les fleuves. Cette tradition n'est pas sans fondemens physiques. Privée de montagnes, la terre manquerait d'eaux courantes, et la géographie démontre que les fleuves de l'Asie descendent de ses plateaux les plus élevés. Aussi la tradition qui nous occupe, s'empare-t-elle de toutes les fables dont les fleuves du paradis sont le sujet, et elle en nomme quatre des plus généralement connus, qui sortent des montagnes de l'Asie. Il est vrai qu'ils n'ont point une source commune; mais il suffisait à celui qui recueillit ces traditions, d'indiquer une contrée éloignée de l'Orient comme le berceau du genre humain.

Et l'on ne peut douter qu'il n'ait placé ce premier asile de l'homme dans les paisibles solitudes qu'enferment les montagnes de l'Inde. Riche en or et en pierres précieuses, le pays qu'il désigne ne peut être que l'Inde, vantée depuis toute l'antiquité à cause de ses trésors. Le fleuve qui en trace les contours est le Gange sacré[1], que toute l'Inde reconnaît pour le fleuve du paradis. Que le Gihon ne soit autre que l'Oxus, c'est ce qui est incontestable. Les Arabes lui donnent encore ce nom, et les pays qu'il est censé arroser sont encore indiqués dans plusieurs noms indiens des contrées voisines.[2] Les deux derniers fleuves coulent, il est vrai, à l'Occident; mais, comme celui qui écrivit cette ancienne histoire vivait à l'extrémité occidentale de l'Asie, ces terres éloignées se confondaient pour

---

1. Le mot Pison signifie un fleuve qui fertilise la terre par ses inondations et paraît être une traduction du nom du Gange : ainsi une ancienne version grecque le traduit par le mot Gange; les Arabes le prennent pour le Nil et donnent le nom de l'Inde à la contrée qu'il arrose : singulière contradiction, qui jusqu'ici n'a point été expliquée.

2. Cashgar, Cachemire, le Caucase, le Cattay, etc.

lui à une si grande distance ; il est même possible que par le troisième fleuve il entende un Tigre plus oriental, l'Indus[1]; car les anciens peuples, quand ils émigraient, avaient coutume en général d'appliquer les traditions du monde primitif aux montagnes et aux fleuves de leur contrée adoptive, et de les naturaliser par une mythologie locale dont il est facile de suivre les mouvemens et les transpositions, depuis les sommets élevés de la Médie jusqu'au mont Ida et à l'Olympe. Ainsi, par sa situation même, le premier historien ne pouvait qu'indiquer les contrées les plus éloignées qui s'offraient à lui. Dans ce cercle indéterminé étaient compris les Indiens de Paropamise, les Perses d'Imaüs, les Ibériens du Caucase, tous dans l'habitude de placer leur Éden dans la partie des chaînes de montagnes que la tradition leur désignait. Une preuve que les Annales de Moïse remontent véritablement aux plus

---

[1]. Le nom du troisième fleuve est Hiddekel, et suivant Otter, l'Hindus est encore appelé Éteck par les Arabes et Énidez par les anciens Hindous. La terminaison du mot paraît aussi indienne : Dewerkel (nom que les Hindous donnent à leurs demi-dieux) est le pluriel de Dewin. Toutefois il est probable que celui qui recueillit ces traditions voulut désigner le Tigre, puisqu'il place ce fleuve à l'orient de l'Assyrie. Les contrées plus éloignées étaient trop loin de lui ; de même le Phraath était probablement quelque autre fleuve, traduit ici vaguement, ou indiqué comme le plus célèbre de tous ceux de l'Orient.

anciennes des traditions, c'est qu'elles placent le paradis au-delà de l'Inde, et ne laissent les autres distances que pour compléter les contours indécis du tableau. Maintenant si nous rencontrons une vallée aussi délicieuse que celle de Cachemire, située proprement au centre de ces fleuves, non moins renommée pour ses eaux fraîches et salutaires, que pour la fertilité de son sol et les bêtes sauvages qui la parcourent en liberté, et qu'enfin l'on vante aujourd'hui même pour la beauté de ses habitans, au-dessus de toutes les régions de la terre, ne serons-nous pas en droit de la considérer comme le berceau de la race humaine ? La suite montrera néanmoins combien seraient vaines les recherches que l'on pourrait faire de ce genre sur le globe actuel. Nous n'essayerons donc pas de lever le voile dont la tradition enveloppe cette contrée, et nous continuerons l'examen du récit.

De tous les prodiges, de tous les objets imaginaires dont les Annales de l'Asie entière ont abondamment peuplé le paradis du monde primitif, cette tradition n'a conservé que deux arbres merveilleux, un chérubin et un serpent qui parle, encore ces êtres surnaturels, les seuls qu'il n'ait pas rejetés, ont-ils été introduits par le philosophe dans un drame symbolique. Au milieu du paradis est un arbre défendu qui, selon le serpent, porte les fruits de la science divine à laquelle l'homme aspire? Quelle ambition plus élevée? Comment l'ennoblir davantage dans sa chute? Considéré seulement comme une allégorie, que l'on compare ce récit à ceux des autres nations, et que l'on dise s'il est quelque part une représentation plus animée, un symbole plus élevé et plus poétique de ce qui toujours a fait le bien ou le mal de notre destinée. D'inutiles efforts pour arriver à une science qui nous échappe ou nous dévore sans porter aucun fruit; la liberté, dont le mot est si doux, l'usage si difficile et l'abus si amer; le désir toujours renaissant d'éloigner ou de briser ces barrières que la loi morale impose à la faiblesse qui doit se gouverner et se sauver; tant d'autres sentimens qui consument nos cœurs et forment le cercle entier de notre vie, c'est là ce que l'ancien philosophe de l'histoire connaît aussi bien que nous, et dont il fait la matière d'un conte populaire, où il embrasse presque tous les mouvemens de la pensée humaine. Les Hindous parlent dans le même sens des géans qui fouillent le sol pour y trouver le fruit de l'immortalité, et les Thibétains de leurs lahs dégradés par les vices; mais rien, selon moi, n'égale la profondeur religieuse, la simplicité naïve de ce récit, qui n'a de merveilleux que ce qu'il faut pour marquer le pays et l'époque où il a été conçu. Les dragons, les monstres et cet appareil de magie que les montagnes de l'Asie ont vu naître, le simorg-anka, le soham, les lahs, les dews, les ginnes, les dives et les péris, toute la mythologie de cette partie du monde, qui se développe de mille manières dans les descriptions fabuleuses du Ginnistan, de Righiel, de Méru, d'Albordi, etc., disparaissent dans la plus ancienne des traditions, et il ne reste qu'un chérubin pour veiller à la porte du paradis.

D'une autre part, cette histoire instructive nous apprend que les premiers hommes conversaient avec Élohim, que sous sa tutelle ils ont acquis le langage et la raison humaine en se familiarisant avec les animaux ; qu'un homme qui désirait lui ressembler par la connaissance du mal, même au mépris des ordres les plus saints, obtint cette funeste science, et que, chassé dans d'autres lieux, il commença une carrière de fatigue et de douleur. Souvenirs traditionnels qui, sous le voile d'un récit fabuleux, cachent plus de vérités que de longs systèmes sur la nature et l'état des peuples autochtones. Si, comme nous l'avons vu, les qualités les plus distinguées de l'homme, heureuses capacités qu'il apporte en naissant, ne s'acquièrent et ne se transmettent à proprement parler, que par la puissance de l'éducation, du langage, de la tradition et de l'art, non-seulement les premiers germes de cette humanité devaient sortir d'une même origine, mais il fallait encore qu'elles fussent artificiellement combinées dès le principe, pour que le genre humain fût ce qu'il est. Un enfant abandonné et laissé à lui-même pendant des années, ne peut manquer de périr ou de dégénérer; comment donc l'espèce humaine aurait-elle pu se suffire à elle-même dans ses premiers débuts. Une fois accoutumé à vivre de la même manière que l'orang-outang, jamais l'homme n'aurait travaillé à se vaincre, ni appris à s'élever de la condition muette et dégradée de l'animal aux prodiges de la raison et de la parole humaine. Si la divinité voulait que l'homme exerçât son intelligence et son cœur, il fallait qu'elle lui donnât l'une et l'autre; dès le premier moment de son existence, l'éducation, l'art, la culture, lui étaient indispensables. Ainsi le caractère intime de l'humanité porte témoignage de la vérité de cette ancienne philosophie de notre histoire.[1]

---

[1]. Mais comment Élohim a-t-il communiqué ces trésors à l'homme, en d'autres termes, comment a-t-il fait pour l'instruire et le diriger ? S'il n'est pas aussi téméraire de faire cette question que d'y répondre, la tradition elle-même résoudra ce problème dans un autre lieu.

## CHAPITRE VII.

*Conclusion de la plus ancienne tradition touchant l'origine de l'histoire de l'homme.*

Tout ce que cet ancien livre rapporte sur les noms, les années, la découverte des arts, les révolutions, etc., est l'écho des traditions nationales. Nous ne savons pas comment s'appelait le premier homme, ni quelle langue il parlait; car, dans la langue du peuple qui se sert de ces noms, Adam signifie un homme de terre, et Ève une créature vivante : ces termes sont donc des symboles de leur histoire, et d'autres peuples leur donnent d'autres noms, également fondés sur le génie de leur idiome. Les découvertes qui sont désignées dans ce livre ne conviennent qu'à un peuple de bergers et d'agriculteurs de l'occident de l'Asie, et encore la tradition n'en cite que les noms : ceux qui étaient patiens, dit-il, prirent patience; le possesseur posséda; celui dont on portait le deuil avait été égorgé. C'est dans ce style hiéroglyphique que sont établies les généalogies d'un peuple divisé en bergers et en agriculteurs, ou en habitans de souterrains. L'histoire des Séthiniens et des Caïnites n'est dans le fond que celle des tribus qui se partagent les deux conditions les plus anciennes du genre humain; appelées en arabe Bédouins et Cabiles [1], elles ne sont point encore confondues et conservent même de nos jours une inimitié mutuelle dans l'Orient. Les traditions généalogiques d'un peuple de pasteurs de cette contrée ne pouvaient se rapporter qu'à ces castes.

Il en est de même du déluge; car, s'il paraît certain en histoire naturelle que le monde habitable a été ravagé par une inondation, et si l'Asie surtout conserve des traces incontestables d'un déluge, ce que ce récit contient n'est cependant rien autre qu'une histoire nationale. L'écrivain a recueilli avec grand soin diverses traditions [2], et il donne la description de cet horrible cataclysme tel que sa tribu le connaissait; le style est d'ailleurs si bien approprié à la manière de penser de cette tribu, que ce serait une grande injustice de lui ôter l'autorité qu'il mérite, en lui donnant une extension qu'il n'a pas. Si une famille de ce peuple a pu échapper à cette révolution avec de nombreuses ri-

---

[1]. Caïn est appelé par les Arabes Cabile. De là la caste des Cabiles ou Cabilags. Les Bédouins, suivant la signification de leur nom, sont des bergers errans, des habitans du désert. Il en est de même des noms Caïn, Énoch, Nod, Jabal, Jubal ou Tubal-Caïn, qui expriment le caractère des tribus et leur manière de vivre.

[2]. Genèse, VI — VIII. Eichhorn, Introduction à l'ancien Testament, t. II. p. 370.

chesses, il est de même possible que d'autres familles se soient sauvées chez d'autres peuples, ainsi que le rapportent leurs traditions. C'est ainsi que dans la Chaldée Xisuttr a survécu avec sa famille et un grand nombre d'animaux nécessaires à la vie de l'homme; et dans l'Inde Vischnou lui-même fut le pilote du vaisseau qui porta le peuple à terre. Chez toutes les anciennes nations de cette partie du monde il existe de semblables témoignages, appropriés aux traditions et aux circonstances locales; et persuadées comme elles l'étaient, que le déluge dont elles parlent avait couvert l'Asie entière, elles nous font sortir de l'étroite sphère où nous nous renfermons nous-mêmes, quand nous prenons exclusivement les circonstances d'une histoire de famille pour une histoire du monde, et que nous ôtons ainsi à l'histoire son caractère le moins suspect, et son témoignage le mieux fondé.

Il n'en est pas autrement de la description généalogique de cette race après le déluge : réduite aux limites topographiques du pays, elle ne s'étend pas à l'Hindostan, à la Chine, à la Tartarie orientale, etc. Les trois branches principales des peuples qui ont survécu, sont évidemment les habitans des montagnes de l'Asie occidentale; seulement il faut y comprendre ceux de la côte orientale de l'Europe et du nord de l'Afrique, aussi loin qu'ils étaient connus de celui dont ces traditions portent le nom [1]. Il les décrit comme il peut, et s'efforce de concilier leurs transmigrations avec sa table généalogique, sans nous donner pour cela une carte générale du monde, ni la généalogie de toutes les nations. De là les peines que l'on a prises pour faire descendre des Hébreux chacun des peuples de la terre, et pour établir leur parenté avec les Juifs. En vain la chronologie et l'histoire universelle attestaient le contraire, on méconnaissait également le véritable point de vue du récit lui-même, dont on détruisait l'autorité en le dénaturant par des interprétations si étranges. Sur toutes les montagnes primitives, les nations, les langues et les royaumes se sont établis après le déluge, sans attendre les envoyés d'une famille chaldéenne. Près du berceau de l'humanité, ce sont encore les plaines populeuses de l'Asie orientale, qui ont conservé les coutumes et les langues les plus anciennes, que ce

---

[1]. Conformément à son nom et à la bénédiction qu'il reçut, Japhet s'est *étendu au loin*, de même que les habitans des montagnes du nord ont porté au loin leur nom et leur genre de vie. Sem comprenait les tribus qui, dépositaires des noms, ou plutôt des traditions antiques de religion, d'écriture et de sociabilité, ont recueilli aux dépens des races étrangères, et particulièrement des Chamites, les avantages d'une civilisation perfectionnée. Cham tirait son nom du mot chaleur, et appartenait à la zône torride. Ainsi, dans les trois fils de Noé, nous retrouvons les trois parties du monde, l'Europe, l'Asie et l'Afrique, autant qu'elles pouvaient être comprises dans la sphère de cette tradition

reste d'un peuple plus récent et situé à l'occident ne connaissait pas et ne pouvait pas connaître. Il ne serait pas moins étrange de mettre en question si les Chinois descendent de Cain ou d'Abel, c'est-à-dire d'une tribu de troglodytes, d'agriculteurs ou de bergers, que de demander dans quelle partie de l'arche de Noë se tenait l'Unaü d'Amérique. Quoi qu'il en soit, nous ne nous étendrons pas davantage sur ce sujet; il faut même renvoyer à un autre lieu la question, si importante pour notre histoire, de la durée de la vie de l'homme dans les temps primitifs, et celle du déluge universel. Il suffit d'avoir établi qu'assises au centre de la contrée la plus étendue du monde, les montagnes primitives de l'Asie ont fourni un asyle à l'humanité naissante, et se sont maintenues à travers toutes les révolutions du globe. Après le déluge, loin de sortir nues et désolées du sein de la mer, elles ont été, comme le prouvent l'histoire naturelle et les traditions les plus anciennes, le berceau de l'homme, le premier théâtre des peuples dont nous allons maintenant étudier les mouvemens et le caractère.

# LIVRE XI.

D'après tout ce que l'histoire nous apprend, c'est au Midi, aux pieds des hautes montagnes de l'Asie que se sont formés les royaumes et les états les plus anciens de la terre. L'histoire naturelle de cette partie du globe ne nous laisse point ignorer pour quelles raisons ils ne pouvaient s'établir au Nord aussi facilement qu'au Midi. Poursuivi par ses besoins, que sa faiblesse augmente, l'homme dirige naturellement ses pas vers les contrées où les rayons du soleil, plus ardens, couvrent la terre de végétaux et mûrissent les fruits les plus précieux. Au nord de l'Asie, en-deçà des montagnes, la contrée est en grande partie plus élevée et plus froide. Les chaînes de montagnes sont plus embarrassées, et les territoires qu'elles embrassent dans leurs détours tortueux sont presque toujours séparés par des rochers couverts de neige, des précipices et des déserts. Le petit nombre de fleuves qui sillonnent çà et là le sol, vont se perdre obscurément dans la mer glaciale, dont les côtes arides, habitées par la renne et l'ours blanc, ne durent attirer qu'à de longs intervalles les peuplades errantes qui s'égaraient sur leurs limites. Depuis, cette région escarpée et brisée, qui pendant long-temps avait conservé sur ses sommets déchirés, comme dans ses sombres abîmes, le silence et la solitude du monde primitif, a été lentement peuplée et défendue par les Scythes, les Sarmates, les Mongols et les Tartares, tribus à demi sauvages de nomades et de chasseurs; et l'avenir ne semble pas préparer d'autres destinées à la plus grande partie de cette contrée. La nécessité et les circonstances locales retinrent les habitans dans un état barbare. L'incurie d'une vie automatique changée en habitude se répandit parmi les tribus errantes ou isolées, et de là sortit, au milieu des coutumes les plus grossières, ce caractère national qui dans son éternelle immobilité établit une si grande différence entre les races asiatiques du Nord et celles du Midi. Comme cette chaîne intermédiaire de montagnes enferme dans ses indestructibles murailles presque toutes les espèces d'animaux sauvages de notre hémisphère, les hommes qui l'habitent sont restés long-temps les compagnons des animaux qu'ils apprivoisent par les caresses ou les menaces.

Dans la partie méridionale, où le sol de l'Asie s'abaisse par une pente légère, où les chaînes de montagnes forment des vallées mieux tempérées, qu'elles protègent contre le vent froid du nord-est, des colonies errantes, après avoir suivi le cours des fleuves et être descendues vers les côtes de la mer, s'assemblèrent dans des villes et formèrent des nations. Un climat plus doux, en éveillant des idées plus délicates, conduisait à des coutumes moins grossières. D'ailleurs, comme la nature donnait à l'homme plus de loisir et excitait ses penchans en multipliant les bienfaits autour de lui, son ame s'abandonna à une foule d'émotions et de mouvemens irréguliers, qu'il n'avait pu connaître au milieu des glaces du Nord ou sous le joug de la nécessité; de là le besoin des lois pour les réprimer. L'intelligence commença sa carrière de perfectionnement et de gloire, et le cœur celle des illusions et des vagues désirs; les passions déchaînées se heurtèrent et furent obligées de se soumettre à des entraves. Or, comme le despotisme doit accomplir ce que la raison ne peut exécuter, ces édifices politiques et religieux qui se présentent à nous dans de lointaines traditions comme des pyramides et des temples de l'ancien monde, prirent naissance au milieu de l'Asie; monumens précieux pour l'histoire de notre espèce, ils nous apprennent dans chaque fragment combien la culture de la raison humaine a coûté cher à l'humanité.

# CHAPITRE PREMIER.

## *Chine.*

A l'extrémité orientale de l'Asie, aux pieds mêmes des montagnes, s'étend une nation qui se dit elle-même la plus vieille des nations, la fleur centrale du monde ; et, en effet, c'est une des plus anciennes et des plus remarquables qui ait jamais été. Moins vaste que l'Europe, la Chine renferme à proportion un plus grand nombre d'habitans ; car elle compte dans ses limites plus de vingt-cinq millions deux cent mille agriculteurs payant taxe, 1532 villes grandes et petites, 1193 châteaux, 3158 ponts de pierres, 2796 temples, 2606 monastères, 10809 anciens édifices, etc.[1], qui tous, avec les montagnes et les fleuves, les soldats et les lettrés, les manufactures et les productions, sont classés chaque année dans de longs catalogues, par les dix-huit gouvernemens entre lesquels le royaume est partagé. Divers voyageurs assurent qu'excepté l'Europe, et peut-être l'ancienne Égypte, il n'est aucun pays où l'on ait développé plus d'industrie qu'en Chine, dans tout ce qui concerne les routes et les rivières, les ponts et les canaux, et même les montagnes et les rocs artificiels. Tout cela, en y ajoutant la grande muraille, prouve le travail et la patience des habitans. Partis de Canton, les vaisseaux abordent dans Pékin ;

---

[1]. Extraits de Léontiew sur la géographie de l'empire de la Chine, dans le Magasin historique et géographique de Büsching, t. XIV, p. 411. Herrmann, *Beiträge zur Physik*, t. I ; Berlin, 1786. L'étendue de l'empire est estimée à 110,000 milles carrés allemands, et la population à 104,069,254, en comptant neuf personnes par famille.

et tout l'empire, divisé comme il l'est par des montagnes et des déserts, a été à grands frais réuni en en un seul tout par des routes, des canaux et des fleuves. Des bourgs et des villes flottent sur les eaux, et le commerce intérieur entre les provinces est actif et florissant ; l'agriculture est la grande colonne de l'État : on connaît ces champs fertiles de blés et de riz, ces déserts arrosés artificiellement, ces steppes défrichées et fertilisées ; la moindre plante, le moindre brin d'herbe qui peut être de quelque usage, sont aussitôt cultivés et employés ; il en est de même des métaux et des minéraux, l'or excepté, qu'ils n'exploitent pas. La terre est peuplée d'animaux, les rivières et les lacs abondent en poissons ; le ver-à-soie occupe seul l'industrie de plusieurs milliers d'hommes ; il y a des métiers et des fabriques pour toutes les classes, pour tous les âges, pour l'aveugle, le muet et le sourd. La politesse et l'obéissance, l'urbanité et l'affabilité, telles sont les qualités auxquelles les Chinois se préparent depuis l'enfance et qu'ils mettent en pratique pendant le cours entier de leur vie. Leur législation et leur politique intérieure ont pour caractère une régularité et un ordre invariable : tout le système des institutions civiles, c'est-à-dire, tout ce qui comprend les relations et les devoirs des différentes classes, repose sur le sentiment de respect que le fils doit à son père, et chaque sujet au père de la nation, lequel gouverne ses enfans par l'intermédiaire des magistrats. Le gouvernement des hommes peut-il être fondé sur un principe plus légitime? Ici, point de noblesse héréditaire; le mérite seul ennoblit tous les rangs : les hommes d'un mérite reconnu ont des postes d'honneur, et ces places seules établissent des distinctions légales. Le sujet n'est pas contraint d'embrasser spécialement telle forme de culte, et aucune religion n'est persécutée, à moins que ses dogmes ne soient ennemis de l'État. Les disciples de Confucius, de Lao-tsé et de Fô, et même les Juifs et les Jésuites, quand on les a admis dans l'intérieur de l'empire, ont vécu ensemble en bonne intelligence. Leurs lois sont essentiellement fondées sur la morale; leur morale sur le livre sacré de l'expérience : l'empereur est le pontife souverain, le fils du ciel, le protecteur des anciennes coutumes, l'ame qui vivifie tous les membres du corps politique. Si ces principes sont réellement mis en pratique et inviolablement respectés, le moyen de concevoir une constitution politique plus parfaite? L'empire entier ne serait qu'une famille vertueuse de frères et d'enfans, sagement élevés dans l'industrie au sein d'un bonheur inaltérable.

Tout le monde connaît le tableau que les missionnaires en particulier ont tracé des institutions du peuple chinois; long-temps elles ont été admirées en Europe comme un chef-d'œuvre de politique, non-seulement par les philosophes spéculatifs, mais aussi par les hommes d'état; cependant, par un effet ordinaire de l'instabilité de l'opinion, à l'enthousiasme succéda l'incrédulité, qui contesta également et ce haut degré de perfection, et jusqu'aux détails les plus frivoles en apparence. Quelques-unes de ces objections de l'Europe ont eu le rare bonheur de parvenir en Chine, où elles ont été combattues avec un art qui ne laisse pas de porter l'empreinte du goût chinois [1]; et comme nous avons sous nos yeux la plupart des livres sur lesquels sont fondées les lois et les coutumes de cet empire, que d'ailleurs il est permis à chacun de consulter son histoire et un certain nombre de relations impartiales [2], il serait extraordinaire que l'on ne pût trouver entre l'éloge et le

---

[1]. Mémoires concernant l'histoire, les sciences, les arts, les mœurs, les usages des Chinois, t. II, p. 365.

[2]. Outre les anciennes éditions de quelques livres classiques des Chinois par le Père Noël, Couplet, etc., le Chou-king, publié par Deguignes, l'histoire de la Chine, par Mailla, les Mémoires indiqués ci-dessus en 10 volumes in-4.°, où sont insérés quelques fragmens originaux, fournissent assez de matériaux pour donner une juste idée de ce peuple. Parmi les différens missionnaires qui nous ont laissé des relations concernant cet empire, le Père Lecomte se distingue particulièrement par la solidité de son jugement. Nouveaux Mémoires sur l'état présent de la Chine. 3 volumes in-8.°; Paris, 1697.

blâme quelque sage milieu où la vérité fût contenue. Nous ne disputerons pas sur l'antiquité chronologique de ce peuple; car, comme l'origine de tous les royaumes de la terre est enveloppée de ténèbres, on peut considérer comme une chose indifférente dans l'étude de l'histoire de l'humanité, de savoir s'il a fallu à cette singulière nation, pour se former, dix ou vingt siècles plus ou moins; il suffit qu'elle se soit formée elle-même, et que nous puissions reconnaître dans ses progrès tardifs les obstacles qui ont ralenti son développement.

Or, ces obstacles s'expliquent par son caractère, par le lieu qu'elle habite et par la suite de son histoire; que la nation soit d'origine mongole, c'est ce qui est évident, d'après la figure des Chinois, leur goût grossier et puéril, leur naïveté instinctive et les premiers traits de leur culture. Les premiers rois ont régné au nord de la Chine : c'est là que furent posés les fondemens de ce despotisme demi-tartare, qui, après s'être paré de brillantes maximes, s'est répandu à travers diverses révolutions jusqu'aux côtes de la mer du Sud. Une sorte de constitution tartare féodale fut long-temps le lien qui unit les vassaux aux seigneurs; et les guerres nombreuses qui divisèrent les premiers, les fréquentes révolutions qui se terminèrent par le renversement du trône, toute l'économie de la cour de l'empereur, ces corps de mandarins qui règnent en son nom depuis les temps les plus reculés, et bien avant l'invasion de Gengis-Khan ou des Mantcheoux, telles sont les causes qui ont fixé le caractère de la nation, et des lois auxquelles son principe de vie a été soumis. La première de toutes est d'appeler les regards du gouvernement non-seulement sur l'ensemble des choses, mais encore sur les moindres détails de la vie, sur les habits, la nourriture, les usages, l'économie domestique, les arts et les plaisirs. La nation mongole du nord-est ne pouvait pas plus changer ses formes naturelles par des lois artificielles, même en supposant des milliers d'années, qu'un homme ne pourrait changer sa nature, c'est-à-dire le caractère natif de sa race et de sa constitution. C'est sur ce point du globe qu'elle a été placée, et comme l'aiguille magnétique n'a pas la même déclinaison en Chine et en Europe, de même il était impossible que dans cette contrée ces hommes devinssent jamais des Grecs ou des Romains ; ce sont des Chinois et ils ne changeront pas : ils ont reçu de la nature des yeux petits, un nez court, un front aplati, peu de barbe, de grandes oreilles, un ventre protubérant. Leur organisation a produit tout ce qu'elle pouvait produire ; exiger d'elle autre chose, serait une injustice évidente.[1]

---

[1]. Voyez livre VI, chap. 2.

Les relations s'accordent généralement à dire que les nations mongoles des plateaux du nord-est de l'Asie se font remarquer par une telle délicatesse de l'ouïe, qu'il serait aussi impossible de ne pas en être frappé qu'inutile de chercher rien de pareil chez aucun autre peuple; c'est ce qu'atteste d'ailleurs la langue des Chinois. L'organe auditif d'un Mongol pouvait seul former une langue composée de trois cent trente syllabes, partagée en une foule de mots, auxquels cinq ou six accens donnent autant d'acceptions différentes, et qui dans ses inappréciables nuances expose celui qui parle à tomber à chaque instant dans la plus déplorable confusion; aussi n'est-ce qu'avec une extrême difficulté que l'oreille et la langue d'un Européen s'accoutument à cette musique forcée dont les tons varient avec chaque syllabe. Ce qui prouve d'une manière incontestable le manque d'invention dans l'ensemble et le fertile raffinement dans les détails, c'est que la langue écrite compte huit mille caractères, tous tirés de quelques grossiers hiéroglyphes, et pour le moins six modes différens d'écriture, par où le Chinois se distingue de toutes les autres nations de la terre. Il faut aussi attribuer à l'influence de l'organisation mongole ces tableaux de monstres et de dragons, ce goût enfantin pour les figures sans régularité, la composition bizarre de leurs jardins, les masses nues et colossales ou les ornemens minutieux de leurs bâtimens, la vaine pompe de leurs habits, de leurs équipages, de leurs plaisirs, de leurs illuminations, de leurs feux d'artifices, la longueur de leurs ongles, leurs pieds difformes, et ce luxe barbare de cortège, de révérences, de cérémonies, de distinctions et de puériles civilités. L'amour de ce qui est naturel et vrai, le sentiment du contentement intérieur, celui du beau et du bien, sont si peu développés parmi eux, qu'une intelligence abandonnée à ses propres forces arriverait facilement d'elle-même à ce degré de culture sociale. Comme les Chinois ont un goût passionné pour le papier doré ou vernis, pour les lignes fortement coloriées de leurs caractères embrouillés, et pour l'espèce de tintement de leurs fastueuses maximes; vous diriez que les jets de leurs pensées ont quelque ressemblance avec ce papier vernis ou doré, avec ces caractères et ce retentissement de syllabes. Il paraît que la nature leur a refusé, aussi bien qu'à beaucoup d'autres peuples de cette partie du monde, le génie des découvertes; mais aussi elle les a généreusement doués de l'esprit d'application, d'une adresse remarquable dans les détails, et du talent d'imiter avec art tout ce que leur cupidité leur fait paraître utile. Toujours agités, toujours occupés, ils ne cessent d'aller et de venir, soit que l'amour du gain les presse, ou que leurs fonctions les appellent; aussi peut-on les regarder, malgré la constitution artificielle de leur gouvernement, comme de vrais Mongols ambulans; car, avec leurs innombrables réglemens, ils n'ont pu trouver le moyen de combiner le repos avec l'occupation, de telle sorte que chaque affaire trouve chaque homme à sa place. Semblable en cela à l'état de leur commerce, leur médecine se contente d'apprécier avec une étonnante exactitude les pulsations du pouls : cette délicatesse des sens, unie à cette ignorance invétérée, est un des traits principaux de leur caractère, d'autant plus digne d'être observé, qu'il marque le dernier degré de civilisation où peut atteindre une nation mongole qui ne s'est jamais mêlée à aucune autre; car le vain orgueil des Chinois prouve au moins qu'ils sont restés, comme les Juifs, sans contact intime avec aucun autre peuple; qu'ils aient acquis çà et là certaines branches de connaissances, il n'en est pas moins vrai que leurs institutions et leur manière de penser leur appartiennent en propre. De même qu'ils ont de la répugnance à changer la nature d'un arbre par le moyen d'une bouture, ainsi, malgré les diverses communications qu'ils ont eues avec d'autres nations, ils n'ont jamais été qu'une race d'origine mongole, dégradée jusqu'à la forme servile de la culture chinoise.

Ce n'est que par l'éducation que l'homme reçoit ses formes artificielles : le mode d'éducation des

Chinois se joint à leur caractère national, pour faire d'eux précisément ce qu'ils sont, et rien de plus. Suivant les mœurs des Mongols nomades, c'est sur le principe de l'obéissance filiale que repose le système entier de leurs vertus, tant civiles que domestiques ; ainsi cette modestie apparente, cette urbanité obséquieuse, qui sont vantées comme les traits caractéristiques des Chinois, même par leurs ennemis, ne pouvaient manquer de se développer avec le temps. Au reste, si ce principe est bon pour une horde errante, quelles en seraient les conséquences dans une grande association d'hommes ? Dans un état où, l'obéissance filiale ne rencontrant point de limites, les devoirs les plus puérils sont également imposés et aux pères de famille et aux enfans en bas âge, quand d'ailleurs cette même soumission est exigée par les magistrats, avec le titre de père, qu'ils tiennent de la force et de la nécessité, mais que refusent les affections du cœur, ne devait-il pas nécessairement arriver que l'habitude de donner aux sentimens une direction contraire à la nature, accoutumât la pensée des hommes à la dissimulation ? Si l'homme mûr est soumis aux mêmes règles que l'enfant, il faut qu'il renonce à cette liberté d'action qui est le vrai devoir de son âge ; de vaines cérémonies prennent la place des affections réelles, et le fils qui pendant la vie de son père avait pour sa mère un respect qu'entretenait un esprit de servilité, l'abandonnera sans pitié dès que celui qu'elle avait pour appui aura cessé de vivre, et que la loi ne lui aura laissé que le titre de concubine. Il en est de même des obligations filiales que l'on contracte vis-à-vis des Mandarins, et qui, démenties par la nature, n'ont leur source que dans l'autorité. Coutumes impuissantes autant qu'artificielles, qui établissent une lutte permanente entre les lois, la morale et l'histoire réelle de la Chine. Que d'enfans ont été traités avec barbarie par leur père! Combien de fois des Mandarins avides n'en ont-ils pas laissé mourir de faim, sans être retenus par la crainte du fouet, si leurs crimes parvenaient jamais à l'oreille du Père suprême! De là le manque d'élévation et la mollesse que l'on s'étonne de découvrir même dans leurs héros et leurs grands hommes. L'honneur n'est plus qu'une soumission filiale; la force qu'une ponctualité puérile. Au lieu du noble coursier, on ne trouve plus sous le harnais que l'âne patient et servile, qui, façonné à tromper son maître, joue incessamment le rôle insidieux du renard.

Cet esclavage puéril de la raison, des facultés et des sentimens, ne pouvait manquer d'affaiblir la constitution de l'État. Quand l'éducation se borne à des usages conventionnels, et que les formes et les coutumes enchaînent tous les détails de la vie, quelle puissance d'activité est perdue pour l'État! Or, cette activité est la plus noble de toutes; c'est celle du cœur et de la pensée. Comment ne pas s'étonner de la lenteur étudiée avec laquelle toutes les affaires sont traitées; que de préparatifs pompeux pour ne rien produire! Là, il faut un collége pour faire ce qui ne peut être bien exécuté que par un individu; là ils font une question où la réponse est évidente : ils vont et ils viennent; ils avancent et ils reculent, toujours inquiets et occupés de la crainte de manquer à l'étiquette puérile dont l'État fait sa première loi. Des hommes qui s'énervent dans des bains artificiels et qui passent leur vie à boire des flots d'eau chaude, doivent également manquer et de génie guerrier et de vigueur intellectuelle : suivre avec régularité un sentier battu, découvrir avec une prompte perspicacité ce que l'intérêt conseille, et quelques arts futiles, suffire à une foule d'occupations puériles, sans que l'intelligence y participe en rien, sans chercher jamais, non pas un moyen de perfectionnement, mais, s'il est nécessaire que telle chose soit faite : voilà les seules qualités qu'il soit donné aux Chinois de pratiquer dans toute leur étendue. L'empereur lui-même est asservi à ce joug; il faut qu'il donne le bon exemple et qu'il détermine chaque mouvement de la machine. Non-seulement il sacrifie à l'usage au milieu des palais de ses prédécesseurs dans les jours de cérémonie, mais il en est encore l'esclave dans chaque occupation, dans chaque moment de sa vie, et peut-être ne mérite-t-il ni les louanges, ni les reproches dont il est l'objet.[1]

Faut-il donc s'étonner qu'une pareille nation n'ait fait que peu de découvertes dans les sciences dont l'Europe s'honore, et qu'elle soit restée au même point pendant des milliers d'années? Il n'est pas jusqu'à ses livres de législation et de morale, qui ne parcourent incessamment le même cercle, répétant, développant de cent manières différentes, qui toutes enferment une égale hypocrisie systématique, la même doctrine d'obéissance passive. Retenues par des lois et des institutions aussi puériles qu'immuables, la musique et l'astronomie, la poésie, la tactique militaire, sont ce qu'elles étaient il y a des siècles. L'empire lui-même est une momie embaumée, enveloppée de soie et chargée d'hiéroglyphes : son sang circule comme celui d'une marmotte pendant son sommeil d'hiver; voilà pourquoi les étrangers y sont séparés les uns des autres,

---

[1] L'empereur Kien-Long, estimé à tant de titres, passait pour un tyran dans les provinces, et quelles que soient les qualités du prince, ceci ne peut manquer d'arriver souvent dans un royaume si étendu et avec une pareille constitution.

pourquoi on les entoure d'espions et d'obstacles : de là vient aussi l'orgueil d'une nation qui ne peut se comparer qu'à elle seule, et qui n'aime et ne connaît aucun peuple étranger. Isolée sur la terre, séquestrée de la société générale par des montagnes, des déserts et une mer où l'on trouve à peine un seul port, dans toute autre situation elle n'aurait pu que difficilement être ce qu'elle est ; car, si sa constitution a résisté à l'invasion des Mantcheoux, cela prouve seulement qu'elle leur en avait emprunté les principaux fondemens, et que dans leur grossière politique les conquérans ont trouvé très-commode de se servir de ce système d'esclavage pour établir leur empire : loin de la changer, ils la prirent pour base et régnèrent avec d'autant moins de contradictions que la nation, se laissant écraser par la machine d'État qu'elle avait inventée, courait au devant de ses maux, comme si elle l'eût construite tout exprès pour se forger des fers.

Les relations s'accordent unanimement à prouver que la langue des Chinois a éminemment contribué à leur donner une forme morale particulière ; car la langue de chaque pays n'est-elle pas le milieu par lequel les idées se forment, se conservent et se répandent, surtout dans une nation qui y est si fermement attachée que c'est de là qu'elle déduit toute sa culture ? Celle des Chinois est un dictionnaire encyclopédique de morale, ou plutôt d'urbanité et de bonnes manières. Elle distingue non-seulement les provinces et les villes, mais encore les conditions et les livres, de telle sorte que la plus grande partie de leur science consiste à étudier un instrument dont ils ne tirent aucun résultat. Elle roule sur des subtilités systématiques, exprime beaucoup de choses avec un petit nombre de sons, emploie plusieurs lignes pour peindre un son, et répète incessamment les mêmes choses dans une foule de livres. Quels soins industrieux pour colorier et imprimer leurs ouvrages! c'est là leur plaisir et le premier de tous leurs arts; car une belle écriture sera toujours plus précieuse pour eux que le tableau le plus parfait, et ils prennent le tintement uniforme de leurs maximes et de leurs complimens pour le dernier degré où puisse atteindre l'élégance et la sagesse. Ce n'est que dans un empire aussi étendu, ce n'est qu'avec la frivolité laborieuse des Chinois, qu'une seule ville, celle de Kai-fong-fu[1], pouvait fournir matière à quarante livres, divisés en huit gros volumes, où l'on n'a oublié ni un seul ordre, ni une seule des vertus de l'empereur. Le monument de l'émigration des Torguts est un livre colossal gravé sur pierre[2], et toute la science de

---

[1]. Mémoires concernant les Chinois, t. II. p. 375.
[2]. Ibid., t. I, p. 329.

la Chine s'y est épuisée en hiéroglyphes artificiels et politiques. Ces signes ne peuvent manquer d'avoir la plus grande influence sur le génie national, qu'ils énervent en le réduisant à l'art de graver ou de dessiner la parole en caractères arbitraires.

En réunissant ces traits divers du caractère chinois, nous n'avons été conduit ni par la haine, ni par le mépris; chaque ligne est empruntée aux partisans les plus ardens de cet empire, et pourrait être appuyée des preuves nombreuses que présente chaque classe de ses institutions. C'est la conséquence de la nature même des choses, le tableau d'un peuple qui, doué de telle organisation et formé depuis l'antiquité la plus reculée dans telle partie du monde, d'après tels principes et sous telles circonstances, ne s'est éloigné de la destinée commune aux autres nations qu'en cela seul, qu'il a conservé le même mode de penser pendant un temps immémorial. Si les anciens Égyptiens étaient encore devant nos yeux, sans chercher à ces deux peuples une origine commune, nous observerions plusieurs points de ressemblance entre eux, malgré les modifications que la différence des climats a introduites dans les faits traditionnels. On peut en dire autant de quelques autres nations qui, après avoir suivi les mêmes traces et s'être élevées à de plus hautes destinées, lentement détruites ou mélangées, ont fini par disparaître, pendant qu'à l'extrémité du monde, la Chine, semblable à une ruine oubliée par le temps, est restée immobile dans sa forme à demi mongole. Il serait difficile de démontrer que les élémens de sa culture ont été apportés de la Grèce par Bactra, ou de la Tartarie par Balkh ; ce qu'il y a de certain, c'est que les traits fondamentaux de sa constitution sont indigènes, et rien n'est plus aisé que de distinguer et de séparer l'influence accidentelle qu'ont exercée sur elle des contrées étrangères. Autant qu'un Mandarin, je respecte les rois chinois, à cause de la sagesse de leurs principes ; et le nom de Confucius est pour moi un grand nom, quoique j'aperçoive la trace du joug qu'il a porté et que par l'influence de sa morale politique il a appesanti avec la meilleure foi du monde sur le peuple et le système général du gouvernement. Comme beaucoup d'autres, cette nation est restée dans une sorte d'enfance, parce que ce rouage mécanique de morale arrêta pour jamais les progrès de la pensée, et qu'il ne s'éleva pas un second Confucius à l'ombre du despotisme que le premier avait secondé. Si cet énorme empire avait été divisé, si des Kien-Long plus éclairés avaient pris la résolution paternelle de former des colonies de l'excédant de la population, s'ils avaient allégé le joug de la coutume et introduit une plus grande liberté d'action et de volonté, bien que ces innovations eussent été suivies de grands dangers ; alors, mais alors même, les Chinois seraient restés des Chinois, comme les Allemands sont encore des Allemands ; et ce n'est point à l'extrémité orientale de l'Asie que l'on eût vu briller jamais l'éclat de l'antiquité grecque. Il est évident que le dessein de la nature est que tout ce qui peut prospérer sur la terre y prospère, et même cette variété de productions sert à la gloire du Créateur. Nulle part les institutions politiques et morales ne sont si fermement établies qu'en Chine ; il semble que, dans son enfance, la pensée humaine ait essayé ses forces sur ce système. Laissons-le où il est, et puisse l'Europe ne présenter jamais le spectacle d'un empire ainsi courbé sous un joug filial. Quoi qu'il en soit, cette nation conservera jusqu'à la fin son industrie, la délicatesse de ses organes et son adresse à composer une foule d'objets utiles. Déjà elle connaissait la soie et la porcelaine, la poudre et les bombes, probablement aussi le compas de marine, l'imprimerie, la construction des ponts et plusieurs autres arts mécaniques quand l'Europe était encore entièrement étrangère à ces découvertes ; mais elle ne perfectionna presque rien. Il est vrai que, si elle refuse d'entrer en communication avec les nations européennes, et si elle repousse les Allemands aussi bien que les Russes et les Jésuites, non-seulement cela s'accorde avec sa manière générale de penser, mais encore l'on ne saurait blâmer cette politique, lorsque l'on considère la conduite des Européens dans les îles et sur le continent des Indes orientales, au nord de l'Asie et dans leurs propres pays. Avec cette morgue insultante qu'elle tient du Tartare, elle prodigue son mépris à ces marchands qui abandonnent leur patrie pour échanger contre des choses qui lui semblent de nulle valeur des marchandises dont elle fait le plus grand cas : elle reçoit leur or, et leur livre en retour d'abondantes provisions de ce thé qui va énerver et corrompre l'Europe.

## CHAPITRE II.

*La Cochinchine, le Tonquin, Laos, la Corée, la Tartarie orientale, le Japon.*

D'après l'histoire entière de l'humanité, il paraît incontestable que toutes les nations qui se sont élevées à quelque degré remarquable de culture, ont exercé dans leur sphère une influence plus ou moins étendue. Ainsi la Chine, bien qu'elle soit naturellement pacifique et que sa constitution soit fortement concentrée en elle-même, a pourtant modifié la plupart des contrées qui l'entourent. Que ces contrées aient été subjuguées ou affranchies, peu importe, si elles ont les mêmes institutions, la même langue, la même religion, les mêmes sciences et les mêmes coutumes, il est certain qu'elles sont des provinces de l'empire dans toute la rigueur de l'expression.

La Cochinchine a tout emprunté de l'empire chinois, dont elle n'est pour ainsi dire qu'une colonie politique; aussi trouve-t-on une extrême ressemblance entre les deux peuples en tout ce qui regarde le tempérament et les coutumes, les arts et les sciences, la religion, le commerce et le gouvernement. L'empereur est un vassal de la Chine, et ces deux nations sont étroitement unies par le commerce. Si l'on compare ce peuple actif, sensible, aimable, avec ses voisins, les indolens Siamois, ou avec les sauvages indigènes d'Arracan, on est frappé de la plus grande différence; mais comme un ruisseau ne s'élève jamais plus haut que sa source, nul doute que la Cochinchine ne dépassera pas son modèle : son gouvernement est plus despotique; sa religion et ses sciences ne sont que des échos de celles de la métropole.

Il faut en dire de même du Tonquin, qui est encore plus près de la Chine, bien qu'il en soit séparé par de hautes montagnes. Ce peuple est moins avancé dans la civilisation; cependant, la portion de culture qu'il possède et qui fait la force de l'État, ses manufactures, son commerce, ses lois, sa religion, ses connaissances et ses coutumes ont éminemment le caractère chinois, et leur infériorité a pour cause un climat plus chaud et la faiblesse du génie national.

L'influence que la Chine a exercée sur Laos est plus faible encore; car ce pays ne tarda pas à être soustrait à son joug, et à adopter les mœurs des Siamois; cependant les traces de cette première éducation ne sont point effacées.

Java est de toutes les îles du Sud celle avec laquelle les Chinois ont entretenu le plus de communication, et il est probable qu'ils y ont jeté des colonies; mais la distance était trop grande et le climat trop différent pour que leurs institutions politiques y fussent transportées avec succès; la vie laborieuse des Chinois ne convient qu'à un peuple actif sous un climat tempéré : ils se sont donc servis de cette île sans lui laisser leur empreinte.

Le système chinois a gagné plus de terrain au Nord, et il a contribué à civiliser dans cette vaste contrée plus de nations que les Européens dans les quatre parties du monde. La Corée a été soumise aux Chinois par les Mantchoux, et il est aisé de comparer ce peuple, jadis sauvage, avec ses voisins du Nord. Les habitans de cette contrée généralement froide, sont doux et bienveillans; dans leurs jeux et leurs cérémonies funèbres, dans leurs habitations, leur manière de se vêtir, dans leur religion et leur goût pour les sciences, ils imitent de loin les Chinois, auxquels ils doivent la forme de leur gouvernement et quelques manufactures. Chez les Mongols l'influence des Chinois a été plus étendue encore. Non-seulement les Mantchoux, qui ont conquis la Chine, ont reçu des vaincus une culture assez développée pour établir dans leur capitale à Shinyan des tribunaux semblables à ceux de Pékin; mais cette foule de hordes mongoles, qui en grande partie sont soumises à la Chine, n'ont pas laissé d'être modifiées par elle, malgré la rudesse de leurs mœurs. D'ailleurs, si la protection amicale de ce royaume, sous laquelle se sont rangés récemment les Tourgouths au nombre de trois cent mille, est un bienfait réel, il est certain que la Chine a traité cette foule de peuples avec plus de clémence et de justice que nul conquérant. Plus d'une fois elle a apaisé les troubles du Thibet, et dans ces derniers temps elle a étendu sa main jusque sur la mer Caspienne. Les riches tombeaux que l'on trouve dans différentes parties du Mongol et de la Tatarie sont des preuves incontestables des communications que ces contrées ont entretenues avec la Chine, et si récemment des nations plus polies n'ont pas hésité à y fixer leur séjour, il est probable qu'elles tenaient à la Chine par les liens les plus étroits.

Toutefois les rivaux les plus dangereux que les Chinois aient eux-mêmes élevés contre leur industrie, sont les Japonais. Jadis réduits à un état de barbarie qu'augmentait la violence et l'audace de leur caractère, le voisinage d'un peuple de qui ils ont reçu l'écriture et les sciences, les arts et les manufactures, les a conduits à rivaliser avec la Chine et même à la surpasser. Conformément au génie de leur nation, les formes de leur gouvernement et de leur religion sont plus sévères et plus rudes, et le Japon n'a pas servi plus que la Chine au perfectionnement des sciences que l'Europe cultive. Mais si la connaissance du sol et de ses propriétés, si l'industrie agricole et mercantile, si le commerce, la navigation, même la pompe sauvage et l'appareil despotique de leurs institutions sont des signes irrécusables d'une civilisation naissante, l'orgueilleux Japonais les a empruntés à la Chine. Ses Annales rappellent l'époque où ses ancêtres encore barbares en ont visité l'intérieur; et le texte original ne laisse aucune obscurité sur les moindres circonstances qui ont servi à former ces grossiers insulaires dans tous les détails de leur culture et de leurs arts.

Maintenant, ce peuple a-t-il pénétré dans un autre continent, et contribué à la civilisation des deux monarchies de l'Amérique, situées l'une et l'autre sur la côte occidentale qui regarde la Chine, c'est ce qu'il n'est pas aisé de déterminer. Si un peuple cultivé de l'Asie a abordé en Amérique, ce ne peut être que le Chinois ou le Japonais. Malheureusement l'histoire de la Chine, enchaînée par la constitution du pays, n'est écrite que selon les habitudes chinoises. Les découvertes y sont attribuées sans exception à ses rois. Elle néglige ou omet toutes les contrées qui ne sont pas sous leur puissance, et cette histoire de l'empire est loin d'être une histoire instructive de l'espèce humaine.

## CHAPITRE III.
### Le Thibet.

Entre les hautes montagnes de l'Asie et ses déserts sans bornes s'élève un empire spirituel, unique dans le monde; c'est la grande souveraineté des Lamas. Il est vrai que la puissance temporelle a été plus d'une fois séparée de la puissance spirituelle par de brusques révolutions; mais après quelque temps elles ont toujours été réunies, de sorte que dans cette contrée toute la constitution repose sur le pontificat impérial, et se confond avec ses dogmes, d'une manière inconnue partout ailleurs. Suivant la doctrine de la métempsycose, le grand Lama est animé par le dieu Chékia ou Fo, qui à la mort du pontife fait sa transmigration dans celui qui lui succède et consacre dans sa personne l'image de la divinité. Depuis le rang suprême, la hiérarchie des Lamas va en descendant par des degrés de sainteté si bien déterminés que l'on ne peut concevoir un gouvernement sacerdotal plus fermement établi dans ses doctrines et ses institutions. Le chef des affaires temporelles n'est que le vice-roi du pontife, lequel, selon les principes de ce système religiux, habite dans un calme divin, au fond d'une pagode qui est à la fois le temple et le palais. Les doctrines des Lamas sur la création du monde sont pleines de fables bizarres. Les pénitences et les châtimens sont sévères; et l'état auquel leur sainteté aspire, et que la nature repousse, ne consiste qu'en abstinences monastiques, et ne consacre que le silence de l'ame et le repos du néant; cependant il n'est peut-être pas de religion dont le domaine soit aussi étendu. Le Lama règne dans le Thibet, dans le Tangut, chez la plupart des Mongols, des Mantchoux, des Kalkas et des Éleuths; et si quelques-uns d'entre eux se sont dispensés depuis peu d'adorer sa personne, la religion de Chékia, avec les modifications qu'ils lui font subir, est pourtant la seule qu'ils reconnaissent; de plus ce système a fait de vastes progrès dans le Midi : les noms de Shamana-Kodom, de Shakia-Tuba, de Sangol-Mouni, de Shigemouni, de Boudha, de Fo, de Chékia, ne sont autres que celui de Chaka. Cette doctrine monacale remplit donc l'Hindostan, l'île de Ceylan, Siam, Pégu, le Tonquin et même la Chine, la Corée et le Japon, quoique ces contrées ne professent pas toutes le même respect pour chacune des parties de l'immense système mythologique des Thibétains. Même en Chine les croyances populaires reposent sur les doctrines de Fo, tandis que les principes de Confucius et de Laot-Tzé ne forment qu'une espèce de religion politique et de théorie adoptées seulement par le rang le plus élevé, c'est-à-dire, par les lettrés. Le gouvernement ne distingue aucune religion : en s'opposant aux empiétemens de la souveraineté du Dalai-Lama, sa surveillance ne s'étend pas plus loin qu'à empêcher les Lamas et les Bonzes de nuire au repos de l'État. Le Japon n'a été long-temps que l'ombre du Thibet : le Daïri était le souverain spirituel, et le Cubo son serviteur temporel ; encore le premier s'empara du gouvernement et réduisit le second à un rôle passif, par une usurpation que le temps avait préparé et qui réagira un jour contre le Lama lui-même. S'il est resté depuis tant de siècles ce qu'il est, il le doit surtout à la situation de son empire, à l'état de barbarie des tribus mongoles, et surtout à la protection de l'empereur de la Chine.

Assurément la religion des Lamas n'a pas pris naissance sur les froides montagnes du Thibet. Sortie d'un climat plus chaud, elle a été nourrie et développée par des ames amollies qui préfèrent aux plaisirs les plus vifs le sommeil de la pensée et l'inaction du corps. Ce ne fut qu'après le premier siècle de l'ère chrétienne qu'elle atteignit les plateaux du Thibet, ou même la Chine, et qu'elle reçut alors, suivant l'état du pays, autant de modifications diverses. Sévère et rigoureuse dans le Thibet et le Japon, elle a perdu de sa puissance dans la mongolie, où ses formes se sont dégradées; au contraire Siam, l'Hindostan et d'autres contrées ont cultivé avec soin la douceur naturelle de son génie comme une production indigène de la chaleur de leur climat. Ainsi variée dans ses formes, elle a exercé l'influence la plus variée dans les contrées où elle a fleuri. A Siam, dans l'Hindostan, le Tonquin, et quelques autres pays, elle énerve l'ame et développe au plus haut degré le sentiment de la pitié, l'esprit de paix, de patience, de résignation et d'indolence. Les Talapoins n'aspirent point au trône; ils ne demandent que des aumônes pour l'absolution des péchés. Dans des pays plus grossiers, où le climat offre de moindres ressources à la molle apathie du sacerdoce, ses établissemens exigent plus d'art, et le palais et le temple n'ont pas tardé à être confondus. Que d'apparentes contradictions dans ce qui fait le lien et la force des affaires humaines! Si chaque Thibétain obéissait scrupuleusement aux lois des Lamas et cherchait à imiter leurs suprêmes vertus, bientôt l'empire du Thibet aurait cessé d'être. Une race d'hommes qu'aucun rapport social n'unirait entre eux, qui dédaigneraient de cultiver leur sol glacé, d'élever des manufactures et d'exercer le commerce, ne pourraient manquer de courir à leur ruine; pendant qu'ils rêveraient au ciel, ils périraient de froid et de faim : mais heureusement la nature, plus puissante dans l'homme que toutes les opinions qu'il embrasse, le tient sous sa garde. Le Thibétain se marie, quoique le mariage soit un péché, et sa femme, qui s'unit à plus d'un époux, et travaille plus qu'un homme, consent à perdre l'éclat futur du paradis, pour jouir sur la terre du doux sourire de son enfant. Si une religion sur la terre est contradictoire et monstrueuse, c'est assurément celle du Thibet [1]; et certes, si le christianisme était répandu dans toute la rigueur et l'intolérance de ses doctrines, il ne présenterait nulle part un système plus révoltant que celui qui domine sur les montagnes du Thibet. Par une heureuse nécessité, les sévérités de cette religion monacale n'ont pu changer ni le génie de la nation, ni ses besoins, ni son climat. L'habitant des montagnes aspire à l'absolution de ses péchés, et jouit sans scrupule d'une inaltérable santé et de la gaieté qu'elle amène. Il tue des animaux et se nourrit de leur chair, sans cesser de croire à la transmigration des ames; il célèbre avec joie le temps des noces, malgré les commandemens du sacerdoce et l'idée de perfection qu'il attache au célibat. Ainsi, dans leur mutuelle dépendance, les

---

[1]. *Georgii Alphabet. Tibetan.*, Rome 1762; ouvrage qui se distingue par l'érudition la plus éclairée. Voyez aussi les relations de Pallas dans le recueil intitulé : *Nordische Beiträge*, vol. IV, p. 271; et l'essai le plus remarquable que nous ayons sur le Thibet, dans la correspondance de Schlœtzer, vol. V.

opinions et les besoins des hommes se sont réciproquement limités et modifiés, jusqu'à ce qu'une juste balance se soit établie entre eux. Dans quelle détresse l'humanité ne tomberait-elle pas, si toutes les folies que consacrent les croyances nationales étaient strictement mises en pratique ! Le vrai est que le plus souvent on croit aux dogmes sans obéir aux préceptes, et cette neutralité, qui repose sur une persuasion stérile, est ce que l'on appelle la foi. Parce qu'il adore une petite idole d'argile et qu'il se livre aux superstitions les plus grossières, il ne faut pas s'imaginer que le Kalmouck se conforme en rien aux exemples de perfection qu'il reçoit du Thibet.

Mais ce système des Lamas, quelque éloignement qu'il inspire, non-seulement n'a pas nui à l'humanité, mais encore a accompli son œuvre. C'est par lui qu'un grand peuple idolâtre, et qui se dit descendu d'une race de singes, a été élevé à une civilisation assez perfectionnée sous plusieurs rapports et à laquelle le voisinage de la Chine a d'ailleurs beaucoup contribué. Une religion née dans l'Inde ne pouvait manquer de faire un devoir sacré de la propreté du corps. Ainsi les Thibétains n'ont pas vécu comme des montagnards tatares ; et même cette continence austère que prescrivent leurs Lamas a été un frein pour quelques-uns et pour d'autres l'objet d'une vertueuse émulation ; de même la modestie, la tempérance et la réserve qui règlent les relations des deux sexes, sont au moins des progrès vers cet état de sainteté suprême que la race humaine a peut-être moins besoin d'atteindre que de poursuivre. La doctrine de la métempsycose excite la pitié pour les animaux, et vraisemblablement les habitans grossiers des rochers et des montagnes ne pouvaient être retenus par une plus douce chaîne que par cette opinion, et par la croyance aux pénitences et aux peines de l'enfer. En un mot, la religion du Thibet est une espèce de souveraineté papale, comme celle qui a régné en Europe dans le moyen âge, sans s'être entourée de cette noble élégance et de cette morale élevée qui distingue si éminemment le culte des Mongols et des Thibétains. La religion de Chékia a servi l'humanité en introduisant parmi ces montagnards, et même jusque chez les Mongols, quelques connaissances élémentaires et un langage écrit, c'est-à-dire, selon toute probabilité, des germes de civilisation qui doivent éclore un jour dans ces contrées.

Les voies de la Providence sur les nations sont lentes et cachées; mais tel est l'ordre légitime de la nature. Dès les temps les plus anciens, des Gymnosophistes et des Talapoins, ou plutôt des contemplatifs solitaires, paraissent dans l'Orient : leur caractère et leur climat les conduisaient à ce genre de vie. Avides de silence et de repos, ils fuyaient le tumulte des villes et se contentaient de ce que la nature répandait autour d'eux. L'habitant du monde oriental n'est pas moins sérieux et taciturne, que sobre et patient. Entraîné par une ardente imagination, où pouvait-elle le conduire, si ce n'est à la contemplation de la nature universelle, à des méditations sur l'origine du monde, sur la mort et le renouvellement des êtres. La cosmogonie et la métempsycose des Orientaux sont des représentations poétiques de ce qui est et de ce qui sera, telles que pouvaient les enfanter un entendement limité et un cœur passionné. « Je vis, et mes années s'écoulent « rapidement ; pourquoi tout ce qui m'environne « ne jouirait-il pas de la vie, sans que j'y porte « obstacle? » De là, la morale des Talapoins qui s'arme de tant d'abnégations et proclame si hautement le néant des choses, l'éternel changement de formes dans l'univers, la détresse du cœur de l'homme, l'impuissance de ses désirs et l'instabilité de ses joies : de là aussi la douceur de tant de préceptes qui commandent à l'homme d'épargner avec sa vie celle des êtres qui l'entourent; c'est le sujet de leurs hymnes et de leurs sentences; or, cette morale politique, ils ne l'ont pas plus empruntée de la Grèce que leur cosmogonie, puisqu'elle est le résultat des impressions et des sentimens que leur climat éveille. L'exagération en est le caractère dominant; aussi les hermites indiens sont-ils les seuls qui puissent vivre conformément aux doctrines des Talapoins; elles sont d'ailleurs tellement enveloppées de fables vagues et de contours indécis, que si jamais il y eût un Chékia, il aurait peine à se reconnaître dans cette foule de traits et d'images que lui prodigue la louange ou la reconnaissance. Quoi qu'il en soit, n'est-ce pas dans des fables qu'un enfant reçoit les premiers élémens de sagesse et de morale? et la plupart de ces peuples, dont la pensée est à demi éveillée, ne sont-ils pas des enfans pendant toute la durée de leur carrière? Gardons-nous d'accuser la Providence de n'avoir pas établi dans l'espèce humaine un ordre différent; le lien par lequel elle unit les temps et les peuples, est la tradition, et les hommes ne pouvaient se transmettre ce qu'ils n'avaient pas ou ne connaissaient pas. Tout dans la nature, et par conséquent aussi le système de Boudha, est bon ou mauvais, suivant l'usage que l'on en fait : d'une part, il éveille des sentimens purs et élevés, de l'autre il nourrit et entretient l'esprit d'indolence et d'apathie, déjà si répandu. Peut-être a-t-il laissé dans chaque contrée autant d'empreintes diverses; mais partout où il a paru, il s'est élevé au moins d'un degré au-dessus d'un grossier fétichisme : il a fait apparaître la première lueur d'une morale plus pure, et a signalé le réveil de la pensée qui dans ses rêves cherche à comprendre l'énigme de l'univers.

## CHAPITRE IV.

### *L'Hindostan.*

Quoique la doctrine des Brahmes ne soit plus qu'une branche de ce système religieux qui, dans l'immense étendue des contrées où il règne, a formé, depuis le Thibet jusqu'au Japon, plus d'une secte et d'un empire, elle ne laisse pas de mériter d'être observée attentivement dans le lieu de son origine, où elle a établi le gouvernement le plus bizarre et peut-être le plus durable qu'il y ait au monde. On comprend qu'il s'agit de la division du peuple hindous en quatre castes au moins, gouvernées par les Brahmes dont se compose la première. Qu'ils aient obtenu cet empire par la puissance du glaive, c'est ce qui n'est nullement vraisemblable; car ils ne sont point dans la caste militaire qui, avec le roi lui-même, leur est inférieure; et nulle part, pas même dans leurs fables, ils n'ont établi leurs droits sur de tels fondemens : leur puissance est dans leur origine, selon laquelle ils se vantent d'être issus de la tête de Brahmà, tandis que les soldats sont sortis de sa poitrine, et les autres castes de ses différens membres. Telle est la base des lois et des institutions en vertu desquelles ils forment une caste particulière, qui est à la nation ce que la tête est au corps. Dans d'autres contrées, les premiers essais de la société civile ont été de semblables divisions par castes. Comme la nature partage l'arbre en branches, les peuples ont été partagés en tribus et en familles; tel fut le système de l'Égypte, qui rendait aussi héréditaires la profession des arts et celle du commerce; et si les castes des sages et des prêtres s'attribuaient le rang le plus élevé, c'est ce que l'on observe également chez un très-grand nombre de peuples. Telle doit être en effet la marche des choses à cette époque de la civilisation, puisque l'expérience et la science l'emportent sur la force physique, et qu'à l'origine des sociétés, la caste des prêtres tend à s'approprier presque toute la science politique. A mesure que les lumières se répandent davantage, l'importance du sacerdoce diminue, et c'est pour cela qu'en général il a mis tant d'obstacles à l'instruction des peuples.

L'histoire de l'Hindostan, que nous ne connaissons qu'imparfaitement encore, nous fournit des indices précieux sur l'origine des Brahmes [1]. D'après ces antiques témoignages, Brahmà, qu'ils représentent comme un homme sage et instruit, auquel on doit la découverte de divers arts, et particulièrement celle de l'écriture, était le vizir de

---

1. *Dow's History of Hindostan*, vol. I, p. 10 et 11.

l'un des anciens rois, Crishna, dont le fils a institué la division bien connue des quatre castes; celui-ci plaça le fils de Brahmà à la tête de la première, qui renfermait les astrologues, les médecins et les prêtres. Il établit dans les provinces, en qualité de gouverneurs héréditaires, quelques autres nobles, et c'est d'eux que descend la seconde caste; la troisième fut consacrée à la culture du sol; la quatrième eut les arts en partage, et cet établissement était fait pour durer à jamais. Le même prince bâtit la ville de Bahar pour les philosophes, et comme le siège de son empire et les écoles des Brahmes étaient réunis sur les bords du Gange, il n'est pas difficile de comprendre pourquoi les Grecs et les Romains en ont parlé si brièvement; car il paraît qu'ils ne connaissaient point les parties intérieures de l'Inde. Hérodote n'a décrit que les peuples situés sur l'Hindus et les contrées septentrionales de la péninsule au-delà du Gange. Alexandre ne s'est pas avancé au-delà de l'Hyphasis. Il ne faut donc pas s'étonner que les peuples de l'occident n'aient eu d'abord que des renseignemens vagues sur les Brahmes, c'est-à-dire, sur des philosophes solitaires, vivant comme les Talapoins; plus tard ils n'ont obtenu que des relations obscures concernant les Samanéens et les Germains, établis sur le Gange, la division du peuple par castes, et la doctrine de la transmigration des âmes. Toutefois, quelque incomplètes que soient ces relations, elles prouvent que l'institution des Brahmes remonte à la plus haute antiquité et a pris naissance sur le Gange, ce que confirment d'ailleurs les monumens historiques de Jagrenat[1], de Bombay et d'autres parties de la péninsule. Les idoles et toute la distribution intérieure des temples répondent parfaitement au caractère de cette mythologie, qui s'est étendue au loin dans l'Inde, depuis les rives sacrées du Gange, partout puissante et respectée à proportion de l'ignorance des peuples. C'est sur les bords de ce fleuve qui l'a vu naître, que le sacerdoce a fixé le lieu principal où se célèbrent ses saints rites, quoique au demeurant une telle association, semblable aux tribus des Lamas, des lévites, des prêtres égyptiens, etc., soit aussi bien politique que religieuse, et ait été un des élémens primitifs de la constitution de l'Inde.

Pendant des milliers d'années cet ordre a exercé sur la pensée humaine une influence singulièrement profonde; car, malgré le joug mongol, qu'il a si long-temps porté, son importance n'a pas plus changé que ses doctrines, et ses effets sur les mœurs et le genre de vie des Hindous, sont tels qu'une autre religion n'en a peut-être jamais produit de

---

1. Zend-Avesta, trad. d'Anquetil, vol. I, p. 81; Voyages de Niebuhr, vol. II.

semblables [1]. Le caractère, la manière de vivre, les coutumes, jusqu'aux détails les plus puérils, en un mot, la langue et le génie de ces peuples en sont l'œuvre manifeste; et quoique plusieurs parties de la religion des Brahmes, incommodes et minutieuses, dégénèrent en superstitions tyranniques, les castes même les plus inférieures ne les respectent pas moins que les lois naturelles les plus sacrées. Ceux qui embrassent une religion étrangère ne sont pour la plupart que des malfaiteurs, sans caste, sans asile, ou des enfans abandonnés. Le sentiment d'orgueil et de supériorité que l'Hindou dans la dernière détresse conserve vis-à-vis de l'Européen qu'il sert sans lui porter envie, prouve suffisamment que ce peuple, tant qu'il existera, ne s'alliera à aucun autre. Ce qu'il y a de certain, c'est que le caractère de la nation et celui du climat sont les véritables causes d'un phénomène jusqu'ici sans exemple; car où trouver une patience plus imperturbable, une soumission plus douce et plus facile? Si l'Hindou repousse avec tant de persistance les préceptes et les coutumes des étrangers, c'est que l'institution des Brahmes occupe déjà son ame tout entière, et remplit si bien sa vie, qu'elle ne lui laisse de

---

[1]. Voyez sur ce sujet Dow, Holwell, Sonnerat, Alexandre Ross, Mackintosh, les Relations des missionnaires de Halle, les Lettres édifiantes, et en général la description de la religion et des mœurs des Hindous.

temps pour aucune autre. Ces fêtes, ces cérémonies si fréquentes, cette foule de divinités, de fables, de lieux consacrés, d'œuvres pieuses, consument depuis l'enfance son imagination et lui rappellent à chaque instant du jour ce qu'il a promis d'être. En vain les institutions de l'Europe entourent-elles de leurs séductions une ame que tant de liens enchaînent, elles ne font que l'effleurer, et tout nous persuade qu'il en sera ainsi tant qu'il restera un Hindou sur la terre.

En tout ce qui touche aux institutions humaines, la question du bien et du mal est nécessairement compliquée; sans doute ce système était bon quand il a été établi, puisque autrement il ne se serait pas étendu sur un si vaste espace et n'aurait point pénétré à une si grande profondeur, ni duré tant de siècles. Aussitôt qu'elle le peut, la pensée humaine se délivre des liens qui la gênent, et quoique l'Hindou fût disposé à supporter plus de maux qu'aucun autre peuple, il est à croire qu'il n'aurait jamais pris goût à un poison amer. D'une autre part, on ne peut nier que les Brahmes ont si bien établi ou du moins fortifié de tant de manières les vertus naturelles à ces peuples, la douceur, la politesse, la tempérance et la chasteté, que le plus souvent les Européens ne semblent en comparaison que des hommes dégradés par le vertige de l'ivresse ou de la folie. Élégans sans recherches dans leurs manières et leur langage, francs, affables, bienveillans dans leur conduite, d'une propreté minutieuse sur leur personne, d'une innocente simplicité dans leur manière de vivre, c'est avec la plus grande douceur qu'ils élèvent les enfans. Sans être dépourvus de nobles connaissances, ils se distinguent surtout par une paisible industrie et une facilité remarquable d'imitation dans les arts; même les dernières castes apprennent à lire, à écrire et à calculer. Habiles instituteurs de la jeunesse, les Brahmes ont rendu par leur enseignement un service inappréciable au genre humain pendant plusieurs milliers d'années. Que l'on jette les yeux sur les relations publiées par les missionnaires de Halle; en remarquant la justesse des raisonnemens, la bienveillante loyauté que les Brahmes et les habitans de Malabar apportent tant dans leurs questions, leurs réponses et leurs objections, que dans toute la conduite de leur vie, rien ne nous portera à nous ranger du côté des pieux étrangers chargés de les convertir. L'idée qu'ils ont de la divinité est si grande et si haute, leur morale si pure et si sublime, leurs fables mêmes, quand on les soumet à un examen sérieux, sont si délicates et si gracieuses, qu'il nous est impossible d'attribuer aux auteurs de ces conceptions, même les plus romanesques et les plus désordonnées, tant d'absurdités, qui se sont multipliées à mesure qu'elles ont passé par la bouche du peuple. Dans la situation des Brahmes, ce n'est pas un faible mérite que d'avoir conservé, malgré toutes les oppressions des Mahométans et des Chrétiens, la langue du sacerdoce dans toute la beauté et la richesse des anciens âges [1], et avec elle, quelques-uns des débris de l'astronomie, de la chronologie, de la physique et de la jurisprudence de la haute antiquité [2]; car l'usage presque mécanique qu'ils font de ces sciences suffit pour leur genre de vie, et ce qui nuit à leur développement est ce qui en assure la puissance et la durée. Au reste, les Hindous ne persécutent aucun étranger ni dans sa religion, ni dans ses connaissances, ni dans sa manière de vivre. Pourquoi ne leur accorderait-on pas réciproquement la même liberté, et ne les regarderait-on pas au moins comme un peuple de bonne volonté, quoique imbu d'erreurs que la tradition perpétue? De toutes les sectes de Fo qui occupent la partie occidentale de l'Asie, celle-ci est la plus remarquable; plus instruite, plus humaine, plus noble, elle est aussi plus utile que toutes celles des Bonzes, des Lamas et des Talapoins.

Avec cela, ainsi que dans toutes les institutions humaines, on ne peut dissimuler qu'il n'y ait dans

---

[1]. Voy. la grammaire de la langue du Bengale par Halhed, imprimée à Hougly, ville du Bengale, 1778.

[2]. Voyage de Le Gentil dans les mers de l'Inde, t. I.$^{er}$: *Halhed's Code of Gentoo laws.*

celles-ci une grande part faite à l'imperfection des choses. Le moindre des inconvéniens de la loi qui partage entre des castes héréditaires les différens états de la société, est d'arrêter le développement des arts et tout perfectionnement : le mépris avec lequel sont traités les Parias, dont se compose la dernière caste, est surtout révoltant. Condamnés aux fonctions les plus viles, non-seulement tout commerce avec les autres castes leur est pour jamais interdit, mais ils sont même privés des droits les plus sacrés de l'humanité et des cérémonies les plus saintes du culte religieux ; puisque personne n'ose toucher un Paria, et que son regard suffit pour profaner un Brahme. En vain, pour expliquer l'ignominie qui s'attache à leur nom, dit-on, entre mille raisons, qu'ils sont les débris d'un peuple subjugué : ni cette cause, ni toutes celles qui lui ressemblent ne reçoivent de l'histoire une confirmation suffisante; du moins ne peut-on nier qu'en eux-mêmes ils ne diffèrent en rien des autres Hindous. Ici, comme dans plusieurs points obscurs des institutions de l'antiquité, il faut recourir à un réglement primitif et rigoureux, qui soumettait les pauvres, les malfaiteurs et les réprouvés à une flétrissure qu'a supportée depuis avec une incroyable patience leur innocente et nombreuse postérité. Le mal vient de cette classification par famille, qui fait tomber sur quelques-uns tout le fardeau

de la vie, qu'augmentent encore les prétentions des
autres castes à une pureté sans partage. Or, quoi
de plus naturel que de finir par considérer ce lot
funeste comme un châtiment du ciel, et, suivant
les doctrines de la métempsycose, comme une destinée méritée par les crimes d'une vie antérieure ?
Cette hypothèse de la transmigration des ames,
malgré le caractère de grandeur qu'elle avait revêtue
dans la pensée de celui qui l'imagina le premier, et
quelle que soit l'heureuse influence qu'elle ait exercée, a nécessairement produit des fruits amers,
comme toute opinion qui dépasse le cercle de
l'expérience de la nature humaine. Ainsi, en même
temps qu'elle excitait une pitié puérile pour toute
espèce de créature vivante, elle diminuait la sympathie de l'homme pour les misères de ses semblables. Les malheureux n'étaient plus que des crimi-
nels dévoués à l'expiation de leurs fautes passées,
ou des hommes éprouvés par la main du destin,
et dont la vie future devait récompenser les vertus.
De là ce manque de sympathie que ne remplace
pas la douceur des Hindous, et qui s'explique par
leur organisation, et surtout par leur aveugle soumission au destin éternel ; car le premier résultat
de cette croyance est de plonger l'homme dans un
abime, et d'émousser l'activité de ses sentimens. Au
rang des conséquences les plus funestes de cette
doctrine, on peut mettre la coutume des veuves

de se brûler sur le bûcher de leurs époux ; car, quelle qu'en soit l'origine, soit qu'elle ait été établie comme châtiment, soit que quelques grandes ames s'en soient fait un objet d'émulation, il est certain que le système des Brahmes a entouré de vains prestiges ce monstrueux abus : un usage si barbare doit, il est vrai, rendre la vie de l'homme plus précieuse à la femme, qui ne s'en sépare pas même dans le tombeau, et ne peut lui survivre sans honte; mais quel sacrifice que celui que commande un préjugé tacite, aussi impérieux que l'autorité de la loi ! Enfin, je me tais sur les fraudes sans nombre et les superstitions inévitables qu'entraine le système des Brahmes, lorsque l'astronomie, la chronologie, la religion et la médecine, propagées par la tradition orale, ne sont confiées, comme autant de mystères, qu'à la discrétion d'une caste unique : le résultat le plus fâcheux de leur puissance illimitée fut de préparer le peuple à se courber sous le premier joug qui se présenterait. Immédiatement subordonné à une caste qui avait en horreur toute effusion de sang, celle des guerriers ne pouvait manquer de perdre peu à peu des habitudes militaires que contrariaient les préceptes de sa religion. Plût à Dieu qu'un peuple si bienveillant eût habité quelque île solitaire que jamais n'eussent foulée les pas d'un conquérant. Mais au pied des montagnes où s'agitent en foule comme autant d'animaux de proie les hordes féroces des Mongols, sur les rives de ces mers, qui de toutes parts ouvrent des ports aux avanturiers que l'Europe envoie, comment les innocens Hindous se seraient-ils maintenus avec leurs systèmes pacifiques ? Voici donc quel fut le sort de la constitution de l'Hindostan : déchirée par des guerres intérieures et extérieures, languissante et surannée, les puissances maritimes de l'Europe ont fini par la soumettre à leur joug, sous lequel elle traine ses derniers débris.

Triste dénouement des destinées des peuples ! et pourtant ce n'est là que l'ordre naturel des choses. Dans la contrée la plus belle et la plus fertile du monde, l'homme devait s'élever de bonne heure à de nobles idées, jeter un regard étendu sur la nature et adoucir ses mœurs par des institutions régulières : mais sous un climat si favorable son activité laborieuse ne pouvait tarder à décroitre, jusqu'à ce qu'il devint la proie de tous les brigands armés qu'attiraient les richesses de son heureux pays. Depuis les temps les plus éloignés, le commerce des Indes orientales a été une des branches les plus importantes de l'industrie de l'Europe. Une nation intelligente envoyait dans d'autres climats par terre et par mer une foule d'objets précieux. Long-temps sa situation isolée lui permit de conserver la paix et la tranquillité qu'elle aimait. Enfin, tout changea à l'arrivée des Européens, qu'aucune distance n'arrête, et qui établirent dans son sein des empires nouveaux. Jamais ni les documens, ni les richesses qu'ils ont rapportés de ces contrées ne compenseront le mal qu'ils ont fait à un peuple innocent. Cependant la main de la Providence se laisse voir ici ; ou elle étendra la chaîne du genre humain, ou elle brisera le nœud gordien que les siècles ont formé.

## CHAPITRE V.

### Réflexions générales sur l'histoire de ces États.

Jusqu'ici nous avons suivi l'histoire de ces constitutions politiques de l'Asie qui se vantent de la plus haute antiquité et de la plus longue durée ; maintenant, quelle fut leur œuvre dans l'histoire de l'humanité, et quelle instruction retire-t-on du spectacle de leur naissance et de leur chute pour la philosophie de l'histoire humaine ?

1. Toute histoire suppose une origine ; il faut un commencement à l'histoire d'un État et d'une forme de civilisation : mais que d'obscurités voilent cette origine chez toutes les nations que nous avons considérées jusqu'ici ! Si notre voix avait quelque puissance, nous exhorterions les archéologues les plus habiles à étudier l'origine de la civilisation en Asie,

chez les peuples et dans les empires les plus célèbres, en repoussant toute hypothèse et toute induction qui ne naîtraient pas de l'expérience des âges. Un examen attentif des relations dont ces peuples sont l'objet, de leurs monumens, de leurs écritures, de leurs langues, des plus anciens débris de leurs arts et de leur mythologie, des principes et des règles qu'ils ont conservés dans le peu de sciences qu'ils cultivent, surtout si on comparait ces élémens divers avec le lieu qu'ils habitent et les communications qu'ils peuvent avoir entretenues, jetterait infailliblement un grand jour sur le système entier de leur civilisation, dont les traces primitives ne se trouvent pas plus dans Selinginskoy, que dans la Bactriane. Les habiles recherches de Deguignes, de Bayer, de Gatterer et de quelques autres; les hypothèses hardies de Bailly, de Paw, de Delisle, etc., tant de nobles efforts pour recueillir et répandre les langues et les monumens de l'Asie, ont préparé d'abondans matériaux pour un édifice dont nous serions heureux de voir placer la première pierre. C'est ainsi probablement que nous découvririons les ruines colossales de cette *Protogée*[1], qui déjà se dévoile elle-même à nos regards dans une foule de monumens naturels.

2. Difficile à définir, la civilisation ne présente

---

[1]. Monde primitif.

pas moins d'obstacles à l'intelligence qui veut en concevoir l'idée fondamentale et la mettre en pratique. Qu'un étranger en abordant une contrée nouvelle l'éclaire d'une lumière subite, que le roi d'un peuple naissant, avec l'autorité de la loi, frappe la terre de son sceptre pour en faire sortir les fruits d'une société que la culture a mûrie, c'est ce qui ne peut arriver que par l'heureuse rencontre de diverses circonstances aussi favorables qu'inattendues; car les hommes ne se forment que par l'éducation, l'expérience et la puissance des exemples. De là vient chez toutes les nations la coutume d'admettre dans le corps politique au-dessus des autres classes, ou du moins dans un rang intermédiaire, une classe d'hommes désignés pour instruire, élever et éclairer les autres. Que ces ébauches d'institutions ne soient, si l'on veut, que les premières traces d'une civilisation naissante, elles ne sont pas moins indispensables à l'enfance de l'espèce humaine; partout où elles ont manqué au monde, les peuples ont langui sans retour dans l'ignorance et la dégradation. Ainsi toutes les nations, à l'époque de leur enfance politique, ont eu besoin de Brahmes, de Mandarins, de Talapoins et de Lamas, et nous voyons en effet que cette classe d'hommes a seule répandu dans l'Asie des germes de civilisation. Ce n'est donc pas sans raison que l'empereur Yao dit à ses serviteurs Hi et Ho : « Allez ob-

« server les étoiles, déterminer le cours du soleil « et diviser l'année.[1] » Si Hi et Ho n'étaient pas astronomes, ce commandement impérial resterait sans effet.

5. La culture des classes instruites n'est pas celle du peuple; il faut que l'homme instruit entre dans le secret des sciences dont il doit faire des applications pour l'intérêt de l'État : il en conserve le dépôt, et il les confie à ceux de son rang, et non point au peuple. Telles sont parmi nous les plus hautes parties des mathématiques et diverses branches de connaissances qui ne sont pas d'un usage général et ne conviennent pas au peuple. Telles furent dans les institutions politiques de l'antiquité les sciences occultes, que le prêtre ou le Brahme concentrait d'autant mieux dans sa caste, qu'elles étaient un de ses attributs, et que les autres classes avaient des occupations déterminées. C'est ainsi que les hautes théories de l'algèbre sont encore pour un grand nombre une science occulte; car, bien qu'aucune loi ne défende de les répandre, elles n'entrent pas dans l'éducation générale. Or, par un étrange abus nous avons confondu sous plusieurs rapports l'éducation scientifique et populaire, et élevé l'une presque à la hauteur de l'autre. Les anciens législateurs qui pensaient plus en hommes,

---

1. Chouking, édition de Deguignes.

ont eu sur ce sujet des idées beaucoup plus saines. Ils ont fait consister l'éducation du peuple dans la bonne morale et les arts pratiques. Les grandes théories philosophiques et religieuses ne leur semblaient pas moins inutiles qu'inaccessibles au peuple. De là l'ancienne méthode d'enseigner par des fables et des allégories, telles que les Brahmes en adressent encore de nos jours aux castes illettrées. De là en Chine la distinction que le gouvernement lui-même autorise entre les croyances et les idées générales suivant les classes du peuple. Si nous voulions comparer, sous le rapport de la civilisation, un peuple de l'Asie orientale avec l'un de ceux qui nous entourent, la première chose serait de connaître en quoi ils font consister l'un et l'autre l'éducation nationale, et de quelle classe d'hommes on entend parler. Qu'une nation ou une société quelconque connaisse les principes fondamentaux de la morale et un certain nombre d'arts utiles, qu'elle ait les idées et les vertus indispensables au genre de ses travaux et au bonheur de sa vie, ses lumières suffisent à ses besoins, même en supposant qu'elle n'est préparée au phénomène des éclipses que par le conte bien connu du dragon. Cette fable fut probablement inventée par les législateurs pour empêcher qu'aucun des hommes du peuple ne vieillit dans l'étude du cours du soleil et des astres. Inutilement chercherais-je à me persuader que tous les individus d'une nation sont tenus d'acquérir une idée métaphysique de Dieu, sans laquelle, même quand elle dégénère en un mot vide de sens, ils tomberaient au-dessous de la condition des animaux, dans l'aveuglement de la superstition et de la barbarie. Le Japonais est-il prudent, brave, adroit, utile dans sa sphère, son éducation est ce qu'elle doit être, quelle que soit son opinion sur Boudha et Amida. Vous raconte-t-il sur ces personnages des histoires fabuleuses, que d'autres fables lui soient données en retour; rien ne manquera à la compensation.

4. Et même le bonheur d'un État ne tient pas par d'intimes liens au progrès indéfini des lumières, du moins suivant les idées familières à l'antiquité orientale. En Europe, les hommes instruits forment une classe séparée ; fortifiée de l'expérience de plusieurs siècles, elle est soutenue artificiellement par les efforts réunis et le zèle jaloux des peuples, quoique la connaissance des mystères, dans lesquels nous tentons de pénétrer, ne prête aucun secours immédiat à la nature qui les cache. Riche d'émulation et féconde en ressources, que dans les temps modernes elle a tirées de toutes les parties du monde, l'Europe entière changée en un monde savant, a atteint une forme idéale, que le philosophe livre à son analyse, et que l'homme d'État fait servir à ses fins. Une fois entrés dans cette voie, nous ne pouvons nous arrêter : en vain nous pour-

suivons dans la science l'image fantastique de la
perfection et de l'universalité; nous ne les atteindrons jamais, il est vrai; mais elles nous tiendront
en haleine aussi long-temps que dureront les
constitutions européennes. Il en est autrement
des royaumes que leur situation a éloignés de
cette carrière. Enfermée par les montagnes qui
protègent de toutes parts sa vaste circonférence,
la Chine présente l'aspect politique le plus uniforme. Malgré la différence des habitans, les provinces reposent toutes sur les principes d'une constitution consacrée par les siècles, et au lieu d'une
rivalité mutuelle, elles offrent l'image de la soumission la plus absolue. Semblable en cela à l'ancienne Bretagne, l'île du Japon est l'ennemie de
tout étranger; comme un monde isolé, elle s'étend
au milieu de ses rochers incultes et de sa mer orageuse. Il en est de même du Thibet, qu'environne
un cercle de montagnes et de peuples sauvages,
de même de la constitution des Brahmes que tant
de siècles ont retenue sous un joug oppresseur.
Comment les heureux germes de la science qui,
en Europe, se répandent même dans les plages les
plus stériles, auraient-ils fructifié dans ces contrées?
Comment ces peuples auraient-ils reçu de la main
de ceux qui leur ont tout enlevé, la sûreté politique et jusqu'au sol de leur pays, un fruit rendu
amer par tant de larmes et de sang. Aussi, après

quelques tentatives, chaque limaçon s'est retiré dans sa coquille et a refusé les plus belles roses que lui offrait le serpent. La science de leurs prétendus lettrés est appropriée à leur pays, et la Chine n'a accepté de la générosité prévenante des Jésuites que ce qui lui semblait indispensable. Peut-être aurait-elle été moins circonspecte, si les besoins eussent été plus pressans; mais comme les hommes en général, et surtout les grands corps politiques, ont en eux une telle force de résistance qu'ils ne cèdent à une tardive innovation que si le danger les presse, de même, immobile et craintive, cette nation reste où le monde l'a laissée avec ses facultés oisives et ses jeux surannés. Pour marcher, elle n'attend que la puissance d'un premier moteur, qui brise les liens des vieilles coutumes et l'éveille au bruit de ses fers. Voyez l'Europe! enfant rebelle, combien n'a-t-elle pas mis de temps à apprendre ses arts les plus utiles.

5. Un royaume peut être ou considéré en lui-même, ou comparé avec d'autres. L'Europe doit nécessairement employer ces deux méthodes, dont la première seule est applicable aux empires d'Asie. Aucun d'eux, en effet, n'a été çà et là, cherchant de mers en mers des mondes nouveaux, pour les faire servir d'appui à sa grandeur, ou s'enrichir de leurs tributs empoisonnés; chacun se sert de ce qu'il a et se suffit à soi-même. Retenue par le sen-

timent de sa faiblesse, la Chine a interdit l'exploitation de ses mines, et son commerce s'étend au loin sans qu'elle ait asservi un seul pays étranger. Est-ce sagesse, est-ce folie? c'est à ces contrées à le dire, que des précautions si éclairées ont d'autant mieux obligées d'employer leurs richesses indigènes, qu'elles tirent moins de secours des communications extérieures. Pendant ce temps, infidèles à nos foyers et à l'Europe, dont nous chassent tant de désirs inquiets, nous parcourons le monde en tous sens, sur le vaisseau du marchand ou du pirate. Aussi dans la Grande-Bretagne elle-même, l'industrie agricole est-elle loin d'égaler celle de la Chine ou des îles du Japon. Nos corps politiques, images des animaux de proie, dévorent tout ce que le vent jette au rivage, le bien et le mal, le poison et l'antidote, le café et le thé, l'or et l'argent, et travaillés par un mal secret, ils développent une incroyable énergie. Au contraire, ceux dont nous parlons ici se reposent du soin de l'avenir sur leur vitalité intérieure; et traînant dans le sommeil une vie languissante, comme la marmotte au fond de sa caverne, ils ont traversé de longs siècles et ne semblent pas devoir périr si tôt, à moins qu'une circonstance étrangère n'interrompe brusquement et pour toujours leur paisible léthargie. On sait assez maintenant qu'en toutes choses les anciens cherchaient la plus longue durée, tant dans leurs systèmes politiques que dans leurs monumens. Pour nous, nos variations se pressent jusqu'à se confondre, et emportés d'un mouvement aveugle, c'est un spectacle de voir comment nous nous hâtons de parcourir la rapide carrière que la destinée nous a marquée.

6. Enfin, toutes les choses humaines et terrestres sont gouvernées par le temps et le lieu, de même que chaque nation en particulier obéit à son caractère, et lui doit sa force et sa valeur réelle. Si l'Asie orientale avait été unie à l'Europe, il y a long-temps qu'elle aurait cessé d'être ce qu'elle est; que le Japon n'eût pas été une île, assurément ses destinées eussent été différentes. Supposé que tous ces royaumes dussent se former de nos jours, difficilement arriveraient-ils aux combinaisons par où ils ont commencé il y a trois ou quatre mille ans. Cet animal, que nous appelons la terre, et qui nous entraîne dans sa course, est plus vieux aujourd'hui de quelques milliers d'années. Au reste, il y a de quoi s'étonner de l'instinct merveilleux que nous appelons l'esprit originel, le caractère d'un peuple. Inexplicable autant qu'inaltérable, le même jour le voit naître avec la nation et la contrée qu'elle habite. Le Brahme appartient à son sol; selon lui, aucun autre n'est digne de sa sainte nature. Il n'en est pas autrement des Siamois et des Japonais : jetés hors de leurs pays, par-

tout ils végètent tristement; ce que l'Indien solitaire pense de son Dieu, le Siamois de son empereur, n'est pas ce que nous en pensons. Ces mots d'honneur, de beauté, de liberté, de génie, réveillent le plus souvent dans leurs ames des idées contraires aux nôtres. La vaine pompe d'un mandarin ne serait pour nous qu'une parade insipide. J'en dis autant de ces coutumes si variées dont se compose le génie des peuples, et en général de tout ce qui apparaît sur la terre. Comme l'asymptote de l'hyperbole, est-ce la destinée du genre humain d'approcher par une progression infinie d'un point de perfection qu'elle ne connaît pas, et qu'après tous les efforts de Tantale elle ne doit pas atteindre. Heureux peuples des Chinois et des Japonais, tribus sacrées des Lamas et des Bramines, c'est vous qui poursuivez cet interminable voyage, dans le lieu le plus paisible de ce navire que le flot des âges pousse dans des mers inconnues. Sans vous inquiéter d'un rivage qui fuit toujours, vous êtes ce que vous étiez il y a des milliers d'années.

7. Ce qui console dans le spectacle de l'histoire, c'est d'observer que la nature, malgré les maux qu'elle a répandus dans l'espèce humaine, n'a oublié nulle part le baume qui adoucit ses blessures. Le despotisme asiatique ne pèse que sur les nations qui consentent à le supporter, c'est-à-dire, qui en sentent moins le fardeau et la honte. Épuisé

de faim, l'Hindou, quand il se sent défaillir, et qu'il voit son corps mourant que suivent une meute de chiens prêts à le dévorer, attend avec calme sa dernière heure. Il s'appuie contre le tronc d'un arbre pour mourir debout, pendant que les chiens regardent fixément son visage pâle et éteint. Nous avons peine à concevoir une telle résignation, qui souvent cependant s'allie aux passions les plus impétueuses. Toutefois c'est elle qui, avec le climat et ses bienfaits, adoucit les maux d'un gouvernement qui nous semble insupportable. Si nous vivions dans cette contrée, nous ne nous soumettrions pas à un système aussi vicieux, et nous aurions l'intelligence et le courage de le changer ; mais si nous nous endormions, il ne nous resterait qu'à souffrir avec la même patience que les Hindous. Mère de toutes choses, inconcevable nature, de quels fils déliés n'as-tu pas enlacé les destinées de l'espèce humaine ! Une faible modification de forme dans la tête et le cerveau, une légère altération produite par le climat, l'origine et l'habitude dans la structure de l'organisation et des nerfs, et voilà que sont changés le destin du monde et le système entier des idées et des actions humaines !

# LIVRE XII.

Nous arrivons sur les bords du Tigre et de l'Euphrate ; mais combien l'histoire a changé de face dans toute cette contrée ! Babylone et Ninive, Ecbatane, Persépolis et Tyr ne sont plus. Des nations succèdent à des nations, des empires à des empires, et les monumens les plus célèbres des siècles passés disparaissent de dessus la surface de la terre. Les noms de Babylonien, d'Assyrien, de Chaldéen, de Mède, de Phénicien ne sont plus portés par aucun peuple, et nulle trace ne reste de leurs antiques établissemens politiques : leurs empires et leurs villes sont tombés, et les peuples, dispersés çà et là, sont oubliés sous des noms différens.

D'où vient, au contraire, qu'à l'extrémité orientale les empires semblent marqués d'un sceau ineffaçable ? Plus d'une fois l'Indostan et la Chine ont été envahis par les Mongols, et pendant de longs siècles ils ont porté leur joug. Pourtant ni Pékin, ni Bénares, ni les Lamas, ni les Brahmes n'ont disparu du monde. Cette différence de destinée me paraît facile à expliquer, si l'on considère la différence des situations et des constitutions des deux contrées. A l'Orient de l'Asie, au-delà de la grande chaîne de montagnes, les nations méridionales n'ont qu'un ennemi à craindre, les Mongols : long-temps ces derniers ont erré paisiblement sur leurs steppes, et quand ils ont envahi les provinces voisines, ce ne fut pas tant pour détruire que pour piller et conquérir. Aussi plusieurs nations ont-elles conservé, pendant de longs siècles, leurs constitutions sous la domination Mongole. Il en fut tout différemment des peuples situés entre le Pont-Euxin, la mer Caspienne et les côtes de la Méditerranée ; le Tigre et l'Euphrate servaient à diriger les migrations des hordes. Toute la haute Asie était peuplée de Nomades dès les temps les plus reculés ; et à mesure que ce pays renferma un plus grand nombre de villes florissantes et d'empires civilisés, les tribus errantes qu'attirait le désir du pillage, harcelèrent avec plus d'audace des peuples que leur puissance même armait l'un contre l'autre. Que de fois Babylone, centre brillant du commerce de l'Orient et de l'Occident, n'a-t-elle pas été prise et dépouillée! Tyr, Sidon, Jérusalem, Echatane et Ninive n'éprouvèrent pas un meilleur sort. Ainsi toute cette contrée nous apparaît comme une terre de désolation, où les empires ruinés s'entraînent mutuellement dans l'abîme.

Que si plusieurs d'entre eux ont perdu jusqu'à leurs noms, et n'ont laissé presque aucune trace de leur passage, rien ne s'accorde mieux avec la nature des choses; car où chercher ces vestiges? La plupart de ces nations parlaient une même langue, variée seulement suivant divers dialectes. Confondus dans leur chute commune, ces dialectes allèrent se perdre dans un mélange de chaldéen, de syriaque et d'arabe, qui, maintenant encore, est la langue de cette contrée, et ne conserve presque aucune empreinte distinctive des peuples dont il est le seul débris vivant. Sortie du camp d'une horde, leur destinée politique revint à sa première origine, sans emporter la moindre marque de ses splendeurs passées; encore moins les monumens si célèbres de Bélus, de Sémiramis, etc., pouvaient-ils assurer à ces états l'immortalité d'une pyramide simplement construite en briques séchées au soleil ou au feu, et cimentées par du bitume : ils ne tardèrent pas à être détruits s'ils ne cédèrent plutôt à l'action silencieuse du temps. La puissance despotique des fondateurs de Ninive tomba par degrés, et dans cette partie si célèbre du monde, il ne reste que des noms portés jadis par des peuples qui ne sont plus. Nous errons parmi les tombes ruinées des monarchies, et nous apercevons l'ombre de leur antique gloire.

En effet, cette gloire fut si grande que, si nous comprenons l'Égypte dans cette contrée, aucune partie du monde, sans en excepter la Grèce et Rome, n'a fait un si grand nombre de découvertes, # LIVRE XII.

et n'a posé les élémens de tant de choses, que l'Europe, et, par elle, toutes les nations de la terre se sont ensuite appropriées. On s'étonne du nombre des arts et des diverses branches d'industrie, qui, d'après les récits des Hébreux, étaient en usage depuis les temps les plus anciens chez ces petites hordes errantes [1]. L'agriculture avec divers instrumens, le jardinage, la pêche, la chasse, l'entretien du bétail, l'art de moudre le blé, de cuire le pain, de préparer la nourriture, le vin, l'huile, de carder la laine, d'en faire des vêtemens, de filer, de tisser la toile, de coudre, de peindre, de faire de la tapisserie, de la broderie, de frapper la monnaie, de graver des sceaux, de tailler les diamans, de fabriquer le verre, de pêcher le corail, d'exploiter les mines, de forger, de faire différens travaux sur les métaux; de dessiner, de mouler et de fondre; la statuaire et l'architecture; la musique et la danse; l'écriture et la poésie; le commerce par poids et mesure; la navigation le long des côtes : dans les sciences quelques élémens d'astronomie, de chronologie et de géographie, la physique et la stratégie, l'arithmétique, la géométrie et la mécanique; dans les institutions politiques, les lois, les tribunaux, la religion, les contrats, les châtimens et un grand nombre

---

[1]. Voy. Goguet, Origine des lois, etc., et plus particulièrement Gatterer, Courte esquisse d'histoire universelle, vol. I.

de coutumes morales, nous trouvons tout cela en usage, dès les temps les plus anciens, chez les peuples de la haute Asie. Nous ne pourrions donc nous empêcher de considérer les élémens de toute la civilisation de cette contrée comme les débris d'un monde antérieur, quand même nous ne serions conduits à ce résultat par aucune tradition. Les peuples qui errèrent loin du centre de l'Asie, devinrent seuls sauvages et barbares; aussitôt ou tard devaient-ils être civilisés une seconde fois par des voies différentes.

## CHAPITRE PREMIER.

### *Babylone, Assyrie, Chaldée.*

Dans l'immense contrée de la haute Asie, de toute part ouverte aux peuples nomades, les bords fertiles et rians du Tigre et de l'Euphrate ont sans doute attiré de bonne heure une foule de tribus de pasteurs; et comme ces lieux, situés entre des montagnes d'un côté, et des déserts de l'autre, ressemblent à un Éden, les hordes qui y étaient conduites ont dû chercher à y établir leur séjour. Aujourd'hui qu'il n'est point cultivé et qu'il est resté exposé, depuis des siècles, aux dévastations et au pillage des hordes qui le traversent, ce pays a perdu, il est vrai, beaucoup de sa beauté : pourtant il est telles parties qui confirment encore la vérité des descriptions des anciens écrivains, et méritent l'admiration qu'ils ont excitée parmi eux[1]. Ce fut donc là le berceau des premières monarchies de l'histoire et le premier asile des arts utiles.

Dans le cours d'une vie errante rien ne s'offrait plus naturellement à l'ambition d'un audacieux Sheik, que le dessein de s'approprier les bords délicieux de l'Euphrate, et d'unir entre elles quelques hordes pour s'en maintenir la possession. Les chroniques hébraïques donnent le nom de Nemrod à ce chef, qui établit son domaine sur les villes de Babylone, d'Édesse, de Nisibe et de Ctésiphon ; elles placent dans son voisinage un autre royaume, celui d'Assyrie, avec les villes de Resen, de Ninive, d'Adiaben et de Chalé. De la situation même de ces royaumes, combinée avec leurs caractères et leur origine, sortirent toutes les conséquences de leur destinée, sans oublier leur déclin et leur ruine. Fondés par des races différentes, se limitant étroitement les uns les autres, tous animés de l'esprit querelleur des hordes, quel pouvait être le sort de ces peuples, sinon de se traiter en ennemis, de tomber à diverses reprises sous un joug despotique, et d'être à la fin dispersés çà et là par les invasions des montagnards du Nord? Telle est

---

[1]. Géographie de Büsching.

l'histoire abrégée des empires situés sur les bords du Tigre et de l'Euphrate; à travers tant de siècles et les récits tronqués de diverses nations, elle n'a pu arriver jusqu'à nous dans un ordre parfait. Toutefois elle s'accorde avec la fable dans ce qu'elle nous a transmis touchant l'origine, le génie et les constitutions de ces peuples. Nés de faibles commencemens et de tribus errantes, ils ont toujours conservé le caractère pillard des hordes. Le despotisme qui grandit avec eux, et les productions des arts pour lesquels Babylone était particulièrement renommée, s'accordent parfaitement avec le génie de la contrée et le caractère national des habitans.

Car, que pouvaient être les premières villes qui ont été bâties par ces monarques si renommés? Les fortifications d'une horde nombreuse, le camp fixe d'une tribu qui, maîtresse de ces fertiles contrées, faisait çà et là des incursions pour porter le pillage dans d'autres lieux. De là, la vaste enceinte de Babylone, une fois qu'elle eut étendu ses fondemens des deux côtés du fleuve. De là, la hauteur de ses tours et de ses murailles. Les murs n'étaient que des remparts d'une argile cuite, élevés pour protéger un camp immense de Nomades; les tours servaient à placer des sentinelles. Traversée dans tous les sens par des jardins, la ville entière était, suivant l'expression d'Aristote, un Péloponèse. Le pays fournissait en abondance les matériaux propres à cette espèce d'architecture naturelle aux Nomades ; principalement de l'argile, avec laquelle ils formaient des briques, et du bitume, dont ils apprirent à faire un ciment. Ainsi la nature les aidait dans leurs travaux ; et une fois que les fondemens eurent été jetés dans le style nomade, il était aisé de les enrichir et de les embellir, quand la horde avait fait des excursions, et qu'elle revenait chargée de butin.

Et les conquêtes si vantées d'un Ninus, d'une Sémiramis, etc., qu'étaient-elles, sinon des incursions de pillards, comme celles des Arabes de nos jours, des Kurdes et des Turcomans. Les Assyriens ne furent même, dès leur origine, que des brigands qui se cachaient dans les montagnes, et ils n'ont devant la postérité d'autre gloire que celle d'avoir volé et pillé. Depuis les temps les plus anciens, les Arabes se sont distingués au service de ces conquérans du monde, et l'on connaît la manière de vivre immuable de ces peuples, qui ne durera pas moins que les déserts d'Arabie. Plus tard les Chaldéens apparaissent sur la scène ; et dès leur berceau, ces Kurdes pillards[1], ne se font remarquer dans l'histoire que par la dévastation ; car la gloire

---

1. Voy. Schlœtzer sur les Chaldéens dans le *Repertorium für die morgenländische Litteratur*, t. VIII, p. 113.

qu'ils ont acquise dans les sciences, n'est probablement qu'un titre honorifique qu'ils ont gagné, comme une partie de leur butin, à la conquête de Babylone. Ainsi tout nous conduit à regarder les belles contrées arrosées par ces fleuves comme le théâtre où dans les temps anciens et les temps modernes des tribus vagabondes, des hordes barbares, d'abord rassemblées pour entasser leur butin dans des lieux fortifiés, puis plus tard énervées par la chaleur voluptueuse du climat et les progrès du luxe, ont fini par devenir la proie de quelques peuplades nouvelles.

Il est difficile de croire que les œuvres si vantées d'une Sémiramis et même d'un Nabucodonosor, doivent changer notre opinion. Les premières expéditions des Assyriens furent dirigées contre l'Égypte. Selon toute vraisemblance, ce sont donc les arts de cette contrée pacifique qui ont servi de modèle pour les ornemens de Babylone. La fameuse statue colossale de Bélus, les bas-reliefs qui ornaient les murailles de briques de la grande cité, appartiennent au style égyptien ; et cette tradition, que la reine fabuleuse se rendit sur le mont Bagisthan, pour graver son image au sommet, indique clairement une imitation de l'Égypte. Il en résulte au moins que les contrées méridionales ne fournissaient pas, comme l'Égypte, des rocs de granite propres à construire un monument éternel. Les ouvrages de Nabucodonosor ne furent également que des statues colossales, des palais de briques et des jardins en terrasse. On cherchait à suppléer par la grandeur des dimensions aux conceptions de l'art et à l'imperfection des matériaux. Quoi qu'il en soit, le caractère babylonien laissa son empreinte aux plus frêles de tous les monumens, à des jardins; je ne donne pas, je l'avoue, de grands regrets à ces monceaux de terre entassée, qui, probablement, étaient loin d'occuper un rang distingué dans les productions des arts. Ce que je désire, c'est que l'on cherche sous leurs ruines des tables d'écriture chaldéenne, que l'on ne peut manquer d'y trouver, au jugement de différens voyageurs.[1]

Ce ne furent pas, à véritablement parler, les arts de l'Égypte mais des arts propres aux nomades, et ensuite ceux du commerce, qui dominèrent dans cette contrée, comme en effet sa situation lui en faisait une loi. L'Euphrate était sujet à des inondations; il fallait des canaux pour partager ses eaux, et répandre avec elles la fertilité sur une plus grande étendue de terrain. De là, l'invention des roues et des pompes à eau, si du moins elles ne furent pas apportées d'Égypte. A quelque distance du fleuve,

---

[1]. Voy. Della Valle sur les ruines des environs d'Ardesch; Niebuhr sur les monceaux de ruines des environs d'Hellah, etc.

ce pays qui, jadis, était habité et fertile, est aujourd'hui stérile, parce qu'il n'est plus cultivé par la main active de l'industrie. Du soin des troupeaux aux travaux de l'agriculture, il n'y avait qu'un pas, et il semblait commandé par la nature même. Les fruits de jardin, les productions céréales qui naissent d'elles-mêmes avec une rare abondance sur les rives de l'Euphrate, et paient à haut prix le peu de soins qu'on leur donne, changèrent, presque à son insçu, le berger en agriculteur et en jardinier. Une forêt de palmiers le nourrit de ses fruits, et lui offrit le modèle d'une colonne pour asseoir un édifice plus solide que sa tente ; l'argile facilement séchée l'aida à le construire, et ainsi, peu à peu, il eut une habitation plus commode, quoique moins mobile. La même terre lui fournit des vases, et une foule d'ustensiles indispensables à la vie domestique. Il apprit à cuire le pain, à préparer sa nourriture : enfin, il fut conduit par le commerce à déployer le luxe de ces fêtes, de ces banquets voluptueux, pour lesquels les Babyloniens furent renommés dès les temps les plus anciens. De leurs petites idoles d'argile, ils en vinrent jusqu'à façonner et à cuire des statues colossales, qui bientôt leur servirent de modèles pour donner des formes animées aux métaux fondus. Comme ils gravaient des lettres ou des figures sur l'argile molle, qui, ensuite, était durcie au feu, ils apprirent peu à peu à perpétuer sur la brique le souvenir des temps passés, et à s'aider des observations de leurs prédécesseurs : l'astronomie elle-même fut une découverte fortuite des tribus errantes de ces contrées. En menant paître ses troupeaux au milieu des plaines qui s'étendaient autour de lui, le berger observa, dans ses paisibles loisirs, le lever et le coucher des étoiles sur un ciel toujours pur. Il leur donna les mêmes noms qu'à ses brebis, et retint dans sa mémoire divers changemens dont il avait été frappé. Ces observations furent continuées sur les toits plats des maisons de Babylone, où les habitans se réunissaient pour causer après la chute du jour; enfin on éleva, dans l'intérêt spécial de la science, un monument pour y suivre, sans interruption, le cours des périodes célestes. C'est ainsi que la nature a excité l'homme à la recherche de ses secrets, et ces nobles présens des sciences ne sont pas moins que tous ses autres bienfaits des productions locales et circonstantielles. Au pied du Caucase, les sources de naphte ont mis l'élément du feu au pouvoir de l'homme, et l'on ne peut douter que ce ne soit de là que la Fable de Prométhée tire son origine. Sur les rives de l'Euphrate, en faisant croître le beau palmier à éventail, la providence a changé le berger nomade en un habitant industrieux de villes et de royaumes.

D'autres arts naquirent à Babylone de la situation même du pays, qui était depuis les temps les plus anciens ce qu'il sera toujours, le point le plus direct de communication entre le commerce de l'Orient et celui de l'Occident. Comme aucun fleuve ne traverse la Perse, il n'y eut pas de ville célèbre dans l'intérieur de cette contrée; mais quel mouvement sur les bords de l'Hindus et du Gange, du Tigre et de l'Euphrate! Non loin était le golfe persique, qui bientôt enrichit Babylone par le transport des marchandises de l'Inde, et en fit ainsi le centre de l'industrie commerciale [1]. Personne n'ignore à quel degré de perfection sont parvenues chez les Babyloniens la tapisserie, la toile, la broderie et d'autres choses de ce genre. Le luxe et l'industrie établirent entre les sexes des rapports plus fréquens et plus intimes que dans toute autre province de l'Asie, et les gouvernemens de quelques reines n'y contribuèrent pas faiblement. En un mot, le genre d'éducation de ces peuples dériva nécessairement de leur situation et de leur manière de vivre, et il y aurait lieu de s'étonner que de telles circonstances et de telles contrées n'eussent rien produit de remarquable. La nature a sur la terre des lieux qu'elle favorise, les bords des fleuves, quelques points des côtes de la

---

[1]. *Eichhorn's Geschichte des ostindischen Handels* (Histoire du commerce des Indes orientales), p. 12; *Gatterer's Einleitung zur synchronistischen Universal-Historie* (Introduction à une histoire universelle synchronique).

mer, qui tous excitent et récompensent l'industrie de l'homme. Comme elle a déployé l'Hindostan sur les bords du Gange, l'Égypte sur les bords du Nil; de même, ici elle a créé une Ninive et une Babylone; dans des temps moins anciens, une Séleucie et une Palmyre. Si Alexandre eût accompli le projet qu'il avait formé de gouverner le monde du sein de Babylone, quel aspect différent eût présenté pendant des siècles cette délicieuse contrée!

Les Assyriens et les Babyloniens ne furent pas étrangers à la découverte de l'écriture, et les tribus errantes de la haute Asie se vantent de la connaître depuis un temps immémorial. Je n'entre point ici dans la question de savoir à quel peuple cette noble découverte est réellement due; qu'il suffise de dire que toutes les tribus araméennes ont joui de ce présent du monde primitif, et que les hiéroglyphes leur ont toujours inspiré une sorte d'horreur religieuse. Je ne puis donc me persuader que ces signes mystérieux aient été employés par les Babyloniens. Si leurs mages ont interprété le cours des astres, des événemens, les accidens, les songes et les écritures secrètes, ils n'ont point fait usage des hiéroglyphes. Ainsi l'écriture du destin, qui apparut à l'impie Belschazzar [1], consistait en lettres et en syllabes, formées, suivant la coutume orientale, de signes

---

1. Daniel, V; 5, 25.

confus, et ne présentait aucune image déterminée;
même les peintures dont Sémiramis décora ses murailles, les lettres syriaques qu'elle prétendit faire
graver sur la pierre de sa statue, prouvent que dès
les temps les plus reculés ces peuples se servaient
d'une écriture littérale et non point hiéroglyphique.
C'est par là seulement que les Babyloniens ont pu de
si bonne heure écrire des contrats, des chroniques,
une suite non interrompue d'observations sidérales;
et de là vient qu'ils se présentent à la postérité avec
l'aspect d'un peuple civilisé. Il est vrai que ni leurs
catalogues astronomiques, ni aucune trace de leurs
écrits ne sont arrivés jusqu'à nous, bien qu'ils existassent encore du temps d'Aristote : toutefois ce
n'est pas une faible gloire pour un peuple que de
les avoir possédés.

Quoi qu'il en soit, quand nous parlons des connaissances des Chaldéens, gardons-nous de les mesurer sur celles que nous avons acquises aujourd'hui. Les sciences, à Babylone, étaient le domaine
exclusif d'une classe d'hommes, qui, à l'époque
du déclin de la nation, devinrent de vils imposteurs : on les nommait Chaldéens, probablement
dès le temps où les Chaldéens gouvernaient Babylone ; car depuis le règne de Bélus, la classe des lettrés avait été dans l'État un ordre régulier, établi
par le gouvernement : et il est vraisemblable que,
pour flatter ses maîtres, cette classe prit le nom

de la nation à laquelle ils appartenaient. C'étaient des philosophes de cour; aussi ni la bassesse, ni les fraudes d'une philosophie de cour ne manquent à leur histoire. On peut présumer qu'ils n'ont pas plus ajouté que le tribunal de la Chine aux connaissances des siècles passés.

Le voisinage des montagnes d'où se précipitèrent tant de nations barbares, fut à la fois favorable et funeste à cette illustre contrée. Après que les empires des Assyriens et des Babyloniens eurent été soumis par les Chaldéens et les Mèdes, et ces derniers conquis par les Persans, le pays se changea en désert, et le siège de l'empire fut transporté plus au nord. Aussi l'instruction que nous pouvons tirer de ces empires, pour ce qui regarde la guerre ou la politique, est presque nulle. Leurs attaques étaient brusques, ils pillaient au lieu de conquérir; pour système politique, ils avaient ce misérable gouvernement de satrapes, qui presque toujours a dominé dans cette partie de l'Orient. De là l'immutabilité des formes de ces monarchies; de là des révolutions fréquentes, quand la prise d'une ville ou la perte d'une bataille entraînait la chute de l'empire. Aussitôt qu'il eut été renversé pour la première fois, Arbace, il est vrai, fit tous ses efforts pour établir entre les satrapes une sorte de lien aristocratique; mais ce projet ne réussit pas, parce que les tribus mèdes et arméniennes ne connaissaient d'autre gouvernement que le despotisme. Long-temps élevées dans les habitudes nomades, un roi leur représentait un scheick, un père de famille, et par là il était impossible d'arriver à la liberté politique, ou à un gouvernement composé de plusieurs membres. Comme un seul soleil éclaire les cieux, il ne devait y avoir sur la terre qu'un souverain, qui s'environna bientôt de la splendeur des cieux, de la gloire d'une divinité terrestre. Tout dépendit de son caprice; tout fut esclave de sa personne; l'État vivait en lui, et pour l'ordinaire mourait avec lui. Un sérail était la cour du prince : ses yeux ne rencontraient que l'éclat de l'or et de l'argent, les regards serviles de l'élite des jeunes gens et des femmes, des terres qu'il possédait comme des pâturages, des troupeaux d'hommes qu'il chassait et entassait à son gré, s'il n'aimait mieux les faire mourir au moindre signe. Gouvernement digne des hordes errantes qui le supportèrent! cependant elles eurent de loin à loin, par hasard, un bon prince, un vrai pasteur, un père du peuple.

## CHAPITRE II.

### *Les Mèdes et les Persans.*

Les Mèdes sont connus dans l'histoire du monde à cause de leurs exploits guerriers et de leur luxe ; mais jamais ils ne se sont fait distinguer par aucune découverte ni par le moindre perfectionnement dans la science politique. C'étaient de vaillans montagnards, de hardis cavaliers, dont le pays froid et triste était en grande partie inculte. Quoi qu'il en soit, après avoir renversé l'ancien empire d'Assyrie, dont les sultans languissaient dans la mollesse des sérails, ils ont encore échappé à celui qui se forma de ses ruines ; mais ils ne tardèrent pas à être soumis par les ruses de Déjocès à une monarchie sévère, qui à la fin surpassa celle des Perses même en luxe et en magnificence. A une dernière époque ils furent réunis, sous Cyrus le Grand, à cette multitude de nations qui élevèrent les rois de la Perse à la souveraineté du monde.

S'il est un prince dont l'histoire ressemble à une fiction, c'est assurément Cyrus, le fondateur de l'empire persan, soit que nous lisions les exploits de cet enfant des dieux, conquérant et législateur de tant de peuples divers, dans le récit des Hébreux et des Perses, soit que nous donnions la préférence à Hérodote ou à Xénophon. Sans doute, ce dernier historien, qui reçut de son maître l'idée d'une Cyropédie, a recueilli dans ses campagnes en Asie quelques traditions vraies sur la vie de son héros; mais, comme Cyrus était mort depuis long-temps, il ne les a entendu raconter que dans ce style métaphorique, dont les Orientaux se servent toujours en parlant de leurs rois et de leurs grands hommes. Ainsi Xénophon fut pour Cyrus ce qu'Homère avait été pour Achille et pour Ulysse, quand il construisit sa fable sur quelques vérités. Peu nous importe, toutefois, lequel des deux ait surpassé l'autre en fictions. Il nous suffit de savoir que Cyrus a soumis l'Asie et fondé un empire qui s'étendait depuis l'Inde jusqu'à la Méditerranée. Si Xénophon a décrit avec les couleurs véritables les coutumes des anciens Perses, parmi lesquels Cyrus fut élevé, l'Allemand s'enorgueillira à bon droit de ce peuple, auquel ses ancêtres étaient probablement alliés de très-près, et la Cyropédie peut être lue en sûreté par tous les princes de notre pays.

Mais toi, grand et bon Cyrus, si ma voix pouvait se faire entendre jusque dans ta tombe à Pasagardes, je demanderais à tes cendres pourquoi tu te laissas entraîner ainsi à la gloire des conquêtes? Dans le cours rapide de tes victoires et de ta jeunesse t'es-tu demandé une seule fois, de quoi te serviraient à toi et à ta postérité tant de nations, d'immenses contrées soumises à ta puissance? ton génie pouvait-il être présent partout? vivre et agir dans la suite entière des générations? Partant, quel fardeau as-tu imposé à tes successeurs en les couvrant d'un manteau royal que tant de richesses et d'ornemens surchargeaient d'un poids accablant. Il ne pouvait manquer de se déchirer en lambeaux, ou d'entrainer dans sa chute celui qui en était revêtu. Telle fut l'histoire de la Perse sous les successeurs de Cyrus. L'exemple de son génie aventureux avait tellement élevé leur audace, qu'ils cherchèrent à agrandir un empire qui ne pouvait que décroître. Aussi, partout pillant et ravageant, l'ambition d'un ennemi qu'ils avaient provoqué, ne tarda pas à les conduire à une fin déplorable. L'empire persan eut à peine deux siècles d'existence, et il est étonnant qu'il ait duré si long-temps; car ses racines étaient si peu profondes, et ses branches si étendues, que chaque jour sa chute devenait plus inévitable.

Partout où le règne de l'humanité sera établi, l'esprit de conquête, qui se détruit nécessairement de lui-même, disparaîtra de l'histoire après quelques générations. Vous chassez devant vous les hommes comme un vil troupeau; comme des masses informes et sans vie, vous les entassez pêle-mêle, sans réfléchir qu'ils ont des ames : encore une pierre, une seule, à l'édifice, et peut-être qu'elle retombera sur votre tête. Un royaume composé d'une seule nation est une famille, une maison bien ordonnée. Un empire où cent nations et autant de provinces vont se perdre dans une union forcée, est moins un corps politique qu'un monstre privé de vie.

Tel fut, dès l'origine, l'empire persan, ce qui, cependant, ne devint évident qu'après la mort de Cyrus. Différent en tout de son père, son fils voulut étendre ses conquêtes, et il attaqua avec tant de fureur l'Égypte et l'Éthiopie, que la famine suffit à peine à le repousser des déserts. Qu'y gagna-t-il pour lui et pour son empire ? quels bienfaits a-t-il apporté aux pays qu'il a subjugués ? est-ce d'avoir ravagé l'Égypte et détruit à Thèbes les temples des dieux et les monumens des arts ? Insensé ! des générations succèdent à des générations ; mais de tels monumens ne sont point remplacés ; aujourd'hui encore ils sont en ruines, ils sont déserts. A peine s'il en reste quelques traces, et le voyageur qui les cherche, accuse, en passant, la folie de celui qui a privé l'avenir de ces merveilles des anciens âges.

A peine Cambyse eut-il succombé, victime de sa propre folie, que le sage Darius se mit à marcher sur ses traces : il attaqua les Scythes et les Indous ; il ravagea la Thrace et la Macédoine ; mais tout ce qu'il retira de ses victoires, fut, de jeter çà et là, parmi les Macédoniens, des germes de haine, qui, plus tard, portèrent leur fruit, et devinrent mortellement funestes au dernier roi de son nom : il attaqua les Grecs avec peu de succès, et son successeur fondit sur eux avec moins de bonheur encore. Maintenant, si nous jetons les yeux sur ce nombre prodigieux de vaisseaux et d'hommes qui ont été livrés par la Perse à d'insensés despotes, pour agrandir leurs conquêtes et appesantir leur joug ; si nous nous rappelons tout le sang répandu dans les révoltes de tant de pays injustement subjugués, sur les rives de l'Euphrate, du Nil, de l'Indus, de l'Araxe et de l'Halys, seulement pour que ce qui s'était appelé Perse jusqu'alors conservât le nom de Perse, où est celui qui, à ce spectacle, pourrait verser des larmes efféminées, comme Xerxès, à la vue de son innocente flotte destinée au carnage, et non pas des larmes de sang, des larmes d'indignation, de ce qu'un empire si insensé, si ennemi du genre humain, a porté sur ses étendards le nom d'un Cyrus ? Ces Perses, ravageurs du monde, ont-ils jamais fondé des royaumes, des villes, des monumens pareils à ceux qu'ils ont ébranlés ou détruits ? En étaient-ils capables ? Les ruines de Babylone, de Thèbes, de Sidon, de la Grèce et d'Athènes sont là pour répondre !

C'est une loi à la fois rigoureuse et bienfaisante, que tout pouvoir extrême, comme tout mal, se détruit à la fin de lui-même. La décadence de la Perse commença dès l'époque de la mort de Cyrus; car, si par l'effet des précautions de Darius, elle conserva pendant un siècle encore son éclat extérieur, déjà le ver qui ronge à la racine tout empire despotique, pénétrait jusqu'au cœur de l'État. Cyrus partagea le gouvernement en un certain nombre de principautés, qu'il maintint sous sa dépendance, en établissant entre elles de faciles communications, et en veillant lui-même sur le tout. Darius établit dans l'empire ou du moins dans sa cour des divisions plus régulières encore, et de la place élevée qu'il se réserva, il exerça une autorité aussi active que sage. Mais les plus grands rois, quand ils naissent sur un trône absolu, deviennent bientôt des tyrans efféminés. Xerxès même, après sa déplorable entreprise contre la Grèce, quand tant d'autres pensées devaient occuper son ame, ne sut plus que se livrer à Sardes à d'infames débauches. La plupart de ses successeurs ne suivirent pas d'autre exemple ; aussi la corruption, la révolte, des conjurations, des assassinats, des projets mal conçus et plus mal exécutés, voilà ce qui remplit l'histoire des derniers temps de la Perse. La corruption, qui commença par les nobles, gagna tous les degrés du peuple : à la fin, chaque souverain eut à craindre pour sa vie, et le trône, ébranlé même sous les meilleurs princes, allait tomber de lui-même, quand Alexandre s'élança en Asie, et mit fin, après quelques batailles, à cet empire vieilli. Malheureusement cette chute arriva sous le règne d'un monarque digne d'un meilleur sort : il souffrit innocemment pour les fautes de ses pères, et mourut victime de la plus infâme trahison. S'il est au monde une histoire qui proclame cette vérité : que l'anarchie se détruit d'elle-même, que le pouvoir absolu est au fond le plus faible, le plus précaire de tous, et que le gouvernement efféminé des satrapes est pour le prince, aussi bien que pour le peuple, le fléau le plus funeste, c'est assurément l'histoire de la Perse.

De là vient que cet empire n'a exercé une heureuse influence sur aucune nation. Il détruisit sans rien édifier, il contraignit les provinces à payer d'odieux tributs, soit pour la ceinture de la reine, soit pour son diadème ou son collier ; mais de les réunir et de les resserrer entre elles par de meilleures lois et de meilleures institutions, c'est ce qu'il ne tenta jamais : ils sont passés, les jours d'éclat, de magnificence et d'apothéose de ces monarques ; ils sont tombés comme eux, leurs favoris et leurs satrapes ; et confondus sous les décombres, ils recouvrent de leurs cendres humides l'or qu'ils ont extorqué des provinces ; leur histoire même n'est qu'un rêve, une fable qui, transmise jusques à nous, de la bouche des Grecs et des Asiatiques, ne vit que de contradictions. Jusques à l'ancienne langue de la Perse, tout a disparu : et les seuls monumens de sa magnificence, les ruines de Persépolis, aussi bien que les inscriptions et les figures colossales qui en faisaient l'ornement, sont des débris mystérieux dont l'explication nous est jusqu'ici interdite. Le destin s'est vengé de ces sultans: ils ont été chassés de dessus la surface de la terre, comme par des vents empoisonnés, et si leur mémoire survit en quelque lieu, ainsi qu'en Grèce, c'est sans honneur et sans regrets, seulement pour servir de fondemens à une grandeur plus réelle et mieux reconnue.

Le temps ne nous a laissé qu'une seule production du génie des Perses, les œuvres de Zoroastre, si du moins l'authenticité en est démontrée [1]. Toutefois, à les prendre dans leur ensemble, ils offrent tant de contradictions avec plusieurs monumens concernant la religion de ces peuples; il est d'ailleurs si évident qu'ils ont subi l'influence des derniers systèmes des Bramines et des Chrétiens, que l'on ne peut admettre comme authentiques que le fond de ces doctrines, et celles qui ont été déterminées par les circonstances du climat et du temps. Les anciens Perses, par exemple, comme toutes les nations grossières, et principalement les montagnards, adoraient les élémens; mais, quand ils eurent quitté leur premier état de barbarie, et qu'enrichis par la victoire ils se furent élevés au

---

1. Zend-Avesta, traduit par Anquetil du Perron; Paris, 1771.

plus haut degré du luxe, leur culte et toutes leurs croyances religieuses durent nécessairement, selon la marche des choses en Asie, revêtir des formes plus pures. C'est de Zoroastre ou de Zerdusht qu'ils reçurent, sous les auspices de Darius, fils d'Hystaspe, ce système auquel le cérémonial du gouvernement persan a évidemment servi de base. Comme il y avait sept princes autour du trône du roi, il y eut en face de Dieu sept esprits pour exécuter ses commandemens. Ormuzd, principe de la lumière, engage avec Ahriman, souverain des ténèbres, une lutte éternelle dans laquelle tout être bon vient à son aide : symbole politique, dont il est d'autant plus impossible de méconnaître le sens, que les ennemis de la Perse sont représentés dans le Zend-Avesta sous le personnage des serviteurs d'Ahriman, ou des méchans esprits. Les préceptes moraux de cette religion ont tous également un caractère politique; au premier rang ils mettent la pureté de l'ame et du corps, la concorde dans l'intérieur de la famille, un échange mutuel de bonnes actions : ils recommandent la culture des champs et des arbres utiles, la propreté la plus délicate, la décence des manières, les mariages précoces, l'éducation des enfans, le respect pour le roi et ses serviteurs, l'amour pour l'État; et tout cela selon les habitudes de la Perse. En un mot, la base de ce système est évidemment une religion politique, telle que la

Perse seule, au temps de Darius, pouvait l'inventer ou l'adopter. Ajouterai-je que cette superstition tenait nécessairement à d'anciennes idées et à quelques traditions nationales? Sur ce fondement s'établit l'adoration du feu, qui, sans aucun doute, était le culte religieux des peuples situés près des sources de naphte, sur les bords de la mer Caspienne, bien que, dans diverses contrées, on assigne à des temples construits selon la loi de Zoroastre une plus haute origine. De là tant de pratiques superstitieuses pour purifier le corps, et cette crainte des démons, qui, partout répandue, fait le fond des prières, des vœux et des cérémonies sacrées des Parsis. Rien ne prouve mieux qu'une telle religion le degré d'abaissement moral du peuple, pour lequel elle fut un bienfait; et elle s'accorde d'ailleurs assez avec l'idée que nous nous faisons des anciens Perses. Enfin, la partie de de système qui traite indirectement de la connaissance générale de la nature, est entièrement tirée des doctrines des mages; seulement il les adoucit, il les élève, il les ennoblit, toujours conforme à lui-même, soit qu'il soumette les deux principes de la création, la lumière et les ténèbres, à un être infiniment supérieur appelé l'Éternité, soit qu'il proclame le triomphe du bien sur le mal, et les progrès de l'univers physique et moral vers le règne de la lumière pure. Sous ce point de vue, la religion politique de Zoroastre est une sorte de théodicée philosophique, telle que la comportaient l'époque et les connaissances contemporaines.

Les circonstances qui ont accompagné son origine expliquent assez pourquoi la religion de Zoroastre ne pouvait avoir la même stabilité que les institutions des Bramines et des Lamas. Long-temps précédée par le despotisme, elle ne fut qu'une sorte de religion monacale, qui se prêta à toutes les exigences du système politique. En vain Darius détruisit les mages, qui faisaient un corps distinct dans l'État, malgré ses efforts pour introduire à leur place cette religion qui marquait le monarque d'un caractère spirituel, elle n'eut jamais que le caractère d'une secte, bien qu'elle régnât pendant un siècle. Aussi le culte du feu s'étendit-il à l'occident pardelà les Mèdes, jusqu'en Cappadoce, où ses temples étaient encore debout du temps de Strabon, et à l'orient, jusque sur les bords de l'Indus. Mais quand l'empire des Perses, sourdement miné dans ses fondemens, s'écroula devant la fortune d'Alexandre, la religion de l'État tomba pour jamais en ruines. Ses sept Amshaspands disparurent, et l'image d'Ormuzd ne brilla plus sur le trône persan. Les jours de ses splendeurs étaient passés, elle ne fut plus qu'une ombre vaine, comme le culte des Brahmes exilé loin des rives du Gange. Que si les Grecs la traitèrent avec tolérance, plus tard elle fut persécutée par les Mahométans avec une incroyable rigueur. Ses tristes débris se réfugièrent à l'extrémité de l'Inde; là, comme une ruine de l'antiquité, sans but, sans progrès, sans avenir, elle languit dans des formes et des superstitions surannées, qui ne convenaient qu'à la Perse, et qu'elle a modifiées, probablement à son insçu, de la plupart des opinions des peuples parmi lesquels elle a été jetée par le destin. Telle est la marche naturelle des choses et des temps; car toute religion, arrachée à son sol et à sa sphère, doit nécessairement subir l'influence des objets environnans. Du reste, les Parsis de l'Inde sont en général doux, paisibles, industrieux; et, considérés comme un corps distinct dans l'État, ils l'emportent sur la plupart des sectes religieuses. Ils assistent les pauvres avec zèle, et excluent de leur société tous les membres dont les vices paraissent incorrigibles.[1]

## CHAPITRE III.

### *Les Hébreux.*

L'histoire des Hébreux ne brille que d'un faible éclat, quand on la considère immédiatement après celle des Perses. Le pays qu'ils occupaient était peu étendu, et le rôle politique qu'ils ont joué sur la scène du monde, et dans l'intérieur de leurs cités, fut peu important, puisqu'ils n'ont presque jamais

---

[1]. Voyages de Niebuhr.

tenté la carrière des conquêtes. Cependant, par la volonté de la Providence, et par une suite d'événemens dont il est facile d'indiquer les causes, ils ont exercé sur l'avenir une plus vaste influence qu'aucun peuple de l'Asie; et l'on peut dire que par l'intermédiaire du christianisme et de l'islamisme, ils ont propagé la civilisation dans la plus grande partie du monde.

Ce qui donne aux Hébreux un rang très-élevé dans l'échelle des peuples, c'est que, dans un temps où la plupart des nations, aujourd'hui éclairées, ignoraient entièrement l'art de l'écriture, ils ont composé des Annales historiques qu'ils ont même fait remonter jusqu'au commencement du monde. Par un privilége plus précieux encore leur génie ne s'est pas voilé du mystère des hiéroglyphes: composées de mémoires domestiques, de contes ou de poëmes historiques, leurs annales doublent de valeur par cette simplicité de forme. Ces récits ont d'ailleurs une rare authenticité, puisque, conservés pendant des milliers d'années avec des scrupules presque superstitieux, le christianisme les a répandus ensuite chez des nations qui les ont examinés, discutés, commentés, appliqués avec un esprit de liberté dont les Juifs ne donnent aucun exemple. Il est remarquable, à vrai dire, que la vie de ce peuple, racontée par d'autres nations, par Manethon l'Égyptien en particulier, diffère en tant de points de l'histoire même des Hébreux. Mais si on examine avec impartialité ce dernier récit, si l'on pénètre dans l'esprit de la narration, on verra qu'il mérite incontestablement plus de confiance que les calomnies des étrangers, pour lesquels les Juifs étaient un objet de mépris. Je n'hésite donc pas à prendre pour guide et pour appui l'histoire des Hébreux, telle qu'ils l'ont eux-mêmes racontée; invitant d'ailleurs le lecteur non pas à repousser avec dédain les contes de leurs ennemis, mais seulement à les lire avec précaution.

Ainsi, suivant les histoires nationales les plus anciennes des Hébreux, le fondateur de leur royaume passa l'Euphrate à la tête d'une horde errante et s'arrêta en Palestine. Là il trouva sans obstacle une patrie pour adorer le dieu de ses pères avec les rites de sa tribu et pour mourir dans la vie pastorale de ses ancêtres. A la troisième génération, ses descendans sont conduits par la bonne fortune de l'un des membres de leur famille dans la terre d'Égypte, où ils continuent le même genre de vie, sans contracter d'alliance avec les habitans du pays : on ne sait pas exactement l'époque où, pour les affranchir du mépris et de l'oppression que le caractère de bergers attirait sur eux, leur législateur les entraîna en Arabie. C'est là que ce grand homme, le plus grand que ces peuples aient jamais eu, accomplit son œuvre. Il leur donna une constitution, fondée, il est vrai, sur la religion et les mœurs de leurs ancêtres, mais tellement combinée avec la politique égyptienne, qu'il les élevait de la classe des hordes errantes au rang des nations cultivées, en mettant toutefois entre eux et l'Égypte de si puissantes barrières, qu'ils n'eurent jamais envie d'en fouler derechef le sol inhospitalier. Il n'est aucune des lois de Moïse qui ne fasse naître de profondes réflexions : faites pour dominer le génie national dans les moindres circonstances, et pour devenir, comme Moïse le répète fréquemment, des lois éternelles, elles comprennent depuis les plus hautes combinaisons de l'ordre social jusqu'aux plus petits détails de la vie domestique.

Ce vaste système d'institutions ne fut point l'œuvre d'un moment : le législateur y ajouta ce que les circonstances réclamaient, et avant sa mort il voulut lier à jamais la nation à la constitution politique qu'il lui donnait. Pendant quarante ans il exigea une obéissance entière à ses commandemens; et s'il resta si long-temps dans les déserts d'Arabie, ce fut probablement pour attendre la mort de la première génération et le déclin des vieilles coutumes, afin que les douze tribus fussent toutes formées dans la loi nouvelle, en entrant dans le pays où elles devaient la pratiquer.

Mais le vœu de cet homme, si dévoué à son peuple, ne fut pas exaucé. Chargé d'années, Moïse mourut sur les frontières de la terre qu'il cherchait; et quand son successeur en prit possession, ni son autorité, ni son génie ne suffisaient pour remplir en entier le plan du législateur. Trop empressés de partager le territoire et de se reposer de leurs fatigues, les Hébreux n'étendirent pas assez le cercle de leurs conquêtes. Les tribus les plus puissantes commencèrent par s'emparer des plus grandes portions, de sorte que leurs frères purent à peine trouver un asile, et il fallut même qu'une des tribus se divisât[1]. Outre cela, plusieurs petites nations restèrent dans le pays, et les Israélites gardèrent dans leur voisinage leurs ennemis héréditaires les plus dangereux, brisant ainsi au dedans et au dehors l'unité compacte de leur État, qui seule pouvait en conserver les limites précises. De commencemens aussi imparfaits que pouvait-il résulter sinon une suite non interrompue de troubles, qui ne laissèrent pas au peuple le temps de se reconnaître et de se constituer. Pour la plupart, les guerriers qui sortirent de son sein, n'étaient que d'heureux chefs de bandes; et quand enfin le peuple fut gouverné par des rois, ces derniers rencontrèrent tant d'obstacles sur un territoire ainsi divisé par tribus, que l'unité de gouvernement ne put durer

---

[1]. La tribu de Dan alla s'établir plus haut sur la gauche de la Judée proprement dite. Voyez *Geist der hebraischen Poesie* (Génie de la poésie hébraïque), vol. II.

au-delà de la troisième génération. Les cinq sixièmes du royaume leur échappèrent : comment alors un empire si affaibli se serait-il maintenu dans le voisinage de tant d'ennemis puissans qui ne cessèrent de le harceler? A proprement parler, le royaume d'Israël n'avait pas de constitution fixe, et il embrassa un culte étranger, afin de rompre tout lien avec son rival, qui restait fidèle au Dieu de ses ancêtres. Pour se servir du langage de ce peuple, il était naturel, qu'il n'y eût dans Israël aucun roi qui craignît le Seigneur; autrement, son peuple serait revenu au culte de Jérusalem, et son domaine, retournant à la monarchie d'où il était sorti, ne serait pas resté plus long-temps entre ses mains. Ainsi ils se traînèrent dans l'imitation la plus déplorable des mœurs et des coutumes étrangères, en attendant l'arrivée du roi d'Assyrie, qui s'empara de ce petit royaume comme un enfant enlève un nid d'oiseau. Appuyé sur l'ancienne constitution que deux rois puissans avaient établie, et sur une capitale fortifiée, celui de Juda résista plus long-temps, mais seulement jusqu'à ce qu'un vainqueur plus dangereux eût jeté les yeux sur lui. Nabucodonosor, ce ravageur de provinces, arriva, et ces monarques impuissans, qu'il rendit tributaires, se révoltèrent et devinrent esclaves. Le pays fut ravagé, la ville rasée, et Juda conduit à Babylone dans une captivité non moins triste d'abord que celle d'Israël en Médie. Ainsi, à la considérer politiquement, aucune nation ne se présente dans l'histoire avec un aspect moins imposant, si l'on excepte pourtant les règnes de deux de ses rois.

Quelle en fut la cause? La suite des faits la montre, selon moi, dans toute son évidence; car, avec une constitution si défectueuse à la fois dans ses rapports internes et externes, il n'est pas de nation qui n'eût langui dans cette partie du monde. Que David envahisse le désert jusque sur les bords de l'Euphrate, il pourra susciter d'implacables ennemis à ses successeurs, mais non donner à la nation la stabilité nécessaire à sa prospérité, surtout si l'on considère que le siége du gouvernement était précisément fixé à l'extrémité méridionale du royaume? Son fils introduisit avec des femmes étrangères le commerce et le luxe dans un pays qui, comme les cantons suisses, n'était fait que pour des agriculteurs et des bergers, dont il nourrissait en effet un si grand nombre. Comme le commerce, négligé par son peuple, était entre les mains des Édomites qu'il avait subjugués, le luxe ne tourna qu'au désavantage du royaume. Au reste, depuis Moïse il n'a pas été donné à ces peuples de revoir un législateur assez puissant pour ramener l'État, ébranlé dès l'origine, à une constitution fondamentale, en harmonie avec les nécessités contemporaines. Les classes éclairées ne tardèrent pas à décliner ; les plus zélés pour les lois du pays n'avaient d'autre puissance que celle de la parole ; les rois, pour la plupart, étaient efféminés ou esclaves du sacerdoce. Ainsi, luttèrent incessamment entre elles deux forces diamétralement opposées, la théocratie pure, sur laquelle Moïse avait établi sa constitution, et une espèce de monarchie théocratique, telle que les nations de ces contrées ouvertes au despotisme n'en ont jamais connu d'autre ; de cette sorte, la loi de Moïse devint une loi d'esclavage pour le peuple auquel elle avait été donnée comme une loi de liberté politique.

Avec le temps, l'état des choses changea sans devenir meilleur. Quand les Hébreux, affranchis par Cyrus, revinrent de l'esclavage, beaucoup moins nombreux qu'à leur sortie de la Judée, leur expérience, agrandie sous tant de rapports, n'avait pas fait un seul progrès en ce qui concerne les institutions politiques. Le moyen, en effet, qu'en Assyrie ou en Chaldée ils eussent acquis les vrais principes de la liberté civile? Toujours flottant entre le gouvernement monarchique et la puissance sacerdotale, ils bâtirent un temple, comme s'ils eussent voulu faire revivre les temps de Moïse et de Salomon. Une religion dégénérée en pharisaïsme, une science de mots, mécanisme puéril qui encore ne s'exerçait que sur un seul livre, un patriotisme d'esclave ou plutôt un attachement aveugle à d'anciennes lois dont ils méconnaissaient le vrai sens, les rendaient ou ridicules ou méprisables aux yeux de toutes les nations voisines. Leurs espérances, leurs consolations, reposaient sur quelques anciennes prophéties qui, mal interprétées, leur promettaient la souveraineté du monde. C'est ainsi qu'ils vécurent et qu'ils souffrirent pendant quelques siècles sous les Grecs de Syrie, les Iduméens et les Romains; après cela, avec un acharnement dont l'histoire n'offre aucun exemple, la métropole et le royaume entier furent détruits, et cette infortune fut si grande qu'elle émut de pitié jusqu'au conquérant lui-même. Honteusement dispersés dans toute l'étendue de l'empire romain, c'est de ce moment que commence l'influence qu'ils ont exercée sur l'humanité. Comme jusque-là ils ne s'étaient distingués ni dans la guerre, ni dans la politique, moins encore dans les arts et les sciences, jamais on n'eut imaginé que d'un cercle si limité allaient sortir de si importantes conséquences.

Mais voilà que peu de temps avant la chute de la Judée, le christianisme naquit dans son sein; dans l'origine, quand les rapports qui l'unissaient au judaïsme étaient encore dans toute leur force, non-seulement il admit les écritures des Juifs, mais il sanctifia principalement de leur autorité la divine mission du Christ. Ainsi c'est par le christianisme qu'ont été transmis aux peuples convertis à l'Évangile ces livres à la fois si funestes ou si favorables au monde chrétien, suivant la manière dont il les a compris et l'usage qu'il en a fait. En y proclamant pour l'instruction du genre humain la doctrine d'un seul Dieu, créateur des choses, Moïse posa les vrais fondemens de toute religion et de toute philosophie; dans cette foule de poëmes et de préceptes moraux qu'il a mêlés à ses récits et à ses lois, avec quelle dignité, quelle majesté, quels sentimens de reconnaissance et de résignation ne parle-t-il pas de cet être suprême! qu'ils sont loin de cette hauteur sublime, la plupart des autres ouvrages sortis de la main des hommes! Comparez ce livre, non pas au Chou-King des Chinois, au Sadder et au Zend-Avesta des Persans, mais à un monument plus moderne, au Coran, bien que Mahomet se soit enrichi des doctrines des Juifs et de celles des Chrétiens; où est celui qui ne reconnaîtra la supériorité des écritures hébraïques sur tous les systèmes religieux de l'antiquité? Ce fut aussi une chose inappréciable pour la curiosité humaine, que de trouver dans ce livre des réponses populaires aux questions qui ont rapport à l'âge et à la création du monde, à l'origine du mal, etc. Ajoutez à cela les précieux enseignemens d'une histoire nationale et divers traités où respire la morale la plus pure. Quelle que soit la chronologie des Juifs, elle a fourni un étendard généralement adopté et un fil pour lier les événemens de l'histoire universelle. La philologie, l'exégèse et la dialectique en ont retiré divers avantages, que d'autres livres auraient pu présenter, il est vrai. Voilà comment les écritures hébraïques ont exercé une heureuse influence sur l'histoire de l'humanité.

Malgré ces avantages, nous ne nierons pas que par les mauvaises interprétations et les abus qu'elles entraînent, ces écrits n'aient souvent d'autant mieux embarrassé la marche de la pensée humaine qu'ils étaient entourés du prestige de la divinité. A combien de cosmogonies absurdes l'histoire de la création, si sublime et si simple dans le récit de Moïse, n'a-t-elle pas donné naissance? Que de doctrines impitoyables, de systèmes extravagans, sans autre autorité que le souvenir du serpent et de la pomme du paradis terrestre! Pendant des siècles les quarante jours du déluge ont été le fait dominant par lequel les naturalistes expliquaient les phénomènes de la structure du globe : de leur côté, les historiens du genre humain, éblouis par une vision prophétique de quatre monarchies, coordonnaient toutes les nations de la terre au peuple de Dieu. Ainsi on a mutilé une foule d'événemens pour les expliquer par un mot hébreux. On a rapetissé le système entier de l'humanité, de la terre et du ciel, pour le faire accorder avec le soleil de Josué et l'âge du monde, que ces écritures n'ont cependant jamais cherché à déterminer. Que de grands hommes, parmi lesquels on s'étonne de rencontrer Newton lui-même, ont perdu un temps précieux dans l'étude de l'Apocalypse et de la chronologie judaïque! Et même, s'il s'agit des institutions morales et politiques, les écritures des Hébreux, mal comprises et plus mal appliquées, ont marqué d'une profonde empreinte le génie des peuples qui les ont adoptées. Dans l'impuissance où ils étaient de distinguer les époques et les degrés de culture intellectuelle, l'esprit intolérant de la religion judaïque leur fut présenté pour exemple; et plus d'une fois l'ancien Testament a été invoqué pour transformer les doctrines libres et la puissance spirituelle du christianisme en un système judaïque et politique. On ne peut nier davantage l'influence que les cérémonies du temple, et même la langue du culte hébraïque, ont exercée sur les rites religieux de toutes les nations chrétiennes, sur leurs hymnes, leurs litanies et l'éloquence de la chaire; car souvent les tours et les couleurs de l'idiome oriental revivent encore dans leurs prières et leurs cantiques. Établie pour un climat et une civilisation particulière, la loi mosaïque et les institutions qui en sont nées, ne sont réellement appropriées à aucun des peuples chrétiens. Ainsi, après le bien par excellence se traînent une foule de maux que les mauvaises applications produisent; mais les élémens de la nature n'amènentils pas aussi la destruction? les remèdes les plus efficaces n'agissent-ils pas souvent comme les poisons les plus violens?

Depuis l'époque de sa dispersion, la nation des Juifs, suivant le personnage qu'on lui a fait jouer, a été ou utile, ou nuisible aux peuples qui lui ont ouvert un asile. D'abord, les Chrétiens, qui s'exposèrent à ce qu'on leur reprochât, ainsi qu'aux débris d'Israël, l'orgueil, la superstition et l'antipathie contre les autres nations, considérés comme Juifs, furent méprisés ou opprimés comme eux. Quand ensuite ils devinrent eux-mêmes les persécuteurs des Juifs, ils furent presque partout cause que ces derniers étendirent le commerce intérieur et les entreprises de banque et de finances, auxquelles les appelaient d'ailleurs l'activité de leur industrie et leur situation errante au milieu des peuples; aussi les nations les moins civilisées de l'Europe devinrent-elles volontairement esclaves de leur avarice. S'ils n'inventèrent pas les lettres de change, ils ne tardèrent pas à perfectionner un système que le peu de sûreté dont ils jouissaient dans les pays chrétiens et mahométans leur rendait indispensable. Par là cette république éparse d'usuriers détourna long-temps de la carrière du commerce la plupart des nations européennes; prenant en dédain une occupation judaïque, elles ne montrèrent pas moins de répugnance à s'instruire des principes de l'industrie à l'école des serviles trésoriers du saint monde romain, que jadis les Spartiates à recevoir de leurs Ilotes les règles de l'agriculture. En suivant l'histoire des Juifs dans tous les pays où ils ont été dispersés, on présenterait un tableau de l'humanité éminemment remarquable sous le point de vue physique et politique; aucun peuple n'a été répandu comme eux, aucun ne s'est distingué, sous tous les climats, par des traits si marqués et une activité si infatigable.

Gardons-nous toutefois de conclure de là qu'à une époque future, ce peuple doive changer de nouveau la face de la terre. Tout ce qu'il était capable de faire, il est probable qu'il l'a fait, et ni son caractère, ni les analogies de l'histoire ne permettent de croire qu'il soit appelé à quelque destinée nouvelle. Le prodige de l'existence des Juifs, que tant de siècles n'ont pu détruire, s'explique aussi naturellement que la rencontre des Brahmes, des Parsis ou des Bohémiens.

D'une autre part, personne ne refusera au peuple qui a été un instrument si actif dans la main de la Providence, ces grandes qualités dont son histoire est remplie; ingénieux, adroits, infatigables, les Juifs ont également supporté, sans périr, l'oppression des nations étrangères et les fatigues des déserts d'Arabie. Le courage guerrier ne leur manqua pas davantage, ainsi que le prouvent les temps de David et des Machabées, et surtout l'effroyable siége par où se terminèrent les destinées d'Israël. Aussi laborieux qu'industrieux dans leur pays, comme les Japonais, ils sont parvenus, par le moyen de terrasses artificielles, à cultiver jusqu'au sommet leurs montagnes nues et déchirées, et, dans un étroit espace, dont la fertilité n'a jamais été vantée, ils ont trouvé moyen de nourrir un nombre incroyable d'habitans. Quoique situées entre l'Égypte et la Phénicie, leurs tribus, il est vrai, se sont si peu illustrées dans les arts, que Salomon fut obligé d'employer des ouvriers étrangers pour construire le temple. De même ils ne furent rien moins qu'un peuple navigateur, bien que tout semblât les inviter à le devenir, et les ports de la mer Rouge, qu'ils possédèrent assez long-temps, et leur position près des bords de la Méditerranée, et la facilité d'étendre leur commerce dans le monde entier, et une population à laquelle leur pays avait peine à suffire. Comme les Égyptiens, ils craignaient la mer et se plurent toujours à vivre parmi les étrangers, dernier trait de caractère national, que Moïse s'efforça vainement de détruire. En un mot, l'éducation de ce peuple semble manquée dès le principe, puisque ses institutions politiques n'ont pu parvenir par leur propre énergie à une pleine maturité, et qu'il a toujours plus ou moins méconnu l'image véritable de la liberté et de l'honneur. Dans les sciences, la méthode et une régularité servile, lui ont tenu lieu le plus souvent des hardiesses et des créations du génie; joint à cela que les circonstances lui ont presque toujours interdit le développement des vertus nationales. Depuis des milliers d'années, même dès son origine, le peuple de Dieu, tenant sa patrie du Ciel même, s'en va végétant comme une plante parasite sur le tronc vivace des nations étrangères; race astucieuse et sordide, à laquelle le monde entier suffit à peine, jamais elle n'a été émue d'une ardente passion pour soutenir ou ressaisir son honneur, et l'oppression la plus obstinée n'a pu l'armer pour s'assurer une retraite et une patrie indépendante.

## CHAPITRE IV.

### *La Phénicie et Carthage.*

C'est d'une manière toute différente que les Phéniciens ont bien mérité du genre humain. Par un heureux hasard ils ont trouvé le verre, qui est devenu dans la main de l'homme un des plus précieux instrumens de l'industrie; l'histoire rappelle comment se fit cette découverte à l'embouchure du fleuve Bélus. Situés sur les bords de la mer, ils s'adonnèrent à la navigation dès les temps les plus reculés; car la flotte de Sémiramis ne fut pas bâtie par d'autres que par eux: peu à peu, de la construction des petites barques, ils s'élevèrent jusqu'à celle des vaisseaux de haut bord; bientôt ils surent diriger leurs courses sur les étoiles, principalement sur la grande ourse : plus tard, quand ils furent attaqués, l'art des guerres navales leur devint nécessaire. Non contens de parcourir la Méditerranée jusques au détroit de Gibraltar, et de visiter la Bretagne, on peut présumer que, partis des côtes de la mer Rouge, ils ont fait plus d'une fois le tour de l'Afrique; paisibles conquérans, qui ne cherchaient qu'à étendre leurs relations et à fonder des colonies. Par le commerce, les langues, et les productions de l'art, ils réunirent les contrées que la mer avait séparées, et leur habileté ne négligea rien de tout ce qui pouvait accroître l'industrie : restait à apprendre à calculer, à frapper les métaux, à en composer des vases et divers ornemens; ils découvrirent la pourpre, fabriquèrent les belles toiles de Sidon, tirèrent de la Bretagne l'étain et le plomb, l'argent de l'Espagne, l'ambre de la Baltique, l'or de l'Afrique, et donnaient en échange les produits de l'Asie. Ainsi la Méditerranée tout entière faisait partie de leur royaume; leurs colonies étaient répandues çà et là sur les côtes; et la fameuse Tartesse, en Espagne, servait d'entrepôt à leur commerce dans les trois parties du monde. Quels que soient les arts qu'ils ont transmis aux Européens, celui de l'écriture, dont ils ont enrichi la Grèce, vaut à lui seul tous les autres.

Mais comment ce peuple a-t-il acquis dans les arts une gloire si légitime? Était-ce une de ces races heureuses du monde primitif, également favorisées par la nature dans leurs facultés physiques et morales? Non, sans doute; d'après tout ce que nous savons des Phéniciens, ils ont commencé par habiter des cavernes, où les reléguaient le mépris et la haine de leurs voisins, qui les repoussaient, comme les Troglodytes ou les Bohémiens de cette contrée. Nous les trouvons d'abord sur les rives de la mer Rouge, dont le sol nu et déchiré était loin, selon toute apparence, de pouvoir fournir à leurs besoins. Après qu'ils eurent émigré sur les côtes de la Méditerranée, long-temps encore ils conservèrent les mêmes coutumes, la même religion malgré ses lois inhumaines, et jusqu'à la forme de leurs anciennes habitations, qu'il était si facile de creuser dans les rochers de Canaan. On connaît la description historique des anciens Cananéens : non-seulement les restes des superstitions homicides qui se sont long-temps perpétuées dans Carthage elle-même, mais encore le tableau que Job nous a laissé des Troglodytes arabes [1], prouvent qu'elle n'est point exagérée. D'ailleurs la marine phénicienne, composée de pirates livrés au brigandage, à la débauche et à la fraude, était loin d'être estimée des étrangers, et la foi punique devint une injure proverbiale.

---

[1]. Job, XXX, 3 — 8.

Le besoin et les circonstances décident presque toujours de la destinée des hommes. Quand les Phéniciens vivaient dans les déserts qui bordent la mer Rouge, il est probable que la pêche était un de leurs moyens de subsistance, et que la faim les obligea de se familiariser avec les flots. Ainsi, en arrivant sur les bords de la Méditerranée, ils étaient déjà préparés à s'exposer sur une mer plus étendue. Comment s'expliquer le genre de vie des Hollandais et, en général, de tous les peuples maritimes? Par le besoin, la situation, l'occasion [1]. Persuadés qu'ils avaient un droit exclusif à toute l'Asie, les peuples sémitiques ne sentaient pas moins de haine que de mépris contre les Phéniciens. Les descendans de Cham furent donc relégués, comme des étrangers, sur les dunes de la mer et ses côtes stériles. Cela posé, si les Phéniciens ont trouvé dans la Méditerranée une foule d'îles et de ports; si, de pays en pays, de rivage en rivage, ils se sont avancés par-delà les colonnes d'Hercule; si, pour recueillir la riche moisson qui s'offrait à leur ambition, ils ont étendu leur commerce chez toutes les nations non encore civilisées de l'Europe, ce ne fut que le résultat des circons-

---

[1]. C'est ce qu'Eichhorn a démontré pour les peuples d'Asyrie. (Voyez *Geschichte des ostindischen Handels*.) La pauvreté et l'oppression ont généralement été les principales causes de l'établissement des nations commerçantes, comme le prouve l'exemple des Vénitiens, des Malais et de beaucoup d'autres.

tances et d'une heureuse situation que la nature elle-même avait créée pour eux. Dans les temps primitifs, lorsque la Méditerranée creusa son bassin entre les Pyrénées, les Alpes, les Apennins et le mont Atlas, et que les îles et les promontoires, commençant à paraître au-dessus de la surface des eaux, formèrent des ports et des terres habitables, la voie fut ouverte, par l'éternelle destinée, à la civilisation Européenne. Que les trois parties de notre hémisphère eussent été réunies en un seul tout, l'Europe ne serait vraisemblablement pas plus avancée dans la civilisation que ne l'est la Tartarie ou l'intérieur de l'Afrique. Ce qu'il y a de certain, c'est qu'elle ne serait arrivée au même degré que beaucoup plus lentement et par des moyens très-différens. Sans la Méditerranée, point de Phénicie, de Grèce, d'Étrurie, de Rome, point d'Espagne ni de Carthage; or si l'Europe a atteint le degré de civilisation dont elle jouit maintenant, on sait auxquels de ces empires elle en est redevable.

La situation de la Phénicie sur le continent n'était pas moins favorable. Derrière elle s'étendaient les belles contrées de l'Asie, avec ses productions, ses découvertes et un commerce depuis long-temps établi; ainsi maîtresse des trésors d'une industrie étrangère et des richesses que la nature a prodiguées dans cette partie du monde, elle avait hérité des longs travaux de l'antiquité. L'Europe a attaché le nom de ce peuple à l'art de l'écriture, qu'elle a en effet reçu par son intermédiaire, mais dont il n'est pas l'inventeur, selon toute vraisemblance. Il est de même à présumer que les Égyptiens, les Babyloniens et les Hindous ont connu, avant les Sidoniens, l'art de fabriquer la toile; car rien n'est plus ordinaire dans les temps anciens et les temps modernes, que de donner aux tissus, non pas le nom des lieux où ils ont été fabriqués, mais celui des villes qui en font un commerce principal. Le temple de Salomon, peu digne, assurément, d'être comparé à aucun de ceux de l'Égypte, malgré ses deux colonnes grossières qui passaient pour des merveilles, donne une idée de l'architecture phénicienne. Il ne reste de leurs édifices que ces vastes cavernes de la Phénicie et du pays de Canaan, qui témoignent encore que leur goût ne tenait pas moins des Troglodytes que leur origine. Sans doute ce peuple, de race égyptienne, fut enchanté de trouver, dans cette contrée, des montagnes pour y creuser ses habitations et ses tombeaux, ses magasins et ses temples. Les cavernes durent encore; mais tout ce qu'elles renfermaient est détruit. Le temps a consumé les archives et les recueils de livres que les Phéniciens possédaient dans leurs jours de splendeur; et les Grecs, qui ont écrit leur histoire, ne sont plus.

Maintenant, si nous comparons aux États que la

conquête a fondés sur l'Euphrate, le Tigre et le mont Caucase, ces cités florissantes que soutenaient l'industrie et le commerce, où est celui qui ne préférera ces dernières dans le spectacle des destinées du genre humain. L'œuvre sanglante des premières n'eut pour objet que l'accroissement de leur puissance : utiles à elles-mêmes et aux peuples étrangers, les nations commerçantes répandirent dans toutes les contrées les richesses, l'industrie et les sciences de quelques-unes. Même à leur insçu, elles ne pouvaient manquer de concourir aux progrès de l'humanité. D'où il suit que l'ambition des conquêtes n'est jamais plus contraire à la marche de la nature que lorsqu'elle arrête ou détruit au moment de leur prospérité des villes industrieuses; car, si elles ne sont promptement remplacées, leur ruine entraîne presque toujours avec elle celle de l'industrie et de la fortune publique dans la contrée entière. Telle était en cela l'heureuse situation des côtes phéniciennes, que ce peuple était indispensable au commerce de l'Asie. En vain Nabucodonosor a-t-il détruit Sidon, Tyr s'élève en face de ses ruines. En vain le conquérant macédonien a-t-il renversé Tyr, Alexandrie sort brillante du désert et commence ses destinées, de sorte que le commerce n'abandonna jamais entièrement ces rives. Carthage, qui s'enrichit des dépouilles de Tyr, laissa cependant à l'Europe un héritage moins précieux que le commerce des premiers Phéniciens; mais les temps étaient changés. Généralement on a considéré la constitution intérieure des Phéniciens comme le premier degré de transition des monarchies de l'Asie à la forme démocratique qui convient au commerce. La souveraineté de la puissance royale avait reçu dans leur État des limites si précises, que la voie des conquêtes leur était interdite. Tyr fut long-temps soumise à des Suffètes; et cette forme politique s'établit à Carthage sur des bases plus solides. Ainsi ces deux États ont précédé et préparé dans l'histoire l'apparition des grandes républiques commerçantes; et leurs colonies, succédant à celles de Cambyse et de Nabucodonosor, sont les premières qui aient été assujetties à un mode de gouvernement plus salutaire et plus régulier; fait important dans la marche de l'humanité. Le commerce éveilla l'industrie; la mer arrêta le conquérant sur ses rivages, et changea malgré lui le brigand heureux en un négociateur paisible. Des besoins mutuels, surtout la faiblesse d'un étranger relégué sur un rivage lointain, établirent entre les peuples des relations plus fréquentes et plus justes. Ici le souvenir des anciens Phéniciens ne revit-il pas pour accuser la folie des temps modernes, quand, armés de toute l'expérience des siècles et des arts, les Européens abordèrent aux deux Indes? Imposer des fers, prêcher la croix, exterminer les indigènes, voilà quelle a été leur œuvre. Les autres, au contraire, à proprement parler, n'ont rien conquis; ils ont fondé des colonies, bâti des villes, et excité l'industrie des nations, qui, long-temps victimes des fraudes des Phéniciens, apprirent enfin à se servir de leurs propres trésors. Quelle contrée a reçu de la vieille Europe autant de leçons que la Grèce des Phéniciens encore barbares?

Si l'influence de Carthage sur les destinées de l'Europe a été loin d'égaler celle de la Phénicie, la raison en est évidemment dans le changement du temps, du lieu et des choses. Ce ne fut pas sans difficulté que cette colonie de Tyr prit racine sur les rivages lointains de l'Afrique, et, forcée de combattre pour étendre son territoire, elle s'anima peu à peu du génie des conquêtes. Aussi la forme qu'elle adopta, plus brillante et plus savamment combinée que celle de la métropole, eut-elle des résultats moins avantageux pour la république et l'humanité. Carthage était non pas une nation, mais une ville. Partant, il lui était impossible de répandre au loin l'esprit de patriotisme et de civilisation. Le territoire qu'elle acquit en Afrique, et dans lequel on comptait, suivant Strabon, trois cents villes au commencement de la troisième guerre punique, ne renfermait, au lieu de citoyens égaux à ceux de l'État souverain, que des victimes de la conquête.

Il est vrai que dans leur barbarie jamais les Africains n'ont fait un seul effort pour relever leur condition ; toutes leurs guerres contre Carthage ne semblent que des révoltes d'esclaves ou des séditions de soldats. Par là, les contrées intérieures de l'Afrique ne tirèrent pour les progrès de leur éducation qu'un assez médiocre avantage de l'école sévère de la patrie d'Hannon; car le but de cette cité, qui laissait quelques familles étendre leur puissance au-delà de ses murs, était moins de propager l'expérience du genre humain que d'entasser de riches trésors. Les odieuses superstitions dont Carthage se laissa aveugler jusqu'au dernier moment, la coutume infâme de mettre à mort ses généraux que le succès avait trahis et que pas un reproche ne pouvait atteindre ; en un mot, le seul tableau de sa conduite dans les pays étrangers, prouve la cruauté et l'avarice de cet État aristocratique, qui ne cherchait qu'à appesantir autour de lui un joug africain.

Pour expliquer ce caractère de barbarie, il suffit de connaître la situation et la constitution de Carthage. Au lieu d'établissemens de commerce, tels que ceux de la Phénicie, qui lui semblaient trop précaires, elle éleva des forteresses, et, à une époque où le monde avait fait tant de progrès, elle ne prétendit à rien moins qu'à la suprématie des côtes, comme si l'Afrique eût rempli l'univers. Mais, forcée de se servir d'esclaves ou de mercenaires, la plupart de ces peuples s'indignèrent à la fin d'être traités en barbares ; et ces révoltes, qui commencèrent par des querelles, ne pouvaient amener que de sanglans débats et des haines éternelles. Combien de fois n'a-t-elle pas envahi la fertile Sicile et brisé les portes de Syracuse ! et d'abord, avec quelle injustice, puisque ce ne fut qu'en conséquence d'un traité fait avec Xerxès. Barbares auxiliaires d'un roi barbare, ils s'avancent contre un peuple grec, et se montrent par leur cruauté dignes de leur rôle : Sélinonte, Himère, Agrigente tombent sous leurs coups ; ils renversent Sagonte en Espagne, ravagent plusieurs riches provinces d'Italie, et les sillons de la Sicile furent arrosés de plus de sang que tout l'or de Carthage n'aurait pu en racheter. Autant Aristote donne d'éloges à la constitution de cette république sous le point de vue politique, autant elle en mérite peu dans la sphère plus étendue de l'histoire du genre humain : comme si, en effet, quelques familles de marchands aussi barbares que riches, qui firent servir des armées de mercenaires au profit de leur avarice, et s'approprièrent la souveraineté de tous les pays propres à la satisfaire, répandaient sur le tableau des destinées de cet empire un touchant intérêt ! Aussi, malgré l'injustice des aggressions de Rome, et le respect dû aux noms d'Asdrubal, d'Hamilcar et d'Annibal, difficilement prendrons-nous parti pour les Carthaginois, si nous réfléchissons à l'état intérieur de la république mercantile que ces héros ont servie de leur sang; l'amertume qu'elle a répandue sur leurs jours, et l'ingratitude dont elle a tant de fois payé leurs services, ne sont point oubliées; car, pour sauver quelque peu d'or, elle eût elle-même livré Annibal aux Romains, s'il n'eût échappé par la fuite à la reconnaissance et à la foi punique.

Loin de nous la pensée de dérober à un noble Carthaginois la moindre part d'une gloire méritée; puisqu'enfin, pour reposer sur des fondemens que la conquête et le manque de foi avaient élevés, Carthage, l'avare Carthage, n'a pas moins produit de grands génies et nourri dans son sein une foule d'arts précieux. L'illustration des guerriers ne manque pas à l'immortelle famille des Barca. Si son ambition s'élève et grandit avec elle, la jalousie d'Hannon ne s'endort pas et s'apprête à l'étouffer. Avec cela, l'ame des héros carthaginois conserve je ne sais quelle rudesse, qui met entre eux et les Gélon, les Timoléon et les Scipion la même différence qu'entre des esclaves et des hommes libres. Comment appeler l'héroïsme de ces frères qui se laissèrent brûler vifs pour conserver à leur patrie une portion de territoire qui ne lui appartenait pas? dans une circonstance plus pressante, quand Carthage elle-même fut aux abois, leur valeur prit en général le caractère d'un sauvage désespoir. Pourtant niera-t-on qu'Annibal en particulier n'ait été une Providence pour ses ennemis héréditaires, les Romains, qui apprirent à son école, avec tous les secrets de l'art de la guerre, celui de conquérir le monde? De même les arts qui pouvaient fournir quelques applications au commerce, aux constructions maritimes, à la guerre navale, ou servir les progrès de la fortune publique, furent tous cultivés à Carthage; ce qui ne l'empêcha pas d'être promptement vaincue sur mer par sa rivale. Sur les côtes fertiles de l'Afrique, l'agriculture était de tous les arts celui qui tendait le plus à favoriser leur industrie, et les Carthaginois, pour augmenter leurs revenus, y firent plusieurs perfectionnemens; mais la personnalité barbare des Romains n'a pas plus épargné les livres que les villes de ce peuple. Tout ce que nous savons de ses destinées, nous l'avons appris par ses ennemis, ou par quelques ruines qui suffisent à peine à marquer la place si renommée de l'ancienne reine des mers. Le malheur est que le temps où Carthage jetait le plus grand éclat dans le spectacle de l'histoire, se soit précisément rencontré avec l'époque de ses guerres contre Rome. La louve, qui bientôt allait ravager le monde, commença par exercer ses forces contre un chacal d'Afrique, qu'elle fit enfin tomber sous sa dent meurtrière.

## CHAPITRE V.

### *Les Égyptiens.*

Nous abordons maintenant sur une terre qui, d'après ce que l'on raconte de son antiquité, de ses arts et de ses institutions politiques, apparaît comme une énigme du monde primitif, après avoir long-temps exercé les conjectures des philosophes. La voix qui nous parle le plus haut de ses lointaines destinées, est celle de ses ruines, de ses immenses pyramides, de ses obélisques, de ses catacombes, de tant de débris de canaux, de villes, de colonnes et de temples, qui, avec leurs hiéroglyphes, font encore l'étonnement des voyageurs, après avoir vu tomber la fortune du monde antique. Quelle population, quels arts, quel gouvernement, surtout quel étrange génie, se sont accordés pour creuser ces rochers et les entasser l'un sur l'autre ; pour dessiner et tailler des statues d'animaux, que dis-je, pour les ensevelir comme des êtres sacrés ; pour entourer d'une enceinte de rochers les ombres des morts, et éterniser sur la pierre, de tant de manières différentes, l'esprit du sacerdoce égyptien ! Ici ils se perdent dans les airs, là ils sont couchés sur le sable, tous ces débris mystérieux qui, comme un sphinx sacré, proposent aux siècles un éternel problème. Cependant une partie de ces ouvrages, d'une utilité évidente, ou que la contrée rendait indispensables, s'expliquent d'eux-mêmes; tels sont ces canaux merveilleux, ces digues et ces catacombes. Les canaux servaient à répandre le Nil dans les parties les plus éloignées de l'Égypte, changées, depuis qu'ils sont détruits, en mornes déserts. Les digues ouvraient aux villes la fertile vallée où coule le fleuve qui, comme le cœur de l'Égypte, vivifie toute la contrée. De même les catacombes, sans parler des idées religieuses que les Égyptiens y attachaient, servaient à purifier l'air et prévenaient les pestes si fréquentes dans ces climats chauds et humides. Mais pourquoi ces tombes gigantesques, ce labyrinthe, ces obélisques, ces pyramides? Quel est ce bizarre génie auquel les sphinx et les colosses ont donné à tant de frais une si pompeuse immortalité? Premier rejeton d'une famille qui ne doit plus finir, ce peuple est-il sorti du limon du Nil, pour annoncer au monde le genre humain qui le suit? Est-il étranger dans le pays qu'il habite, et ses pères en ont-ils connu d'autres? Comment les circonstances, le temps, le lieu l'ont-ils rendu si différens de tous les peuples environnans?

Que les Égyptiens n'étaient pas une nation primitive et indigène, c'est ce qui résulte, selon moi, de l'histoire naturelle de leur pays; non-seulement les traditions de l'antiquité, mais encore tous les phénomènes géologiques, s'accordent à établir que la haute Égypte a été peuplée d'abord, et la partie inférieure lentement conquise sur le lit du Nil par le génie industrieux de l'homme. Ainsi, l'ancienne Égypte était située sur les montagnes de la Thébaïde, où les anciens rois avaient d'ailleurs établi leur séjour; car si le pays avait été peuplé par l'isthme de Suez, comment imaginer que les ancêtres des Pharaons se fussent relegués de leur plein gré au fond de ces déserts. D'une autre part, en suivant la population d'Égypte, à mesure qu'elle passe devant nos yeux, nous nous expliquons par son éducation même le caractère original qui la distingue. Assurément ce n'était pas une tribu d'aimables Circassiens, mais plutôt, selon toute apparence, une race de l'Asie méridionale, qui, marchant à l'Occident sur la mer Rouge, la traversa sans s'arrêter sur ses rivages et s'étendit par degrés depuis l'Éthiopie jusqu'à l'Égypte. Là, arrêtée ou poursuivie par les inondations et les marais du Nil, est-il étonnant qu'elle ait commencé, comme des Troglodytes, à construire ses habitations dans les rochers, et que, pour conquérir ensuite et par degrés l'Égypte entière, qui fuyait sous les eaux, elle se soit développée à mesure que le territoire se développait devant eux? L'opinion de Diodore, qui la fait descendre du Midi, malgré les fables qu'il raconte sur l'Éthiopie, a non-seulement un degré extrême de probabilité, mais c'est le seul moyen d'expliquer le caractère de ce peuple et ses points de ressemblance avec quelques-unes des nations de l'extrémité orientale de l'Asie.

Comme cette hypothèse ne pourrait être développée ici que très-imparfaitement, il faut la remettre à un autre lieu; contentons-nous d'indiquer celles de ses conséquences qui touchent de plus près au rôle que cette nation a rempli dans l'histoire de l'humanité. Ainsi que le prouvent leur constitution politique, leurs arts et leur religion, les Égyptiens étaient paisibles, industrieux, bienfaisans. Leurs temples et leurs colonnes n'avaient ni l'éclat ni les formes aériennes des monumens de la Grèce. Étrangers à cette direction des arts, ils ne cherchèrent point à la suivre; les momies qu'ils nous ont laissées montrent que leur forme était loin d'atteindre au véritable type de la beauté humaine, et l'imitation fut nécessairement ce qu'était la réalité. Non moins attachés au limon de l'Égypte qu'aux liens de leurs institutions politiques et religieuses, l'éloignement pour les étrangers leur était naturel. Dans les arts d'imitation, esclaves fidèles de la précision et de la lettre, qu'un génie tout-à-fait mécanique et presque matériel leur rendait plus faciles dans les applications aux intérêts religieux, soumis à une tribu privilégiée, que l'esprit de dogme envahissait le plus souvent; sans élan, sans audace, le pays triste et morne, comment leur pensée aurait-elle atteint au beau idéal, de tous les leurres le plus décevant, s'il n'a un modèle naturel qui le soutienne et lui serve d'appui? La solidité, la durée, une grandeur colossale, voilà ce qui dut fixer leur attention : toutes les ressources de l'art furent employées à polir incessamment leurs ouvrages. Dans une contrée coupée par tant de rochers, de vastes cavernes leur donnèrent l'idée de leurs temples. De là le caractère colossal, la majestueuse immensité de leur architecture. Modelées sur les momies, leurs statues eurent naturellement les jambes jointes ensemble, les bras collés au corps, ce qui assurait d'ailleurs la solidité de ce genre de sculpture. Pour soutenir des voûtes ou séparer des sarcophages, on éleva des piliers, souvent gigantesques, toujours indispensables, puisque, l'architecture des Égyptiens étant imitée de la superposition des roches, ils n'avaient aucune idée de notre manière de courber des arches. Le voisinage des déserts, les régions de la mort, qui selon leurs idées religieuses planaient autour d'eux, contribuèrent aussi à donner à leurs statues la forme de momies, dont le caractère, qui devint celui de leur art, était, au lieu du mouvement de la vie, l'éternel repos des tombeaux.

Les pyramides et les obélisques sont moins propres, selon moi, à exciter l'étonnement. Dans toutes les parties du monde, même à Otahiti, on a érigé des pyramides sur les tombeaux, moins pour servir d'emblème à l'immortalité de l'ame, que pour attester les longs souvenirs que la mort laisse après elle. Les premiers vestiges que l'on en trouve, sont ces grossiers monceaux de pierres que, dès l'antiquité la plus reculée, diverses nations ont élevés pour consacrer la mémoire des événemens passés. Naturellement ces pierres amoncelées prirent, pour plus de solidité, la forme pyramidale; quand enfin l'art s'appliqua à cette coutume devenue universelle, comme rien ne laisse dans la pensée humaine une empreinte plus profonde que le moment où l'on dépose dans le tombeau l'ami que l'on chérissait, le monceau de pierres, qui peut-être dans l'origine n'était là que pour protéger ses restes contre la rapacité des bêtes féroces, se changea peu à peu tantôt en une pyramide, tantôt en une colonne, où il entra plus ou moins d'art et de magnificence. Or, si les Égyptiens ont surpassé les autres peuples dans ces sortes de constructions, une même cause a déterminé le caractère massif de leurs temples et de leurs catacombes : d'abord, ils ne manquaient pas de matériaux pour de tels monumens, puisque l'Égypte en grande partie n'est réellement qu'un immense rocher, ni de bras pour les construire, puisque le Nil, en fécondant le sol, abrégeait le soin de la culture. Ajoutez à cela la sobriété des anciens

Égyptiens, surtout la soumission craintive de ces populations que le caprice d'un roi condamnait pour des siècles à ériger ces tombeaux. Quand les noms des individus n'étaient que ceux des tribus, leurs vies se consumaient sans valeur, effacées et perdues dans la foule. Les sueurs de tant d'hommes coulaient alors soit pour assurer au monarque la même immortalité qu'à ces monceaux de pierres, soit pour complaire à ses idées religieuses en retenant dans un cadavre embaumé son ame près de lui échapper; mais, comme tous les arts inutiles, ces monumens finirent par ne plus exciter que des rivalités entre les rois qui cherchaient à s'imiter ou à se surpasser l'un l'autre. Dans cette lutte, les générations s'épuisaient en silence, sans que leur patience manquât jamais. Ainsi, selon toute vraisemblance, ont été élevés les pyramides et les obélisques de l'Égypte; ce qu'il y a de certain, c'est qu'ils remontent aux temps les plus reculés; car plus tard les nations, employées à des travaux plus utiles, ne pensèrent pas à en construire de nouveaux. Loin d'attester le bonheur et le génie éclairé de cette terre antique, les pyramides sont donc une preuve incontestable de la superstition et de l'ignorance des peuples qui les ont construites et des rois qui les leur ont commandées. Vainement cherche-t-on dans leurs obscures enceintes et sur les débris des obélisques ou des mystères imposans ou des trésors de sagesse. Si l'on parvenait à déchiffrer les hiéroglyphes dont ces derniers sont revêtues, que faire d'une chronique d'événemens oubliés, ou peut-être d'une apothéose symbolique des fondateurs? et pour finir, que sont ces masses à côté d'une montagne érigée par la nature?

D'ailleurs, le système hiéroglyphique des Égyptiens, au lieu d'être la marque d'une profonde sagesse, atteste plutôt l'ignorance de ce peuple. C'est le premier essai de la pensée humaine qui cherche, en s'éveillant, des signes pour exprimer ses idées: les sauvages les plus grossiers de l'Amérique ont des hiéroglyphes qui répondent à toutes les circonstances; par exemple, fut-il impossible aux Mexicains de signaler par des symboles l'événement le plus inouï jusque-là, l'arrivée des Espagnols? Mais quelle pauvreté d'idées, quelle stérilité d'imagination dans un peuple qui, pendant des siècles, a pu conserver des signes si imparfaits, sans cesser de les graver à grand'peine sur des murailles et des rochers; quelle ignorance dans la nation, quelle inertie dans cette foule de mystérieux lettrés que des milliers d'années n'ont point lassés de ces figures d'oiseaux, ni des traits bizarres qui les entourent; car le second Hermès, l'inventeur des lettres, ne parut que long-temps après; bien plus, il n'était pas Égyptien. Les inscriptions alphabétiques des momies ne sont composées que de lettres phéniciennes, mêlées de caractères hiéroglyphiques, qu'ils ont, selon toute vraisemblance, reçus de ce peuple commerçant. Il n'est pas jusques aux Chinois eux-mêmes qui n'aient été plus loin que les Égyptiens ; à des symboles du même genre, ils ont ajouté d'autres signes, tels qu'il est probable que ces derniers n'en ont eu dans aucun temps. Faut-il donc s'étonner qu'ainsi embarrassée par son mode d'écriture, sans être toutefois dépourvue de génie, cette nation ait brillé dans les arts mécaniques ? Étouffés sous les entraves des hiéroglyphes, la gloire littéraire lui était presque interdite ; et il ne restait pour exercer son attention, que la science de la nature physique. Par sa fertilité, la vallée du Nil encourageait l'agriculture ; aussi de bonne heure apprit-elle à calculer ces inondations périodiques qui faisaient sa richesse : un peuple dont la fortune et la vie dépendaient d'un phénomène qui, aussi simple que régulier, était pour lui une sorte de calendrier éternel, devait se distinguer dans l'art de mesurer l'année et les saisons.

Ainsi, les connaissances que cet ancien peuple a rassemblées sur la nature et qui ont fait sa gloire, naissaient naturellement du sol et du climat. Enfermés entre des montagnes, des mers et des déserts, dans une riche contrée soumise à un phénomène naturel, que tout rappelait à la pensée, où les saisons et les moissons étaient réglées par une révolution annuelle, le grave Égyptien, surtout la classe nombreuse et oisive des prêtres, pouvaient-ils manquer de composer enfin une sorte d'histoire de la nature et des cieux? L'expérience universelle montre que, plus que toutes les autres, les nations isolées ou livrées aux sens ont sur leur pays une foule de connaissances positives, qu'elles ne cherchent pas dans les livres. En ce qui regarde la science, les hiéroglyphes furent plus nuisibles qu'utiles. De l'observation vivante, ils firent une image obscure, une lettre morte, qui assurément, loin de hâter les progrès de l'intelligence, ne pouvait que les retarder. Aussi long-temps que vainement on s'est demandé si les hiéroglyphes ne cachent pas des révélations du sacerdoce. Par sa nature même, chaque hiéroglyphe devait renfermer un secret; et une suite de signes symboliques que conservait un corps privilégié, même quand on les rencontrait à chaque pas, n'étaient-ils pas nécessairement un mystère pour le plus grand nombre des membres de l'État? Exclus de la caste sacrée, qui les eût initiés aux obscurités de cette langue, dont il leur était impossible de découvrir la clef : de là, sans considérer, si la science est ou non au pouvoir du sacerdoce, la nécessité que les lumières soient répandues avec profusion dans tous les pays, et toutes les classes d'hommes où domine, s'il faut parler ainsi, la méthode hiéroglyphique. Le symbole restait inaccessible à l'intelligence du plus grand nombre; or ce qu'il est difficile d'apprendre de soi-même, doit nécessairement, à la longue, passer pour un mystère. Il en résulte que la méthode symbolique ne serait, dans les temps modernes, qu'un obstacle à l'instruction de l'humanité, puisque dans l'antiquité même ce fut l'ébauche la plus imparfaite de l'art d'écrire. Je n'espérerai point follement deviner de moi-même le mot d'une énigme à laquelle cent explications répondent, et mes jours ne se consumeront pas sans but à étudier des symboles arbitraires, comme s'ils avaient un caractère inébranlable de fixité. Près du berceau des âges, l'Égypte a toujours joué avec la science comme un enfant, parce qu'elle n'a su l'exprimer qu'en bégayant, et ainsi que ces longs siècles qui ne l'ont point éclairée, son génie puéril est probablement perdu à jamais pour le genre humain.

S'agit-il de religion ou de science politique, il nous est difficile d'assigner aux Égyptiens un rang plus élevé que celui que nous avons jusqu'ici reconnu chez la plupart des nations de la haute antiquité, et où se sont arrêtées en grande partie celles de l'Asie orientale. Si, en effet, on établissait que les connaissances des Égyptiens n'ont pu que difficilement naître sur leur sol, mais qu'après en avoir reçu les élémens, ils les ont appliquées selon des règles et des formes déterminées aux circonstances locales, ainsi dépouillées de leurs prestiges, leurs sciences ne seraient plus que les tâtonnemens de l'humanité naissante. De là ces longues nomenclatures de rois et de périodes sidérales; de là ces histoires vagues d'Osiris, d'Isis, d'Orus, de Typhon, etc.; de là la plupart de leurs fables sacrées. Les bases de leurs croyances étaient les mêmes que celles de divers peuples de la haute Asie; seulement en s'enveloppant du voile des hiéroglyphes, elles s'étaient appropriées aux conditions du climat et au caractère du peuple. Quoiqu'ils se présentent ici sous un aspect plus régulier, et que semblables aux flots du Nil ils reflètent l'image de la vallée où ils se sont développés, les traits principaux de leur constitution politique n'étaient point étrangers à d'autres nations qu'un même degré de culture leur rendait plus semblables[1]. Sans le voisinage de ses rives, sans les ruines de ses antiquités, plus que cela, sans les fables des Grecs, la sagesse de l'Égypte aurait obtenu difficilement une si longue renommée.

Cette même situation montre aussi quel rang elle occupe dans les générations des peuples. Du petit nombre de ceux qui lui doivent ou leur origine, ou leur culture, je ne connais parmi les premiers que les Phéniciens, parmi les seconds que

---

[1]. Les conjectures que ce sujet fournit, trouveront leur place ailleurs.

les Juifs et les Grecs. Jusqu'où son influence s'est-elle étendue dans l'intérieur de l'Afrique? c'est ce que nous ignorons. Terre d'infortunes! combien ses peuples sont changés! Jadis si laborieux, si industrieux, si patiens, il a fallu mille ans de désespoir pour les réduire à l'indolence, à la misère. Au moindre signe d'un Pharaon, les voilà qui s'étaient mis à filer le lin, à tisser la toile, à amonceler des pierres, à creuser des montagnes, à étudier les arts, à cultiver la terre. Sans révolte, ils s'étaient laissé isoler du reste du monde, et recevaient patiemment leur tâche de chaque jour. Au milieu de cela ils élevaient avec soin leurs nombreuses familles, fuyant les étrangers et se complaisant à ne pas franchir les bornes de leur pays; mais une fois qu'il eut été envahi, ou plutôt aussitôt que Cambyse en eut montré le chemin, pendant des siècles les peuples, heurtant les peuples, y accoururent en foule, attirés par leur proie. Les uns après les autres, les Perses et les Grecs, les Romains, les Byzantins, les Arabes, les Fatimites, les Kurdes, les Mameloucks, les Turcs ont désolé son territoire, et à cette heure son beau climat est encore le théâtre des brigandages des Arabes et des cruautés des Turcs.

## CHAPITRE VI.

*Réflexions sur la philosophie de l'histoire de l'humanité.*

Après avoir vu passer, depuis l'Euphrate jusqu'au Nil, depuis Persépolis jusqu'à Carthage, tant d'institutions et d'événemens humains, arrêtons-nous et jetons sur notre voyage un coup d'œil en arrière.

Quelle est la loi principale que nous avons observée dans chacun des grands phénomènes de l'histoire ; la voici, selon moi : *Toutes choses sur notre terre ont été ce qu'elles pouvaient être selon la situation et les besoins du lieu, les circonstances et le caractère du temps, le génie natif ou accidentel des peuples.* Admettez dans l'humanité des forces actives dans une relation déterminée avec les temps et les lieux, toutes les vicissitudes de l'histoire suivront comme autant de conséquences. Ici les royaumes et les États se cristallisent ; là ils se dissolvent et revêtent d'autres formes : ici une horde errante donne naissance à Babylone ; là un peuple resserré sur les côtes de la mer va jeter les fondemens de Tyr : sur ce point de l'Afrique, c'est l'Égypte qui s'établit ; plus loin, dans les déserts d'Arabie, c'est l'empire des Juifs : tous ils se pressent dans une même partie du monde et dans le voisinage les uns des autres. Le temps, le lieu, le caractère national, en un mot, le système universel des forces actives dans leur individualité la plus déterminée, gouverne tous les événemens humains, aussi bien que tous les phénomènes naturels. Mettons ici dans son jour cette loi fondamentale de la création.

1. *Les forces actives de l'humanité sont les mobiles de l'histoire humaine;* et comme l'homme descend d'une seule et même famille, sa figure, son éducation, ses opinions dépendent de son origine. De là ce génie national qui, profondément marqué chez les anciens, se manifeste dans toute la suite de leurs actions par des traits si frappans. Comme une source d'eau vive tire ses parties composantes, ses propriétés et son goût des matières qu'elle traverse dans son cours, de même le caractère primitif d'une nation dérive de ses traits de famille, de son climat, de son genre de vie, de son éducation, de ses premiers efforts, de ses occupations habituelles. Les mœurs des ancêtres jettent de profondes racines et servent de modèles à leur postérité. Ici, le génie des Juifs, qui nous est le mieux dévoilé tant par leurs livres que par leur conduite, peut nous servir d'exemple. Dans la terre de leurs pères, comme au milieu des nations étrangères, ils continuent d'être ce qu'ils ont été d'abord, et même quand ils se mêlent à d'autres

peuples, leur trace est encore reconnaissable pendant plusieurs générations. Il en est de même de tous les peuples de l'antiquité, des Égyptiens, des Chinois, des Arabes, des Hindous, etc. Isolés et opprimés, leur caractère en prit d'autant plus de consistance ; si donc chacun de ces peuples était resté attaché au sol qui l'a vu naître, on pourrait considérer la terre comme un jardin où fleurirent çà et là, avec des attitudes et des propriétés diverses, une foule de plantes humaines, en même temps que de nombreuses espèces d'animaux, réparties avec art, animaient ce spectacle de la variété de leurs instincts et de leurs caractères.

Mais comme les hommes ne jettent pas de profondes racines sur ce sol mouvant où ils habitent un jour, la famine, les tremblemens de terre, les guerres, les ont tour à tour forcés d'émigrer pour chercher un autre séjour plus ou moins différent du premier ; et supposé qu'avec une obstination égale à l'instinct de l'animal, restant fidèles aux coutumes de leurs pères, ils donnent aux montagnes, aux fleuves, aux villes, aux établissemens de leur nouvelle patrie des noms qui leur rappellent l'ancienne, est-il possible qu'avec tant de changemens de sol et de climat, ils soient à jamais et sous tous les rapports ce qu'ils étaient auparavant ? Le peuple transplanté construira donc à sa manière la ruche de l'abeille, ou le nid de la fourni. Ainsi marqué par le mélange des idées que les nations ont apportées dans leur émigration et de celles qu'elles ont reçues sous un ciel nouveau, ce moment de leur vie est pour ainsi dire la fleur de leur jeunesse. Telle fut pour les Phéniciens l'époque où ils arrivèrent de la mer Rouge sur les bords de la Méditerranée; ce fut celle que Moïse aurait voulu à jamais retenir pour les Israélites; il est peu de nations asiatiques qui n'aient connu cet état mixte; car presque tous les peuples ont émigré une fois au moins, tôt ou tard, dans des contrées plus ou moins éloignées. Probablement on ne niera pas ici l'influence toute-puissante qu'ont exercée les temps où ces changemens se sont opérés, les circonstances qui les ont déterminés, la longueur du chemin, l'état antérieur de la civilisation du peuple, l'accueil qu'il a reçu dans sa nouvelle patrie. Même chez les nations les moins mélangées tant de causes géographiques et politiques ont embrouillé le fil de l'histoire, que pour en suivre les détours, il faut un regard perçant qu'aucun nuage ne trouble. Surtout il est prompt à s'égarer, celui qui, adoptant de préférence une race ou une nation, dédaigne tout ce qui n'est pas elle. Sourd aux vains cris des passions, l'historien de l'humanité a la même impartialité que le Créateur de la race humaine, ou que le génie même de la terre. Pour l'observateur dont le but est d'acquérir une connaissance détaillée de la nature et de ses harmonies, la rose et le chardon, le putois, le paresseux, l'éléphant ont une valeur égale. Il donne plus d'attention à l'objet qui l'instruit davantage. Or, la nature a déroulé la terre entière sous les pas des générations humaines, laissant chaque chose produire ce que comportent le lieu, le temps et la force mise en action. Tout ce qui peut exister, existe; tout ce qui peut être produit, sera produit aujourd'hui ou demain, ou le jour qui suivra. L'année de la nature est longue : qui en connaît le terme? Ses fleurs sont aussi variées que les plantes qui les portent et que les élémens dont elles se nourrissent. Ce qu'ont vu l'Indostan, l'Égypte, la Chine, ne pouvait arriver ni dans un autre lieu, ni dans un autre temps. Ainsi en fut-il du pays de Canaan, de la Grèce, de Rome, de Carthage. Résultat infaillible du temps, du lieu et d'une force agissante, la loi de la nécessité et de la convenance produit partout des fruits différens.

2. Que si le développement d'un royaume dépend principalement *du temps et du lieu où il a pris naissance, des parties qui le composent et des circonstances externes dont il est entouré,* c'est sur les mêmes fondemens que reposent les vicissitudes de ses destinées. Une monarchie formée de tribus errantes qui n'ont de lien politique que l'habitude

héréditaire de leur genre de vie, n'obtiendra qu'avec peine une longue durée. Piller et conquérir jusqu'au dernier moment, telle est sa loi. Le plus souvent, pour mettre fin à ces scènes de déprédation, il ne faut que le renversement de la métropole ou la mort d'un roi : témoin l'histoire de Babylone, de Ninive, d'Ecbatane, de Persépolis; et plus tard celle de la Perse. Dans l'Indostan, l'empire des grands Mogols touche à sa ruine, et celle des Turcs n'est pas moins imminente, si ces Chaldéens, étrangers sur le sol qu'ils ont conquis hier, ne se pressent d'établir leur gouvernement sur des bases plus morales. En vain l'arbre élève-t-il sa tête jusqu'aux cieux, en vain répand-il son ombre sur toutes les parties du monde; s'il n'a poussé de profondes racines, un léger souffle le renversera, que sais-je, l'insolence d'un esclave, le caprice d'un satrape. L'histoire de l'Asie, tant ancienne que moderne, est pleine de ces révolutions; par là elle offre peu d'intérêt à la philosophie politique. Des despotes précipités du trône, font place à d'autres despotes. Le royaume est attaché à la personne du monarque, à sa tente, à sa couronne; qu'il se montre, celui qui possède ces choses, il est le nouveau père du peuple, le chef d'une bande de brigands indisciplinés. Un Nabucodonosor fait trembler toute la haute Asie; à peine son second successeur a-t-il paru, que son trône chancelant est renversé dans la poussière. Trois victoires d'Alexandre ont effacé du monde l'immense monarchie des Perses.

Bien différente en cela des établissemens politiques qui, tenant à de profondes bases, tirent du génie national leur force et leur valeur réelle; s'ils sont soumis, les peuples leur survivent. Jetez les yeux sur la Chine; que de peine pour y introduire une coutume aussi simple que celle de couper les cheveux à la manière des Mongols! Il en est de même des Brahmes et des Juifs, que leurs cérémonies religieuses tiendront à jamais séparés du reste du genre humain. Du fond de sa solitude, l'Égypte refusa long-temps de s'allier avec les nations étrangères, et l'on sait ce qu'il en coûta pour détruire les Phéniciens, seulement parce qu'ils avaient pris racine dans le pays où ils vivaient. Que Cyrus eût réussi à fonder un empire pareil à ceux de Yao, de Crishna, de Moïse, l'édifice durerait encore, quoiqu'à demi mutilé et tout couvert de la rouille des âges.

Par là on s'explique comment les législateurs de l'antiquité attachaient tant d'importance à former les mœurs par l'éducation; la puissance des institutions reposait tout entière sur ce fondement. Chez les modernes un peu d'or ou des combinaisons presque mécaniques font la force des empires; les anciens l'établissaient sur une manière générale de penser, qu'adoptait la nation dès l'origine; et comme rien n'exerce sur l'enfance une influence plus puissante que la religion, la plupart de ces États, particulièrement ceux de l'Asie, furent plus ou moins théocratiques. A ce mot, je n'ignore pas quelle haine se réveille; je sais qu'à cette forme de gouvernement on attache en partie l'idée de tous les malheurs de l'humanité; et ce n'est pas moi qui en prendrai la défense : pourtant il faut dire que non-seulement elle convient à l'enfance du genre humain, mais qu'elle lui est indispensable; autrement, elle n'aurait pas conservé tant de siècles un empire si étendu. Depuis l'Égypte elle a régné jusqu'en Chine, et en général dans presque toutes les contrées du monde, la Grèce étant la première qui ait séparé par degrés le sacerdoce du gouvernement. Sous le point de vue politique, comme un système religieux a d'autant plus de puissance, que les objets du culte, les dieux, les héros, le souvenir de leurs exploits, tiennent de plus près au pays qui l'adopte, les nations fermement établies ont approprié leurs cosmogonies et leurs mythologies aux circonstances locales. Seuls, de tous les peuples voisins, les Hébreux n'ont pas fait de leur pays le centre de la création universelle : étranger au milieu d'eux, leur grand législateur ne toucha point la terre qu'ils possédèrent après sa mort; leurs ancêtres avaient habité d'autres contrées, et ils reçurent leurs lois hors de la terre promise. Voilà probablement pourquoi, plus qu'aucune nation de l'antiquité, ils se sont plus à habiter parmi les peuples étrangers : les Bramines et les Siamois ne peuvent vivre hors de leur pays, et si le Juif de Moise n'est, à proprement dire, qu'une créature de Palestine, hors de la Palestine il ne devrait pas y avoir un seul Juif.

5. Enfin, par tout ce que nous avons rencontré jusqu'ici, nous voyons *quelle est l'instabilité des établissemens humains, et combien les meilleures institutions deviennent oppressives après quelques générations.* La plante fleurit et se fane; vos pères sont morts et le vent a dispersé leurs cendres; vos temples sont en ruines : votre tabernacle, vos tables de la loi ont disparu, le langage lui-même, ce lien indissoluble de l'humanité, a son déclin; et une constitution politique, un système de gouvernement ou de religion, que ces bases soutiennent, se vanterait d'une éternelle durée? Alors, enchaînez les ailes du temps; immobile près de l'abîme des siècles, arrêtez le globe sur ses fondemens de glace. Que serait-ce à cette heure si nous voyions le roi Salomon sacrifier vingt-deux mille bœufs, cent vingt mille brebis à une seule fête, et la reine de Saba quitter ses états pour venir lui proposer des énigmes au milieu d'un banquet? Que nous semblerait la sagesse des Égyptiens, si on nous

montrait au milieu de la magnificence des temples, le bœuf Apis, le chat et le bouc sacrés? J'en dis autant des cérémonies oppressives des Brahmes, des superstitions des Parsis, des prétentions illusoires des Juifs, de l'orgueil insensé des Chinois, et de tout ce qui repose sur des institutions surannées qui datent de trois mille ans. La doctrine de Zoroastre, en donnant une explication du mal moral et physique, surtout en appelant l'attention sur les différens phénomènes de la lumière, a dû exercer une heureuse influence; mais cette théodicée, qu'est-elle maintenant, même aux yeux d'un Mahométan? Rêve d'une imagination jeune, qui, heureuse de retenir dans la sphère de l'univers visible la puissance immortelle et libre de la pensée, cherche à concilier avec ce système bien entendu la direction des sentimens moraux, la métempsycose des Brahmes n'est point à dédaigner; cependant, embarrassée de tant de pratiques, n'est-elle pas devenue une loi religieuse aussi absurde que vaine? En elle-même, la tradition instituée par la nature, est un bien dont l'espèce humaine ne pourrait se passer. Puérile chimère, mensonge décevant, fantôme des siècles passés, quel nom lui donner, quand, arrêtant l'éducation morale et politique du genre humain, elle enchaîne la raison, refoule les progrès qu'appellent les temps et les lieux, et endort de ses pavots le génie des peuples avec celui des familles et des individus. Après avoir illuminé le monde de son éclat intellectuel, l'Asie, lentement enivrée de ce poison, a passé la coupe à d'autres contrées. Dans son sein sommeillent de grands États, des sectes imposantes, comme la tradition raconte que S. Jean dort dans son tombeau; quoique mort depuis près de deux mille ans, il respire doucement, et attend, en se berçant de songes, celui qui doit venir l'éveiller.

# LIVRE XIII.

Je dis adieu aux rivages de l'Asie avec le regret d'un voyageur obligé de quitter un pays avant de le connaître autant qu'il désirait; ce que nous savons de ses longues destinées est si incomplet, le plus souvent si voisin de nos temps, si plein d'incertitudes ou de contradictions! nées d'hier, les idées que nous nous formons de la partie orientale, ont été altérées par les préjugés politiques et religieux des hommes qui nous les ont apportées. Ajoutez à cela les débats littéraires, l'esprit de parti, qui ont si bien embrouillé ce petit nombre de documens, que pour nous cette contrée est encore en grande partie une terre fabuleuse. Dans la haute Asie, dans le voisinage de l'Égypte, tout nous apparaît comme une ruine, un songe à demi effacé; encore ces vagues souvenirs nous ont été transmis par la bouche frivole des Grecs; mais, si jeunes et si différemment constitués, comment auraient-ils fidèlement retracé les premiers temps de ces empires, dont ils n'observaient d'ailleurs que ce qui les concernait eux-mêmes? Les archives de Babylone, de la Phénicie, de Carthage, ne sont plus; déjà l'Égypte touchait à son déclin, quand un Grec est allé en visiter l'intérieur. Ainsi tout se réduit à quelques feuilles éparses, à des fables vaines, à des fragmens d'histoire, à un rêve de l'antiquité.

Avec la Grèce le jour commence à poindre, et c'est avec joie que nous marchons à sa rencontre. Comparés à d'autres peuples, les habitans de ce pays ont acquis de bonne heure l'art des lettres, et leurs heureuses institutions conduisirent sans effort le génie de leur langue de la poésie à la prose, c'est-à-dire à l'histoire et à la philosophie. C'est donc vers la Grèce, comme vers son berceau, que la philosophie de l'histoire reporte ses regards; c'est là qu'elle a passé sa brillante jeunesse. A travers tant de fables, Homère décrit les mœurs de diverses nations, autant que ses connaissances le lui permettent. Les chants des Argonautes, qu'un écho nous a renvoyés, signalèrent une époque non moins nouvelle que mémorable. Quand, enfin, l'histoire commença à se séparer réellement de la poésie, Hérodote se mit à voyager dans différentes contrées, recueillant çà et là avec une curiosité puérile, mais glorieuse, tout ce qui frappait ses yeux et ses oreilles. Si les historiens grecs qui le suivirent ne s'attachèrent de préférence qu'au tableau des révolutions nationales, ils ne purent s'empêcher de faire plusieurs digressions sur les peuples avec lesquels la Grèce entretenait des rapports de voisinage ou d'alliance. Par là, surtout depuis les expéditions d'Alexandre, leur sujet, en s'étendant, comprit peu à peu le monde connu. Plus tard, il grandit encore avec Rome, à qui les Grecs servirent non-seulement de modèles pour écrire l'histoire, mais même d'historiens; enfin, de tant d'élémens épars, un Grec, Diodore de Sicile, et un Romain, Trogue Pompée, cherchèrent à composer une sorte d'histoire universelle. Réjouissons-nous donc d'avoir rencontré un peuple qui ne sait à la vérité où il a passé son enfance, ni comment il l'a passée, dont les ouvrages d'art, les monumens littéraires les plus parfaits ont été pour la plupart détruits par la fureur des peuples ou par l'œuvre des siècles; mais qui, dans ce dénuement, parle encore à nos ames dans de majestueux débris. Tous, ils proclament un génie philosophique, un caractère d'humanité, que je m'efforce vainement de répandre sur l'essai qui leur est consacré. Comme les poètes, je pourrais invoquer Apollon le père des arts, les vierges du Pinde et la muse de l'éternelle science; que mon Apollon soit l'esprit de recherche, et ma muse l'impartiale vérité.

## CHAPITRE PREMIER.

### *De la situation et des habitans de la Grèce.*

Composée de côtes et de baies, la triple Grèce dont nous parlons ici, est de toute part sillonnée par la mer, ou plutôt c'est un vaste archipel. D'une foule de points différens, la contrée dont elle fait partie, pouvait recevoir non-seulement la population qui lui manquait, mais encore des germes d'une civilisation précoce. Sa situation, le caractère de ses habitans, que des entreprises et des révolutions successives conformèrent de bonne heure à celui du pays, établirent bientôt, soit au dedans, soit au dehors, une circulation d'idées, une force d'activité que la nature a refusées aux continens plus étendus; enfin, l'époque où naquit la civilisation grecque, le degré de développement qu'avaient atteint les peuples environnans, surtout la pensée humaine en général, contribuèrent à faire des Grecs ce qu'ils ont été, ce qu'ils ont cessé d'être, ce qu'ils ne seront plus. Examinons plus attentivement cet important problème historique : pour le résoudre nous avons depuis peu des données suffisantes, que l'on doit surtout au zèle éclairé des savans de l'Allemagne.

Isolé, loin des côtes de la mer, enfermé d'une ceinture de montagnes, sans lien, sans contact, sans sympathie avec d'autres nations, un peuple dont toutes les connaissances dérivent d'une même source, et qui les éternise d'autant mieux sur le bronze de la loi, qu'il les a reçues au commencement de sa carrière, pourra se distinguer par l'originalité de son caractère et la conserver de longs siècles ; mais une personnalité si bornée lui interdira ce génie flexible et heureux que développent seules de fréquentes communications avec des peuples étrangers. Voyez l'Égypte et l'Asie entière ! Que la puissance qui a construit le globe eût imposé aux mers et aux montagnes des formes différentes ; que le destin suprême, qui a répandu à son gré les générations et les peuples, les eût fait descendre d'une tout autre contrée que des montagnes de l'Asie : donnez à l'Orient ce que sa situation actuelle lui refuse, un commerce brillant et une mer Méditerranée pour transporter ses trésors ; ce n'est pas le sol qui change, c'est le cours entier de la civilisation humaine. En effet, refoulée vers le monde occidental, elle s'y précipita, parce qu'il lui fut impossible de se répandre et de croître sur le sol de l'Orient.

Parcourez le tableau historique des îles et des pays unis entre eux par des détroits ; quels que soient le climat et le lieu, partout, aux mouvemens de la population plus faciles, à l'activité nationale plus variée et plus libre, surtout s'il se joint à cela des époques favorables, vous reconnaitrez la supériorité des habitans des îles et des côtes maritimes sur les peuples des grands continens. Chez ces derniers, inutilement les talens naturels et les facultés acquises se multiplient à l'infini ; le berger reste berger, le chasseur reste chasseur ; comme des plantes sans odeur, l'agriculteur et l'artisan consument leur vie dans une étroite enceinte. Compare-t-on l'Angleterre à l'Allemagne, les Anglais sont des Allemands, et même dans ces derniers temps l'Allemagne a précédé l'Angleterre dans les découvertes les plus importantes. La différence est que chez les insulaires l'activité industrielle a de bonne heure pénétré la substance même de l'État; favorisés par leur situation dans leurs moyens de développement, sans efforts comme sans précipitation, ils ont acquis une consistance inébranlable que jamais n'atteindra la politique embarrassée du continent. Même conséquence, si à l'intérieur de l'Esclavonie, à la Scythie d'Europe, à la Russie, à la Pologne, à la Hongrie, on oppose les îles du Danemarck, les côtes d'Italie, de France et d'Espagne, les Pays-Bas et le nord de l'Allemagne. Dans tous les climats, les îles, les péninsules, ou les côtes heureusement situées, se distinguent par un génie inventif, par un libre essort, qui, sur le continent, sont retenus le plus souvent par des lois surannées [1]. Que l'on lise les descriptions des îles de la Société et des Amis : égarées loin du monde habitable, elles représentaient

---

1. Que l'on compare les habitans de Malacca et des îles de l'Inde avec ceux du continent ; on peut même opposer le Japon à la Chine, les indigènes des Kuriles et des îles Aleutiennes aux Mongols, et étendre ce cercle d'observations jusqu'aux îles de Saint-Juan Fernandez, de Socotora, de Byron, aux Maldives, etc.

au sein des mers, par leur luxe et leur élégance, quelque image de la Grèce antique. Dans plusieurs îles isolées du grand Océan les premiers voyageurs trouvèrent dès l'abord une affabilité prévenante que l'on chercherait vainement chez les nations de l'intérieur des continens. Ainsi, partout nous apparaît cette grande loi de la nature humaine; que là où sont heureusement combinés l'activité et le repos, la société et l'isolement, une occupation libre et les doux loisirs qu'elle amène, là se présente un état de choses également favorable et au peuple qui l'adopte et aux nations voisines qui le respectent. Rien de plus nuisible au bien-être de l'humanité, que le défaut d'exercice : sous le despotisme des institutions de la haute antiquité, ce mal était inévitable; aussi, pour peu que le remède se fît attendre, le corps social, toujours défaillant, périssait de langueur. Au contraire, dans les États qui, limités par la nature elle-même, n'ont qu'une médiocre étendue; lorsque, partagée entre les périls de la mer et la culture plus paisible du sol, la vie des habitans se passe dans une salutaire activité, quelques circonstances favorables suffisent pour illustrer à jamais le génie national. Par exemple, pour ne parler ici que des Grecs, les insulaires de Crète établirent les premiers un système de législation fait pour servir de modèle à toutes les républiques du continent; ajoutons que la plupart de ces dernières, du moins les plus célèbres, étaient situées sur les côtes. Ce n'était donc pas sans raison que les anciens plaçaient dans les îles la patrie de l'espérance et d'un bonheur imaginaire. Il faut croire que c'est là qu'ils avaient trouvé les peuples les plus heureux et les plus libres.

Si nous appliquons à la Grèce les réflexions qui précèdent, comment s'étonner de trouver tant de différence entre ses habitans et ceux des pays de montagnes? Un mince détroit séparait la Thrace de l'Asie mineure; cette contrée, si fertile en nations, si riche en productions indigènes, communiquait à l'Occident avec la Grèce par un golfe parsemé d'îles. Les digues de l'Hellespont semblent avoir été brisées violemment, comme si la mer Égée fût survenue avec ses groupes d'îles pour établir en Grèce un principe éternel de mouvement et de circulation. Aussi, dès les temps les plus reculés, les vaisseaux d'une foule de peuples s'en vont raser ses rivages, ou s'égarer d'écueils en écueils. Ce sont les Crétois, les Lydiens, les Pélasges, les Thraces, les Rhodiens, les Phrygiens, ceux de Chypre, de Milet, de Samos, de Naxos, les Cariens, les Lesbiens, les Phocéens, les Spartiates, les Hérétriens, les Éginètes : bien avant les temps de Xerxès, on les voit l'un après l'autre régner sur les mers[1]. Avant

---

1. *Heyne, Comment. de castoris epoch. in N. comment. societ. Gœtting.*, t. I, II.

eux paraissent les pirates, les colons, les aventuriers. De là, pas une nation en Grèce qui n'ait émigré une fois au moins. Dès l'origine, tout ici s'anime, s'agite, se complique sans se confondre, depuis les côtes de l'Asie mineure, jusqu'à l'Italie, à la Sicile et aux frontières des Gaules. En vain les peuples du Nord se sont-ils péniblement acheminés de bruyères en bruyères; aucun d'eux n'a rencontré un pays plus étendu, un ciel plus favorable; c'est ce que nous voulons dire, quand nous vantons cette terre antique. A ne parler que de champs fertiles, de riantes vallées, de prairies qu'engraisse le limon des fleuves, sans errer trop long-temps, combien ne trouverions-nous pas dans le reste du monde de climats plus éclatans, dont pas un cependant n'a produit les génies d'Athènes et de Sparte[1]? Où donc est le mystère? Dans une suite non interrompue de rivages, dont le souffle vivifiant redoublait l'activité de quelques petits États jetés çà et là sur la grève, et qui, heureusement combinés pour les progrès de la civilisation, s'appelaient l'Ionie, la Grèce et la grande Grèce.

Il n'est pas besoin de longues recherches pour établir d'où cette contrée a tiré ses premiers habitans, nommés Pélasges, c'est-à-dire étrangers;

---

[1]. *Riedesel's Bemerkungen auf einer Reise nach der Levante* (Observations sur un voyage au Levant), p. 113.

malgré la distance, ils reconnaissaient pour leurs frères les peuples dont la mer les séparait, c'est-à-dire, ceux de l'Asie mineure. Que servirait de les suivre dans leurs courses vagabondes à travers la Thrace, ou sur l'Hellespont, ou d'îles en îles, à l'Orient, à l'Occident, ou lorsque, protégés par les montagnes du Nord, ils pénètrent peu à peu dans la Grèce, qu'ils envahissent? Chaque tribu entraîne une tribu sur ses traces; toutes, elles se pressent sans se heurter. Ensuite apparaissent les Hellènes, qui apportent de nouvelles connaissances aux anciens Pélasges, en même temps que des colonies grecques reviennent s'établir sur les rivages de l'Asie. La proximité d'une péninsule si importante, située sur le plus grand continent du globe, peuplée d'habitans qui non-seulement avaient la plupart une même origine, mais dont la civilisation tenait déjà à d'antiques fondemens, décida en partie de la destinée des Grecs[1]. De là ce caractère original, cette unité de formes et de tons qui distingue leur langue, et que n'eut jamais atteint un mélange d'idiomes différens. Bientôt même la nation partagea la condition morale des peuples du voisinage avec lesquels elle se trouva en relations de paix et de guerre.

---

[1]. Heyne, *De origine Græcorum Comment. Societ. Gœtting.*, 1764.

Ainsi l'Asie mineure fut véritablement la mère de la Grèce, qui lui dut non-seulement sa population, mais les principaux germes de sa première sociabilité. A son tour, celle-ci renvoya des colonies à la métropole, et vécut assez pour voir fleurir en face de ses rivages une seconde civilisation, supérieure à la première.

Malheureusement, rien n'est plus incomplet que l'histoire des premiers temps de la péninsule asiatique. Nous ne savons rien de l'empire des Troyens que par la bouche d'Homère. Or, malgré les efforts du poète, pour élever ses compatriotes au-dessus de leurs ennemis, on ne peut méconnaître dans ses récits la magnificence de Troye, et les prodiges des arts contemporains. Également vantés pour leur haute antiquité et leur culture précoce, les Phrygiens exercèrent par leur religion et leurs fables une influence incontestable sur la mythologie des Grecs. Bientôt après les Cariens, qui, se disant eux-mêmes frères des Mysiens et des Lydiens, avaient la même origine que les Pélasges et les Lélèges, s'appliquent à la navigation, qui n'était alors que l'art des pirates; pendant ce temps-là, plus avancés dans la culture sociale, les Lydiens se glorifiaient avec les Phéniciens d'avoir perfectionné le commerce par l'invention de la monnaie : d'où il résulte qu'aussi bien que les Mysiens et les Thraces, ces peuples jouissaient au moins d'une civilisation naissante ; pour devenir des Grecs, ils n'avaient besoin que d'une émigration favorable.

Au nord-est, la Thrace fut le berceau des muses grecques. Il naquit en Thrace celui qui, le premier, adoucit par ses chants les mœurs sauvages des Pélasges, et introduisit parmi eux ces rites religieux dont la puissance toujours croissante traversa tant de siècles. Les premières montagnes que foulèrent les muses, furent les montagnes de la Thessalie, l'Olympe, l'Hélicon, le Parnasse, le Pinde. C'est là[1], dit un des plus habiles commentateurs de l'histoire grecque, c'est là que naquirent la religion, la philosophie, la musique et la poésie grecque; sur ces rivages ont erré les premiers Bardes de l'antiquité : là se sont formées les premières sociétés humaines; là ont retenti pour la première fois les accords de la lyre et de la harpe; là ont été ébauchés les premiers traits de tout ce que le génie grec a enfanté dans la suite des âges. En Thessalie, et jusque dans la Béotie, si peu renommée depuis par les productions des arts, pas une fontaine, pas un ruisseau, pas une colline, pas un bosquet, que n'ait effleuré le souffle du génie, que n'aient immortalisé les merveilles des poètes. Ici coulait le Pénée ; là se prolongeaient les délicieux ombrages de la vallée de

---

[1]. Heyne, *De Musis*; *Gœtting. Anzeigen*, 1766

Tempé. Ici Apollon s'est égaré sous l'habit d'un berger; là les géans ont entassé les montagnes; plus loin, au pied de l'Hélicon, je cherche les traces d'Hésiode, alors qu'il apprenait ses fables de la bouche des muses. En un mot, c'est ici que s'est formée, sur un type indigène, la première civilisation des Grecs; de là le plus pur langage a passé chez les descendans des Hellènes, harmonieux et pénétrant dans chacun de ses dialectes.

Toutefois, dans le cours des âges, cette foule d'aventures et d'expéditions qui suivirent, l'aspect si varié des côtes et des îles, firent naître sans doute de nouvelles fables, que les poètes consacrèrent dans le temple de la muse grecque. La bourgade la plus isolée, la peuplade la plus obscure voulut y faire entrer ses ancêtres, ou ses divinités locales. Par là cette variété qui serait pour nous un impénétrable dédale, si nous traitions la mythologie grecque avec un esprit de système, née des mœurs et des souvenirs de chaque tribu, répandait partout le mouvement et la vie dans le corps social. Pour que cet heureux Eden, qui produisit dans le temps les fruits les plus abondans, même en législation, fleurît dans chaque saison, il fallait cette foule d'arbrisseaux et de germes différens. Le territoire étant divisé en diverses portions, chaque tribu défendait sa vallée, ses rivages, ses îles; c'est ainsi que de l'activité infatigable de ces tribus et de ces royaumes séparés sortit le génie de la muse grecque. Libre et fière, elle ne dépendait pas des caprices d'un maître absolu. Elle s'établit au son de la lyre, au milieu des cérémonies et des danses religieuses, au sein des arts et des sciences qu'elle avait inventés; surtout elle profita des communications que les tribus établirent entre elles ou avec les étrangers, changeant à son gré de loi, de principe et de forme. Aussi, dans toute la suite de son éducation, ce peuple conserva à jamais l'empreinte grecque. Ce qu'avaient fait pour Thèbes les colonies de la Phénicie, celles de l'Égypte le firent pour l'Attique. Heureusement pour les Grecs, leurs ancêtres, leur langue, leur génie descendaient d'une autre source. Grâce à leur origine, à leur genre de vie, aux muses de leurs montagnes, ils ne furent pas une tribu vagabonde de Cananéens-Égyptiens.

## CHAPITRE II.

*De la langue, de la mythologie et de . poésie des Grecs.*

Nous rencontrons enfin des monumens qui ont fait pendant des milliers d'années, et feront encore, il faut le croire, les délices de la partie la plus éclairée du genre humain. Vainement chercherait-on, loin des rives de la Grèce, une langue mieux accentuée et plus parfaite, une mythologie plus riche, plus éclatante, une poésie plus ravissante, si l'on considère le temps et le lieu. Quel prodige a donc fait naître ici, chez un peuple si grossier naguère, cette langue, cette poésie, cette philosophie toute d'images? le génie indigène, le genre de vie de la nation, l'époque où elle a vécu et son caractère héréditaire.

La langue grecque ne fut d'abord qu'un idiome informe et barbare; mais sous ces langes était caché le germe de ce qu'elle devait être un jour. Affranchie du joug des hiéroglyphes, ce n'était pas un vague cliquetis de monosyllabes, comme les langues qui se parlent au-delà des montagnes de la Mongolie. Chez les nations du Caucase, des organes plus flexibles firent naître de plus douces modulations, que l'instinct musical des peuples ne tarda pas à ramener à une forme savante et calculée. Les mots s'unirent sans se heurter; les tons modulés devinrent des rhythmes. La parole s'échappa en flots plus harmonieux; ses images se fortifièrent de la puissance du nombre, et elle s'éleva jusqu'à suivre les divers mouvemens de la danse. Ainsi, loin d'être enchaîné par des lois muettes, le caractère original de la langue grecque, comme une création vivante de la nature, naquit de la musique et de la danse, des vicissitudes de l'histoire, de l'inspiration des chants nationaux, enfin des libres communications qu'entretenaient mutuellement diverses tribus et diverses colonies : combien les nations du nord de l'Europe ont été moins favorisées dans leur première éducation ! L'Allemand, par exemple, a incontestablement perdu beaucoup de sa séve native, de ce génie d'inflexion qui n'avait rien de vague ni d'indécis, et, plus que cela, de cette mâle énergie qu'il posséda jadis dans un climat plus favorable. Alors il avait avec le Grec des traits frappans de ressemblance ; mais aujourd'hui on sait s'il est dégénéré. Ne cherchons pas au-delà du Gange la flexibilité ni la riche abondance du Grec ; de ce côté de l'Euphrate aucun idiome araméen n'en rappelle, de la manière même la plus confuse, les formes antiques. Je ne connais que la langue grecque qui semble dérivée du chant ; car le chant, la poésie, les joies précoces de la liberté, en ont fait de bonne heure la langue universelle des muses. S'il n'est pas probable que les élémens de cette civilisation, dispersés ou détruits, se recombinent jamais, et que le genre humain, ramené à son berceau, recommence une carrière nouvelle avec un Orphée, un Musée, un Linus, un Homère, un Hésiode, et tant de circonstances qui ne sont plus, n'espérons pas davantage voir renaître une langue grecque, fût-ce dans la même contrée.

La mythologie des Grecs est un système composé des fables de divers pays, des croyances populaires, des récits traditionnels que les générations se communiquaient l'une à l'autre, ou plutôt des premiers essais de la pensée pour expliquer les merveilles de l'univers et donner quelque consistance à la société [1]. Malgré les altérations qu'ont subies les orphiques en venant jusqu'à nous, ces poëmes sont encore des monumens de ce culte heureux de la nature, si cher à la plupart des peuples dans leur première enfance. Sur ses rochers, le chasseur s'adresse à l'ours qu'il redoute [2]; le Nègre à son fétiche; plus près de la pensée d'Orphée, le Parsis converse avec l'esprit des élémens. Mais comme l'hymne d'Orphée à la nature est ennobli par la richesse de la langue grecque et la magnificence des images ! Plus tard, combien les formes de la mythologie ne s'embellirent-elles pas encore, quand, au lieu des qualifications abstraites, qui embarrassaient la marche de ses hymnes, partout apparurent, comme dans les chants d'Homère, les groupes des nymphes et les traces des dieux! D'ailleurs, on ne tarda pas à confondre dans les cosmogonies les anciennes traditions, même les plus grossières; les héros et les chefs de tribus ne manquèrent pas de poètes qui les placèrent au rang des immortels. Par

---

1. Heyne, *De fontibus et causis errorum in historia mythica; de causis fabularum physicis; de origine et causis fabularum homericarum; de theogonia ab Hesiodo condita*, etc.

2. *Georgi's Abbildungen der Völker des russischen Reichs;* tom. I.

une inspiration non moins heureuse, les premiers chantres de théogonies, en racontant les généalogies des dieux et des héros, créèrent souvent, par la magie d'une seule parole, les allégories les plus frappantes. Lorsque des philosophes s'appliquèrent ensuite à en développer le sens pour y rattacher leurs pensées les plus fécondes, il se forma un nouveau tissu, plus précieux que tous ceux qui avaient précédé; enfin les poètes épiques renoncèrent à ces fables surannées de la génération des dieux, des combats célestes, des actions d'Hercule, contens d'enchanter la pensée humaine par des drames où l'homme jouait le premier rôle.

Avant tous, la gloire a choisi Homère, le père des poètes et des philosophes qui l'ont suivi. Par un rare bonheur, ses chants épars ont été religieusement recueillis, et forment dans leur ensemble un double édifice, qui, après des milliers d'années, brille encore comme un palais indestructible de dieux et de héros. De même que les hommes se sont efforcés d'expliquer les merveilles de la nature, ils sont allés çà et là s'enquérir de la vie d'Homère[1], qui en effet était un véritable enfant de la nature, un heureux barde des rivages de l'Ionie. Peut-être plusieurs poètes, qui l'égalaient par le génie, et dont le genre humain a perdu le souvenir, ont-ils

---

1. Blackwell's *Enquiry into the life and writings of Homer*; 1736. Wood's *Essay on the original Genius of Homer*; 1769.

mérité de partager la gloire dont il jouit seul. Pour lui, on lui a érigé des temples, il a été adoré comme une divinité humaine; mais ce culte passionné eût été presque illusoire sans l'influence qu'il a exercée sur le caractère de ses compatriotes, et sur toutes les ames dignes de sentir sa puissance. Les sujets de ses chants ont, il est vrai, perdu leur importance à nos yeux : ses dieux, ses héros, leurs passions et leurs mœurs, sont tels que les présentaient les fables de son temps ou des âges précédens. Ses idées sur la nature et la géographie, sa morale, sa politique, ne sont pas plus étendues; mais l'art avec lequel il a fondu dans un tout vivant la foule d'objets que le monde contemporain présentait à ses regards; les savantes proportions de son tableau, la peinture animée des moindres traits de ses personnages; la manière franche et libre dont il pénètre, comme un dieu, le secret de chaque caractère, dans le bien ou dans le mal, dans la joie ou dans la douleur; l'harmonie sublime qui s'échappe incessamment de sa lyre dans un poëme aussi varié qu'étendu, et qui, sans s'épuiser jamais, toujours ancienne et toujours rajeunie, enchantera le cœur et les soucis des hommes, tant que ses vers vivront dans la mémoire des peuples; voilà ce qui fait qu'Homère reste sans rival dans l'histoire du genre humain, et ce qui le rend digne de l'immortalité, si quelque chose peut être immortel sur la terre.

Homère eut nécessairement dans l'antiquité une influence toute différente de celle qu'il a exercée chez les modernes, dont il n'a obtenu tant de fois qu'une admiration forcée, sinon un froid dédain. Certes, il en fut autrement chez les Grecs. Il chantait dans une langue vivante, exempte encore de ce que l'on appela depuis des dialectes ; avec un enthousiasme que la nation partageait, il racontait les exploits des ancêtres contre les étrangers; il célébrait les familles, les tribus; il publiait les aventures et les entreprises qui étaient présentes aux regards des peuples, ou dont le souvenir réchauffait leur orgueil. Ainsi, sous plusieurs rapports, Homère était pour eux le chantre divin de la gloire nationale, l'expression la plus variée de la philosophie contemporaine. Les poètes qui lui succédèrent marchèrent sur ses traces; la tragédie lui emprunta ses fables; le poëme didactique ses allégories, ses tableaux, ses maximes. Tous ceux qui tentèrent de nouvelles voies dans l'art d'écrire, prirent pour modèle la composition savante de sa double Épopée; en sorte que les monumens de son génie passèrent bientôt chez les Grecs pour le type idéal du goût, et chez les esprits plus faibles pour le dernier terme de la puissance humaine. Les poètes romains n'échappèrent pas à son empire, et sans lui, l'Énéide n'eût jamais existé. Mieux que cela, il a contribué à tirer les nations modernes de la barbarie : sous le charme de sa poésie, un grand nombre de jeunes gens se sont formés à son école; beaucoup d'hommes livrés à la vie active ou contemplative, ont reçu de ses héros des leçons de goût et une première connaissance du cœur humain. Cependant, comme tous les grands hommes ont été une cause d'abus par les admirateurs fanatiques qu'ils ont inspirés, on ne peut nier que le bon Homère n'a point échappé à cette loi ; et, s'il pouvait sortir du tombeau, personne ne serait plus étonné que lui, en voyant ce qui a été fait de son génie à différens âges de l'histoire. Que, privées de son appui, les fables des Grecs ne se fussent pas conservées si long-temps sur une base si ferme, il est difficile d'en douter. Suivi de rapsodes, imité par de froids poètes, le jour même arriva où l'enthousiasme pour son nom devint une manie insipide et contrainte, telle qu'il n'en exista jamais chez aucun peuple et pour aucun poète. Les commentaires innombrables dont il a fourni le texte, sont perdus pour la plupart; autrement, nous verrions de quel fardeau la divinité menace les générations futures, quand elle livre au monde un génie semblable au sien. Dans les temps modernes, que de trompeuses lueurs, que d'interprétations fausses il a fait naître! Avec cela, ses chants furent pour les peuples contemporains qui les recueillirent, un instrument de perfectionnement qu'à pu leur envier toute la suite des âges. L'antique Orient n'a pas produit un Homère. En Europe, jamais une époque si brillante de jeunesse et d'enthousiasme n'inspira un tel poète; car, enfin, Ossian lui-même ne l'a point égalé dans ses bruyères d'Écosse. Se présentera-t-il un jour dans un nouvel archipel grec, sur les rivages des îles des Amis, un second Homère égal au premier, et fait, comme lui, pour civiliser des peuples naissans? L'avenir répondra.

La civilisation des Grecs étant née de la mythologie, de la poésie et de la musique, la puissance qu'exerçaient sur leurs ames ces trois grâces de la vie humaine, devint naturellement un des traits dominans de leur caractère, ainsi que le prouvent leurs institutions et leurs écrits les plus graves. Difficilement conçoit-on aujourd'hui que la musique ait jamais été une des parties principales de l'éducation, un des mobiles les plus importans de l'État, dont le déclin était suivi des plus funestes conséquences. Nous nous étonnons surtout du rang qu'ils assignent à la danse, à la pantomime, à l'art dramatique, comme aux sœurs naturelles de la poésie et de la philosophie. Dans la première surprise, on imagine communément que la musique des Grecs était un prodige de perfection systématique, tant nous sommes éloignés de connaître rien de semblable à ses effets célébrés d'âges en âges.

Mais, pour se convaincre du contraire, il suffit d'examiner quel usage ils en ont fait. A proprement dire, elle n'était pas chez eux un art distinct : toujours unie à la poésie, à la danse et au drame, sa puissance dépendait de cet accord mutuel et de la constitution tout entière de la civilisation contemporaine. La poésie des Grecs, remontant à sa source, se rapprocha bientôt de la musique. La tragédie elle-même, dans toute sa magnificence, commença par le chœur; le plus souvent la mélodie des instrumens et du chant se mêlait à la comédie, aux cérémonies publiques, aux expéditions guerrières, à la joie des fêtes domestiques; et l'on comptait peu de jeux qui ne fussent animés par la danse. Il est vrai que, la Grèce étant partagée entre une foule d'États et de peuples, chaque province avait des usages particuliers; la marche du temps, les divers degrés de civilisation et de luxe amenèrent encore de plus grandes différences. Néanmoins il reste constant que les Grecs regardèrent la réunion de ces arts comme le point le plus élevé de la puissance humaine, et qu'ils y attachèrent la plus haute importance.

Sans doute ni la pantomime, ni le drame, ni la danse, ni la poésie, ni la musique, ne sont chez nous ce qu'elles étaient chez les Grecs; unies en un seul tout, elles formaient alors par leur mélange une fleur de la pensée humaine, dont les germes grossiers se retrouvent encore chez les nations que distinguent un heureux caractère et un climat propice. Il est passé, pour ne plus revenir, ce temps d'inconstance et d'illusions; mais si le vieillard qu'il a fui, n'ose pas se mêler à des jeux qui ne sont plus de son âge, du moins ne s'offensera-t-il pas des danses et des joies folâtres de l'enfance. La culture des Grecs est précisément tombée dans cette époque de la première jeunesse du genre humain; ils en ont tiré tout ce qu'elle pouvait donner, glorieux d'accomplir ainsi des choses qui, dans l'état d'épuisement où nous sommes réduits, nous semblent impossibles; car je doute que le génie produise jamais sur la pensée un effet plus puissant, plus profond, plus savamment calculé, que lorsque ces arts s'unissaient entre eux pour agir sur des ames que l'éducation avait préparées, et que tenaient en haleine une foule d'impressions semblables et toujours renaissantes. Que si nous ne pouvons nous-mêmes être des Grecs, réjouissons-nous au moins qu'il y ait eu une antiquité grecque, et que, semblable à toute autre fleur de la pensée humaine, celle-ci ait trouvé le temps et le lieu pour s'épanouir et répandre ses plus doux parfums.

Des réflexions précédentes on peut présumer qu'une grande partie des compositions grecques destinées à une représentation vivante qu'accompagnaient la musique, la danse et la pantomime, ne sont plus aujourd'hui pour nous que de pâles ombres; heureux si elles ne nous conduisent pas aux plus étranges méprises, en dépit de tous nos efforts pour les expliquer. Les théâtres d'Eschyle, de Sophocle, d'Aristophane et d'Euripide, n'étaient point nos théâtres; jamais l'humanité ne reverra le vrai drame des Grecs, malgré le mérite incontestable des pièces qui ont été composées sur ce modèle chez diverses nations. Abandonnées à elles seules, sans le concours du chant, sans les fêtes nationales, sans l'enthousiasme que les jeux excitaient, les odes de Pindare ne doivent plus nous paraître que les exclamations de l'ivresse; même dans les dialogues de Platon, malgré toute cette mélodie de langage, cette composition si large, cette poésie si éclatante, les passages où les ressources de l'art semblaient le plus prodiguées, n'ont pas échappé à la critique moderne. Il faut donc que la jeunesse apprenne à lire les Grecs, puisque, d'ailleurs, il est rare que la vieillesse soit appelée à les sentir et à s'approprier leurs beautés. J'admets que les écarts de leur imagination offensent fréquemment la raison; que le sensualisme élégant, qu'ils donnent pour base à la morale, alarme souvent la conscience et la vertu; pour cela leur refuserons-nous l'admiration qui leur est due, même en nous gardant bien de devenir nous-mêmes des Grecs. Que n'avons-nous pas à apprendre de leur élégance, des belles proportions, de la savante ordonnance de leurs compositions, de la vivacité naturelle de leurs sentimens, enfin du rhythme mélodieux de leur langue, qui restera à jamais sans égale!

## CHAPITRE III.

### *Des arts des Grecs.*

Un peuple ainsi constitué devait nécessairement s'élever au type du beau et des convenances dans les arts libéraux; on peut dire, que dans tous ceux qui les intéressaient, les Grecs sont arrivés au dernier terme de la perfection. Il fallait à leur culte religieux des statues et des temples; à leurs institutions politiques, des monumens et des édifices publics; joignez à cela les ouvrages d'art que rendaient indispensables le climat, les mœurs, l'activité du peuple, son luxe, sa vanité; vous diriez, chose inouïe, jusque-là, dans l'histoire du genre humain, que le génie du beau leur distribua lui-même leur tâche qu'il voulut accomplir avec eux; car en vain ces prodiges de l'art ont-ils été détruits par les siècles, nous admirons et nous aimons encore leurs ruines et leurs moindres débris.

1. Comment douter que la religion n'ait contribué puissamment chez les Grecs au développement des arts, quand on lit dans Pausanias, dans Pline,

dans le premier recueil d'archéologie la liste de leurs chefs-d'œuvre? Rien ne s'accorde mieux avec l'histoire universelle des peuples et des individus. Partout les hommes ont cherché à donner une figure visible et palpable à l'objet de leur culte; partout, lorsque la religion ou la loi ne s'y opposait pas, ils ont essayé d'en peindre sinon d'en graver de grossières images. Le Nègre lui-même se rend son Dieu présent dans son fétiche ; et les premières divinités grecques furent des pierres brutes, ou des troncs d'arbres. Un peuple si intelligent ne resta pas long-temps, il est vrai, dans cet état d'indigence; le bloc devint un Hermès ou une statue; la nation étant partagée en une foule de petites tribus et de sociétés distinctes, chacune d'elles s'empressa naturellement de perfectionner les images de ses dieux domestiques. D'heureux essais de l'ancien Dédale, probablement aussi la vue des travaux de leurs voisins, excitèrent leur émulation. Bientôt un grand nombre d'États et de tribus purent contempler, sous une forme plus digne de son modèle, le dieu de leurs ancêtres, l'objet le plus sacré qui fut en leur pouvoir. C'est en ébauchant de grossières idoles qu'ils apprirent les premiers élémens de la statuaire ou de la peinture[1]. Aussi tous les peuples auxquels ces

---

1. *Winkelmann's Geschichte der Kunst* (Histoire de l'art), t. I, chap. I.

sortes de représentations furent interdites, n'ont-ils jamais fait de grands progrès dans les arts d'imitation.

Mais comme les dieux des Grecs apparaissaient entourés du prestige de la musique et du chant, dans l'éclat des formes les plus majestueuses, les arts d'imitation ne devaient-ils pas naturellement descendre de la poésie qui avait accoutumé la pensée des hommes à de si grandes images? L'artiste apprit du poète avec l'histoire des dieux, le caractère qu'il devait leur donner; par conséquent, dans l'origine, il ne repoussa aucune combinaison, pas même les plus révoltantes, parce que des chants héroïques les avaient consacrées[1]. Peu à peu les tableaux devinrent moins sombres, quand la poésie s'enrichit elle-même de plus douces fictions. Enfin, Homère, le père de la poésie, fut aussi le père des beaux-arts. C'est de lui que Phidias emprunta l'idée sublime du Jupiter, qu'il réalisa dans plusieurs de ses marbres divins. Les généalogies, les alliances mythologiques racontées par les poètes, fixèrent des caractères individuels, ou des traits de famille qui, reçus d'abord comme traditions poétiques, servirent bientôt, dans tous les arts, de lois générales à l'imitation des images des dieux. Sur ce principe, de tous les peuples de l'antiquité nul ne pouvait posséder les

---

[1]. Heyne, über den Kasten des Kypselus.

arts des Grecs, qu'il n'eût en même temps leur poésie, leur mythologie, qu'il ne fût arrivé par les mêmes voies à la même civilisation; mais cela ne fut donné à aucun d'eux, et les Grecs restent seuls avec leurs arts homériques.

Ainsi s'explique la création idéale de l'art grec, non pas par la profondeur systématique du génie des artistes, non pas par la beauté physique des générations contemporaines; mais par les causes qui ont été développées ci-dessus. Si les Grecs se distinguaient en général par la noblesse des formes, ce fut sans doute une heureuse circonstance, quoique chaque individu fût loin de présenter le type invariable du beau. En Grèce, comme ailleurs, la nature prodigue n'a point gardé de bornes dans les variétés sans nombre de la figure humaine, et selon le témoignage d'Hippocrate, les maladies ou les difformités n'étaient point épargnées aux peuples de l'Argolide et du Péloponèse. Mais, cela admis, en prenant même en considération le concours de choses le plus favorables, quand l'artiste pouvait faire d'un jeune Athénien le vainqueur du Python, et d'une Phryné ou d'une Laïs, la déesse de l'amour, on n'arrive point encore à la source de l'idéal qui dans tout le domaine des arts a présidé aux représentations des dieux. Peut-être la tête du Jupiter de Phidias n'a-t-elle pas plus existé sur un corps d'homme que le Jupiter d'Homère sur le

## CHAPITRE III.

sommet du mont Ida. Le grand anatomiste Camper a montré clairement à quels principes était soumis le type des formes grecques [1]. Nous ajouterons que les tableaux des poètes et le caractère du culte religieux pouvaient seuls en faire naître l'idée. Voulez-vous donc resusciter la Grèce avec les statues de ses dieux, rendez-lui ses croyances poétiques, mythologiques, le concours entier des objets environnans, dans toute leur simplicité native. Sans plus tarder, allez fouler son sol, arrêtez-vous devant ses temples, devant ses grottes, devant ses bocages sacrés, bientôt vous n'aurez plus ni la pensée ni le désir d'élever à la hauteur de l'art grec un peuple étranger à ces traditions religieuses, ou plutôt à cette ingénieuse superstition qui remplissait chaque ville, chaque bourgade, chaque réduit, de la présence d'une divinité indigène.

2. Il en est de même des fables héroïques des Grecs, surtout de celles qui tiennent à la mémoire des ancêtres ; transmises par le génie des poètes, elles vivaient en partie dans leurs chants éternels. De là les artistes, qui les prirent pour sujets, les copièrent avec un scrupule religieux, pour mieux flatter l'orgueil de leurs compatriotes et leurs vieux souvenirs. C'est ce que confirment les plus anciennes histoires des arts et l'examen des com-

---

[1]. *Camper's kleinere Schriften*, p. 18.

positions grecques. Tombeaux, boucliers, autels, temples, lieux sacrés, tout leur retraçait la mémoire de leurs pères; dès les temps les plus reculés, le talent des artistes, chez la plupart des tribus, n'avait pas d'autre emploi. Dans tous les climats, les peuples guerriers ont peint et orné leurs boucliers. Les Grecs, plus habiles ou plus sensibles, y gravèrent et y relevèrent en relief les actions de leurs ancêtres. De là les premiers travaux de Vulcain, dans les plus anciens poètes; de là, dans Hésiode, le bouclier d'Hercule et les exploits de Persée. Aux boucliers, joignez les autels des héros et d'autres monumens domestiques sur lesquels on gravait de semblables bas-reliefs, ainsi que le prouve le coffre de Cypselus, dont les figures rappelaient fidèlement le style du bouclier d'Hésiode. D'importans ouvrages de ce genre remontent aux temps de Dédale, et comme un grand nombre de temples avaient commencé par servir de tombeaux [1], les souvenirs des ancêtres, des héros et des dieux, unis et confondus, se perdaient dans un même culte, dans une même source de poésie et d'éloquence. De là ces scènes des siècles héroïques, représentées sur les draperies des statues des immortels, sur les autels et sur les trônes; de là ces tableaux à la mémoire

---

[1]. Ainsi le temple de Pallas à Larisse, celui de Minerve Polias, le trône d'Amycles, avaient servi de tombeau à Acrisius, à Érichthonius, à Hyacinthe.

des morts, si fréquemment étalés sur les places publiques, ces Hermès, ces colonnes érigées sur les tombeaux. Si d'ailleurs nous n'oublions pas cette foule de productions, que les peuples, les familles, les individus, entassaient dans les temples comme des gages d'un long souvenir, ou des offrandes d'une pieuse reconnaissance, et que relevaient le plus souvent des sujets tirés de l'histoire nationale ou de la vie des grands hommes, quel peuple se vantera d'avoir été conduit dans la carrière des arts par tant de voies diverses? Que sont-elles en comparaison, ces galeries où nous rangeons aujourd'hui les portraits de quelques-uns de nos pères depuis long-temps tombés dans l'oubli? Par ses histoires, par ses poëmes, par ses lieux consacrés, la Grèce tout entière était remplie de la mémoire de ses héros et de ses dieux; partout dominait cette idée hardie que les immortels étaient ses alliés, que les grands hommes étaient des divinités inférieures : or, cette croyance, c'étaient les poètes qui l'avaient répandue.

Au nombre des coutumes qui, en illustrant les peuples et les familles, excitaient les besoins de l'imagination, on ne peut oublier les jeux de la Grèce : brillantes fêtes du génie où se célébrait la mémoire des héros qui les avaient établies; actes publics du culte religieux, leur premier effet fut de hâter le développement de la poésie, comme celui des beaux-arts. Non-seulement de jeunes gens presque nus, en déployant leur force et leur agilité dans des danses et des luttes diverses, présentaient ainsi des modèles vivans à l'imitation des artistes, mais ces exercices contribuaient eux-mêmes à perfectionner les formes physiques, en même temps que le triomphe ranimait dans de jeunes cœurs le souvenir de la gloire de leurs compagnons, de leurs aïeux et des grands hommes de leur pays. Nous savons par Pindare et par l'histoire quel prix on attachait à ces sortes de victoires, avec quelle émulation elles étaient disputées. La ville natale du triomphateur se glorifiait de son nom; sa famille était placée au rang des dieux et des héros des anciens âges. De cet enthousiasme naît toute la théorie des odes que le génie de Pindare a élevées au-dessus des monumens des sculpteurs; de là la renommée qui s'attachait au tombeau, à la statue, auxquels le vainqueur avait droit de prétendre, et dont la composition était presque toujours idéale. Ainsi excité par la pensée de ceux qui l'avaient précédé, il s'élevait au-dessus de l'homme et devenait une espèce de divinité. Où trouver aujourd'hui de semblables jeux, qu'accompagne ou que suive une telle gloire?

3. D'une autre part, les établissemens politiques de la Grèce concouraient aux progrès des arts, moins encore parce que c'étaient des républiques, que parce

que ces républiques confiaient aux artistes des ouvrages importans. Partagée en divers États, gouvernée, là par des rois, ici par des archontes, partout elle offrait au génie un aliment suffisant à ses besoins; car enfin ces rois étaient Grecs, et rien de ce qui regardait le culte des arts qu'entretenaient les cérémonies religieuses et les traditions de famille, ne leur était étranger. Souvent, d'ailleurs, ils étaient les chefs du sacerdoce. Depuis les temps les plus éloignés, comme Homère le raconte, les lambris de leurs palais étaient ornés des trophées de leurs ancêtres, ou de ceux des héros auxquels l'amitié les unissait. Toutefois il faut dire que les constitutions républicaines, quand elles furent répandues dans toute la Grèce, ouvrirent au génie une immense carrière. Il fallait dans une démocratie des édifices pour l'assemblée du peuple, pour le trésor public, pour les exercices et les fêtes nationales. C'est ainsi, par exemple, sans que les habitations des citoyens et des principaux membres de l'État en devinssent plus brillantes, qu'Athènes vit s'élever dans ses murs ses magnifiques gymnases, ses théâtres, ses galeries, l'Odéum, le Prytanée, le Pnyx, etc. Dans ces républiques, où tout se faisait au nom du peuple et de la cité, jamais une dépense sembla-t-elle excessive, tant qu'il s'agit des divinités tutélaires ou de la gloire nationale. Or, cet esprit public, qui, du moins en apparence, dirigeait toutes les entreprises dans l'intérêt général de la société, était l'ame de la Grèce; telle était sans doute l'opinion de Winkelmann, quand il pensait que l'époque de la liberté républicaine avait été l'âge d'or des beaux-arts. Moins divisés que chez les modernes, tous les élémens de grandeur et de magnificence se réunissaient pour concourir à la splendeur de l'État. En flattant le peuple dans ses idées de gloire, Périclès fit plus pour les arts que n'eussent fait dix rois d'Athènes. Les monumens qui s'élevèrent par ses ordres eurent un caractère d'autant plus majestueux qu'ils étaient consacrés aux dieux et à la cité immortelle; même on peut croire que la plupart des édifices et des ouvrages d'art dont nous admirons les débris, n'eussent jamais vu le jour, si les villes et les îles de la Grèce n'eussent été séparées en autant de républiques, toutes jalouses les unes des autres. Au contraire, dans des États démocratiques où les chefs sont surtout obligés de chercher à plaire au peuple, rien n'était plus naturel que de prodiguer ces dépenses nationales, qui rendaient les dieux propices, caressaient les passions des citoyens, et ouvraient à un grand nombre d'entre eux une carrière assurée.

Une telle munificence fut, il est vrai, suivie de résultats dont l'humanité voudrait détourner les yeux. Au dehors l'oppression que firent peser les

Athéniens sur les peuples qu'ils asservirent, et jusque sur leurs colonies ; au dedans le pillage, les guerres dans lesquelles les États de la Grèce ne cessèrent d'être plongés, les missions rigoureuses que l'État imposa à divers citoyens, tant d'autres choses de ce genre, empêchent de regretter vivement la forme des États grecs ; mais encore ces abus tournaient au profit des arts. Presque toujours les temples des dieux étaient respectés même des ennemis ; étaient-ils détruits, au premier retour de fortune il s'en élevait de plus magnifiques sur leurs débris. Des ruines que les Perses avaient amoncelées, sortit une Athènes nouvelle, plus belle que l'ancienne : le plus souvent après la victoire, la part de butin réservée à l'État était consacrée à préparer au génie de nouveaux triomphes. Malgré les déprédations des Romains, jusque dans les derniers temps Athènes maintint la splendeur de son nom par ses édifices et ses statues ; des empereurs, des rois, des héros, de riches particuliers se disputèrent l'honneur de conserver ou d'embellir la patrie des sciences et de la pensée perfectionnée. Aussi les arts de la Grèce ne furent point étouffés, même sous le joug de la Macédoine ; ils ne firent que changer de pays. Dans les contrées les plus éloignées, les rois grecs étaient encore des Grecs ; comme tels ils restaient fidèles au culte des arts de leur pays. Alexandre et plusieurs de ses successeurs bâtirent de magnifiques cités en Asie et en Afrique. Rome et d'autres nations, quand le temps fut venu, se formèrent à l'imitation de la Grèce; car sur toute la surface de la terre il n'y eut jamais qu'une école grecque pour le génie de la statuaire et de l'architecture.

4. Enfin, le développement du beau dans les arts fut aussi favorisé par le climat de cet heureux pays; non que j'entende parler ici de la régularité des formes humaines, qui dépend moins du climat que de l'origine, mais des avantages matériels que la contrée présentait au sculpteur et à l'architecte. Près d'eux étaient les marbres de Paros et d'autres presque aussi rénommés; l'ivoire, l'airain, tout ce qui pouvait servir leur génie, leur était apporté par le commerce, dont ils occupaient pour ainsi dire le centre. Ces trésors précédèrent même, chez eux, la naissance des arts, par la facilité de tirer de l'Asie mineure, de la Phénicie et d'autres contrées, d'excellens matériaux dont l'usage leur était encore inconnu. Ainsi, dès l'origine, tout se disposait pour concourir à leur gloire, en même temps que leur voisinage de l'Asie mineure, leurs colonies dans la grande Grèce, etc., excitaient parmi eux un goût pour le luxe et pour les jouissances sociales, qui devait infailliblement éveiller les beaux-arts. Inconstans et légers, leur caractère ne les portait point à employer leur vie à ériger péniblement

d'inutiles pyramides. Des villes et des États séparés ne pouvaient tomber dans ce genre gigantesque et monstrueux. En effet, si nous exceptons peut-être le seul colosse de Rhodes, dans leurs ouvrages où règne la grandeur la plus imposante, ils sont restés fidèles à ces belles proportions qui réunissent la grâce au sublime. N'oublions pas l'influence d'un ciel toujours serein, qui leur permit d'exposer en plein air leurs statues, leurs autels, leurs temples, surtout l'élégante colonne, modèle de simplicité, de correction et de justesse, dont les habiles contours remplaçaient chez eux les lourdes murailles des peuples du Nord.

En combinant ces circonstances entre elles, nous comprenons comment dans l'Ionie, la Grèce et la Sicile, les arts purent s'élever à ce style correct, svelte, aérien, qui est le caractère général des ouvrages des Grecs. Jamais les règles seules ne suffirent pour le faire connaître; mais c'est en leur obéissant qu'il développa sa puissance, et quoique né dans l'origine de l'inspiration libre d'un heureux génie, il devint peu à peu une sorte d'instinct sublime que l'habitude rendit naturel. L'artiste grec le plus habile était Grec à sa manière; nous pouvons le surpasser, n'espérons pas atteindre à la pensée native de l'art grec. Le génie de ces temps n'est plus.

## CHAPITRE IV.

### *Des institutions morales et politiques des Grecs.*

Les peuples grecs ne différaient pas moins par les mœurs que par l'origine, le pays, le genre de vie, le degré de civilisation, et par cette suite de bonnes et de mauvaises fortunes que le destin leur envoya. Les Arcadiens et les Athéniens, les Ioniens et les Épirotes, les Spartiates et les Sybarites se ressemblaient si peu par l'âge de leur culture, par leur situation, leur manière de vivre, que je renonce à composer un ensemble de tant de parties diverses; quoi que je fisse, il n'y aurait pas plus d'harmonie dans ce tableau que dans les traits du génie athénien peint par Parrhasius [1]. Il ne nous reste donc qu'à marquer la direction générale de la civilisation grecque, et qu'à déterminer le rapport des mœurs avec les institutions politiques.

Comme chez tous les peuples du monde, chez ceux dont nous parlons la culture morale a com-

---

[1]. *Pinxit dæmon Atheniensium argumento quoque ingenioso; volebat namque varium, iracundum, injustum, inconstantem, eundem exorabilem, clementem, misericordem, excelsum, gloriosum, humilem, ferocem, fugacemque, et omnia pariter ostendere.* Plin., *Hist. nat.*

mencé avec la religion et s'est long-temps développée sous son égide. Les cérémonies du culte qui, à l'aide de divers mystères, se maintinrent même après que les idées politiques eurent fait d'éminens progrès, les droits sacrés de l'hospitalité et de la protection pour les malheureux ou les fugitifs, l'inviolabilité des lieux consacrés, l'horreur religieuse des furies vengeresses qui poursuivaient le meurtre même imprémédité, et jetaient la malédiction sur tout un territoire pour le sang répandu, des sacrifices sans nombre pour apaiser les dieux ou se les rendre propices, les réponses des oracles, la sainteté du serment, du foyer domestique, des temples, des tombeaux, etc., voilà les croyances et les institutions qui devaient réunir par degrés en un même tout une foule de tribus grossières, et élever des hommes à demi sauvages à la forme perfectionnée de l'humanité[1]. Veut-on savoir, en effet, si ces peuples ont accompli leur œuvre, qu'on les compare avec d'autres nations : non-seulement leurs institutions les ont amenés sur le seuil de la philosophie et de la science politique, mais dans l'enceinte même du sanctuaire. De quelle importance l'oracle de Delphes lui seul ne fut-il pas pour la Grèce! Que de fois sa voix prophétique signala

---

1. Heyne, *De primorum Græciæ Legumlatorum institutis ad morum mansuetudinem, in opusc. academic. pars I*, p. 207.

les tyrans et les méchans, en dévoilant leurs destinées! que de fois elle consola l'infortune, ou lui prêta conseil! toujours interrogée et toujours obéie, soit qu'elle fortifie au nom des dieux de salutaires institutions, soit qu'elle révèle des monumens de l'art restés inconnus, ou la muse qui pouvait les enfanter, soit qu'elle donne une sanction aux principes de la morale et du droit des gens! Les vers incultes de l'oracle eurent plus d'influence que les chants harmonieux des anciens poètes; et pour que sa puissance fût sans bornes, il prit sous sa protection l'assemblée des amphictyons; conseillers, et juges suprêmes des États de la Grèce entière, leurs sentences acquirent ainsi tout le poids de l'autorité religieuse. Ce que l'on a proposé dans les temps modernes comme l'unique moyen d'établir en Europe la paix perpétuelle[1], existait réellement chez les Grecs, dans ce tribunal d'amphictyons qui, touchant au trône du dieu de sagesse et de vérité, était sanctifié par sa parole.

A la religion nationale appartiennent aussi ces coutumes qui, nées des institutions de leurs ancêtres, en perpétuaient le souvenir dans la postérité; rien de plus manifeste que les conséquences qui s'en suivirent pour leur éducation morale. En présentant les exercices du corps comme un objet

---

[1]. OEuvres de l'abbé de Saint-Pierre, t. I, *et passim*.

principal d'émulation, en accoutumant la nation à attacher une haute estime aux qualités qu'ils rendaient nécessaires, les jeux publics donnèrent à l'éducation une direction inconnue jusque là. Nul arbre n'a produit de si beaux fruits que les petites branches d'olivier, de lierre, de pin, qui composaient la couronne des vainqueurs grecs; partout elles répandaient la force, la santé, la joie : les membres en devenaient plus souples, plus nerveux, mieux proportionnés. Par elles la pensée s'éveillait à l'amour de la gloire, même d'une gloire qui ne devait éclater qu'après la mort : elles accoutumaient la jeunesse à se sentir dévouée à la patrie, à la vie publique; enfin, mieux que cela, en entretenant dans les cœurs un vif penchant pour les communications sociales et l'amitié qu'elles faisaient naître, elles furent un des plus purs ornemens de l'antiquité. La femme ne disposait pas seule de la destinée de la jeunesse; et du Gynécée d'une Hélène, plus belle que l'Hélène d'Homère, jamais il ne serait sorti qu'un Pâris, si ses faveurs ou ses refus eussent décidé du sort des hommes. Les femmes, malgré les beaux exemples de vertu qu'elles ont donnés à la Grèce dans tous les genres, n'ont jamais eu qu'une influence secondaire sur la carrière des citoyens. De bonne heure les jeunes gens s'élevèrent à des pensées plus austères; les liens d'amitié qu'ils formèrent, soit entre eux, soit avec des hommes d'une expérience plus mûre, les conduisirent à une école qu'aucune Aspasie ne pouvait remplacer. De là dans plusieurs États cet amour viril des Grecs, cette ardeur d'émulation, ce dévouement à la science, cette constance, ce sacrifice de soi-même, qui nous étonnent dans Platon comme un roman d'une planète étrangère. Dans ces cœurs d'homme, l'amour et l'amitié se confondaient jusqu'à la mort. Incessamment tourmenté d'une noble émulation, l'ami redoutait les regards de son ami, comme une flamme qui pénètre jusque dans les dernières profondeurs de la pensée. Heureuses et touchantes affections de la jeunesse ! Nul sentiment n'est si délicieux que l'amour de ceux qui luttent avec nous dans nos premiers efforts de perfectionnement, pendant les années si douces où nos facultés commencent à naître. Ces luttes de vertus et de génie étaient publiquement ordonnées aux Grecs dans leurs gymnases, dans leurs occupations militaires et politiques ; de là dérivaient naturellement ces liens sacrés d'amour. Si, de pareilles institutions, surtout des jeux où les jeunes gens s'exerçaient nus, naquirent des mœurs licencieuses, j'en déplore l'abus sans oublier qu'il fut une conséquence du caractère de ce peuple. Avec une imagination si brûlante, un amour du beau, qui allait jusqu'au délire et dont il faisait le plus noble attribut des dieux, de tels désordres étaient inévitables. Plus cachés, ils eussent été plus dangereux, comme le prouve suffisamment l'histoire des contrées méridionales et de tous les peuples corrompus. Ainsi, les institutions elles-mêmes et de louables intentions allumèrent l'étincelle qui devint un incendie; heureusement il ne se développa que sous la garde sévère des lois qui le firent servir aux intérêts publics.

Enfin, la triple Grèce étant située dans deux parties du monde, et partagée en une foule de tribus ou d'États, dans chaque lieu la culture morale fut appropriée au caractère distinctif de chaque tribu, et les formes politiques présentèrent çà et là tant de nuances diverses que les progrès des mœurs grecques s'expliquent d'eux-mêmes. Si divisés en apparence, ces États étaient unis au fond par les liens les plus puissans, par une communauté de religion et de langage, par les oracles, les jeux, le tribunal des Amphictyons, par l'origine, les rapports des colonies avec la métropole; surtout, par le souvenir des entreprises des ancêtres, par la poésie et la gloire nationale. Le despotisme ne resserrait pas par la force cette union volontaire; et long-temps les périls qu'ils affrontèrent en commun ne furent suivis d'aucune conséquence désastreuse. Chaque tribu recueillit donc à la source de la civilisation les élémens qu'elle voulut y puiser : avec le secours de quelque homme supérieur que la nature lui envoya, elle choisit entre tant de germes heureux de sociabilité ceux qui convenaient le mieux à ses besoins et aux circonstances contemporaines. Parmi les rois de la Grèce, se trouvèrent de dignes descendans des anciens héros; instruits par le progrès des temps, ils ne furent pas moins utiles à leurs peuples par de bonnes lois, que leurs pères ne l'avaient été par leur valeur immortelle. Si l'on excepte les premiers fondateurs de colonies, Minos fut le plus célèbre des monarques législateurs : il donna une éducation guerrière aux vaillans habitans de son île montueuse, et servit dans les siècles suivans de modèle à Lycurgue. Le premier il dispersa les pirates, et établit la sûreté de la navigation sur la mer Égée. Le premier il fit régner la morale sur la terre et sur les eaux. Selon les annales d'Athènes, de Syracuse et de différentes cités, d'autres rois fondèrent des institutions non moins sages; mais le développement de la morale politique prit un essor tout nouveau, quand la plupart des monarchies grecques eurent fait place à des démocraties ; révolution aussi importante qu'aucune de celles dont l'humanité conserve la mémoire. Elle ne pouvait se produire qu'en Grèce, où un grand nombre de nations cultivaient précieusement le souvenir de leur origine et de leur race, même sous le gouvernement des rois. Chacune d'elles se considérait comme un corps politique distinct, qui, aussi bien que ses ancêtres errans, était maître de se constituer à son gré. Pas une des tribus grecques ne fut plus livrée aux caprices d'une famille de rois héréditaires ; de cela, ne nous pressons pas de conclure que le nouveau gouvernement fut meilleur que l'ancien. Presque toujours les principaux citoyens s'arrogèrent l'autorité des rois, en sorte que dans plusieurs villes la confusion des pouvoirs ne fut égalée que par la tyrannie du peuple. Mais aussi le sort en fut jeté, et l'humanité, comme au sortir de tutelle, apprit à s'occuper elle-même de sa constitution politique. L'époque des républiques de la Grèce marque le premier progrès du genre humain dans la question des formes de gouvernemens et des droits politiques qu'il est encore à résoudre : les méprises et les erreurs des sociétés grecques doivent être jugées comme les essais du jeune homme, qui pour l'ordinaire n'apprend à devenir sage qu'à ses dépens.

Ainsi, après l'affranchissement des États et des colonies, de toutes parts apparurent des sages qui servirent de guides aux peuples. A l'aspect des maux qui pesaient sur leurs concitoyens, ils s'appliquèrent à établir une constitution fondée sur les lois et les mœurs nationales. Dans l'origine, presque tous, ils remplirent, en Grèce, quelques fonctions publiques ; c'étaient ou des gouverneurs du peuple, ou des conseillers des rois, ou de grands capitaines; des hommes distingués par leur rang ou leur puissance étaient seuls capables d'agir efficacement sur la culture politique. Lycurgue, Dracon, Solon, appartenaient aux premières familles de l'État ou étaient membres du gouvernement. De leurs temps les abus de l'aristocratie et le mécontentement du peuple étaient au comble, voilà pourquoi les institutions plus perfectionnées qu'ils proposèrent furent si promptement accueillies. Grands hommes, qui ont refusé pour eux et pour leur postérité le pouvoir suprême que leur assurait la confiance du peuple, et dont le génie, les travaux, la longue expérience, n'ont été employés qu'à servir le bien général, c'est-à-dire la république en tant que république, qu'à jamais leurs noms soient environnés d'une gloire immortelle! Si leurs premiers efforts n'ont point atteint la perfection, si leurs institutions, incomplètes et périssables, ne sont pas des modèles propres à tous les lieux, à tous les temps, c'est qu'il en devait être autrement: réduites à une perfection locale, souvent leurs auteurs, pour les accommoder aux mœurs contemporaines, furent obligés, malgré eux, d'en tolérer les vices fondamentaux. Lycurgue eut un champ plus large que Solon; mais il remonta à des temps que le genre humain avait pour jamais dépassés, et il établit sa cité comme si le monde eût dû se maintenir éternellement dans l'âge héroïque de la première jeunesse. Sans s'inquiéter du lendemain, il marqua ses lois d'un caractère immuable, et le plus grave châtiment de ce noble génie eût été d'apercevoir dans les âges futurs ce que préparaient à sa patrie et à la Grèce entière l'abus de ses institutions et leur règne suranné. Les lois de Solon produisirent d'autres maux ; lui-même il survécut à l'esprit qui les avait fait naître ; il prédit les erreurs du gouvernement populaire, qui, jusqu'au dernier moment de la ruine d'Athènes, ne furent point un secret pour le plus sage et le meilleur des citoyens [1]. Mais tel est, tôt ou tard, le destin des institutions humaines, surtout des plus importantes, de celles qui règlent l'état des propriétés et des personnes. Tout s'altère sous l'action du temps et de la nature ; comment les genres de vie de l'humanité resteraient-ils immuables ? Tandis que le gouvernement et l'éducation sont enchaînés dans des formes vieillies, chaque génération apporte au monde de nouvelles idées ; des besoins, des dangers, des avantages jusque-là inconnus, et qu'amènent la conquête, la richesse, une considération mieux assurée, une population croissante, augmentent peu à peu le fardeau ; et le moyen que

---

1. Xénophon sur la république des Athéniens, Platon, Aristote, etc.

hier soit aujourd'hui? ou que l'ancienne loi soit une loi éternelle? On conserve la loi, mais seulement en apparence; ce qui en reste, ce sont les abus que l'égoïsme a trop de peine à sacrifier, ou l'indolence à abolir : telle fut la destinée des institutions de Lycurgue, de Solon, de Romulus, de Moïse, et en général de toutes celles qui ont dépassé leur durée naturelle.

Aussi est-ce un spectacle affligeant de suivre ces législateurs dans les dernières années de leur vie. C'est le temps de la plainte et des regrets; ils ont vécu trop long-temps, ils se sont survécu à eux-même : voilà ce que disent Moïse et Solon dans le petit nombre de fragmens qu'ils nous ont laissés; même, si l'on en excepte quelques maximes générales, presque toutes les réflexions des sages de l'antiquité grecque ont cette teinte de tristesse. Trop long-temps ils ont vu l'inconstance de la destinée, les hommes ballottés sans repos au gré de vains désirs, un fantôme de bonheur qui s'enfuit, ou que la nature resserre dans des bornes étroites. Ils gémissent sur la brièveté de la vie, sur le rapide déclin de la jeunesse, sur les lentes angoisses de la vieillesse, souvent pauvre et malade, presque toujours faible et délaissée; ils gémissent du triomphe du méchant, des malheurs du juste. Encore, s'ils pouvaient laisser à d'autres ces ressources qui ont fait leur force, la prudence, un jugement sain, le calme des passions, une paisible occupation, de simples désirs, un ami fidèle, l'inflexibilité de caractère, le respect pour les dieux, l'amour de la patrie! mais cela, ils ne l'espèrent pas. Jusque dans les fragmens qui nous restent des anciennes comédies grecques, on retrouve ces paroles plaintives de l'humanité en deuil.

De là, malgré l'influence déplorable et quelquefois odieuse que tant d'États grecs ont exercée sur le sort des Hilotes, des Pélasges, des colonies, des étrangers et des ennemis, il est impossible de ne pas admirer la hauteur sublime de ce génie national qui fleurit à Lacédémone, à Athènes, à Thèbes, et, jusqu'à un certain point, dans toutes les parties de la Grèce. Comme on ne pourrait nommer ni la loi qui le fit naître, ni l'homme d'État qui la promulgua, de même, on ne peut, il est vrai, dire qu'il se soit manifesté avec un éclat égal dans l'histoire de chaque époque, dans la carrière de chaque citoyen; mais, qu'il ait brillé d'une vive splendeur dans l'humanité grecque, jusqu'à ces guerres injustes et jalouses où périt la liberté, jusqu'à cette foule d'oppresseurs et de traîtres qui ont le plus outragé les vertus nationales, tout empêche d'en douter. A jamais elle restera comme le principe fondamental de la vertu politique, l'inscription des Spartiates qui moururent aux Thermopyles :

Passant, va dire à Sparte
Que nous sommes morts ici pour obéir à ses lois.

Après deux mille ans, elle nous fait regretter que cette maxime de quelques Spartiates, relative aux lois aristocratiques d'un petit État, ne soit pas devenue le principe inaltérable des lois de l'humanité collective. En vain les siècles se sont succédé, ce principe est encore le plus élevé, le plus pur, le plus sacré, qu'il appartienne aux hommes de proclamer ou d'appliquer dans l'intérêt de leur liberté et de leur bonheur. La constitution d'Athènes, quoique marquée d'un caractère très-différent, présente un résultat semblable; car, si l'objet d'un établissement politique est d'instruire les peuples des choses qui touchent de plus près à leur conservation, la ville de Périclès a été la plus éclairée du monde entier; ni Paris, ni Londres, ni Rome, ni Babylone, ne peuvent lui être comparées; que serait-ce de Memphis, de Jérusalem, de Pékin ou de Bénarès? Or, puisque de l'amour de la patrie et du progrès des idées dépend toute la culture morale de l'humanité, Athènes et Sparte seront à jamais considérées comme les deux grandes arènes où la politique humaine commença à s'exercer avec la première ardeur de la jeunesse. Les autres États de la Grèce se contentèrent de suivre ces deux illustres exemples; et le petit nombre de ceux qui refusèrent de se faire les imitateurs de ces cités, expièrent bientôt leur obstination par leur ruine.

Quoi qu'il en soit, la philosophie de l'histoire ne considère pas tant ce qui fut fait par quelques hommes sur ces deux points du monde pendant la rapide période de leur existence, que les conséquences qui résultèrent des principes de leurs institutions pour l'humanité en général. Malgré toutes leurs fautes, les noms de Lycurgue et de Solon, de Miltiade et de Thémistocle, d'Aristide, de Cimon, de Phocion, d'Épaminondas, de Pélopidas, d'Agésilas, d'Agis, de Cléomène, de Dion, de Timoléon, etc., ne seront jamais prononcés sans respect. Au contraire, Alcibiade, Conon, Pausanias, Lysander, tous grands par leur génie, subiront à jamais le reproche d'avoir détruit l'esprit public de la Grèce, ou trahi leur patrie. De tous les lieux de la terre Athènes était probablement le seul où les modestes vertus de Socrate pouvaient produire de si grands fruits dans l'ame de quelques disciples; car Socrate n'était qu'un citoyen d'Athènes, comme sa morale, qu'il s'appliqua à propager dans des dialogues familiers, n'était que la morale d'un citoyen athénien. Pour tout dire, nous devons à cette cité les meilleurs principes de sociabilité qui aient honoré le genre humain.

Sans entrer ici dans le détail des mœurs et des

usages, nous devons pourtant rappeler en passant ce que furent, dans la démocratie d'Athènes, l'éloquence et le théâtre, et ce qu'ils ne pouvaient être que là. La puissance des orateurs sur un tribunal, dont les décisions sont presque spontanées, est surtout dangereuse quand il s'agit des intérêts de la cité, et l'histoire d'Athènes ne parle que des troubles qu'elle excita dans l'État. Cependant, comme de là ressort l'idée d'un peuple capable, s'il le veut, de prendre connaissance de toutes les affaires publiques, malgré tous ses défauts, le peuple athénien, si imparfaitement reproduit par les Romains, est encore unique dans l'histoire du monde civil. Qu'une multitude turbulente et passionnée, livrée tout au présent, fut mal préparée pour choisir ou éprouver un général, décider de la paix, de la guerre, de la vie, de la mort, et en général de toutes les choses publiques, qui en doute? mais la conduite de ces affaires, les talens qu'on y employait, l'éclairaient à son insçu, et lui donnaient cette pénétration, ce goût pour les conversations politiques, qui n'ont jamais été le partage des peuples de l'Asie : ainsi développée en public, l'éloquence s'éleva à un degré qu'elle n'a atteint que dans la Grèce et dans Rome, qu'elle ne retrouvera qu'au jour où la parole populaire deviendra l'expression de la vérité universelle. En lui-même l'objet était grand, quoique les moyens fussent loin de répondre à la fin. Il en fut de même du théâtre qui présentait à la foule des scènes populaires, sublimes, ingénieuses; mais son histoire se termine avec celle de la cité. En effet, ce cercle étroit de fables, de passions, d'opinions faites pour agir sur le peuple d'Athènes, ne pouvait que difficilement exercer la même puissance sur les générations suivantes, qui, mêlées sans être confondues, ne différaient pas moins par l'origine que par la constitution politique. Ne jugeons donc pas de la culture des Grecs dans l'histoire politique, dans l'éloquence ou la poésie dramatique, par un type abstrait auquel ils n'ont nullement songé à se conformer[1]. Ils furent dans le bien et dans le mal tout ce qu'ils pouvaient être selon les circonstances des temps et du lieu. L'orateur montre de quels yeux il voyait les partis auxquels il s'adressait, de quelles couleurs il lui convenait de les peindre. Le poète dramatique exposait sur la scène les caractères et les formes que lui offraient les âges précédens, comme son génie les concevait, ou tels que les lui imposait le goût des spectateurs. De semblables considérations, il est clair

---

[1]. Voy. l'Introduction à la traduction des discours de Lysias et d'Isocrate par Gilly, et quelques autres ouvrages du même genre dans lesquels la Grèce est jugée par ses orateurs et ses poëtes.

qu'on ne peut tirer aucune conséquence assurée touchant l'état des mœurs contemporaines. Ce qu'il y a de certain, c'est que dans la sphère qu'ils occupaient les Grecs furent à certaines époques et dans quelques cités la nation la plus ingénieuse, la plus brillante, la plus éclairée de l'antiquité : du milieu des Athéniens sortirent des généraux, des orateurs, des sophistes, des juges, des hommes d'État, des artistes, selon que l'éducation, le penchant, le choix, le hasard ou l'occasion en décidèrent, et plus d'un Grec réunit en lui les meilleures et les plus nobles qualités de l'homme.

## CHAPITRE V.

### *Des sciences chez les Grecs.*

Jamais on ne pénétrera dans la pensée d'un peuple en le comparant à un type idéal qui lui est étranger. Ce n'est pourtant pas autrement qu'ont été jugés diverses nations de l'Asie et les Grecs eux-mêmes ; le plus souvent le blâme n'était pas plus mérité que l'éloge. Par exemple, rien ne fut plus éloigné de l'esprit des Grecs que de proclamer, exclusivement à aucun autre, un dogme rationnel sur Dieu et la pensée humaine ; ils ne reconnurent dans tous les temps que les opinions individuelles que chaque philosophe était libre d'exposer à son gré, à condition de respecter le culte national, et de ne heurter aucun parti politique. En cela, dans la Grèce comme ailleurs, il fallut que l'humanité s'ouvrît par la lutte la carrière où elle devait triompher.

La philosophie grecque eut pour origine les anciennes traditions religieuses, les théogonies, et l'on s'étonnerait à bon droit de tout ce que le génie national a tiré de cette source; les fictions de la naissance des dieux, des luttes des élémens, de l'amour et de la haine des êtres, reçurent dans leurs écoles de si nombreux développemens, que la cosmogonie fut dès-lors ce qu'elle est parmi nous quand nous la séparons de l'histoire naturelle; sous quelques rapports ils nous ont même supassés, parce que, plus libres dans leur marche, ils n'étaient point préoccupés des hypothèses ou des rêveries de leurs pères. Les nombres de Pythagore et d'autres philosophes furent des essais hardis pour enfermer la connaissance intime des choses sous l'idée la plus simple, la plus claire que la pensée humaine puisse concevoir, celle d'une quantité positive et déterminée; il est vrai que, la philosophie naturelle et les mathématiques étant alors au berceau, ces essais furent prématurés. Mais, ainsi que tant d'autres systèmes des écoles grecques, ils exciteront d'autant mieux notre respect qu'ils étaient en général, chacun dans sa sphère, le fruit de profondes réflexions ou d'une vaste intelligence. Quelques-uns d'entre eux, que peut-être pour l'avantage de la science nous avons perdus de vue, sont fondés sur l'expérience et la vérité. Si aucun des sages de l'antiquité n'a conçu Dieu, par exemple, comme un être distinct de l'univers, une pure essence métaphysique, s'ils se sont tous attachés à l'idée d'une ame du monde, en cela se retrouve le véritable caractère du premier âge de la philosophie humaine. Malheureusement nous ne connaissons les opinions les plus hardies des philosophes que par des récits tronqués, loin de pouvoir les juger par leurs théories elles-mêmes. Par une autre méprise qui vient de nous seuls, si mal disposés à nous replacer dans leurs temps, il nous en coûte peu de leur attribuer nos propres habitudes intellectuelles ; sans songer qu'en fait d'idées générales chaque nation a sa manière de voir, fondée le plus souvent sur son mode d'expression, ou plutôt sur la tradition. Née des poèmes et des allégories mythologiques, la philosophie des Grecs retint de cette origine un caractère particulier, qui pour eux ne cachait rien d'obscur : les allégories de Platon ne sont pas de simples ornemens du discours ; ingénieux développemens des anciennes traditions poétiques, ces images sont, pour ainsi dire, les aphorismes classiques de la Grèce primitive.

Les recherches des Grecs furent principalement dirigées sur la science de l'homme et la philosophie morale; les temps où ils vivaient, les besoins de leur ordre social leur indiquaient particulièrement cette voie. L'histoire naturelle, les mathématiques, la physique étaient encore au berceau, et ils n'avaient pas les instrumens des découvertes des modernes. D'une autre part, tout les attirait vers l'étude de la nature humaine. C'était le caractère dominant de leur poésie, de leur histoire, de leurs institutions politiques; chacun sentait la nécessité de connaître ses concitoyens, quand il ne fallait qu'une circonstance inopinée pour l'élever à une charge publique qu'il ne pouvait refuser. Les passions et les facultés actives des hommes avaient alors un jeu plus libre, et le philosophe le plus solitaire ne mourait pas sans laisser au monde une trace de son passage. Gouverner les hommes ou servir la société par une activité infatigable, telle était la pensée qui régnait dans toutes les ames grecques : il n'est donc pas étonnant que le métaphysicien ait appliqué sa science au perfectionnement des mœurs ou des institutions, à l'exemple de Pythagore, de Platon et même d'Aristote. Simples citoyens, ces derniers ne furent pas appelés à fonder des États. Pythagore ne fut point, comme Lycurgue ou Solon, un roi, ou un archonte. Sa philosophie, en grande partie spéculative, touchait de près à la superstition; mais il forma des hommes qui tinrent quelque temps entre leurs mains les destinées de la grande Grèce, et son école, qui a été un des instrumens les plus purs du perfectionnement de l'humanité, en aurait été infailliblement un des plus efficaces, si elle avait eu une plus longue durée [1]. Au reste, ce premier pas d'un homme supérieur à son siècle fut prématuré; les riches, les sybarites et les tyrans de la grande Grèce étaient peu faits pour des censeurs si austères, et les pythagoriciens furent sacrifiés.

On répète incessamment, qu'inspiré par son amour du genre humain, Socrate fut le premier qui fit descendre la philosophie du ciel sur la terre, pour imposer à l'homme la loi de la moralité; ce lieu commun peut tout au plus s'appliquer à la personne de Socrate et au cercle étroit de sa vie privée. Long-temps avant lui, des sages avaient enseigné aux peuples les élémens de la philosophie pratique: depuis le fabuleux Orphée, tel fut le caractère distinctif de la culture grecque. Pythagore établit d'ailleurs la morale humaine sur des principes plus profonds que tous ceux qui pouvaient sortir de l'école d'Athènes. Si Socrate ne montra pas un vif penchant pour les abstractions métaphysiques, sa situation, son genre de vie, le cercle de ses connaissances, surtout le caractère

---

[1]. Voy. l'histoire de cette école dans l'ouvrage de Meiners, intitulé *Geschichte der Wissenschaften in Griechenland und Rom* (Histoire des sciences dans la Grèce et dans Rome).

de l'époque contemporaine, en furent les principales causes. Sans entrer plus avant dans l'expérience de la nature, on avait épuisé les systèmes d'imagination; et la sagesse grecque, vain jouet des sophistes, était tombée dans tant d'égaremens qu'il ne fallut pas un grand effort pour dédaigner ou rejeter ce que l'on désespérait de surpasser. Le démon de Socrate, la pureté de son ame, le cours entier de sa vie privée, en le préservant de l'esprit sententieux et des artifices des rhéteurs, donnèrent pour objet à sa philosophie cette étude morale de l'homme, qui eut une si noble influence sur la plupart de ceux avec lesquels il conversa; nouveaux résultats non moins évidens du temps, du lieu et du cercle d'objets où il passa sa vie. Partout ailleurs il est probable que le citoyen philosophe aurait été un homme vertueux et éclairé, dont le nom ne serait jamais arrivé jusqu'à nous; car aucune découverte, aucune doctrine nouvelle ne marque sa place sur le livre du temps. Par sa méthode, par ses mœurs, par la culture morale qu'il se donna et qu'il chercha à inspirer à ceux qui l'entouraient; plus que cela, par l'exemple de sa mort, il servira à jamais de modèle au genre humain.

Pour nous rendre un Socrate, que ne nous manque-t-il pas, par-dessus tout, le talent inappréciable de se contenter de peu, et ce goût exquis pour la beauté morale dont il semble s'être fait une sorte d'instinct sublime. N'allons pas, pour cela, élever cet homme si modeste au-dessus de la sphère où il plut à la Providence de le placer. Il forma d'autant moins de disciples vraiment dignes de lui, que sa philosophie tenait en quelque sorte à toute l'habitude de sa vie; même son excellente méthode dégénérait facilement en jeux de mots ou en sophismes dans la bouche de ceux qui, sous des questions ironiques, ne cachaient pas la même simplicité de cœur et d'ame. Que l'on compare avec impartialité ses deux disciples les plus célèbres, Xénophon et Platon; pour nous servir de sa modeste expression, il ne fut que l'accoucheur de leur génie naturel; et de là s'explique la différence que l'on remarque entre eux. La partie la plus distinguée de leurs écrits est évidemment le fruit de leurs propres conceptions, et leur reconnaissance pour un maître bien-aimé ne pouvait mieux se déclarer qu'en léguant à la postérité l'image de son être moral; heureux si le reste de ses disciples eussent pu animer de son esprit les lois et les institutions politiques de la Grèce; mais l'histoire montre assez qu'il en fut autrement. A l'époque où il vécut, un concours de circonstances inévitables, Athènes arrivée au plus haut degré de culture et de luxe, les États de la Grèce plus que jamais envenimés les uns contre les autres, présageaient des temps funestes et surtout la décadence des mœurs, qui bientôt entraîna la chute de la liberté grecque. Contre de tels dangers la philosophie de Socrate resta impuissante. Si pure, si délicate, si étrangère au monde, comment eût-elle maîtrisé la fortune du peuple? A la fois guerrier et homme d'État, Xénophon indiqua dans la constitution des défauts qu'il n'eut pas le pouvoir de corriger. Platon créa une république idéale qui nulle part ne fut mise en pratique, et dans la cour de Denys moins que partout ailleurs. En un mot, la philosophie de Socrate fut plus utile à l'humanité qu'à la Grèce; et c'est là sans doute la plus grande louange qu'on puisse lui donner.

Le génie d'Aristote, le plus pénétrant, le plus ferme, le plus profond qui fut jamais, peut-être, n'avait aucune ressemblance avec celui de Socrate; sa philosophie, il est vrai, est plutôt faite pour l'enceinte des écoles que pour la vie pratique, surtout si l'on ne considère que ceux de ses écrits qui sont parvenus jusqu'à nous, et la manière dont on s'en est servi; mais la raison pure et la science se sont tellement enrichies de ses œuvres, qu'il règne seul dans cette sphère comme le monarque des siècles. Si les scolastiques pour la plupart se sont uniquement attachés à sa métaphysique, n'en accusons pas d'autres qu'eux, malgré les entraves qu'ils ont ainsi apportées au mouvement de la pensée humaine. Aveugles commentateurs, ils répandirent dans une société à demi barbare des instrumens par lesquels les rêves obscurs de l'imagination et de la tradition se changèrent brusquement en subtilités, qui se dissipèrent enfin d'elles-mêmes. Aussi les meilleurs ouvrages de leur maître, son histoire naturelle et sa physique, son éthique, sa politique, sa poétique et sa rhétorique, sont loin d'avoir reçu toutes les applications dont ils sont susceptibles; malheureusement ses compositions historiques sont perdues, et nous n'avons que des fragmens de son histoire naturelle. Que ceux qui refusent aux Grecs le génie sévère des sciences, lisent Aristote et Euclide, dont l'esprit de méthode n'a jamais été surpassé. Aristote et Platon eurent d'ailleurs le mérite d'éveiller le génie des sciences naturelles et mathématiques, qui bientôt prit l'essor, dépassa l'expérience du monde moral et agit sur tous les siècles. Plusieurs de leurs disciples donnèrent une heureuse impulsion à l'astronomie, à la botanique, à l'anatomie et à d'autres sciences; pendant que de son côté Aristote lui-même, en composant son histoire naturelle, jeta les fondemens d'un édifice que les âges suivans devaient s'appliquer à construire : ne cherchons pas ailleurs qu'en Grèce le point de départ des sciences humaines, ni le sentiment inspiré du beau dans les formes. Le mal est que le temps nous a enlevé la plupart des œuvres des philosophes les plus profonds de l'antiquité; ce qui nous reste est excellent; qui nous dira le prix de ce que nous avons perdu?

On n'attend pas de moi qu'entrant dans le détail des sciences mathématiques et physiologiques, de l'histoire naturelle et des arts libéraux, je nomme ici tous ceux qui, par des découvertes ou des perfectionnemens inattendus, ont communiqué aux connaissances humaines un mouvement que ni les années ni les siècles ne devaient épuiser. Il est universellement reconnu, dans les arts comme dans les sciences, que l'Asie et l'Égypte ne nous ont pas transmis un seul principe raisonné; tout ce que nous avons en ce genre, nous le devons au génie méthodique et pénétrant des Grecs. Or, comme c'est en imposant aux sciences des formes précises que le génie prépare les progrès et les développemens qui marquent après lui la suite des âges, il s'en suit que nous devons aux Grecs la plupart des principes fondamentaux de nos connaissances. Que s'ils se sont enrichis des idées d'autrui, autant qu'eux nous y avons gagné : il suffit que, les classant avec méthode, ils y aient répandu la lumière et la vie. Dirigée vers un but commun, l'émulation des écoles produisit en cela des résultats analogues à ceux que fit naître en politique la lutte de tant de démocraties jalouses l'une de l'autre; sans cette apparente division, nul doute que le mouvement intellectuel eût été moins rapide. Quoiqu'elles eussent le même langage, les écoles d'Ionie, d'Italie et d'Athènes étaient séparées l'une de l'autre par mer et par terre; chacune d'elles pouvait ainsi prendre racine isolément et se perfectionner en changeant de sol ou en empruntant d'autres formes. L'État ni les disciples ne payaient d'un salaire l'enseignement des anciens philosophes. Chacun d'eux pensait pour soi et s'abandonnait à son génie par amour de la science, ou de la gloire. Leurs écoles étaient ouvertes, non pas à des enfans, mais à des jeunes gens, à des hommes, souvent même à des citoyens chargés des fonctions les plus importantes de l'État. En ce temps-là, l'art d'écrire, puissance fière et sublime, n'était pas une industrie mercantile, et des pensées profondes mûrissaient lentement au fond des ames : outre que le philosophe pouvait se livrer à ses méditations, sans être importuné par les besoins de la vie que prévenaient une nature complaisante sous le beau climat de la Grèce. Cependant pourquoi refuser ici à la monarchie l'éloge qui lui est dû ? De toutes les républiques de la Grèce, aucune n'aurait pu fournir à Aristote, pour son histoire naturelle, les secours qu'il reçut de son royal disciple; encore moins les sciences qui exigent de grandes dépenses et une paix profonde, telles que les mathématiques, l'astronomie, etc., eussent-elles brillé d'un si vif éclat à Alexandrie, sans les établissemens fondés par les Ptolémées! c'est à eux que nous devons un Euclide, un Ératosthène, un Apollonius Pergée, un Ptolémée et tant d'autres qui ont posé les bases scientifiques sur lesquelles repose encore non-seulement le système actuel de nos connaissances, mais encore, jusqu'à un certain point, l'ordre de l'univers entier. A peine est-il à regretter que la chute des républiques ait entraîné celle de l'éloquence grecque et de la politique populaire; l'une et l'autre avaient porté leurs fruits, et le genre humain avait besoin que le génie grec enfantât de nouveaux germes de perfectionnement. Qui ne pardonnerait à l'égyptienne Alexandrie la faiblesse de sa poésie [1], en faveur de sa supériorité dans les sciences d'observation et de calcul? Les poëtes se forment eux-mêmes : l'étude et l'expérience font seuls les bons observateurs.

On distingue particulièrement trois sujets généraux sur lesquels la philosophie s'est exercée en Grèce avec un succès difficile sinon impossible à atteindre dans toute autre contrée, la philologie, l'histoire et les beaux-arts: tour à tour embellie par les poëtes, les orateurs et les philosophes, la langue grecque avait acquis une telle richesse de tours, des formes si éclatantes et si nobles, que dans les

---

[1]. Heyne, *de Genio sæculi Ptolomæorum in opusc. academ.*; *p. I*, p. 76.

âges qui suivirent, lorsque l'instrument réduit à lui-même ne servit plus aux grands intérêts de la vie publique, il continua par sa seule beauté d'attirer l'attention des contemporains. De là cette foule de grammairiens qui ajoutèrent une branche nouvelle à la philosophie pratique. Il est fâcheux que la plupart de leurs ouvrages ne soient pas arrivés jusqu'à nous, quoique ce regret soit à demi effacé par le sentiment de tant d'autres pertes plus importantes et aussi irréparables. Leurs travaux n'ont pourtant pas été sans fruits; l'étude du grec, qui conduisit à celle du latin, et peu à peu à la philosophie des langues en général, contribua à répandre la connaissance des dialectes de l'Orient; c'est par les efforts des hellénistes que le mécanisme de l'hébreu, de l'arabe et d'autres langues a été ramené à des règles et à des lois constantes. De même, la philosophie des arts ne pouvait naître qu'en Grèce, alors qu'en suivant le mouvement libre de la nature, et les inspirations d'un goût infaillible, les poètes et les artistes réalisaient la théorie du beau avant qu'aucune main en eût encore tracé les lois. Le zèle prodigieux avec lequel furent cultivées l'épopée, la poésie dramatique et l'éloquence, éleva nécessairement l'analyse littéraire à une perfection inconnue parmi nous. Quelques fragmens mutilés et les écrits d'Aristote, voilà ce qui nous reste de ce genre d'écrits: ils suffisent pour montrer quelles étaient dans l'antiquité la pénétration et l'élégante délicatesse de la critique.

Enfin, c'est à la Grèce que la philosophie de l'histoire appartient spécialement, puisqu'avant elle aucune nation n'avait à proprement parler d'histoire qui en méritât le nom. Les Orientaux ont écrit des généalogies et des fables; des contes ou des chants nationaux ont suffi aux peuples du Nord. D'un mélange d'abord informe de contes populaires, de poëmes, de fables, de généalogies, les Grecs ont composé un vaste récit qui vit et respire dans chacune de ses parties. Ici donc la voie fut encore ouverte par la poésie antique; car il est difficile qu'une fable soit présentée sous un jour plus imposant que dans l'épopée. La division du sujet en rhapsodies introduisit de semblables points de repos dans l'histoire, et le long hexamètre ne tarda pas à faire entrer le nombre et l'harmonie dans la prose historique. Ainsi Hérodote succéda à Homère; plus tard les historiens qui brillèrent au sein des démocraties, marquèrent leurs narrations du caractère et du génie républicain : comme l'histoire grecque naquit à Athènes avec Thucydide et Xénophon, et que les écrivains étaient eux-mêmes ou des hommes d'État ou des guerriers, leurs récits devinrent naturellement une école de politique ou de morale, sans même qu'ils eussent cherché à leur donner cette forme réfléchie; elle résultait nécessairement de l'habitude des discours publics, du système compliqué des affaires de la Grèce, du mouvement passionné des événemens, de la nature même des choses; et l'on peut assurer avec confiance que, sans les républiques grecques, le monde n'aurait jamais eu d'histoire philosophique. Cet esprit d'investigation, appliqué au spectacle des affaires humaines, suivit les progrès de l'art militaire et du droit social, jusqu'à ce que, développé par Polybe, il fit de la science du passé la science même de la guerre et de la politique. Les observateurs qui succédèrent à ces grands modèles trouvèrent d'amples matériaux à leurs réflexions; et sans doute jamais un Chinois, un Juif, ou même un Romain, n'eût été mieux situé qu'un Denys pour remonter à la source de l'art historique.

Si puissans par le génie, si universels, si riches en monumens, également faits pour la poésie et pour la science, à la fois orateurs, philosophes, historiens, pourquoi les Grecs nous ont-ils laissé un si petit nombre des ouvrages qui les ont illustrés? Qui nous rendra l'Amazonie d'Homère, sa Thébaïde et son Irésioné, ses Iambiques et ses Margitès? où sont tant de fragmens d'Archiloque, de Simonide, d'Alcée, de Pindare, quatre-vingt-trois tragédies d'Eschyle, cent dix-huit de Sophocle, tant de tragédies, de comédies et de poëmes lyriques? Comptez ce qui nous reste des plus grands philosophes, des historiens les plus éloquens, des mathématiciens et des naturalistes les plus célèbres! Pour un seul ouvrage de Démocrite, d'Aristote, de Théophraste ou d'Euclide, pour une seule tragédie d'Eschyle ou de Sophocle, pour une comédie d'Aristophane, de Philémon ou de Ménandre; pour une ode de Sapho ou d'Alcée, pour l'histoire naturelle et politique d'Aristote, ou pour les trente-cinq livres de Polybe, où est celui qui, à commencer par ses propres écrits, ne donnerait à bon escient un monceau de livres modernes propres à chauffer pendant douze mois les bains d'Alexandrie? Mais telle n'est point la marche de la destinée, qui détruit ou conserve à son gré la trace des efforts individuels dans les sciences ou dans les arts. Le grand Propylée d'Athènes, tous les temples des dieux, ces palais, ces murs, ces colosses, ces portiques, ces colonnes, ces aqueducs, ces autels que les anciens avaient construits pour l'éternité, sont tombés sous la fureur des conquérans; et quelques feuilles légères, où l'homme a tracé à la hâte ses pensées de chaque jour seraient épargnées? Ah! plutôt il faut s'étonner qu'il nous en soit resté un si grand nombre; trop peut-être pour l'usage que nous en avons fait. Quoi qu'il en soit, il nous reste à considérer l'histoire de la Grèce dans son ensemble, après l'avoir envisagée dans ses parties: elle porte peu à peu avec elle sa propre philosophie.

## CHAPITRE VI.

### *Histoire des révolutions de la Grèce.*

Malgré cette succession de révolutions toujours renaissantes qui embarrassent la marche de l'histoire grecque, en en suivant patiemment le fil, on ne laisse pas d'arriver à quelques points principaux, dont les lois naturelles se développent avec une parfaite évidence.

1. Si, dans l'origine, les trois portions de territoires qui, avec les îles et les péninsules voisines, composaient le sol de la Grèce, nous présentent le spectacle d'une foule de tribus et de colonies sorties du milieu du continent, puis errantes de mer en mer, aujourd'hui fondant des établissemens dont elles sont chassées le lendemain, il n'est rien là qui ne s'accorde avec l'histoire de tous les peuples de l'antiquité dont la situation géographique offre les mêmes circonstances ; seulement le mouvement d'émigration fut ici plus rapide à cause de la proximité des immenses contrées de l'Asie et des montagnes populeuses du Nord ; joint à cela une suite de récits merveilleux qui, en circulant dans toutes les bouches, tenaient incessamment en activité l'esprit d'entreprises et d'aventures : telle fut l'histoire de la Grèce pendant environ sept cents ans.

2. De la nature du pays et des choses, il résulte également que dans la plupart de ces tribus la culture sociale différait autant par l'origine que par le degré de développement : descendues du Nord, elles avaient traversé dans maintes directions les contrées civilisées les plus voisines, et elles présentaient çà et là la plus grande diversité d'attitude et de physionomie. Peu à peu l'influence dominante des Hellènes ramena à un type uniforme cet amalgame de nations, en leur imprimant à toutes le caractère de la langue et des formes grecques. On sait si ces premiers germes de civilisation produisirent des fruits différens dans l'Asie mineure, dans la grande Grèce et dans la Grèce proprement dite. Or cette variété même tourna au profit du génie grec, dont elle nourrissait l'émulation, et qu'elle ravivait par le changement du climat et du lieu ; car, s'il est un fait reconnu en histoire naturelle, c'est que la même plante, la même race ne prospère pas à jamais dans la même contrée, et qu'elle se relève ou s'embellit lorsqu'elle est transplantée dans des saisons convenables.

3. Les États séparés, qui étaient d'abord de petites monarchies, devinrent bientôt des aristocraties et même des démocraties : souvent ils furent en danger de tomber au pouvoir d'un despote, les républiques plus que tous les autres. Car telle est la marche naturelle des corps politiques dans

leur première jeunesse ; les principaux membres de chaque tribu cherchèrent à se soustraire à l'autorité des rois, et comme le peuple était incapable de se conduire lui-même, ils devinrent ses guides. Suivant la nature de ses occupations, le caractère de son esprit et de ses institutions, il resta ainsi en tutelle ou prit une part active dans le gouvernement. Lacédémone fut dans le premier cas, Athènes dans le second ; différence qu'expliquent assez les circonstances et les constitutions particulières des deux cités. Dans Sparte, les grands s'observaient mutuellement avec trop d'attention pour qu'un despote pût s'emparer de l'État ; dans Athènes, le peuple se laissa plus d'une fois entraîner sous une tyrannie hypocrite ou déclarée ; l'une et l'autre furent dans le cours entier de leur destinée politique des conséquences aussi nécessaires du temps, du lieu, des propriétés de leurs organisations qu'aucune espèce de production naturelle.

4. A des républiques que des limites et des occupations communes, des intérêts froissés, surtout l'agitation d'un esprit guerrier et l'amour de la gloire, tenaient plus ou moins dans un état naturel d'hostilité, tout aurait manqué plutôt que des motifs de querelles. Les plus puissantes en trouvèrent en foule, et, grossissant incessamment leur parti de tous les États qui voulurent y entrer, elles ne s'arrêtèrent que lorsqu'une d'entre elles eut obtenu

la prépondérance; tel fut le résultat des longues guerres qui coûtèrent tant de sang aux États naissans de la Grèce, principalement aux peuples de Lacédémone et d'Athènes, et plus tard à ceux de Thèbes. Nées le plus souvent d'une cause futile, ou de quelque point d'honneur, comme les querelles des enfans, la haine, l'acharnement ou même la barbarie les envenimaient, ainsi qu'il arrive de toutes celles auxquelles les citoyens et les soldats prennent une part égale : on s'étonne, quoique sans raison, que chaque parti, Lacédémone en particulier, cherchât après sa victoire à imposer ses lois et ses institutions au vaincu, comme pour marquer d'une empreinte ineffaçable le souvenir de son triomphe; l'aristocratie n'est pas moins ennemie du despotisme d'un seul que du gouvernement populaire.

5. Toutefois, si l'on considère avec quel art les guerres des Grecs ont été dirigées, nul ne les confondra avec des incursions de sauvages. Prenez-les au temps de leur déclin, ils semblent avoir épuisé toutes les combinaisons du génie politique et militaire [1]. Ils ignoraient si peu quels sont les premiers besoins des États, les conditions de la richesse et de la puissance nationale, qu'ils se sont

---

[1]. La suite de l'histoire amènera naturellement une comparaison entre diverses nations considérées sous ce point de vue.

efforcés d'y satisfaire même par les moyens les plus grossiers. Toujours créateurs, soit qu'ils établissent entre diverses républiques un équilibre encore mal assuré, soit qu'ils forment des confédérations secrètes ou publiques, ou que sur les champs de bataille ils imaginent divers stratagèmes pour éviter avec art le coup qu'ils n'ont pu prévenir, ils ont servi de maîtres aux hommes d'État et aux guerriers les plus habiles des temps anciens et modernes; car, si la stratégie change avec les armes, les temps et les circonstances, ce qui est de tous les siècles, c'est ce génie qui invente mille projets pour en couvrir un seul, qu'il marche ou qu'il s'arrête, qu'il attaque ou qu'il se défende, qu'il avance ou qu'il recule, toujours prêt à découvrir le côté faible de l'ennemi et à profiter de ses avantages jusqu'à en abuser.

6. La guerre contre les Perses fut pour les Grecs la première époque d'une haute importance : elle commença par les colonies asiatiques, qui, trop faibles à l'origine pour résister à l'esprit conquérant de l'immense monarchie d'Asie, saisirent alors la première occasion de briser un joug que le souvenir de la liberté leur rendait trop pesant. Si les Athéniens leur envoyèrent vingt vaisseaux, l'orgueil démocratique en fut cause; car le Lacédémonien Cléomène avait refusé de leur prêter secours, et avec ces vingt vaisseaux ils entraînèrent toute la Grèce

dans la guerre la plus désastreuse qui fut jamais. Cependant, à peine commencée, ce fut un prodige de voir quelques petits États gagner tant de victoires sur les deux plus puissans monarques de l'Asie; mais ce prodige, la nature l'explique; d'un côté les Perses étaient sortis de leur centre d'activité; de l'autre les Grecs combattaient pour leur patrie, leur vie, leur liberté. Ils s'armaient contre des esclaves barbares, qui leur avaient montré par l'exemple des Érétriens ce qu'ils devaient en attendre. Aussi de leur part, rien ne fut négligé de ce que la prévoyance, unie à la valeur, pouvait inspirer à des hommes. Sous Xerxès l'attaque des Perses fut une irruption de barbares; sans rien combiner, ils apportaient avec eux d'une main le fer et l'esclavage, de l'autre le feu et la dévastation. Contre de tels ennemis, Thémistocle ne fit usage que de l'avantage des vents; si toutefois c'est un faible auxiliaire contre une flotte qui ignore l'art des manœuvres. En un mot, les Perses poussèrent la guerre avec vigueur et une sorte de furie, mais avec une incroyable déraison; comment en seraient-ils sortis vainqueurs? Les Grecs eussent été défaits, tout leur pays eût été ravagé, comme Athènes, que les Perses, placés au centre de l'Asie, dans l'état où se trouvait l'intérieur de leur royaume, n'eussent pu les retenir sous leur joug : que l'on se rappelle quelle peine ils eurent à conserver l'Égypte. Comme l'oracle de Delphes le dit dans un autre sens : *La mer était l'amie de la Grèce.*

7. Mais les Perses vaincus laissèrent après eux dans Athènes, avec leurs dépouilles et leur honte, des étincelles qui allumèrent un incendie où périrent peu à peu toutes les institutions grecques : des richesses, de la gloire, du luxe, des rivalités jalouses, surtout l'orgueil qui s'attacha au souvenir de ces guerres et en fit sa pâture. Bientôt Athènes vit naître le siècle de Périclès, le plus brillant sans nul doute qui ait jamais illustré un État d'une si faible étendue; mais par des causes faciles à expliquer, la guerre du Péloponèse et celle de Sparte le suivirent de près, en sorte qu'une seule victoire suffit ensuite à Philippe de Macédoine pour subjuguer la Grèce entière. Et qu'on ne dise pas ici qu'une divinité malfaisante trouble de ses fausses lueurs la destinée des hommes et cherche par envie à égarer leurs conseils : les hommes sont les uns aux autres leurs méchans génies. Telle qu'elle était à cette époque, la Grèce pouvait-elle manquer de tomber sous un joug étranger? et d'où serait venu le conquérant, si ce n'est des montagnes de la Macédoine? légère et inconsidérée, elle ne prenait ombrage ni de la Perse, ni de l'Égypte, ni de la Phénicie, ni de Rome, ni de Carthage; mais près d'elle était un ennemi qui l'enveloppa de ses serres, et quand sa force suffisait, y ajouta la ruse pour l'asservir. Ici l'oracle plus

prévoyant qu'elle, philippisa; et l'événement tout entier confirma ces paroles : « Qu'une race de mon-
« tagnards fortement unis entre eux, habiles dans
« la guerre, voisins d'une nation divisée, affaiblie,
« énervée, doit nécessairement en faire la con-
« quête, s'ils joignent dans leur entreprise la pru-
« dence à l'audace. » C'est ce que fit Philippe, et il s'empara de la Grèce déjà à demi vaincue par elle-même. Au lieu du Macédonien, imaginez un barbare semblable à Alaric ou à Sylla, l'histoire de ces peuples n'aura plus une seule page; mais c'était un Grec, ainsi que son illustre fils. Après la perte de leur liberté, les Grecs conservèrent dans les Annales du monde un nom que peu de nations ont égalé.

8. A peine âgé de vingt ans quand il monta sur le trône, passionné pour une gloire inconnue, le jeune Alexandre commence à exécuter le plan qui avait coûté tant de préparatifs à son père : il passe en Asie et envahit les États du monarque des Perses. Toutes les expéditions de ces derniers contre la Grèce avaient été dirigées par terre à travers le pays des Thraces et des Macédoniens. De là la haine invétérée de ces deux peuples contre les barbares d'Orient. Leur faiblesse même n'était plus un secret, non-seulement depuis les anciennes batailles de Marathon et de Platée, mais surtout depuis la retraite de Xénophon et des dix mille. Sou-

verain de la Grèce, chef supérieur des forces de terre et de mer, vers quelles contrées le Macédonien aurait-il dirigé ses armes et conduit ses phalanges, si ce n'est contre cette monarchie chancelante qui depuis un siècle ne faisait que dépérir? Le jeune héros livre trois batailles, et l'Asie mineure, la Syrie, la Phénicie, l'Égypte, la Lybie, la Perse et l'Inde reconnaissent ses lois. Si les Macédoniens, plus prudens que lui, ne l'eussent forcé à revenir sur ses pas, il se serait avancé jusqu'aux rivages de l'Océan. Pas plus que ses triomphes, sa mort à Babylone ne fut l'effet d'un prodige ou l'œuvre du destin. « Qu'il est grand d'avoir conçu le projet
« de régner du sein de Babylone sur le monde!
« un monde qui de l'Indus devait s'étendre jus-
« qu'à la Lybie, et du fond d'Illyrie jusqu'aux
« bords de la mer Icare! Gloire à celui qui de
« cette foule de nations diverses, voulut former un
« peuple unique, grec par la langue, les mœurs,
« les arts, le commerce, et des colonies de Bactres,
« de Suse, d'Alexandrie, autant d'Athènes nouvelles!
« Et c'est alors que la vie du conquérant a été
« tarie dans sa source! depuis lui, plus d'espérance
« de voir jamais un monde grec sortir d'une se-
« conde création. » Si un homme adressait de telles paroles au destin, il recevrait pour réponse: « Que
« Babylone ou Pella soient le séjour d'Alexandre,
« que les Bactriens parlent la langue du Grec ou

« du Parthe; le fils d'un homme veut-il accomplir
« ses projets, qu'il soit sobre, et ne s'enivre pas
« jusqu'à la mort. » S'il suivit ce conseil, on le
sait, et son empire s'écroula. Ce qu'il y a d'étonnant
n'est pas qu'il se soit perdu lui-même; mais que,
vaincu depuis si long-temps par sa bonne fortune,
il n'ait pas plus tôt succombé sous le poids.

9. Alors l'héritage d'Alexandre se divisa; le vase
se fendit et déborda de toutes parts : jamais des
circonstances semblables ont-elles amené des événemens différens? Les parties dont se composait
l'empire étaient si mal unies entre elles, qu'à peine
si elles formaient un tout dans la pensée du conquérant. Incapables à leur naissance de se défendre
sans un protecteur tel que lui, les villes qu'il avait
fondées çà et là l'étaient bien plus encore de retenir
sous leur joug les nations auxquelles elles avaient été
imposées. Après qu'Alexandre fut mort sans laisser
d'héritiers, comment les oiseaux de proie qui l'avaient secondé dans son vol victorieux, auraient-ils renoncé à un pillage dont ils profitaient seuls?
De longues querelles survinrent, qui ne se terminèrent que lorsque chacun eut établi son aire sur
les dépouilles de la victoire. Ainsi en est-il arrivé
de tous les États qui, nés d'une conquête brusque,
impétueuse, étendue, ne reposaient que sur le génie
du conquérant. La nature individuelle de tant de
nations et de contrées diverses, réclame bientôt ses

droits ; et ce n'est que par la supériorité de la culture grecque sur la barbarie que l'on s'explique comment des peuples unis entre eux par tant de liens ne sont pas retournés plus tôt à leurs constitutions indigènes. Les premiers qui se soient séparés de ce tout artificiel, sont les Parthes, les habitans de la Bactriane, et des contrées situées au-delà de l'Euphrate : c'étaient en effet les plus éloignés du centre d'un empire que rien ne protégeait contre les montagnards d'origine parthe. Si, comme Alexandre l'avait résolu, les Séleucides eussent établi leur séjour à Babylone, ou même dans leur Séleucie, probablement ils auraient conservé plus de pouvoir dans l'Orient, en même temps qu'ils seraient tombés plus tôt dans le luxe et la mollesse. Il en fut de même des provinces asiatiques de l'empire de Thrace, qui se prévalurent du droit auquel leurs conquérans avaient eu recours : quand les trônes des compagnons d'Alexandre furent occupés par leurs faibles successeurs, elles devinrent des royaumes indépendans. Dans tout cela, les lois naturelles de l'histoire politique se représentent d'une manière invariable.

10. Les royaumes qui étaient plus rapprochés de la Grèce eurent une plus longue durée, et l'on ne sait quand ils eussent fini, si les divisions qui se mirent entre eux ; et surtout les guerres des Romains et des Carthaginois, ne les eussent préci-

pités dans cet abime qui, naissant sous les pas de la reine de l'Italie, s'étendit peu à peu le long de tous les rivages de la Méditerranée. Des États faibles et sur le déclin s'engagèrent dans une lutte inégale, dont il était facile de prévoir l'issue. Vaincus et asservis, ils conservèrent cependant des arts et de la civilisation grecque tout ce que n'excluaient pas la nouveauté des temps et les chefs sous lesquels ils étaient tombés. En Égypte les sciences, réduites au culte des érudits, pour lesquels elles avaient été apportées, furent enfermées, ainsi que des momies, dans les bibliothèques et les muséums. Bientôt les arts, dans les cours d'Asie, deviennent un luxe que la corruption alimente de toutes parts; par un zèle jaloux dont la postérité a également à se plaindre et à se louer, les rois de Pergame et d'Égypte rassemblent les livres de l'antiquité : mais ce qu'ils ont recueilli, ils l'altèrent, ils le dénaturent, et plus tard, dans l'incendie de ces bibliothèques, tout un monde de connaissances périt en une seule fois. Ici le destin providentiel agit évidemment de la même manière que dans tous les événemens de l'histoire qu'il livre aux combinaisons humaines, tantôt sages, tantôt extravagantes, mais toujours fondées sur des lois naturelles. Pendant que le savant gémit sur la perte d'un monument littéraire, combien de choses plus importantes ont suivi le cours invariable du destin! L'histoire des successeurs d'Alexandre excite au plus haut degré l'attention; non-seulement parce qu'elle renferme la plupart des causes qui amènent la chute ou la grandeur des empires, mais encore comme un triste exemple de ce que laissent après eux ces corps politiques, brusquement formés d'un mélange hétérogène de peuples, de civilisation, d'arts et de sciences, que la force seule tient réunis.

11. Il n'est pas besoin de démontrer que, réduite à cet état, la Grèce ne devait plus recouvrer son ancienne splendeur; la saison de cette fleur était depuis long-temps passée. A divers intervalles, plusieurs gouverneurs essayèrent de ranimer sa liberté flétrie. Vains efforts pour un corps sans vie, une liberté sans ame! Athènes resta fidèle au culte des arts qui l'avaient illustrée, et les débris de la philosophie et des sciences ne quittèrent le centre de la civilisation européenne que lorsqu'ils en furent chassés. Au milieu de cela, la prospérité et la détresse se succédaient sans intervalles : étrangers aux principes qui eussent pu les sauver, les petits États ne conservèrent entre eux nulle harmonie, bien qu'ils eussent formé la confédération étolienne et renouvelé la ligue achéenne. Ni la prudence de Philopomène, ni les vertus d'Aratus ne purent ramener les anciens temps de la Grèce. Comme le soleil à son déclin entouré des humides vapeurs de l'horison présente un spectacle plus grand, plus imposant,

plus touchant, qu'à son lever, il en est de même des États politiques de la Grèce à cette époque; mais les rayons de l'astre qui s'incline ne répandent plus la chaleur du jour naissant, et la politique de la Grèce mourante resta sans effets. Dans leur hypocrite tyrannie, les Romains se présentent d'eux-mêmes pour juger à leur profit les débats de ces peuples, dont ils convoitent la dépouille; et l'on ne peut dire quels barbares eussent été plus impitoyables qu'un Mummius à Corinthe, un Sylla à Athènes, un Paul-Émile en Macédoine. Long-temps ils continuent d'arracher à la Grèce tous les lambeaux qui pouvaient s'en séparer, affectant pour ses ruines ce respect que l'on a pour un cadavre dépouillé et mis à nu. Ils paient des flatteurs dans l'Attique, et leurs fils vont apprendre sur les traces sacrées des anciens philosophes les sentences pédantesques des sophistes. Après eux surviennent les Goths, les Chrétiens et les Turcs, qui achèvent de détruire l'empire des divinités grecques, depuis long-temps oubliées ou méprisées. Ils sont tombés ces grands dieux, le Jupiter Olympien et la Pallas d'Athènes, l'Apollon de Delphes et la Junon d'Argos : leurs temples sont en ruines, leurs statues ont disparu; c'est en vain de nos jours qu'on en cherche des vestiges[1], et leur ombre s'est si bien

---

1. Voyez les voyages de Spon, de Stuart, de Chandler, de Riedesel, etc.

dissipée, qu'il est difficile à cette heure de concevoir la foi aveugle de leurs adorateurs et les merveilles qu'ils ont enfantées chez le plus ingénieux des peuples. Puisqu'elles sont tombées, les plus nobles idoles de la pensée humaine, que deviendront celles qui leur ont succédé sans les égaler? Renversées à leur tour, qui remplira leur place? D'autres idoles peut-être.

12. Plongée dans un autre abîme, la grande Grèce éprouva pourtant un destin tout semblable. Ses cités les plus populeuses, les plus florissantes, soumises aux institutions de Zaleucus, de Charondas et de Dioclès, tenant des provinces grecques leur civilisation, leurs sciences, leurs arts et leur commerce, n'étaient pas, il est vrai, sur le chemin des Perses ou de Philippe; mais le temps de leur destinée arriva. Enveloppées dans les diverses guerres qui éclatèrent entre Rome et Carthage, elles s'écroulèrent à la fin, et perdirent Rome par leurs mœurs, comme Rome les avait perdues par ses armes. Ici sont éparses leurs ruines majestueuses qu'ont achevé de désoler les tremblemens de terre, les volcans, et surtout la fureur de l'homme[1]. La nymphe Parthénope est en deuil; la Cérès de Sicile cherche son temple, et elle a peine à retrouver ses plaines dorées.

---

1. Voy. les voyages de Riedesel, de Howel, etc.

## CHAPITRE VII.

*Réflexions générales sur l'histoire de la Grèce.*

Nous avons considéré l'histoire de cette contrée célèbre sous divers points de vue; car elle peut en quelque sorte servir de base générale à la philosophie de l'histoire universelle. Non-seulement les Grecs n'ont point été mélangés avec d'autres peuples, et dans le cours entier de leur éducation ils ont conservé un caractère propre et original; mais ils ont rempli leur carrière et si bien parcouru tous les degrés de la civilisation, depuis ses plus faibles essais jusqu'à ses combinaisons les plus hautes, qu'en cela ils ne souffrent de comparaison avec aucun peuple du monde. De bonne heure arrêtées aux premiers élémens de la science sociale, les nations du continent leur ont donné une éternelle immutabilité dans leurs lois et leurs coutumes; d'autres fois, avant d'avoir pu les développer, elles ont été brusquement asservies ou détruites; la fleur s'est fanée avant de s'être épanouie. Au contraire, l'année de la Grèce a été longue et fertile; tout ce qu'elle était capable de produire, elle l'a produit, et la plus heureuse combinaison de circonstances l'a aidée dans son mouvement de progression. Située sur le continent, nul doute qu'elle n'eût succombé, comme ses frères d'Asie, sous quelque puissance étrangère. Que Darius et Xerxès eussent réussi dans leurs projets, c'en était fait du siècle de Périclès : au lieu de ces démocraties naissantes qui se partageaient le sol, qu'un despote eût tenu sous ses lois la contrée tout entière, bientôt, suivant sa pente naturelle, la passion des conquêtes l'eût entraîné, comme Alexandre, à rougir de sang grec les rivages les plus éloignés. Emportés par la victoire dans des pays lointains, les Grecs eussent eux-mêmes introduit dans leur patrie des peuples étrangers. Ils furent préservés de ces dangers par la médiocrité même de leur puissance, et le peu d'étendue de leur commerce, qui ne se hasarda jamais par-delà les colonnes d'Hercule et les îles Fortunées. Comme une plante est mal connue du botaniste, s'il ne la suit dans tous ses changemens de formes, en graine, en germe, avec ses feuilles, avec ses boutons, avec sa fleur humide de rosée ou flétrie sur sa tige, il en est de même pour nous de l'histoire de la Grèce antique; seulement il est à regretter que, suivant l'usage, elle ait été jusqu'ici moins approfondie que celle de Rome. Quoi qu'il en soit, il est temps d'indiquer, conformément à ce qui a été dit plus haut, quelques points de vue qui, dans ce fragment important d'histoire générale, se présentent d'eux-mêmes à l'observation; et ici il faut reproduire le principe fondamental.

Premièrement. *Tout ce qui peut se développer dans l'humanité sous les circonstances données du temps, du lieu et des caractères nationaux, se développe réellement.* La Grèce nous fournit les preuves les plus imposantes de cette vérité.

Dans les sciences naturelles, point de prodiges. Nous observons des lois qui se manifestent incessamment par des effets réguliers et des retours constans. Eh quoi! avec ses facultés, ses caprices et ses passions, l'homme renversera-t-il cet ordre de la nature? Peuplez la Grèce de Chinois, que devient la Grèce d'Homère? Répandez les Hellènes dans les lieux où Darius conduisit les Érétriens en esclavage, adieu le spectacle de Sparte et d'Athènes. Voyez la Grèce d'aujourd'hui, où sont les Grecs de l'antiquité? Leur terre même, où est-elle? Si l'on n'entendait çà et là quelques mots de leur harmonieux langage, si l'on ne rencontrait quelques traces de leur génie, de loin à loin une ville cachée sous les ronces, des statues mutilées, que sais-je, au moins leurs anciens fleuves et leurs montagnes, on pourrait croire que la Grèce n'est pas moins fabuleuse que l'île de Calypso ou que les jardins d'Alcinoüs; mais, comme dans le cours des âges les Grecs modernes ne sont devenus ce qu'ils sont que par une série déterminée de causes et d'effets, ainsi en est-il de chaque peuple de la terre. L'histoire de l'humanité tout entière n'est que l'histoire naturelle d'un système de forces, d'actions et de dispositions humaines en rapport avec le temps et le lieu.

Si simple, si lumineux, ce principe est d'une haute importance dans l'étude des siècles passés. Tout historien avouera que c'est mal mériter ce nom, que de se borner dans l'aridité de son récit à un vague étonnement, au lieu d'exercer sa pénétration sur un accident historique comme sur un phénomène naturel; d'où il résulte que dans la narration des événemens la raison cherchera la vérité la plus rigoureuse; dans ses jugemens et ses vues, la liaison la plus intime avec les faits, et que jamais elle ne s'avisera d'expliquer une chose qui est ou qui arrive, par une autre qui n'est pas. Avec ces principes rigoureux s'évanouissent toutes les formes purement imaginaires, tous les fantômes d'une création magique. Cherchez à voir simplement ce qui est; aussitôt que vous l'aurez vu, vous apercevrez, dans la plupart des cas, pourquoi ce qui fut ne pouvait être autrement. Cette habitude une fois acquise, la pensée aura saisi l'esprit de cette saine philosophie que l'on ne rencontre pour l'ordinaire que dans l'histoire naturelle et les mathématiques.

Le premier et le plus important des effets de cette méthode, sera de nous empêcher d'attribuer jamais le mouvement des choses humaines aux impulsions secrètes d'un système de choses inconnu, ou à l'influence magique de je ne sais quelles forces invisibles que l'on n'oserait appeler du même nom que les phénomènes naturels. La Providence révèle ses desseins par la succession des événemens et sous la forme sous laquelle ils se présentent; sur ce fondement, le vrai philosophe ne connaît le secret des conseils célestes que par les faits qui tombent sous l'expérience et qu'il peut constater dans toute leur étendue. Pourquoi la civilisation grecque a-t-elle apparu sur la terre? parce qu'il y a eu des Grecs, et que dans les circonstances où ils ont vécu, ils ne pouvaient manquer d'être civilisés. Pourquoi l'Inde a-t-elle été envahie par Alexandre? parce qu'il était Alexandre, le fils de Philippe; et après les préparatifs de son père, les exploits de son peuple, son caractère, son âge, l'impression qui lui restait de ses lectures d'Homère, tout l'entraînait dans les champs d'Arbelles. Au contraire, attribue-t-on son entreprise aux secrets conseils d'un être supérieur, ses triomphes aux faveurs particulières de la fortune? Il est à craindre d'une part que l'on ne rende ainsi la divinité responsable de ses actions les plus insensées, et de l'autre qu'on ne diminue l'éclat de son courage et de son génie en ôtant à ses mouvemens leur caractère libre et naturel. Celui qui dans l'histoire des animaux et des plantes se plaît à voir des sylphes invisibles colorer les feuilles de la rose ou remplir sa corolle de perles humides, des esprits de lumière s'enfermer dans le corps du ver luisant, ou se jouer en mille réseaux de feu dans les plumes du paon, celui-là sera un poète ingénieux, mais jamais il ne brillera au rang des naturalistes ou des historiens. L'histoire est la science de ce qui est, et non pas de ce qui peut être, selon les caprices ou les combinaisons du destin.

Secondement. *Ce qui est vrai d'un peuple l'est également du tout qui résulte de l'union de plusieurs peuples : les rapports qui les lient sont tels que le temps et le lieu les ont établis : leur action réciproque dépend de la manière dont sont combinées leurs forces actives.*

L'Orient a agi sur la Grèce, la Grèce a réagi sur l'Orient; conquis l'un et l'autre par les Romains, les Goths, les Chrétiens et les Turcs, ils ont fourni de nombreux élémens de civilisation aux Romains, aux Goths et aux Chrétiens. Par où ces choses se tiennent-elles? par le lieu, le temps et l'action naturelle des facultés humaines. Les Phéniciens ont communiqué à l'Europe l'usage des lettres; est-ce à dire qu'ils les aient inventées pour elle? le bonheur voulut qu'ils eussent à envoyer une colonie en Grèce. Il en est de même des Hellènes et des Égyptiens, de même des Grecs qui émigrèrent à Bactres, et de tous les présens des Muses que nous tenons de leur génie. Quand Homère chantait, qu'étions-nous pour lui? mais comme d'échos en échos, sa voix est venue jusqu'à nous, il faut bien qu'elle pénètre nos ames. Si le temps eût détruit les œuvres de son génie, ainsi que tant d'autres monumens non moins irréparables, nul assurément ne s'en prendrait aux conseils mystérieux du destin, surtout quand les causes naturelles le frapperaient de leur évidence. Rassemblez dans votre pensée le souvenir de tant de livres conservés ou détruits, recueillez les débris ou la poussière de tant de monumens des arts, que rien ne vous échappe des moyens par lesquels ils ont été sauvés ou anéantis, et sur cela essayez de tracer les règles que le destin a suivies dans les cas particuliers. Il cache sous des décombres une unique copie d'Aristote ; d'autres écrits, tels que d'indéchiffrables parchemins, dans des caveaux et des coffres ; le joyeux Aristophane sous le chevet de S. Chrisostôme, qui apprend à cette école à composer des homélies ; ainsi tout l'échafaudage de notre culture intellectuelle a reposé quelque temps sur les accidens les plus frêles, les plus insaisissables. Or, que l'on songe ce qu'elle est et ce qu'elle fut dans la suite des choses humaines. Elle a mis tous les peuples en mouvement; de nos jours, elle explore avec Herschell la voie lactée et la profondeur des cieux; et pourtant, à quoi a-t-elle tenu, à un hasard, à un caprice, à la découverte du verre, à quelques fragmens de livres. Étranges misères, sans lesquelles il est probable que nous serions encore errans sur des chariots avec nos femmes et nos enfans, comme nos frères aînés les scythes immortels. Supposé que par un concours d'événemens différens, nous eussions reçu les lettres mongoliques au lieu des lettres grecques, nous écririons encore aujourd'hui comme les Mongols, et la terre poursuivrait, comme à cette heure, sa longue carrière de jours, de saisons et d'années, attentive à conserver et à nourrir tout ce qui, selon les lois naturelles imposées par le Créateur, vit et agit dans sa sphère.

Troisièmement. *L'époque de la culture intellectuelle d'un peuple est la saison où la fleur s'épanouit sous une forme brillante, mais passagère.*

Comme l'homme en venant au monde ne sait rien, et qu'il faut qu'il apprenne tout ce qu'il veut savoir, de même l'éducation d'un peuple se fait tant par sa propre expérience que par celle d'autrui ; seulement, les connaissances humaines ont chacune une sphère propre, c'est-à-dire une nature distincte, des temps, des lieux et des périodes déterminés. La culture de la Grèce, par exemple, se développa avec les temps, les lieux, les événemens, et déclina avec eux. La poésie et quelques arts précédèrent la philosophie ; ce n'est point quand les arts d'imitation et l'éloquence eurent atteint leur plus haut degré de perfection, que les vertus nationales et le génie militaire brillèrent de tout leur éclat. Les orateurs d'Athènes n'eurent jamais plus d'enthousiasme que lorsque l'État, touchant à sa ruine, eut cessé de former un tout.

Séparées par leurs objets, les applications de l'intelligence humaine se ressemblent en cela qu'elles tendent toutes à un point de perfection, et qu'après l'avoir atteint par une suite de circonstances favorables, ne pouvant ni s'y fixer irrévocablement, ni brusquement rétrograder, elles commencent une série indéfinie de décroissance et de déclin. Tout ouvrage parfait, autant du moins que l'homme est capable d'atteindre à la perfection, occupe dans son genre le rang le plus élevé : il ne peut donc être suivi que d'imitations serviles ou d'inutiles efforts pour le surpasser. Après qu'Homère eut chanté, rien n'était moins possible qu'un second Homère dans le même ordre de choses. Il cueillit la fleur de la guirlande épique, et ceux qui vinrent après lui durent se contenter de quelques feuilles. Aussi les tragiques Grecs prirent-ils une autre voie : ils n'eurent, comme dit Eschyle, que les débris de la table d'Homère ; mais ils préparèrent pour leurs hôtes un banquet différent. Avec cela, ils n'eurent qu'un temps ; les sujets de tragédies finirent par s'épuiser, incessamment altérés, c'est-à-dire affaiblis, par les imitateurs des grands poètes qui, d'ailleurs, avaient déjà eux-mêmes donné au drame grec ses formes les plus belles et les plus régulières. Malgré toute sa morale, Euripide fut incapable de rivaliser avec Sophocle, bien loin de le surpasser dans ce qui tient à l'essence de l'art; aussi le prudent Aristophane suivit-il une carrière différente. Il en fut de même de toutes les applications de l'art chez les Grecs et en général chez tous les peuples. Si le goût des premiers a été si exquis, si ses développemens ont été si variés, c'est qu'aux époques les plus brillantes de leur histoire, ils n'ont point ignoré cette grande loi de la nature, et qu'ils n'ont point cherché à dépasser la perfection. Après que Phidias eut créé son Jupiter olympien, nul n'imagina un Jupiter plus majestueux; mais cet idéal pouvait être appliqué à d'autres divinités en conservant à chacune d'elles un caractère particulier; ainsi fut peuplé tout le domaine de l'art.

Un étrange aveuglement serait de nous attacher de préférence à quelque objet de la culture humaine, de manière à imposer en loi à la Providence suprême de donner par un prodige une éternelle permanence à l'instant précis où il peut seul apparaître dans la succession des choses. Ce ne serait rien moins que vouloir détruire l'essence de la durée et la nature même de l'infini. Notre jeunesse s'enfuit sans retour, entraînant avec elle notre imagination tarissante et nos illusions déçues; si la fleur s'épanouit, le moment n'est pas loin où elle va se faner.

Depuis les derniers rameaux de la racine elle a recueilli les sucs de l'arbuste, et quand elle meurt, la plante elle-même ne tarde pas à mourir. Si le siècle qui a produit un Périclès, un Socrate, eût été prolongé un seul moment au-delà du temps que la chaine des événemens assignait à sa durée, c'eut été pour Athènes une période critique et presque impossible à supporter. Il serait également peu philosophique de regretter que la mythologie d'Homère ne soit pas restée pour jamais en possession de la pensée humaine, que les autels des dieux de la Grèce aient été renversés et que la voix de son Démosthène ne retentisse plus dans les âges modernes de la puissance de l'éloquence antique. Dans la nature, il n'est pas de fleurs qui ne s'épanouissent et ne se fanent; mais alors elles répandent leurs semences autour d'elles et renouvellent ainsi les scènes de la création vivante. Shakspeare a été autre que Sophocle, Milton autre qu'Homère, Bolingbroke autre que Périclès; mais dans leurs sphères et leur situation ils ont été ce que ces derniers ont été dans la leur. Sur ce principe, que chacun s'efforce d'être dans la place qu'il occupe, ce qu'il peut être dans le cours des choses : aussi bien c'est là ce qu'il doit être, et il est impossible qu'il soit autre.

Quatrièmement. *La force et la durée d'un état dépendent moins de la perfection de sa culture,* que de l'équilibre établi entre ses forces actives par la prévoyance humaine ou la nature des choses ; mieux son centre de gravité est appuyé sur ce système d'action, plus il est ferme et durable.

Quelle condition les législateurs de l'antiquité réclament-ils d'abord dans une société bien réglée ? est-ce une inertie profonde, est-ce une surabondance d'activité ? Rien de tout cela ; mais l'ordre et une juste distribution de pouvoirs qui s'exercent incessamment sans s'épuiser jamais. Toutes les fois que, par l'influence d'un homme du génie, même le plus éclatant et sous le prétexte le plus plausible, un état a été brusquement élevé au sommet de ses destinées, il a été près de sa ruine, et n'a recouvré sa première stabilité que par quelque hasard heureux dans sa violence. Ainsi quand la Grèce entra en lutte avec la Perse, elle toucha à un effroyable abîme ; ainsi quand Athènes, Lacédémone et Thèbes se déchirèrent mutuellement, ce qui s'en suivit fut la chute de la liberté de la Grèce entière ; ainsi, Alexandre, au milieu de ses victoires, éleva l'édifice de son empire sur un monceau d'argile. Il meurt, l'argile cède et le colosse tombe en poussière. L'histoire dit assez combien Alcibiade et Périclès ont été funestes à Athènes : quoiqu'il soit également vrai que les époques de ce genre, surtout si elles se terminent aussi promptement qu'heureusement, ne produisent qu'un petit nombre de résultats, tout en développant un appareil extraordinaire de forces. Au sein de l'activité combinée de divers États, l'éclat de la Grèce naquit d'un choc de forces et de passions contraires. Au contraire, la solidité de ses établissemens et l'excellence de son goût tinrent à l'heureux équilibre qui régla long-temps ses destinées. Ses institutions eurent en général des effets d'autant plus nobles et plus permanens qu'elles furent mieux en rapport avec l'humanité, c'est-à-dire avec la raison et la justice. Ici se présente à nous l'occasion de rechercher en général ce que la Grèce, par ses découvertes et ses lois, a fait pour le bonheur de ses citoyens et pour celui du genre humain; mais le moment n'est pas encore venu. Avant de nous arrêter avec confiance sur de tels résultats, il nous reste à considérer plus d'un siècle et d'une nation.

FIN DU TOME SECOND.

# TABLE DU TOME SECOND.

                                                  Pages

**Livre VII** . . . . . . . . . . . . . . . . 1

Chapitre I.er *Quelle que soit la variété des formes humaines, il n'y a sur toute la surface de la terre qu'une seule et même espèce d'hommes* . 1

Chapitre II. *La même espèce d'hommes s'est naturalisée dans tous les climats de la terre* . . . . 9

Chapitre III. *Que faut-il entendre par climat? et quels sont ses effets sur le corps et la pensée de l'homme?* . . . . . . . . . . . . . . 21

Chapitre IV. *Le pouvoir de génération produit sur la terre toutes les formes, que le climat ne fait que modifier d'une manière plus ou moins favorable* . . . . . . . . . . . . 33

Chapitre V. *Réflexions sur les conséquences de l'opposition entre le climat et le pouvoir originel* . . . . . . . . . . . . . . . . . . 48

**Livre VIII** . . . . . . . . . . . . . . . . 57

Chapitre I.er *La sensibilité de l'espèce humaine varie avec les formes et le climat; mais partout l'humanité se développe à mesure que les sens sont exercés d'une manière moins grossière.* 58

Chapitre II. *L'imagination humaine est partout sous la dépendance de l'organisation et du* climat; mais partout aussi elle s'appuie de la tradition . . . . . . . . . . . . . . . . . . . 72

Chapitre III. *L'intelligence pratique de l'espèce humaine s'est partout développée à l'occasion des besoins de la vie; mais partout elle a été un fruit du génie des peuples, le résultat de la tradition et des coutumes.* . . . . . . . . 89

Chapitre IV. *Les sentimens et les penchans de l'homme sont partout en rapport avec son organisation et les circonstances dans lesquelles il vit; mais partout aussi ils sont sous la dépendance de la coutume et de l'opinion.* . . . 104

Chapitre V. *Le bonheur de l'homme est toujours un bien individuel; ainsi partout il dépend du climat et de l'organisation; il naît de l'expérience, de la tradition et de la coutume* . . . 127

LIVRE IX. . . . . . . . . . . . . . . . . . . 141

Chapitre I.er *Quelque disposé que l'homme soit à imaginer qu'il produit tout de lui-même, il est pourtant soumis à l'influence de la nature extérieure dans le développement de ses facultés.* 141

Chapitre II. *Le langage est le moyen principal de l'éducation de l'homme.* . . . . . . . . 156

Chapitre III. *C'est par l'imitation, la raison et les langues qu'ont été découverts tous les arts et toutes les sciences de l'humanité* . . . . 174

Chapitre IV. *Fondés principalement sur la tradition héréditaire, les gouvernemens sont établis pour maintenir l'ordre parmi les hommes* . . 184

Chapitre V. *De toutes les traditions de la terre,*

| | Pages. |
|---|---|
| la religion est la plus ancienne et la plus sainte | 201 |
| Livre X. | 215 |
| Chapitre I.er *Notre terre est spécialement formée pour sa création animée* | 215 |
| Chapitre II. *Quel est le lieu de la terre où l'homme a été formé, et quel fut son berceau* | 220 |
| Chapitre III. *L'histoire et les progrès de la civilisation démontrent historiquement que l'espèce humaine est originaire d'Asie* | 231 |
| Chapitre IV. *Traditions asiatiques sur la création de la terre et sur l'origine de l'espèce humaine.* | 244 |
| Chapitre V. *De la première tradition écrite sur l'histoire de l'homme* | 253 |
| Chapitre VI. *Continuation de la première tradition écrite sur le commencement de l'histoire de l'homme* | 265 |
| Chapitre VII. *Conclusion de la plus ancienne tradition touchant l'origine de l'histoire de l'homme* | 280 |
| Livre XI. | 285 |
| Chapitre I.er *La Chine.* | 287 |
| Chapitre II. *La Cochinchine, le Tonquin, Laos, la Corée, la Tartarie orientale, le Japon.* | 306 |
| Chapitre III. *Le Thibet.* | 311 |
| Chapitre IV. *L'Hindostan.* | 320 |
| Chapitre V. *Réflexions générales sur l'histoire de ces États.* | 332 |
| Livre XII | 344 |
| Chapitre I.er *Babylone, Assyrie, Chaldée.* | 348 |

Chapitre II. *Les Mèdes et les Persans* . . . . 361
Chapitre III. *Les Hébreux* . . . . . . . . . 372
Chapitre IV. *La Phénicie et Carthage* . . . . 387
Chapitre V. *Les Égyptiens* . . . . . . . . . 400
Chapitre VI. *Réflexions sur la philosophie de l'histoire de l'humanité* . . . . . . . . . . . 413

Livre XIII . . . . . . . . . . . . . . . . 424

Chapitre I.ᵉʳ *De la situation et des habitans de la Grèce* . . . . . . . . . . . . . . . 426
Chapitre II. *De la langue, de la mythologie et de la poésie des Grecs* . . . . . . . . . . 437
Chapitre III. *Des arts des Grecs* . . . . . . 449
Chapitre IV. *Des institutions morales et politiques des Grecs* . . . . . . . . . . . . . . 462
Chapitre V. *Des sciences chez les Grecs* . . . 478
Chapitre VI. *Histoire des révolutions de la Grèce.* 494
Chapitre VII. *Réflexions générales sur l'histoire de la Grèce* . . . . . . . . . . . . . . 509

FIN DE LA TABLE DU TOME SECOND.

# ERRATA DU TOME SECOND.

Page 7, lig. 4, et elles auraient existé, *lisez* et elles eussent existé.

— 12, lig. 16, ni sans chercher, *lisez* et sans chercher.

— 29, — dernière, Tibétiens, *lisez* Thibétains.

— 96, — 12, à un Européen, *lisez* aux Européens.

— 113, — 7, le peu de respect que le fils a pour sa mère dès qu'il est parvenu, *lisez* le peu de respect que les fils ont pour leurs mères dès qu'ils sont parvenus.

— 160, lig. 2 d'en bas, lui seul rend possible, *lisez* lui seul, il rend possible.

— 193, lig. 7 d'en bas, quelque douloureux que soit, *lisez* quelque douloureuse que soit.

— 221, lig. 6, l'Ural, les Asiatiques, *lisez* les chaînes des monts Urals, les Asiatiques.

— 260, lig. 10, ni organise, *lisez* et n'organise pas.

— 275, — 14, les Indiens de Paropamise, les Perses d'Imaüs, *lisez* les Indiens du Paropamise, les Perses de l'Imaüs.

— 290, lig. 15, leur morale sur le livre sacré, *lisez* leur morale repose sur le livre sacré.

— 296, lig. 8 d'en bas, à changer la nature d'un arbre par le moyen d'une bouture, *lisez* à changer la nature d'un arbre ou à le multiplier par le moyen d'une greffe ou d'une bouture.

— 402, lig. 4 d'en bas, se développait devant eux, *lisez* se développait devant elle.

— 407, lig. 2, revétues, *lisez* revêtus.

— 408, — 11, Étouffés sous les entraves, *lisez* Étouffée sous les entraves.

— 454, note, le trône d'Amycles, *lisez* le trône d'Amyclas.

www.ingramcontent.com/pod-product-compliance
Lightning Source LLC
Chambersburg PA
CBHW051400230426
43669CB00011B/1706